직업대표제

근대중국의 민주유산

职业代表制

近代中国的民主遗产

〔韩〕柳镛泰／著译

社会科学文献出版社
SOCIAL SCIENCES ACADEMIC PRESS (CHINA)

직업대표제 근대중국의 민주유산

(JIKEOP DAEPYOJAE GEUNDAE JUNGGUK EUI MINJUYUSAN)

by 유용태 (Yu, Yong-Tae)

Copyright © 2011 by Yu, Yong-Tae

All rights reserved.

This Chinese edition was published by Social Sciences Acade
Press in 2017 by arrangement with Seoul National Uni
Press through KCC (Korea Copyright Center Inc.), Seou

目 录

绪论　审视近代中国民意机关的视角和方法　　001

第一部　从各界联合到职业代表制　　021

第一章　职业的认识与职业主义的兴起　　023
一　职业的认识与分类：劳动主义　　024
二　职业主义的形成因素与逻辑　　0
三　职业主义的确立和政治方面的适用　　0

第二章　各界联合与各界民意的形成　　047
一　合群救国的社会心理：走向职业团体　　048
二　职业团体的组织系统与广域联合　　054
三　各界联合的兴起与发展　　060
四　各界联合对民意机关的探索　　068

第三章　国民会议召集论的形成　　075
一　议会制革新论与职业代表制论的舆论化　　076
二　职业代表制国民会议召集论的形成　　084
三　职业代表制的法制化尝试　　097
四　民意机关组成主体的范围与非职业团体的排挤　　102

第四章　革命政党与国民会议运动　　108

一　中国共产党的国民会议召集论　　109

二　国民党改组与孙中山的国民革命论　　114

三　《北上宣言》与孙中山的国民会议构想　　121

四　国民会议促成会全国代表大会　　130

第五章　国民会议运动之再起与分歧　　138

一　五卅运动中的国民外交运动　　139

二　关税自主运动与国民会议运动的再起　　143

三　广东统一之后的国民会议运动　　149

四　北伐之后湖南的省民会议运动　　154

第二部　职业代表制的持续与变化　　161

第六章　职业团体与国民党训政政治　　163

一　职业团体的一般实态　　164

二　国民党对于职业团体的政策　　175

三　职业团体的参政类型　　180

四　共产党的应对　　185

第七章　全国性职业选举与南京国民会议　　192

一　南京国民政府初期各界的国民会议召集舆论　　193

二　国民会议选举的职业团体整备：以农会为例　　199

三　国民会议选举：首次全国性职业选举　　205

四　国民会议的主要议决案与纷争　　211

第八章　从国民会议到国民参政会　　220

一　民间社会的抗日民意与建立统一政府的诉求　　221

二　各界团体召集国民救国会议的诉求　　227

　　　　三　国民党的国民参政会构想　　　　　　　　231
　　　　四　国民大会的延期与国民参政会的召集　　　238

　　第九章　国民参政会与战时民主主义　　　　　　　247
　　　　一　参政会的人员构成　　　　　　　　　　　248
　　　　二　参政会的会议运作　　　　　　　　　　　255
　　　　三　战时民主主义的条件与逻辑　　　　　　　260
　　　　四　促进战时民主主义的活动　　　　　　　　267

　　第十章　政治协商会议、地方各界人民代表
　　　　　　会议与建国民意　　　　　　　　　　　　278
　　　　一　从国民参政会到政治协商会议　　　　　　279
　　　　二　职业团体的动向与各界民意的争夺　　　　288
　　　　三　绕过国民大会到新政治协商会议　　　　　296
　　　　四　地方各界人民代表会议之召开　　　　　　306
　　　　五　地方各界人民代表会议的人员构成　　　　315

结论　职业团体、政党以及代议活动　　　　　　　　327

参考文献　　　　　　　　　　　　　　　　　　　　337

索　引　　　　　　　　　　　　　　　　　　　　　364

后　记　　　　　　　　　　　　　　　　　　　　　373

表目录

表 5-1	统一广东各界人民代表大会、国民会议促成会、工农商学联合委员会的组成团体	152
表 5-2	湖南省区民—县民会议、市民—省民会议的组成团体	157
表 6-1	1930 年代职业团体与会员数	169
表 6-2	1940 年代职业团体与会员数	172
表 7-1	1931—1933 年各省农会组织情况	203
表 9-1	历届参政员总数与各代表单位分布（1938—1947）	249
表 10-1	上海市各界人民代表会议代表人数和构成情况（1949—1953）	317
表 10-2	浙江省浦江县各界人民代表会议中的绅士代表	321

图目录

图 0-1	一战后欧洲国家和中国提出的新民主主义论（1922）	010
图 1-1	在《万国公报》与《新青年》上发表的李提摩太（左，1897）与杨昌济（右，1916）的文章	026
图 2-1	左侧为《强学报》；右侧是 1910 年第二次请愿运动的各界代表	070
图 3-1	经过五四运动，欧洲的职业代表制理论得到介绍并广为流传	082
图 3-2	1920 年 8 月与 9 月芮恩施和杨端六提出作为职业代表制民意机关的国民会议组成方案	093
图 7-1	《中央日报》上纪念南京国民会议的插画	213
图 10-1	《浙江日报》上象征联合政府的"联合牌"香烟广告	306
图 10-2	左为 1949 年 9 月人民政协会议；右为 1950 年 11 月苏南各界人民代表会议	315

绪论 审视近代中国民意机关的视角和方法

一 "真正的民意机关"之梦

众所周知,有很多种关于民主主义的定义,但民主主义的核心内容在于"由大多数人民来统治",而大多数人民无法直接参与国家政事,因此选拔代表来替自己发表看法与要求,这就形成了代议制度。所以由谁、以哪种方法来代表人民,也就是说,根据怎样的原理与方式构成民意机关,这个问题就成为近代民主主义的关键。

近代民主政治成为制度的主要形式是以政党为中心的议会制,在这一制度下,民众通过各居住地的区域选举从各政党的候选人中选出自己的代表。此时,权衡民主政治程度的基本标准之一就是政府对于反对派政党是否采取宽容态度。经过选举,占多数席位的政党在一定时间内拥有行政权力,这能使有执政期限的政府实现交替,并且这点被看作是展现宽容之真正含义的证据之一。与这种"多数制模式"不同,还有一种注重协商与和谐的"合议制模式",它是多党合作的合议制政府(consensus government),即采用的是联合政府的形式,那么,哪一种模式更符合民主主义的原理呢?

纵观东亚地区，1993年蒙古、1997年韩国、2000年中国台湾和2009年日本按照"多数制模式"各自实现了对抗政党交替执政。但实现政权交替之后，政党政治也依然没有达到选民的期望。也有一些国家虽选举民意代表，但没有政权更替，也没有联合政府。前四个例子中的选举都是区域选举，其候选人都由各政党推荐。当选为民意代表的人和推荐他们的政党都不能够代表真正民意，甚至这种代议制度也被认为不过是国民—国家（nation-state）分配权力的一种形式，其所谓的间接民主违反了民主的本意，不是真正意义上的民主。[1]

在西方社会，人们对于以政党为中心的代议制非常不满，"连最自由公正的选举也都在整个政治过程中允许富有者非常不公平地保证自己的利益"，所以某位学者为了纠正这种不公平，提出建立以明确代表贫困者及少数人为使命的政治制度，并且向非特权化人群分配议席。[2] 这是对选举中表面上是"1人1票"而实际上是"1$1票"这种现实的反省。

目前东亚和西方等地区的例子都反映出民主政治的制度创新之切实必要性。欧洲不少人在政党政治的框架内以及在框架外都探索制度性创新的同时，近代中国也有相似的例子。这是非常独特而有意思的历史现象。

追溯到一百多年前，通过辛亥革命成立的中华民国是亚洲第一个民主共和国，它引入了以政党为中心的议会制，并且在1912年设

---

[1] 白永瑞:《中国现代史上民主主义的再思考—1920年代国民会议运动》，"国史资料研究中心"编印《1920年代的中国》，台北，2002，第104页；崔甲洙:《西方의民主主义：理念과变容》，《历史与现实》第87号，2013年，第48—53页；《民主四讲》，王绍光、金甲洙译，首尔，에버리치홀딩스，2010，第45—62页。

[2] Daniel A. Bell, "Deliberative Democracy with Chinese Characteristics: A Comment on Baogang He's Research", Ethan J. Leib and Baogang He eds., *The Search for Deliberative Democracy in China*(New York: Palgrave Macmillan, 2006), pp. 150–151.

立了国会。但民意机关即国会在不过 9 个月的时间内就"流产"了，几年之后虽然重新得以恢复，但除了政党本身的脆弱之外，加上军阀与帝国主义势力的干涉，以及接连不断的战争与革命，成了有名无实的存在。当然，此后人们也不断地为实现以政党为中心的议会制而努力，但不久，一股追随列宁式革命政党制的势力兴起并壮大。1923—1928 年，第一次国共合作与国民革命为当时率领党军的一党建国或治国的制度化打开了局面。从此开始，国民党一党执政取代了民意机关的功能。因此，直到 1947 年，中华民国实际上是一个民意机关形同虚设的"畸形共和国"。如此看来，中华民国的政治史呈现出主张多党竞争的议会政治势力与主张一党执政的党治制的势力对决的局面。

也正因为此，社会上的自律团体彼此联合，批判失败的议会制与新兴的党治制，并开始探索第三条道路，也就是设立职业代表制形式的新的民意机关。这一要求于 1920 年 3—9 月由代表性议会主义者梁启超、原美国公使芮恩施、《东方杂志》编辑杨端六等正式提出。此时离以政党为中心的议会制兴起还不到 10 年的时间。从这时开始，人们对职业代表制产生了信任，认为唯有职业代表制才能代表"真正的民意"。包括职业团体在内的各种社会团体根据自己的利益和要求，为了克服中华民国不存在真正的民意机关这一最大缺点，开始持续地进行设立职业代表制民意机关的运动。[①]

1920 年 8 月开始，这种运动以设立国民会议的民众运动形态呈现出来，1923—1924 年，与以陈独秀、孙中山为首的革命政党合作，为国民革命运动奠定了社会基础。之后，1927 年的上海市民会议和长沙市民会议、1931 年的南京国民会议、1938—1947 年的国

[①] 柳镛泰：《1919—1924 年中国各界의职业代表制摸索：国民会议召集论의形成过程》，首尔大学校东洋史学研究室编《中国近现代史의再照明》（1），首尔，知识产业社，1999。

民参政会与地方（临时）参议会、1946 年的政治协商会议、1949—1954 年的人民政治协商会议和各界人民代表会议等，虽然各自行使不同的、不全的职权，但它们在代表的组成方式上都展现了职业代表制的特征及变化。南京国民会议制定了《中华民国训政时期约法》，而国民参政会以该约法为基础，在抗日战争时期为了聚集民意与民力，有限地发挥了代表功能与联合功能。如果没有约法与国民参政会，恐怕中华民国很难作为近代国家而成为国际社会的一员，尤其是难以获得第二次世界大战中"五大国"的地位。政治协商会议作为以协商为依据的民意机关，决议了《共同纲领》，保证了联合政府形态的中华人民共和国成立的正当性。

各界人民代表会议作为省、市、县的民意机关，在地方各级发挥各自的作用。

无论是以上哪一种情况，都不是以政党为中心的区域代表组成的，而是由以职业团体为中心的职业代表来组成的。当然，在国民参政会与政治协商会议中包含党派代表、无党派代表、军队代表，这使职业代表制的形态稍有变化，但总体来看还是遵循了职业代表制的原理。因此，它们的代表不是"各地代表"，而是"各界代表"。1949 年 9 月，政治协商会议在行使全国范围的民意机关功能时，各省、市、县也组成了地方范围内的民意机关，并将其名称统一为"各界（人民）代表会议"。可以说，这是人们坚信唯有职业代表制才能代表"真正的民意"的结果。国民党甚至还修改了孙中山原打算仅以区域代表制组成国民大会① 的计划，从 1936 年开始局部地引入了职业代表制。

在以往的众多研究中，均把中华民国的政治史看作以政党为中

---

① 关于"国民大会"与"国民会议"的关系，可参见本书第三章的叙述。简而言之，在本书中，这两个词在 1923 年之前是通用的。在 1923 年之后区分使用，即前者属于区域代表制民意机关，而后者属于职业代表制民意机关。

心的议会制与党治制之间竞争的过程，却忽视了民众对职业代表制这一民主模式的渴望及实践，因此，具有一定的局限性。党治制在最先提出该方案的苏联已经以失败告终，而议会制也在欧美、东亚等地暴露出种种弊端，此时，对新的模式进行探索可谓迫在眉睫。然而，苏联解体后，更多的研究把多党制议会政治与列宁式政党制进行比较，把实现前者当作应有的模式。[1]

到了19世纪末20世纪初，欧洲国家开始在政党制度的框架之外寻找关于议会制的改善方案。第一种主张是，要想使作为国家范围的法制，即民主制度正常运转起来，就要在日常生活的空间，也就是在社会范围内启发并培养市民的民主意识。第二种主张直接引进民主政治的方式（如公民投票、公民制宪、公民罢免），突破代议制度的局限性。第三种主张是，将选举代表的单位与方式进行革新。如此一来，区域代表制本是以一定的区域为单位选出政党候选人来代表这一区域的意见，但这种区域代表制从根本上来讲，无法代表区域内各阶层、各界居民的不同见解。职业代表制则是以职业团体为单位，选出该团体的候选人来代表这一职业界的意见，因此这种职业代表制才是真正可以代表民意的制度。从而引申出两种不同的主张，一是如果要实行这一制度，应与原有的区域代表制并行，以弥补其不足；另一则是废除区域代表制，全面实行职业代表制。[2]

以上的议会制革新方案于19世纪末20世纪初登上欧洲的舞台，得到实践。第一次世界大战前后，将以上三种方案混合到一起来谋

---

[1] 相关研究主要有：Linda Chao & Ramon H. Myers, *The First Chinese Democracy: Political life in the Republic of China on Taiwan*（Baltimore: Johns Hopkins University Press, 1998）；金子肇「国民党における憲法施行体制の統治形態—孫文の統治構想，人民共和国の統治形態との対比から」、久保亨編『1949年前後の中国』、東京：汲古書院、2006；江沛：《国共两党"党国"体制比较研究（1924—1949）》，《中国近现代史研究》第33辑，2007年，第139—175页。

[2] 王世杰：《比较宪法》，商务印书馆，1928，第278—288页。

求议会制改善方案的努力引起了广泛关注，由此出现了把消极看待议会政治的产业劳动者组织起来，试图超越议会政党的做法。法国的工团主义与英国的行会社会主义处在这股潮流的中心位置。因为如果使职业团体成为选拔代表的单位，那么会员，也就是选民可以根据他们组织的力量直接推行公民投票、公民制宪、公民罢免等直接民主的参政方式。选拔代表的单位与选民生活的单位一致或是有着直接联系，这就使得通过团体活动来提高民主意识变得容易起来。人们普遍认为，随着产业化的推进，民众的见解与要求逐渐走向分化，职业代替居住区域成为人类社会的聚集原理将会得到重视，代议制同样也必然会跟随这一趋势而革新。①

就这样，职业代表制被看作是在各种职业的分化过程中、在自发性社会团体发达的产业社会条件下追求的制度。实际上，19世纪二三十年代，欧洲一部分国家还将其制度化。而从这一点来看，20世纪前半期，在半殖民地半封建的中国不具备这种条件，但职业代表制却受到了强烈的欢迎，不得不说这是一个特殊的现象。在东亚范围内，这也是仅仅发生在中国的独特现象。

即使这样，职业代表制仍然没有得到学术界的关注，甚至其实际情况还尚未被人了解。职业代表制曾被德国与意大利法西斯利用，所以西方学术界对其持消极看法，这也许是职业代表制不受关注的一个背景原因。但至于日本法西斯体制，以及韩国和中国台湾等地的权威主义体制，也是依靠以区域代表制为根据的政党中心议会制来形成与维持下去的。任何一种制度，都不能凭借制度本身来保障民主的内涵。根据采用这种制度的国家与社会的历史背景及条件，同一制度会发挥不同的作用。

因此，在东亚的社会环境下，作为映衬以政党为中心的议会政治的一面镜子，进一步来讲，作为探索以政党为中心的议会政治的

---

① 王世杰：《比较宪法》，第272—273页。

弥补方案或对策，对职业代表制实践的历史进行研究还是很有意义的。随着产业社会的发展，我们需要能够反映各种职业的分化与多元政治要求的新的民意机关。改革开放之后，在中国的政治改革方案中，曾提出将全国人民代表大会改为区域代表制与职业代表制并行的两院制，并且试图以此来保障各职业团体的集会及活动的自由。紧接着，香港开始贯彻执行与此相似的政制改革方案，由此成功地过渡到民主主义。这说明，职业代表制的实行有现实意义和必要性。

根据以上叙述，笔者将解答有关近代中国职业代表制探索的三个方面问题。即为什么在20世纪上半期，中国一直努力按照职业代表制设立民意代表机关？这种努力是通过谁、具体怎样进行下去的？在当今中国的民主化进程中，以及后冷战时代东亚的民主进程中，职业代表制可以给我们带来怎样的启示？

二　研究视角与方法

在欧洲，以政党为中心的议会政治在实行过程中暴露出种种弊端，而职业代表制作为针对这些弊端的改善方案或是对策得到了探索与研究；与此不同，在近代中国以政党为中心的议会制名存实亡的情况下、实际上不存在民意代表机关的环境中，职业代表制得到了提倡与推崇。也就是说，欧洲在"巩固民主"阶段探索的制度在中国的"过渡民主"阶段得到了倡导。

因此在近代中国，包括职业团体在内的各种社会团体，不得不自己完全承担起要求设立任何一种形态的民意机关的社会政治性活动。在这种背景下，近代中国的各种职业团体不但要做好谋求各自职业利益等分内之事，还要在此基础之上实现政治化。清末开设国会的要求、民国初期恢复已散伙的国会的要求等，都不是由政党而是由职业团体提出并进行解决的原因正在于此。原本有责任来开设民意机关的国家权力腐败无能，他们无法再期待国家权力发挥本职作用。因此，他们否定原有的国家权力，试图通过革命性的探索以新的原理来组建自己的民意机关。19世纪20年代的国民会议运动就是一个例子。之后，由于没有常设民意机关，各种社会团体都进行了类似的政治活动。

立足于这种背景，本书以20世纪20年代为中心，并前后扩展20年，阐述近代中国对职业代表制的探索与实践过程。向前追溯到1894年中日战争，而向后则将研究延伸至1954年实行区域代表制的人民代表大会的确立。其原因有以下两个方面：第一，虽然1920年才根据欧洲的职业代表制理论正式提出新的民意机关设立方案，但笔者认为，中国社会早已具备实践这种方案的内部条件。第二，则是为了揭示国民革命之后在国民党的党治制环境下，有关职业代表制的探索继续进行，并发生了变化。

在这一时期进行民意机关探索的最重要特征在于，在国家范围内制度空白的情况下，社会范围内的民间团体自发地填补这种空白，而且在短时间内实现了制度化。因此在本书中，会把有关国家与社会关系的社会史研究，以及有关代议民主理论与实际的政治学研究作为研究方法的借鉴。

举例来讲，19世纪中期以来西方强调的"团体生活的社会学"是与采取这种切入方法的必要性相对应的。这门学科主张，国民根据自己的爱好与利害关系组建自发性的社会团体（associations，社团），并在其中培养民主讨论以及决定产生的方式，这样才能拥有民主市民的资质。[1] 黑格尔的团体理论也很值得关注，他主张，个人虽然是追求特殊利益的存在，但为了满足这种需求，必然会依靠

---

[1] Sigrid Robtentscher ed., *Democracy and the Role of Associations: Political, Organizational, and Social Contexts* (London: Routledge, 2005), p. v. 另参见安承国《社团民主主义와정치공동체》，《韩国政治学会报》第31卷第3号，1997年。

他人，而不与他人组成团体共同付出努力是不可行的。在他看来，职业团体通过同质的劳动来共同追求同质利益的功能尤为重要。因此，在市民社会中需要被"代表"的不是地理区域，而是职能（和职业相比，这个概念更具有扩张性，如青年、学生等，虽然不是职业，但担当着一定的社会功能）性的单位。他还批判说区域代表制的议会制是由封建制度残余变质而成的"贵族少数分子政治"；认为职能（利益）代表制是符合国家与社会本质、代表民意机关组成原理的制度。[1]

在第一次世界大战前后，随着议会制革新论的扩散与议会政党作用的减弱，以职能组成自律性的社会团体来扩大民主的思路得到了广泛的关注。第一次世界大战之后，包括魏玛共和国在内的欧洲各国纷纷实行新宪法，从此将职业代表制称为"社团民主主义"（associational democracy）或"新民主主义"（new democracy），如图 1 所示。在个人主义倾向比欧洲国家更强的美国，即将成为总统的商务长官胡佛也提出了必须实行职业代表制的主张。[2] 他的主张虽然没能改变原本的区域代表制的政党政治体制，但作为针对原有体制的改善方案，其主张一直备受关注。权力者与资本家以区域代表制的优点为基础，试图守住政党政治，这一现象也验证了人们对区域代表制的指责，即大部分情况下，区域代表制

---

[1] George H. Sabine, Thomas L. Thorson:《政治思想史》第 2 卷，成裕普等译，首尔，한길사，1997，966—967 页；元峻镐:《团体利益과公益의统合을위한规范的论议：黑格尔의国家论에서의团体의自治行政과职能代表가주는现在意义》，《议政研究》第 15 辑，2003 年，第 170 页。
[2] 江亢虎:《新民主主义新社会主义说明书》，《东方杂志》第 19 卷第 16 号，1922 年 8 月 25 日；王世杰:《最近新宪法的趋势——代议制之改造》，《东方杂志》第 19 卷第 22 号，1922 年 11 月 25 日；Raymond L. Buell, "The New Democracies of Europe", *Current History*, Vol. 15 No. 5, Feb. 1922; Ellis W. Hawley, "Herbert Hoover, the Commerce Secretariat, and the Vision of an 'Associative State', 1921–1928", *The Journal of American History*, Vol. 61 No. 1, June 1974.

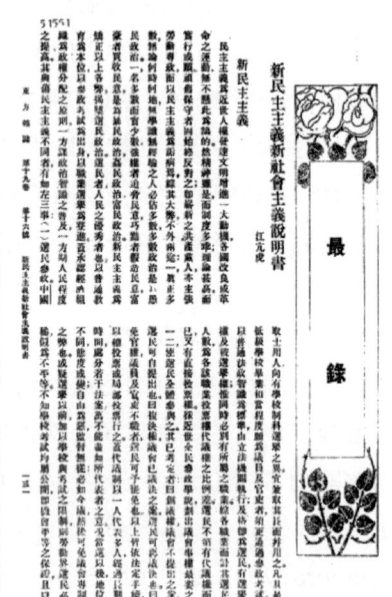

在政治上明显代表的是区域内特定集团的利益。[①]

图0-1 一战后欧洲国家和中国提出的新民主主义论（1922）

　　这种侧重团体生活的社会学、政治学虽然得到了繁荣发展，但也无法保证市民的团体生活就是消除以政党为中心的议会政治的弊端而使民主主义突飞猛进的特效药。不过，人们普遍认同的是，如果国家不赋予国民自由地组成团体的权利，那么就根本无法谈及任何民主主义，更不能称其为民主主义。在这一原则之下，与民众生活息息相关的社会领域的自律团体能够培育出多少使民主主义灵活发展的土壤，取决于国家政治制度的宏观环境、市民日常生活结构的微观环境以及介于两者之间的自律团体的特征（规模、可利用资源、

[①] 区域代表制的优势在于以地区行政体系为基础来保证国家的权威和议员不受特定利益团体的委任，以此来摆脱其束缚，并能够协调相互对立的要求。Heinz Eulau, John C. Wahlke 编《代议政治论》，李炳华译，首尔，田艺院，1985，第146—149页。

内部结构、参与机制等）的相互作用。① 包括职业团体在内的民间团体虽然也曾被法西斯所利用，但同时也有可能成为社会组合主义（social corporatism）的基础，产生这种差异的原因就在上述因素不同程度的相互作用。② 在近代中国，受民间团体推崇的职业代表制从多元性国家观与职能性社会观出发，提出国家权力的分占，而不是独占，因此成为否定包括军阀政府在内的独裁政府的革命性政治运动的武器，与此同时，也为国共两党在扩大各自社会基础时运用。因此，在论及这一问题时，必须要有时刻关注国家与社会、政党与社会团体之间的竞争、妥协和紧张的态度。

若要理解国家与社会、政党与社会团体的复杂关系，必须摆脱"市民社会论"的二分法。人们常谈及的市民社会论认为，国家与社会中若有一方力量增强，另一方的力量就会减弱，二者是负相关的关系。但是，原本由黑格尔最早提出的"市民社会"的概念并不是从国家中独立出来的领域，身为市民社会主体的市民团体虽是自发组成的，但必须得到国家的许可，也唯有这样才能保证其权利。进一步来讲，由职业团体来管理共同的特殊利益，这也属于应得到国家保护的正当权利。③ 认清这一关系的学者中，有的认为从国家中独立出来的市民社会的概念仅仅限于思维观念上的意识层面，以此否定其现实的

---

① Sigrid Robtentscher ed., *Democracy and the Role of Associations: Political, Organizational, and Social Contexts*, pp. 6–7, 239–245.
② 也有的学者把职业代表制与组合主义等同，但二者之间有着明显的差异。职业代表制是由自发组成团体的代表来构成民意机关，并在其中融合了各种职业的特殊利益与国民的普遍利益。与此不同，组合主义是在国家的监督之下有限地、有层次地组成的团体的代表，以政党为中心的议会制民意机关为前提，在其范围之外与政府代表进行协商，决定公共政策的制度。元峻镐：《团体이익과公益의统合을为한规范의论议：黑格尔의国家论에서의团体의自治行政과职能代表가주는现在意义》，《议政研究》第15辑，2003年，第182—183页。
③ 元峻镐：《团体이익과公益의统合을为한规范의论议：黑格尔의国家论에서의团体의自治行政과职能代表가주는现在意义》，《议政研究》第15辑，2003年，第170—172页。

存在；有的则认同国家与市民社会之间的相互依存性的关系，认为唯有在国家根据宪法与民意机关来保障市民的自由结社、集会的条件下，市民社会才得以实现。[1] 因此，在没有宪法与民意机关的清末至民国时期的中国，讨论市民社会论的实践方法无异于缘木求鱼。[2]

对此，除了前面提到的国家与社会的相互作用之外，笔者在下文还将讨论民族主义与民主主义、国际条件与国内条件、政党与社会团体的相互作用，试图把这四组相互作用的关系作为分析框架来研究职业代表制探索的过程。在分析中，不仅会论及各组的两方关系，还会探讨四组关系之间的相互作用。各种社会团体借助已得到国家正式许可的合法团体的地位，以民族主义危机为名提出了民主主义制度化的要求，两次世界大战之后形成的国际条件为这些团体的民主化要求增添了力量，革命政党与社会团体以打倒军阀和帝国主义、实现民族主义与民主主义为共同目标而进行合作。在这种相互作用与合作之中，竞争与紧张也是不可避免的，对于由此而引发的社会团体的自律性有遭受侵害的危险，笔者也将特别进行留意，并动态呈现竞争与合作之间的紧张态势。

---

[1] Mark E. Warren, *Democracy and Association*（Princeton University Press, 2001），p. 28, 33.

[2] 市民社会论者以自清末至 1928 年国民党的党国体制（party-state system）成立之前，商会就已经担负起地方自治行政与公共业务的责任为根据，认为"市民社会的初步形态"已经形成。比较有代表性的论著如下：David Strand, "Civil Society and Public Sphere in Modern Chinese History", Roger V. Des Forges & Luo Ning et al. eds., *Chinese Democracy and the Crisis of 1989*（New York: State University of New York Press, 1993），pp. 59–60；朱英：《转型时期的社会与国家——以近代中国商会为主体的历史透视》，华中师范大学出版社，1997，第 290 页；马敏：《官商之间：社会局面中的近代绅商》，华中师范大学出版社，2003，第 290–303 页。也有论者认为，在中国自古至今一直存在"社团生活"和"市民社会的成分"（elements of civil society）。对此，可参见 Karta W. Simon, *Civil Society in China: the Legal Framework from Ancient Times to the "New Reform Era"*（New York: Oxford University Press, 2013），p. xxvii.

在这四组相互作用的关系之中，以职业团体为中心的各种社会团体彼此联合，通过"各界（团体）联合"的民众集会与示威或"各界代表"会议，集中"各界民意"，以此来形成以民意机关自居的社会惯例。[①] 笔者具体分析时将聚焦于形成这种惯例的过程以及将其正当化的逻辑，并阐明根据这种社会惯例来组成民意机关及其法制化的探索。

本书的研究方向可以分为以下两个部分：首先，阐明唯有组成团体并凭借其组织的力量才能救国的合群救国论，也就是以结社救国论为背景成立的职业团体，作为1907—1911年的利权收回运动与国会开设运动主体的各界联合登场之事实；还阐明它们在此经验基础上结合从欧洲引入的职业代表制理论，使国民会议这一新的民意机关的设立方案得以具体化之过程；根据该理论，组成国民会议的主体限定于正当化的职业团体代表。其次，阐明职业团体等各种社会团体承认各自的局限性，与革命政党"联手"以及由此对职业代表制产生的影响。双方在国民革命中的"联手"是在1923年实现的，此时虽已出现了社会团体必须保持其自律性的课题，但双方的合作至少持续到1927年。实现职业代表制的条件从国民党党治体制确立的1928年开始发生巨大的变化，所以本书以1928年为界线，分成第一部与第二部来论述。

三 对以往研究的探讨

有关近代中国民意机关的研究，大部分将多党制议会政治当作基准来进行。其见解可以分为两种。一种观点认为，从清末新

[①] 柳镛泰：《近代中国의职业团体와民意形成1901—1919》，《东洋史学研究》第101辑，2007年，第292—295页。

政时期至五四运动，虽然试图确立多党制议会政治，但由于军阀与帝国主义的干涉，以及中国经济的落后与国民的低水平生活等，导致其不可避免地遭受挫折。另一种观点认为，虽然在选举及议政活动中存在着各种弊端，但参政的范围还是在持续性地扩大，政治发展以及政治近代化均有所进展。但自从 20 世纪 90 年代以来，前一种见解逐渐减弱，后一种则逐渐得到认同。其实早就有观点将清末—民国初期看作绅士或绅商阶层的"精英行动主义"与"绅士民主主义"的连续性过程，美国学术界早期正是从这一视角出发来进行研究的。[1] 最近中国学术界也出现了将军阀政府时期的议会制正面评价为政治发展的一个过程的观点，并为此不使用以往的"北洋军阀政府"，而是使用的是"北京民国政府"。[2]

这种正面评价与名称的选择隐含了一个前提，就是清末—民国初期的多党制议会政治的探索由于紧接下来中国国民党的一党统治模式而遭遇失败。还可以看到，这种评价也突显了革命政党建立的"南京国民政府"也是一党制，没有民意机关的意味。有关国民政府时期国民党一党制之下的反对派政党（所谓"民主党派"）的研究也是这一观点的延伸。[3] 这种脱离革命史观的视角应用到清末政

---

[1] Mark Elvin, "The Gentry Democracy in Chinese Shanghai, 1905-1914", Jack Gray ed., *Modern China's Search for a Political Form* (Oxford University Press, 1969); Mary B. Rankin, *Elite Activism and Political Transition in China: Zhejiang Province, 1865-1911* (Standford: Stanford University Press, 1986).

[2] 参见刘景泉《北京民国政府议会政治研究》，天津教育出版社，2006；严泉：《失败的遗产，中华首届国会制宪（1913—1923）》，广西师范大学出版社，2007。与此不同的是强调近代中国议会政治挫折的研究，参见张朋园《中国民主政治的困境，1909—1949：清末以来历届议会选举论》，台北，联经出版社，2007。

[3] Roger B. Jeans ed., *Roads Not Taken: The Struggle of Opposition Parties in Twentieth-Century China* (Oxford: Westview Press, 1922); Edmund S. K. Fung, *In Search of Chinese Democracy-Civil Opposition in Nationalist China, 1929-1949* (Cambridge: Cambridge University Press, 2000).

局的分析中，出现了认为君主立宪改革派比民主共和革命派更符合中国民主化道路的观点。可以说，这些观点完全把多党制与一党制、议会政党与革命政党用二分法对立起来。这种研究不仅本身就具有理论的意义，而且作为将来中国政治改革的一个模型，更具有现实的意义。

但这种二分法的议会政治史研究没有得到与一党制有一定距离的议会制批判论及革新论的太多关注。在笔者看来，清末以来中国的政治史在推崇以政党为中心的议会政治的势力和批判这股势力、试图树立以职业团体为主的各界联合模式民意机关的势力之间的竞争、妥协中展开。在这里，从20世纪20年代开始，推崇党治体制的革命政党势力增强，由两方竞争变为三方竞争的局面。此时，由传统的朋党观而引发的对政党不信任的社会风向和加重这种倾向的军阀混战与革命的继续开展，以及作为新思潮之一为民众接收的非议会主义的职业代表制论等，都使议会制模式的处境愈发艰难。而其结果则是各界联合模式的处境相对来说变得安逸。自从为解决不存在民意机关这一问题的国民会议运动开展以来，社会领域内的一系列努力都是这些历史经验的积累。

故此，如果不从结合社会史与政治史的角度来看设立社会领域各界联合模式的民意机关的努力，就很容易忽略民国政治史鼎足力量中的一足。最近有一些关注商会、自由职业团体、农会、教育会等的研究，还有关注它们的社会政治活动的研究，但这些研究从国家—社会的控制与自律这一角度出发，仅把地方范围内自治行政的参与强调为"市民社会的初步形态"而已。关于各界联合，这些研究也仅仅把其理解为五四运动、五卅运动、一二·九运动之类的反帝爱国运动中出现的统一战线的形态之一。其结果是，无论是单一的社会团体还是它们的联合，即各界联合，以往的研究都没有关注它们自发地在地方乃至全国范围内试图解决"不存在民意机关"问题的努力，对于职业代表制也是漠不关心。①

此外，对于以职业团体为主体的国民会议的构想及运动，以往的研究主要把时间限制在国民革命时期（1923—1928），并分为统一战线论与民国建设论两个对立的视角。

统一战线论认为，国民会议作为国共合作时期革命政党的基层统一战线中的一环，是由共产党提出的。根据这种观点，1923年7月，中国共产党向国民党提出由职业团体的代表组成国民会议，以解决时局问题，并正式地提出了方案。1924年11月，孙中山北上，使这一方案得到了实质的推进。此时的国民会议被认为是国共两党与各界、各阶层联系的方式，由此增进国民统合，起到把国民革命变成真正的国民革命的作用。② 但这些日本方面的研究对于人们为什么推崇按照"职能性组织原理"来联系和统合并不关注，中国学术界的研究在这一点上也是如此。③ 最早从这一视角研究国民会议的野泽丰认可了国民党的主导性作用，并且认为国民参政会也是"国民会议的再现"。李升辉认为，共产党提出召开国民会议，其实是牵制国民党的一种策略。④ 虽然这种看法把国民会议的意义

---

① 对于与市民社会论有一定距离的职业团体的研究有：Xiaoqun Xu, *Chinese Professionals and the Republican State: The Rise of Professional Associations in Shanghai*, 1912-1937（Cambridge: Cambridge University Press, 2001）；朱英、魏文享：《近代中国自由职业群体与社会变迁》，北京大学出版社，2009。

② 野沢豊「中国における統一戦線の形成過程—第一次国共合作と国民会議」、『思想』477号、1964；野沢豊「第一次国共合作と孫文—国民会議運動を中心として」、『中国近現代史論集』、東京：汲古書院、1985；横山英「國民革命期における中國共產黨の政治的統合構想」、『中国の近代化と政治的統合』、広島：溪水社、1992。

③ 李世平、陈廷湘：《论大革命时期我党关于"国民会议"的主张》，《近代史研究》1984年第2期；王金铻：《论国民会议运动》，《吉林大学社会科学学报》1985年第5期。

④ 李升辉：《中国의"国民会议运动"과上海商工阶层》，《历史学报》第144辑，1994年。

理解得更为狭隘，但从大处着眼，这种看法并没有脱离统一战线论的大方向。

与此相对，民国建设论认为，国民会议虽然是由共产党提出的，但实际上是包括商会在内的社会各界舆论共同努力的结果。尹惠英与周兴樑均认为国民会议召集论是建设新民国的方案，但前者认为，孙中山的国民会议主张是接受了共产党以及社会舆论的结果；而后者则认为，它只是接受了共产党提案的结果。[1]

相较而言，这两种观点均认为国民会议的构想与推动应由革命政党主导，但笔者看重的是民国建设论还关注到自律性社团的活动这一点。坂野良吉的看法也与此相似。他虽然把国民会议看作是共产党为了动员各界各阶层的"多数者革命策略"，但他追溯到1919—1920年的国民大会促成会，[2] 把它看作国民会议的社会基础。金子肇尤为关注的是自律性社团的活动，即1922年商会、教育会、农会等法定职业团体与政党行为毫无关系地、自发地召开国是会议，制定《国是会议宪法草案》。[3]

但是关于它与之后的国民会议运动是怎样的关系，尚未有相关研究。在此，笔者关注的是白永瑞的研究，他在清朝以来"民间社会的传统"，也就是在行使批判并完善国家权力双重作用的传统的基础上，分析五四运动以来得到灵活发展的社团的活动，并把其延

---

[1] 尹惠英：《中国现代史研究：北伐前夜北京政权의内部崩溃过程，1923—1925》，首尔，一潮阁，1991，第92—97、108页；周兴樑：《孙中山与国民会议运动》，中国孙中山研究学会编《孙中山和他的时代：孙中山研究国际学术讨论会文集》（上），中华书局，1989，第825—826页。

[2] 促成会在文献中名称多样，如促进会、策进会和协进会等。为行文方便，本书统一为促成会。此处则为国民大会促成会。

[3] 坂野良吉「国民会議の構想ならびに運動と陳独秀主義—1923年から1926年までの推移へ焦点を合わせながら」、『名古屋大学東洋史研究報告』18号、1994.4；金子肇「一九二〇年代前半における各省'法団勢力と北京政府」、横山英編『中国の近代化と地方政治』；金子肇「中華民国の国家統合と政治的合意形成」、『現代中国研究』3辑、1998。

伸理解为国民会议的构想得以出现的背景。①

在国民会议运动中登场的民意机关有三类：第一类是 1927 年上海市民会议、长沙市民会议、湖南省民会议；第二类是 1931 年南京国民会议以及 1938—1948 年国民参政会、地方参议会、政治协商会议；第三类是 1949—1954 年人民政治协商会议和各界人民代表会议等。职业代表制在这些机关中均得到了或多或少的实践，但学术界对于它们作为新的民意机关还没有给予应有的关注，甚至表现出了研究偏向性。其中，第二类被认为是国民党为了使训政独裁有坚实的后盾而采取的手段，致使其要么没能吸引学术界的关注，要么被认为只不过是政党之间的协商方式。而第一类和第三类被认为是由共产党组建统一战线或进行国民统合的方法。② 也有极少数研究从民意机关探索的角度出发，将国民参政会看作战时民意机关"具有进步意义与广泛代表性的民主政治形态"；认为各界人民代表会议是过渡时期的民众参政机关。③ 对于南京国民会议的见解一般分为两种，一种是国民党跟随孙中山的遗教，为了确保训政体制的正当性并促进国民统合而成立；另一种则认为，当时包括中国共产党在

---

① 白永瑞：《中国에 市民社会가 形成되었나？历史의 观点에서 본 民间社会의 轨迹》，《亚洲文化》第 10 号，1994 年，第 219—227 页。
② 王干国：《中国政治协商会议史略》，成都出版社，1991；李炳南：《政治协商会议与国共谈判》，台北，永业出版社，1993；王树棣等主编《中国人民政治协商会议史》，黑龙江教育出版社，1991；大沢武彦「人民共和国建国直前における人民代表会議と公民権」、久保亨編『1949 年前後の中国』；李沅埈：《中华人民共和国建国直前의 政治统合过程》，《东洋史学研究》第 98 辑，2007 年 3 月。
③ 徐乃力：《中国的"战时国会"：国民参政会》，《国民参政会记录（续编）》，重庆出版社，1987；章红：《国民参政会述论》，《抗日战争研究》1996 年第 3 期。更低的评价认为，各党派与各界是要求民主主义的斗争之地。平野正「抗日民族統一戦線と憲政運動」、『講座中国近現代史』6 卷、東京大学出版会、1978；张毛毛：《国民参政会与中国共产党争取民主政治的斗争》，《近代史研究》1986 年第 2 期；李国芳：《建国前夕中共创建石家庄民众参政机构的实践》，《近代史研究》2006 年第 5 期。

内的所有政治势力都要求"组成作为反映民意机关的国民会议",因此组成了南京国民会议。① 主张后者的日本学者菊池一隆认为国民会议的组成才是 20 世纪二三十年代的"政治力学的中心"。

最近在日本与中国,关于章士钊、孙中山、邓演达对职业代表制看法的研究已经取得了令人瞩目的成果,但是在这些研究中,仅仅把职业代表制看作个人构想,并只从这一角度进行探讨。在把职业代表制视为一种制度的实践来研究方面,最近魏文亨表露出对这方面的兴趣。②

以上的研究从各个方面启发了笔者的问题意识,但无论哪一个研究,都未曾把国民会议与在此之后的各种民意机关看作是职业代表制的具体化形态,这就在以下几个方面形成了必须要解决的课题。如各界联合与国民会议是怎样相互有机地关联的?与包括同乡会及地区团体在内的各种社会团体参与进来的各界联合不同,国民会议的组成主体为什么一定要限制为职业团体?国民会议最早是由陈独秀与共产党提出的,还是职业团体自己提出的?国民党曾坚称孙中山死后无论发生什么事情都不会修改他的建国大纲,但为什么在 1936 年修改了他提出的必须由区域代表组成国民大会,从而把职业代表也列为组成方式?这些问题都需要进行

---

① 胡春惠:《国民会议之召集与约法问题》,《抗战前十年国家建设史研讨会论文集》(下),台北,中研院近代史研究所,1984;菊池一隆「国民会議を巡る政治力学——1920 年代から 30 年代への運動」、狭間直樹編『一九二〇年代の中国——京都大人文科学研究所共同研究報告』、東京:汲古書院、1995。

② 森川裕貫「議会主義への失望から職能代表制への希望へ——章士釗の『職業救国論』(1921)」、『中国研究月報』65 巻 4 号、2011;孙宏云:《孙中山的民权思想与职业代表制》,《广东社会科学》2007 年第 1 期;孙宏云:《平民政权与职业代表制——邓演达关于中国革命与政权的构想》,《中国政法大学学报》2008 年第 2 期;魏文亨:《国民党、农民与农会:近代中国农会组织研究,1924—1949》,中国社会科学出版社,2009,第 252—267 页;魏文亨:《职业团体与职业代表制下的"民意"建构——以 1931 年国民会议为中心》,《近代史研究》2011 年第 3 期。

一一探讨。

　　社会团体为了解决"不存在民意机关"的问题而联合，形成各界联合，并以此为基础收集各界民意来形成推动设立民意机关或使其正当化的舆论，笔者着眼于这种舆论成为社会惯例的过程，并尝试对上述问题进行解答。尤其是在辛亥革命之前的清末新政时期，这些努力在职业团体自身的主导之下进行，并在五四时期兴起、发展，之后国共两党都出于各自的需要，在1949年之前围绕把它们争取到己方而展开竞争。

第一部

从各界联合到职业代表制

第一章　职业的认识与职业主义的兴起

从 20 世纪初以来，中国社会表现出了以拥有职业者为中心聚集民意的特征。本章作为对于职业代表制产生背景的探索，将带着为什么这种现象会出现并持续到 20 世纪末及其对民意机关的形成起到了怎样影响的问题来探讨职业的认识与职业主义的兴起。

所谓职业主义，是指以职业为中心掌握并试图解决社会经济与政治之各种问题的社会思潮。职业主义认为只有拥有职业的人才可以行使社会发言权。进一步来讲，这个观念可延伸为拥有职业的人才具有选举民意机关代表的权利。因此，和职业代表制的概念相比，职业主义有着更广的意义。职业主义思潮的传播为职业代表制理论被民众接受提供了社会思想的土壤。

职业主义一词在 1915 年 10 月由陈独秀第一次提出，当时仅限于教育方针层面的含义。而把职业主义应用于包括政治层面等全方位意义的是梁启超，这是他在 1918 年 12 月至 1920 年 3 月游历欧洲时领悟到的。此后，原本推崇政党中心的议会政治的人士，无论是梁启超还是胡适、陈独秀，五四运动后均纷纷转而主张职业主义。

对于职业主义在五四运动期间确立并广泛传播的背景，笔者特别关注的是其中来源于无政府主义的劳动主义与工团主义。无政府主义者与同业公会联合，试图解决生产与管理、消费与福利等社会生活问题，他们的做法丝毫不亚于行会社会主义，起到了确立与扩散职业主义的作用。当然，本书会把他们的同业公会论与依据商战论而提的实业救国论、共和主义职业观等放到一起进行探讨；通过探讨职业主义的兴起，理解政治活动的主体为何由以绅士为主转变为以工农阶层为主，以及第一次世界大战至五四运动期间新的民意机关探索的社会背景。

一　职业的认识与分类：劳动主义

在汉语文化圈中，"职业"一词在古代作为"官职上的业务"的意义来使用，如"职业无分"（荀子）或"使无忘职业"（《史记》）。这个词常常包含着实践君子之道的意义。也有人把"职业"一词分开理解，所谓"职"就如"六卿分职"所说的，指的是官职上原有的职务，而"业"指的是为了促进社会生产与维持生计的生业。从这个意义上看，农业、工业、商业仅仅是"业"，而不算是"职业"。

因此可以说，如今我们使用的"职业"的概念是到近代才形成的。1933年出版的美国社会科学百科辞典中写道，职业意味着"个人为了得到持续性的收入，持续追求的、具有市场价值的特殊活动"。此时，职业还以比"市场价值"更广的"社会价值"为基准来定义。而即使是同样具有这种价值的活动，如果被从事相同工作的人孤立，独自工作，则不把它看作是职业。从这种层面来看，职业是社会性的、协作性的，在此基础上还伴随着作为共享的认同感的职业意识。[①] 而类似于道的实践之类的道德主义标准则不包括在内。

在中国社会，近代意义的"职业"开始于与"君子之道"告别的1905年，即科举制度被废除之后。在梁启超看来，当时接受新式教育的学生都像过去的读书人一样，追求"学而优则仕"，因此产

[①] Lee Taylor, *Occupational Sociology* (New York: Oxford University Press, 1968), pp. 8–10；刘泓埈：《职业社会学》，首尔，景文社，2004，第6—7页。

生了"读书人的职业问题",而且在政府"不为国家之利,盖予无业之人以业,则其人之劳力,不至废业不用,而得出之,以为国家从事生产也"的情况下,这个问题日益严重。① 由上可以看出,在词源中有以生产活动为标准来看待职业的层面。

为了确认这一观点,我们还可看看有关职业的认识与分类。职业可分为广义的职业与狭义的职业。首先是广义的职业,1912年蔡元培在《中学修身教科书》中谈及"职业"时,把依赖于脑力劳动的官吏、医师、教员与依赖于体力劳动的农工业全部纳入职业的概念之中。在他看来,无职业者无法靠自己的力量存活,因此人人都不应该没有职业,没有职业、光吃不干的人就是游民,游民就是社会的公敌。② 1917年陶行知也发表过与蔡元培相似的见解。陶行知认为,农民与劳动者都造出"有利之物",而商人与医生则做有利之事,他们都利群。因此,拥有"生利"知识的人,理所当然就是职业者。他提倡"生利主义职业教育",认为"职业的作用就是生利,职业教育的主义别无他物,就在于生利"。③

这种广义职业观要追溯到李提摩太(Timothy Richard)于1893年在《万国公报》上发表的《生利分利之法》(见图1-1)。他把职业分为生利与分利、直接生利与间接生利,其中农、工、商业者是直接生利者,而文武官员、兵士、医师、博学之士等均为间接生利者。④ 陶行知所讲的拥有"生利"知识的人正属于博学之士。

---

① 《作官与谋生》(1915年),《梁启超全集》第5册,北京出版社,1999,第2801—2803页。
② 《中学修身教科书》,《蔡元培全集》第2卷,中华书局,1984,第231—235页。
③ 陶行知:《生利主义之职业教育》(1917年12月),中华职业教育社编印《社史资料选集》,1982,第274—277页。
④ 该文章与随即写下的续篇合起来,以《生利分利之别论》为名,发行单行本。续篇为李提摩太《生利分利之别论》,质学社,1897。亦可参见熊月之《西学东渐与晚清社会》,上海人民出版社,1994,第594—597页。

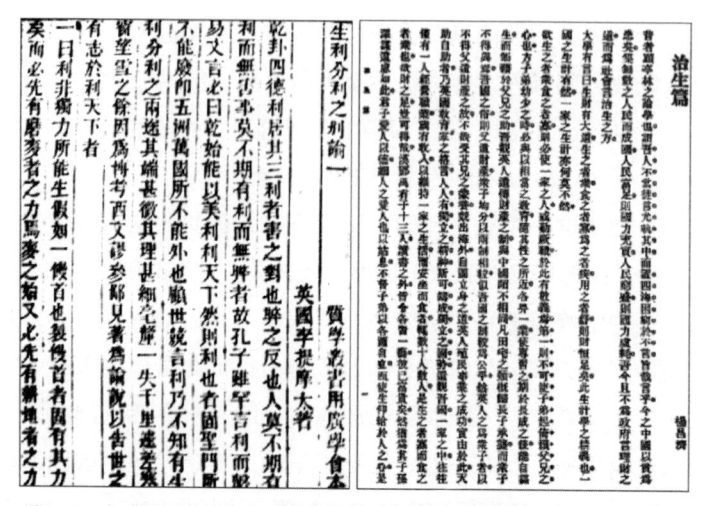

图1-1 在《万国公报》与《新青年》上发表的李提摩太（左，1897）与杨昌济（右，1916）的文章

注：这两篇文章是说明当时职业观的最典型的文章。

关于狭义的职业观，中国社会党于1911年把职业分为直接生利事业与间接生利事业，并强调可以直接生利的劳动及其振兴。由包括无政府主义者在内的、具有复杂倾向的人组成的社会党的纲领认为，虽然不能不存在间接生利的从业者，但劳动是神圣的，所以人们必须致力于直接生利的事业。① 这是尊劳主义的观点，包含着排斥间接生利者的内在逻辑。福建省的一个无政府主义团体很明确地提出，唯有属于直接生利者的农民与劳动者才是有职业的人。该团体认为，"每人都有一个业"，合并到一起形成互助的社会，人们通过自己从事的业得到的东西要与整个社会一同分享和使用。唯有如此，才能打破自己不工作反而掠夺他人劳动成果的罪恶结构。②

这种无政府主义的职业观通过提倡新文化的《新青年》向全国

---

① 《中国社会党规章及宣告》（1911年9月），中国第二历史档案馆编《中国无政府主义和中国社会党》，江苏人民出版社，1981，第173—176页。
② 师复：《无政府浅说》，《晦鸣录》第1期，1913年8月20日。

的青年学生进行了传播。毛泽东在湖南第一师范学校的老师杨昌济于1916年刊登在该杂志的文章中提出，职业应分为生利和分利，并把官吏与军人以及鸦片商人等特定商人从职业的范畴排除。他认为，虽然是为了维持生计而从事的工作，但像贩卖鸦片一类，如果从个人的立场来看是生利的，而从社会的立场来看是分利的话，就称不上是职业。① 正如本章后面的论述，青年学生以《新青年》为参考对象在各地发行的小型杂志中，刊发了很多借用了杨氏观点的职业观。

从1920年开始为人所接受的行会社会主义职业观把官僚、军人、议员排除在职业者范围之外，这与无政府主义职业观是一致的。例如《东方杂志》的编辑杨端六与《解放与改造》的张东荪认为，议员轻易被军阀、官僚收买或主动背叛民意的原因在于"无职业者"当选为议员；他们以各级议会议员与总统等都是"职"而非"业"为根据，把军人、官僚、议员排除在"职业者"之外。② 上海的代表性报纸《申报》也追随这种看法，主张应当把官僚、军人、政客等视为"有职无业者"，而当选议员的资格仅限于有职业的人。③

广义和狭义的职业观并存使得处于生利与分利中间地带的知识阶层成了界限不明的存在。教师、教授、著述家、言论出版者等曾是为社会提供大量工作岗位的职业，而按照不同的职业观，这些从业者可能是职业者也可能是无职业者。最先明确地把教师列为与劳动者相同的、有职业的人是蔡元培。他把教育看作是劳动，并认为

---

① 杨昌济：《治生篇》，《新青年》第2卷第4、5号，1916年12月1日、1917年1月1日。但他的学生毛泽东1920年虽把官吏排除在职业者之外，却把商人、教员以及兵士、警察、乞丐都包括在职业者的范畴之内。毛泽东：《释疑》，长沙《大公报》1920年9月27日。
② 张东荪：《中国之前途德国乎俄国乎》，《解放与改造》第2卷第14号，1920年7月15日；《社会组织的研究》，《东方杂志》第17卷第23号，1920年12月10日。
③ 心史：《职业政治》、《再论职业政治》、《三论职业政治》、《四论职业政治》、《五论职业政治》，《申报》1923年8月19日至8月29日。心史就是孟森，他是谘议局议员及第一届国会议员，当国会被袁世凯解散后，极为沮丧并厌倦政治活动。

组成教育工会是理所当然的事情。他认为，不管是谁，只要运用自己熟练的技能而产生对人有帮助的效果，就是劳动者。所谓农民就是树艺之工，商人是转运之工，而士人则是教育之工。士人在负责教育时，则属于劳动者，但为登上官位做准备的话，就不能称为劳动者。另外，如果自认为是宾师（受到诸侯的门客待遇的人）或是位于官吏之位的"大人"而因此将农民视为"小人"的话，则可视其工作为教育，但不能称其为劳动。教育是专业性工业的一种，不要再把教员称为士，而应称为教育工。①

正是基于这种坚定的认识，蔡元培于1918年11月在天安门广场进行有名的《劳工神圣》讲演时高呼，农工商从业者毋庸置疑是劳动者，教员、著述家、发明家也都是"教育工"。因为劳动不仅属于铁工、木工。如果使用自己的劳动力从事对他人有益的事情，则无论使用的是体力还是脑力，就都是劳动。这与无政府主义者刘师复的观念相似。刘师复认为，体力劳动毋庸置疑是劳动，进行教育、医疗、保育等为人的社会生活所必需的事业也是劳动。② 另外蔡元培主张，不应该羡慕继承大笔遗产的人、卖国谋求私利的官吏、用金钱换取选票的议员、挪用军费的将领、操纵物价的商人，③ 这表现出他对官僚、军人、商人持负面看法。

我们甚至从持广义职业观的蔡元培身上还发现了这种劳动主义倾向，在五四时期推崇劳动与学业并行的、由青年组成的工学主义社团即工学社则更是如此。他们主张如果分利之人远远超过生利之人，那么国家就无法富强；认为中国的知识阶层是只会分利的社会寄生虫、高等游民。即使这样，工学社还是认为广义的劳动既包括

---

① 《教育工会宣言书》（1917年7月）、《复陈宝书查钊忠等函》（1918年1月），《蔡元培全集》第3卷，第60—61、128页。
② 《无政府共产党目的与手段》（1914年8月），《中国无政府主义和中国社会党》，第13—15页。
③ 《劳工神圣》（1918年11月），《蔡元培全集》第3卷，第219页。

体力劳动又包括脑力劳动，只不过采取了特别重视前者意义的双重态度。如此一来，就把劳动的人也必须要读书、读书的人必须要劳动的工学主义正当化。①

那么，决定是不是职业的最关键基准为是否从事生产劳动，至少间接地为社会生利，也就是为社会性的生产做出贡献。这一标准似乎主要是由无政府主义者提出的。吴稚晖在1918年3—7月发行的《劳动》立足于托尔斯泰的"泛劳动主义"，强调了劳动的价值与尊劳的重要性。他认为，劳动是人生最大的任务，劳动是维持个人道德与健康的基础，是社会与文明的源泉。半日劳动以满足衣食住的需要，而剩下的半日用来娱乐与学习，是最理想的生活。②

劳动主义以及立足于劳动主义的职业观通过五四新文化运动急速扩散。1919年8月创刊的通俗读物《新生活》由当时北京大学出版社社长担任主编，校长蔡元培以及教授李大钊、高一涵、胡适等用简短易懂的白话体文章告诉人们什么是新生活。③他们主张，劳动与读书并行的生活就是新生活，而只倾向于一方的是旧生活。新生活使劳动更熟练，进而使生产扩大，生活质量日益提升。④福建省漳州的《闽星》与江西省南昌第二中学的改造社均主张，"正当的生活"是劳动与学习的并行，"正当的职业"是体力劳动与脑力劳动的一体化；他们指责光吃不做的青年是高等游民，视其为羞耻。在他们看来，农田里的农民和工厂里的劳动者是维持社会生活的"保姆"，而不劳动的英雄、伟人、名流则只不过是啃噬麦穗的蝗虫。⑤上海《民

---

① 《工学》，《五四时期期刊介绍》第2辑上册，三联书店，1979，第290—292页。
② 《劳动》，《五四时期期刊介绍》第2辑上册，第168—177页。
③ 《新生活》，《五四时期期刊介绍》第1辑上册，第297—298页。
④ 《我的新生活观》（1920年10月）、《对于学生的希望》（1921年2月），《蔡元培全集》第3卷，第454页；第4卷，第39页。
⑤ 《闽星》、《新江西》，《五四时期期刊介绍》第3辑上册，第35—36、384—386页。

国日报》也主张劳动神圣，认为半日劳动与半日读书、脑力劳动与体力劳动并行才是建设新生活的根本；必须从小学开始设置体力劳动的科目，实施"平民性质的教育"。① 连梁启超也说："人一面为生活而劳动，一面也是为劳动而生活。"这表明劳动主义思潮的影响不仅限于新青年。从1920年以来，梁氏主张，"没有职业的懒人，简直是社会上蛀米虫，简直是掠夺别人勤劳结果的盗贼"，还把官僚、军人与议员、党员列入这一行列。②

由各团体的规则中可看出其会员对于官僚、军人、议员的憎恶。从民国初期开始，在无政府主义的影响之下，泛劳动主义为更多人了解，不当官僚、军人、议员以及不加入政党等开始成为一些团体的信条。他们抗拒代表与代表制度，倡导直接行动，推崇社会改造与个人改造的两面改造。③ 吴稚晖、李石曾、汪精卫在上海发起成立的进德会（1912），刘师复组织的心社（1913），以及江亢虎的中国社会党（1914）就是其例。

及至五四运动，随着这种观念的扩散，采取相似原则的非无政府主义团体也急速增长。教授与学生共同参加的北京大学进德会规定了所有人都不能当官吏、议员。④ 而胡适等人结成的努力会（1921）限定，"拥有正当职业或职业能力的人"才有入会资格；规定了"尽自己的能力谋求所从事职业的进步，各职业间互

---

① 《工读互助团的基础训练》、《劳工神圣》，上海《民国日报》1919年12月28日，1920年2月7日，转引自《邵力子文集》上册，中华书局，1985，第172、210—211页。下文的《民国日报》均转引自《邵力子文集》。
② 《敬业与乐业》（1922年8月）、《无产阶级与无业阶级》（1925年5月），《梁启超全集》第7册，第4019、4294页；《无业游民与有业平民》（1926），《梁启超全集》第9册，第4892页。
③ 《师复启事》，《晦鸣录》第2期，1913年8月27日；师复：《论社会党》（1914年），《中国无政府主义和中国社会党》，第9—11、111页。
④ 教授与政府及议会纠缠，以至于无法在学术上尽心，学生学习期间心思牵挂在文官考试上，这些是科举时代的遗俗。《北大进德会趣旨书》，《北京大学日刊》第49号，1918年1月19日。

相联系、互相帮助，谋求中国的政治改善与社会进步"。① 总而言之，在当时人们的理解中，劳动主义就是不成为官僚、军人、政客，但要拥有职业，在所从事职业的基础之上谋求政治改善与社会进步。

二　职业主义的形成因素与逻辑

促进职业主义形成的因素有：与商战论相结合的实业救国论以及职业教育思潮；要消灭打着共和制旗号的军阀体制，培养共和国民的共和主义；无政府主义等。

首先，实业救国论与职业教育思潮引起关注。清政府制定了为振兴实业的《公司法》，同时重视各级学校的实业教育。此与商战论相结合，产生了实业救国论。实业与职业几乎成为相同的概念，甚至有人认为实业教育就是职业教育。在课程设置中，"实业教育"作为教授农、工、商业知识的教育，于1903年首次登场，于1918年改名为"职业教育"。因此，职业教育就是农工商业知识的教育。1903年张百熙等奏为兴办实业教育，"国民生计莫要于农工商实业，兴办事业学堂，有百益而无一弊，最宜注重"，就此建议中小学以及专门学校课程设立实业科目。② 但学生大部分为了成为官吏，纷纷涌至法政学校。

为了消除这种脱节现象，掀起一种社会运动，即在民间层面展开职业教育运动。黄炎培于1913年强调，此时中国最令人忧虑的问题就是生利者少而分利者多，陷入了贫弱的地步，所有人都涌向

---

① 《"努力会"简章》（1921年5月），季羡林主编《胡适全集》第21卷，安徽教育出版社，2003，第247页。
② 《张百熙、荣庆、张之洞：重订学堂章程折》（1903年），舒新城编《中国近代教育史资料》上册，人民教育出版社，1980，第198页。

"法政一条路",也就是分利之路,这是不可以的。① 蔡元培则批判道,1915年提出职业教育是成为文明民族的必需条件,此时中学教育课程实际上还仅仅偏重于法制与经济等有助于成为官吏的科目,这是未能从科举时代升官发财的旧观念中脱离的结果,与重视农工商实业的世界潮流相背。② 以这种认识为根据,他为了改善和推广职业教育,与黄炎培一同组成中华职业教育社(1917),并起草了宣言书。

每有机会,蔡元培都劝勉学生不要成为官僚或议员,而要做实业家。他认为,如果学生想要成为以不正当的方法贪图钱财、收受贿赂的官吏或议员,中国就无法成为富强的国家。③《新青年》(初名为《青年杂志》)与《教育杂志》也批判道,在经济竞争激烈的时代,靠着政治家、士人、流氓这三类人无法立国,他们的共同点是没有生产力。"职业主义"一词正是在这种背景之下,于1915年由陈独秀首次提出。这是从职业是生产力,所以要使教育向职业看齐的意义引申出的。④ 也就是说,在商战时代,唯有拥有生利职业的人才能成为立国的主体。当时中国和日本常认为,"职业是决定一国强盛的国民生产能力",因此"个人的职业是国家社会的文明进步的必需条件"。⑤

在五四运动中,这种理论在要求罢免卖国贼和排斥日货的民众

---

① 黄炎培:《教育前途危险之现象》,《东方杂志》第9卷第12号,1913年6月1日。
② 《教育界之恐慌及救济方法——在江苏省教育会演说词》(1916年12月),《蔡元培全集》第2卷,第487—488页。
③ 《在浦东中学演说》(1913年8月)、《余姚汝湖乙种农学校记》(1913年8月),《蔡元培全集》第2卷,第298—299、328页。
④ 陈独秀:《今日之教育方针》,《青年杂志》第1卷第2号,1915年10月15日。
⑤ 庄俞:《今日之职业教育》,《教育杂志》第8卷第3期,1916年9月20日。日本在中日战争期间,为了客观分析本国的国力策划了国势调查,其核心是根据万国统计协会的分类标准进行职业调查。该国势调查因为各种情况耽延,于1920年首次实行,之后每五年进行简易调查,每十年进行定期调查。松田良一『近代日本職業事典』、東京:柏書房、1933、序。

运动中得到了应用和实践。陈独秀认为，"向一团散沙底群众，摇旗呐喊，决计没有用处"，"没有组织的散沙运动"，"还不济事"，"要急速设立各种同业组织，相约绝对停购日货底奢侈品，尽量减少日货底必需品"，还需要振兴工业，生产和供应国货。① 如此一来，商战就以民众运动的形态展开了。

把职业者看作共和国的社会经济基础的共和主义思考也是形成职业主义的因素之一。杨昌济从共和主义观点中找到了军阀与政客在民国初期共和政体中变得有名无实的原因。他认为，唯有一般国民拥有生利的职业，也就是说唯有拥有实业才可支撑独立的生活，进行独立的思考，并且形成真正的舆论来监督政府与议会。但人民如未能达到这一水平，也就无力行监督之责，因此中国的国体虽然是共和国，实际上人民的参政权却是徒有其名。② 这与陈独秀认为军阀的兵员和政客式议员的问题都是由他们无业游民的出身而导致的、唯有拥有职业才能使问题得到解决的看法既有共同之处也有不同点。

在与女性的处境相关的方面，也明确提出了这种共和主义职业观。1920 年于苏州创刊的《妇女评论》，以及 1921 年 3 月于广州发行的《劳动与妇女》均认为，妇女若想在经济方面实现独立，就必须拥有职业，在此基础之上不但能从父权制中解脱出来，还能够组织起可与资本家对抗的强大团体。就此，可组织同乡的同业者聚会，再发展为超越以往分散性小团体的"从职业联合，进为产业联合"。③

以上均是从经济角度理解和分析了职业，促进了职业主义思潮的形成。以下我们探讨的无政府主义思潮则从社会政治角度强调职

---

① 《对于国民大会的感想》（1919 年 12 月），《陈独秀著作选》第 2 卷，上海人民出版社，1993，第 71—72 页。
② 杨昌济指责均分继承制和长子继承制相比更会增强子女的依赖心理，暗指这一问题也必须得到解决。杨昌济：《治生篇》，《新青年》第 2 卷 4 号、第 2 卷 5 号，1916 年 12 月 1 日、1917 年 1 月 1 日。
③ 《劳动与妇女》、《妇女评论》，《五四时期期刊介绍》第 2 辑上册，第 81—83、191 页。

业与职业团体相结合，促进职业主义的形成。五四运动期间，无政府主义对于新青年来说是最具影响力的思潮之一，全国有 90 余个团体进行活动，他们发行的杂志至今可确认的就达 70 余种。《新青年》中刊登有关无政府主义的文章就已达到 100 余篇。①

克鲁泡特金认为，在无政府的世界中，所有的职业都组成同业公会，并把这种自律性职业团体当作社会组织的新组建方法。同业公会的组织从单纯发展至复杂，这些同业公会独立经营各自的机构、工厂、企业，计量各种工作，整理各种生产，向人们普及其生产物。②同业团体之间互相联系和帮助，从直接管理生产机构的阶段，组织劳农兵会，发展至执行国政的阶段。为此先要在"从下至上，从小组织到大组织"的大原则之下，各行业组成小团体之后再联合，组成同业联合会。同时各地方的非同业小团体联合，组成地方劳动联合会。③这种社会组织论与合群救国论的结合，就可以成为规划清末以来民族民主运动的推进体——各界联合的发展动力。

1918 年，北京政府制定《工商同业公会规划》，认可同业公会为法定团体，这也带来了提高该团体社会政治地位的效果。因为该规划把传统的会馆、公所整顿为依据近代组织形式与民主原理运营的同业公会，并规定其受地方最高行政机构的主管。④ 如此一来，同业公会既可以加入上一级商会成为团体会员，也可以和同级的团体

---

① 朴济均：《五四期无政府主义者의理想追求运动》，《大邱史学》第50辑，1995年，第93—107页；曹世铉：《清末民初无政府派的文化思潮》，社会科学文献出版社，2003，第257—286页。
② 这种职业团体最终将会替代政府。师复：《答李进雄》（1914年5月）、《无政府共产党目的与手段》（1914年8月），《中国无政府主义和中国社会党》，第13—15、120页。
③ 商业内部也根据引进商品的种类分为米谷、酱油、绸缎等，工业内部也是如此。以此为基础，首先在一定区域内形成按行业来划分的同业公会，然后在上一级空间范围内再联合，形成同业公会联合会。《劳动》，《五四时期期刊介绍》第2辑上册，第175—177页。
④ 宋钻友：《从会馆、公所到同业公会的制度变迁》，《档案与史学》2001年第3期。

联合并展开同业公会的自发性活动。随即形成的同业公会热潮佐证了这一点。

至此，关于职业主义的理论可以整理为以下三个方面。其一，正如前文中的研究，职业是以生产社会有用价值为基准进行定义的，而职业主义可以直接或间接地和劳动主义相结合。其二，人们依靠自己劳动的产物生活时，必然要他人的帮助，因此职业主义中包含着互助的原理。其三，更引人注意的是，职业主义的理论中还包含着团体主义与直接行动论。

根据原来的无政府主义社会观，如果职业团体联合，直接负责生产与管理，那么职业团体就会逐渐代替政府。但这种理论并不适合当时中国的现实，与此相对，五四时期的救国运动形成了更加强烈的国民—国家之梦，当时人们选择性地接受了首先通过职业团体组织民众并靠其力量展开救国运动的、符合现实的路径。此时，清末以来形成的、认为唯有聚集民众结成团体才能救国的合群救国论起了主导作用。因为只有小组织联合形成大组织，才能在以列强与军阀为对手的国民运动中取得胜利。如本书第三章第一节提到的，1914年和1916年李大钊和陈独秀等提倡把政客的"党派运动"转变为社会各方面人士的"国民运动"，此时，职业团体就成为组织国民运动的基础。也就是说，职业主义具体化为民众运动的形态。从这一点来看，职业运动与团体运动是相结合的。这来源于不是以个人而是以团体的会员参与社会与国家活动的理解，与直接行动论也是相契合的。由于对议员与政党的不信任，职业团体以自己对日常利害的分析，主张要直接面向政府提出和解决问题。

受到这种重视同业组织的社会组织论的影响，李大钊、陈独秀等五四运动领袖以及新青年也在1919年到1920年按照相同的方法组成了同业团体，以联合的方式聚集民意，展开反帝反军阀的国民运动。

由北京大学学生创办的《新潮》于 1919 年 1 月 1 日指责道:"西人观察者恒谓中国有群众而无社会",没有团体就"不适于今日"。[①]正如第二章的研究,认为合群可以救国的蔡元培校长在北京大学学生同日发行的另外一种杂志《国民杂志》创刊号中提到,学生发行杂志是爱国行为,并劝勉学生要按照"积小群而为大群"的原则来推进这项工作。[②] 学生们的小合群是学生会,大合群是学生联合会,他们进入社会拥有工作后,各个职业团体的合群也会得到推进。

毛泽东于 1919 年 7—8 月在《湘江评论》上发表的《民众的大联合》认为,应当把这种职业团体的小组织发展成大联合团体,使其成为国民运动的动力。李大钊在《每周评论》中对此做了评价,"眼光很远大,议论也很痛快,确是现今的重要文字"。毛泽东的这篇文章还被转载到成都与上海的杂志上,[③] 也就是说,其内容符合普遍的社会性需求,得到了人们的认同。随即李大钊表示,五四运动之后全国的学生已经实现了大联合,全国的各种职业团体要以此为榜样,借助小组织实现大联合,建立真正的民主政治的基础。[④] 将来学生有学生联合,教职员也有教职员联合,商界则有商界联合,劳动者有劳动者联合,农民有农民联合,妇女有妇女联合,必须通过他们的自由集合召开不受政治机构干涉的国民大会。[⑤] 陈独秀也在此期间发表了相似的见解,要扩大同业联合,使其成为民主政治的基础。广东省珠江流域的学生们在 1919—1920 年发行的《民风》中也发表了

[①] 《新潮发刊趣旨书》(1919 年 1 月),《五四时期期刊介绍》第 1 辑下册,第 395 页。
[②] 蔡元培:《国民杂志序》(1919 年 1 月),《五四时期期刊介绍》第 1 辑下册,第 392—393 页。
[③] 《民众的大联合》(1919 年 7—8 月),『毛沢東集』第 1 卷、東京:蒼蒼社、1972;《湘江评论》,《五四时期期刊介绍》第 1 辑上册,第 150 页。
[④] 孤松:《大联合》(1919 年 12 月),《新生活》第 19 期,1919 年 12 月 28 日。
[⑤] 守常:《由纵的组织向横的组织》(1920 年 1 月),《解放与改造》第 2 卷第 2 号,1920 年 1 月 15 日;李守常:《要自由集合的国民大会》(1920 年 8 月),《晨报》1920 年 8 月 17 日。

同样的见解。①

三 职业主义的确立和政治方面的适用

1. 职业主义的全面吸纳

职业主义在与团体主义及直接行动论不可分的关系中被吸纳共享，并在五四运动中通过各界职业团体首次得到全面的实践。各界联合会及其主导下展开的民众集会形态的国民大会一跃成为五四时聚集民意的核心主体。但这只是在民众运动中的应用，要在政治制度上法制化，还需要经过其他程序。当时虽未达到法制化的阶段，但实现了法制化构想与试验。后文将会论述少数的行会社会主义者与职业团体相关人士的吸纳与应用，在此着重考察当初推崇政党政治与议会政治的人士之反应，并揭示他们在五四后接受职业代表制并试图将其应用到解决中国现实问题的变化。②

这种变化首先发生在一向推崇政党政治的议会主义者梁启超及《改造》③ 同仁身上。他看到民国初年政党政治的失败，但依然没有放弃对政党政治的期待，并认为可以通过将政客式政党改革为公共的政党来解决问题。他认为，实现立宪政治，一定要有政党。而所谓"政党"，即"party"，意思亦为"部分"，因此具有"相对的"的意思。因此，政党政治永远都以同时存在两党以上的党派为前提，如果一个政党滥用权力，压制其他党派而使之无法生存，那就不能称为政党政治。

如此重视政党政治的梁启超在1918年12月末访问了欧洲，

---

① 《民风》，《五四时期期刊介绍》第3辑上册，第384—386页。
② 《敬告政党及政党员》(1919年3月)，《庸言》第1卷第7号，1913年3月1日。
③ 1920年5月，《解放与改造》改名为《改造》。

考察了第一次世界大战刚刚结束时的欧洲社会，于 1920 年 3 月回国。在此期间，他受到行会社会主义的影响，转而支持职业代表制。此时，他提出的改造中国的 13 条建议中，与本书主题相关的有以下三方面。[①]

第一，中国人最大的缺点是缺乏组织能力，因此必须组成各种团体并遵守其规定。否则如果与有组织的社会竞争，必定会失败。第二，以最日常性利害为基础形成的团体就是职业团体，必须使其成为国会选举的单位。唯有这样，才能排除靠政治混饭吃的无业游民，恢复国民对国会的信任。两院中可有一方实行地方主义（区域代表制），同时至少要有一方选择职业主义（职业代表制）。那样，拥有农工商各种职业的人民根据自己的切身利益而提出的政治问题自然而然会得到解决。第三，要想打破被南北军阀分割并支配的局面，必须把以往的政客式、土豪式、秘密结社式运动转换为全体人民参加的全国性的国民运动。此前的立宪党与革命党进行的也多是与国民无关的运动，是与民主主义根本原理相斥的运动。

虽然他说即便引入职业代表制，两院中至少一院依然可以维持以往的区域代表制，但这似乎是考虑到省议会的反对而做出的让步。他在几乎同一时期发表的另外一篇文章中可以佐证这一点。他宣称："同人确信旧式的代议政治不宜于中国。"[②] 总而言之，要在以职业为基础的团体彼此联合发展为全国性国民运动的同时，将其变成选举单位，实行职业代表制。他将此称为"职业主义"，并把它应用到制宪国民大会的组成原理中。他提议在省议会或教育会、商会等

[①]《欧游中之一般观察及一般感想》下编，《梁启超全集》第 5 册，第 2979—2985 页。该文为《欧游心影录》的一部分，于 1919 年 10—12 月写成，次年 3—6 月连载在《晨报》和《时事新报》上。参见李国俊编《梁启超著述系年》，复旦大学出版社，1986，第 191 页。

[②]《"解放与改造"发刊词》（1919 年），《梁启超全集》第 5 册，第 3049—3050 页。

其他公共团体选出若干名代表，召开制宪国民大会。① 张东荪也跟随他的意见在《时事新报》上发文，提出拥有农工商与教员等各种职业的人是真正的人民，要以这些有职业者的主动参与为基础，确立大众性、开放型的民主政治的秩序。② 随即他参考梁启超的草案，依据职业主义提出共学社（《改造》为该社团的杂志）同仁的活动要点，以下三点值得注意："同人确信政治改造首在打破旧式的代议政治，故主张国民总须得有组织的自决权"，"同人确信国民的结合当由地方的与职业的双方并进，故主张各种职业团体之改良及创设刻不容缓"，"同人确信劳作神圣为世界不可磨灭之公理，故主张国民有劳作之义务"。③

另外一个具有代表性的议会主义者章士钊也是于1921年全面接受职业主义。他1908—1911年在英国留学，回国之后为把英国式的议会制度引入中国而不懈努力，但是随着民国初年尝试的失败，他也对这种制度失望并开始寻找替代方案。他于1921年再次前往英国，在接触基尔特社会主义者的过程中接受了职业主义，并在自己出版的英文著书（*Chinese Politics and Professionalism*, 1921）中提出以职业代表制代替政党中心的议会制。次年回国后，在批判议会制的同时，他也不断努力探索把职业主义引入中国的

---

① 《国民自卫之第一义》（1920年9月），《梁启超全集》第5册，第3055—3056页。正如下一章中所论述的，梁启超出国之前，巴黎和会召开，进行了组成国民外交后援会支援政府外交的运动，该团体如同"和平期成会"一样，由各界职业团体代表组成，由此可见，他已经从中国现实的需要着眼，部分性地吸纳了职业主义。
② 吴炳守：《研究系知识分子群体的国家建设构想及实践（1911—1932）》，复旦大学博士学位论文，2001，第59—60、102页。
③ 《改造发刊词》（1920年），《五四时期期刊介绍》第1辑下册，第421—422页。这是梁启超以1919年拟订的草案（《解放与改造》发刊词）为基础，稍作润色发表的文章。梁启超的"职业主义"始终伴随着"敬业主义"。他提出无论是谁都应该有正当的职业，此时需要享受职业的乐业心态与尊重职业的敬业态度；世上最痛苦的人是无业游民，其次就是憎恶自己职业的人；人生当中最需要的、最有利的就是敬业主义。《敬业与乐业》（1922年8月），《梁启超全集》第7册，第4019—4020页。该文为梁启超在中华职业学校的演讲稿。

方案。①

在此期间，在职业团体相对发达的上海之各地同乡会也吸纳了职业主义。湖北同乡会为了打倒独裁政治、建设新的政治制度，提出了以职业代表制为依据的新的代议制度。它认为，目前以中产阶层自居的人虽是极少数，但他们都是政治流氓，大部分都是无法独立的寄生虫，除了依附于军阀、官僚没有别的生存之计。对于这类人，应该向对待军阀、官僚、资本家一样，剥夺其选举权和被选举权，使其从事正当的职业与劳动。② 安徽同乡会的《新安徽》则提出了以职业代表制为基础的省自治法。该自治法主张，各地方的农工商兵学各界组织各自的同业公会，并使其成为各同业的永久性自治机构，各业的自治机构派遣委员，组成县市议会。由各县市议会的代表组成的省民大会制定省宪法，选拔省行政委员会与省内各级法院法官。这实际主张的就是平民直接自治。③

2. 职业主义的局部性接受

虽非全面接受，但可以通过胡适的例子，考察一向推崇政党中心的区域代表制的人士转而部分接受职业代表制的过程。第一次世界大战之前，胡适持明确支持政党政治的立场。他相信，如果一个政党的政策得到国民的监督和支持，那么该政党就是国民的公仆。但他同时也担心，如果国民不关心政治或没有监督政事的知识，那么政党会被少数政客所左右。④

但是他在第一次世界大战之后立场有所变化，部分性地接受了职业代表制。从1919年初开始，他呼吁中国社会应像美国一样组织

---

① 森川裕貫「議会主義への失望から職能代表制への希望へ—章士釗の『職業救国論』(1921)」、『中国研究月報』65巻4号、2011。
② 《新湖北》，《五四时期期刊介绍》第1辑下册，第418—419页。
③ 《新安徽》，《五四时期期刊介绍》第1辑下册，第421—423页。
④ 《政党概论》(1914年)，季羡林主编《胡适全集》第21卷，第137—140页。

公民团体，展开选举监督活动，还根据社会有机体说嘱咐学生要过团体生活与社会服务式生活，特别是参加学生会与学生联合会的活动。他还告诉学生，学术、体育、娱乐、社交等日常生活也要通过团体来进行，这一点引发了人们的关注。① 就连自由主义者胡适都能如此接受团体主义，那么为了开展向军阀政府"索薪"运动，主张"政费与教育费的所以不能维持，只是因为财政不公开"，"我们是国民，我们应该行使我们的职权来监督我们的财政。假如现在的司法界的全体，教育界的全体，银行界的全体，以及各机关的人员有一个共同的组织，提出'会计公开统筹支配'八个字做一个共同的大运动，进行则一齐进行，罢工则一齐罢工"也就成了自然而然的事情。② 这样一来就相当于胡适认可了职业团体联合起来与政府斗争是最有效果的。1922年9月，为了迎合时局，他把省议会、省政府以及省教育会、省商会纳入联省会议的组成主体范围。③ 由此来看，1923—1924年他执笔的《国民代表会议组织法》初案中对职业代表制的吸纳范围变大。为了广泛寻求全国国民的公意来解决国家的根本大计、制定国家根本大法，将其引入国民代表会议议员选举中。在《组织法》初案中，投票以各省的地区为单位进行，但候选人需要得到由五个公团组成的候选人推荐委员会的推荐才可以。该委员会代表的名额分配为省议会50名、省教育会10名、省商会10名、省农会10名、省总工会10名，④ 因此该方案中区域代表与职业代表的比例为

---

① 《序曾琦君的"国体与青年"》（1919年2月）、《少年中国之精神》（1919年3月）、《我们对于学生的希望》（1920年1月），季羡林主编《胡适全集》第21卷，第160—161、168、222—227页。
② 《大家起来监督财政》（1922年5月），季羡林主编《胡适全集》第21卷，第268页。
③ 《假使我们做了今日的国务总理》（1922年9月17日），季羡林主编《胡适全集》第21卷，295页。
④ 1/5以上的人同意发起，2/3以上的人同意则可表决。参见《国民代表会议组织法草案》（1923—1924年），季羡林主编《胡适全集》第21卷，334—337页。

5∶4，以此来使两者并行。召开国民代表会议这一方案本来不是胡适的构想。它是 1923 年 3 月在北京、上海等地民众召开大规模反日国民大会并要求收回旅大、撤销"二十一条"的情况下，北大学生将之作为解决外交问题的一个方案提出来的。1924 年末，中国青年党及其创始人曾琦在主张召集国民代表大会时全面接受了职业主义。[①]

而同时，最不可能吸纳职业主义的集团要数包括孙中山在内的国民党系人士。因为他们始终推崇和依靠会党与军队的革命，相信通过引入直接民权可以改善国会制度。特别是 1921 年旧国会（1913 年设立，但 9 个月之后解散，与 1918 年通过新选举而成立的新国会相较而言）议员大举南下，到广州召开非常国会，推选孙中山为中华民国非常大总统，可见，他们是不会轻易放弃对国会的期待的。

即使这样，孙中山的心腹理论家朱执信与国民党机关报《民国日报》（上海）的创办人邵力子也有相当大的变化。朱执信正面批判了排除无业者参政的逻辑，"只有做工的人才能拥有革命的权利，没有职业的流氓、土匪没有革命的权利"，但劳动者（包括农业劳动者）随时可以变成无业的流氓、土匪。[②] 实际上，他的这种看法与国民党始终依靠雇佣秘密结社的人员与无业游民来组建军队，从而展开革命运动的历史有一定关系。

而且朱执信等国民党系人士对于商人十分反感，因此很难去认可当时典型职业团体——商会的代表性。尤其是使袁世凯的约法会议与帝制运动正当化的筹安会涉及北方的主要商会，这就加剧了这种情况。对此他指责道，商会会员一般都是阀阅、富豪，不是平民。[③]

[①] 郑文祥：《1920 年代曾琦의国家主义思想과政治活动》，《东方学志》第 115 辑，2002 年，第 232—234 页。

[②] 《没有工做的人的"生存权"和"劳动权"》（1920 年 2 月），《朱执信集》（上），中华书局，1979，第 691—692 页。

[③] 《暴民政治何者》（1914 年 6 月），《朱执信集》（上），第 173—174 页。

他们的这种商会观在五四运动中以商人发起爱国运动为契机，部分发生了改变，缘于朱氏认为学生与商人的民意战胜了金钱与武力。① 对于张东荪提出的职业代表制以及立足于此召开国民大会的主张，他虽然不反对，却认为欧洲是在革命政府的保护之下召开国民大会的，因此在以武力打倒当权政府之前是很难实现的。只是各种职业团体发展至拥有力量时，可以召开职业代表制的国民大会；他认为与直接民权结合来改善国会制度才是当务之急。② 五四运动虽修正了对于商人与商会角色的负面看法，但职业代表制被拖延至打倒军阀之后才具有实行可能性。

与此相比，邵力子不仅通过五四运动改变了对商人的负面看法，还发生了在某种程度吸纳职业主义的变化。他认为虽然商人素来遵守"在商言商"的戒条，对于政府则是完全顺从，但在南北政治势力处于军事对峙状态时，为了促进和平，商会与教育会改变了以往冷眼旁观的态度，而是发表正论，在国民面前多少争回了一些面子。③ 在学生中也可以发现这种对商会看法好转的迹象。《南开日刊》称："听说上海商会将要改组，涤清官绅的恶习，趋重平民的福利。这正是组织平民的先声，我盼望无论大小团体都能纯粹代表平民，结合成一个真正民意的机关，奋力与罪恶宣战。"④

鉴于对商会的看法发生了改变，邵力子在如下的社会政治运动

---

① 《民意战胜金力武力》（1919年8月）、《我们要一种什么样的宪法》（1919年10月），《朱执信集》（上），第381、518页。也有一部分研究强调，五四期间，乃至在国民革命时期也有大多数工商业者在"在商言商"的传统中，重视维持秩序，而未试图作为政治运动的主体站出来。（冯筱才：《在商言商：政治变局中的浙江商人》，上海社会科学院出版社，2004）笔者则侧重已经发生的变化。有关民国初期工商业者的政治活动，参见朴埈洙《民国初全国商会联合会의 성립과 商会의 정치적 抬头》，《中国近现代史의 재조명 1》，129—164页。
② 《议会政治实验是否失败》、《答东荪先生》，上海《民国日报》1920年3月1日、3月4日。
③ 《亲感》、《一言丧邦》，上海《民国日报》1918年6月29、30日。
④ 《南开日刊》，《五四时期期刊介绍》第2辑上册，第344—345页。

主张中引入了职业主义。第一，由商会、农会、教育会等公共团体组成禁烟维持会，杜绝鸦片的流入，如有商人引进鸦片，则维持会共同对其采取对策。第二，商会促进和平的角色众所周知，要联合那些公团，敦促南北和平会议的继续。第三，商人团体彼此联合，以停止纳税为武器给军阀政府施压。① 1919年6月4日，商人一同参加了罢市，这更增加了人们对于商会的期待。同样，他也指责道，与商业公团联合会的积极性相比，上海总商会表现出了消极态度；另外，他要求商会进行改造，把商会与议员、官僚区分开，对商会持包容态度。②

尽管如此，邵力子对于把职业主义吸纳为议会政治的政策还是采取了十分慎重的态度。他以当时来访中国的约翰·杜威的讲演为根据，提出目前美国劳动者超越单纯地要求提薪与缩短劳动时间，还要求"实业的民治主义"（职业代表制），要参与到生产管理等事务中。③ 就此他一方面呼吁中国的劳动者应该认识到，目前的代议制度无法为农民与劳动者谋求幸福，必须组成自己的团体；另一方面对于职业代表制还是应保持小心谨慎的态度。

究其原因，主要有以下两方面。首先，张东荪把官僚与军人归入无职业者的行列中，缘于他们随便编造出一个道貌岸然的职业就以有职业者自居，而普通平民因为求职困难的加剧反而可能会丧失选举权。④ 其次，目前的各种同业公会只不过是该行业的资本家组织，

---

① 《维持禁烟》（1），上海《民国日报》1918年8月10日；《敬告各公团》、《再进一步》、《敬告商业工团联合会诸君》、《忠告县商会正副会长》，上海《民国日报》1919年2月6日、3月19日、3月23日、3月25日。
② 《改良商会》、《各界联合会》、《商人自治》，上海《民国日报》1919年7月23日、7月31日、8月2日。国民党理论家之一戴季陶说："社会改造的关键是社会公道的实践，为此最先要做的是打破商业思想与商业组织。"这表示他对于商人、商业依然持消极的看法。《商业的社会组织之一考察》，《工人之友》（1920年6月），转引自《戴季陶集》，华中师范大学出版社，1990，第1270页。
③ 《我对于劳动问题的意见》，上海《民国日报》1920年1月17日。
④ 《无职业者的选举权》，上海《民国日报》1920年7月22日。

其董事们与官府更亲近，很难代表劳动者的利益。① 如若在此状态下实行职业代表制，最终它很可能还是为军阀、官僚、政客所控制。② 谭平山、谭植棠、陈公博等于1920年在上海发行的《政衡》中也对职业代表制持消极看法。在他们看来，国会选举无论是以财产程度为基准来进行的区域选举，还是以商会、学会等为基准进行的职业选举，均限制了参选资格。从这一点来说，国会选举仅仅是阶级选举，而不是真正的选举，依然存在伪造选民及其名簿的弊端。③

不过正如第二章所论述的，自1920年8—9月芮恩施与杨端六提出以职业代表制为依据的国民会议召集论以来，随着全国各地民众性国民会议促成运动的开展，国民党系人士的想法也逐渐发生了变化。从邵力子对国民党根据地——广州于1921年2月试行市参事选举的看法中可以发现端倪。在该选举中，由商界、教育界、律师界、劳动界、妇女界各出一名代表组成的选举委员会主持选举。国民党领导邵力子表示妇女团体与劳动者团体的参与，是破天荒的举动，并给予了极高的评价。④ 这虽然不是对于职业代表制本身的肯定，但起到了批判区域代表制，促进人们逐渐吸纳职业代表制的作用。1921年7月，孙中山开始构想"开国民会议，实行本党对外政策，以拯救中国外交失败"，这也是发生此种变化的信号。⑤

从以上叙述可看出，职业主义于五四运动期间确立，在探索民主主义的过程中，与以往不同的是，民众运动的主导权由绅士阶层转移到了青年学生，农民、工人、商人等作为政治主体登上历史舞台。也就是说，从绅士民主主义到民众民主主义的转化是由职业代表制

---

① 《工人的两个好教训》，上海《民国日报》1920年12月13日。
② 《劳动团体与政党》，上海《民国日报》1920年1月29日。
③ 《政衡》，《五四时期期刊介绍》第3辑上册，第402页。
④ 《我国妇女的新地位》，上海《民国日报》1921年2月13日。
⑤ 《复廖仲恺胡汉民函》（1921年7月3日），《孙中山全集》第5卷，中华书局，1986，第569页。

引领的。

　　当时的青年学生明确地认识到了这种变化。1919年7月在《南京学生联合会日刊》中说道，虽然国体由君主制变为了共和制，但"近来国家宵小专权，军人跋扈，以致内政不修，外交失败，种种不良现象，都是国民不能监督政府的结果。国民何以不能监督政府呢？""国家的政权全在这种士的手里，变作士的职业。农、工、商都以为自己可以不问，也不能问国家的政事，这就是国民不能监督政府的起因。"此次通过五四运动，终于打破了"农工商不问政治"的枷锁，并且不是付诸一时的激情，而是谋求永久持续下去的方法。[①] 职业主义合群论应各界的要求，成为"社会性牵制"和"社会性对抗"的主体。1919年11月，各界联合会自命为民意机关，这就是其具体的实践。一向推崇政党政治的梁启超1920年主张将职业代表制引入国会选举与国民制宪大会中，我们只能从与这些变化相关的角度来理解他的这一主张。

[①] 刘国钧：《国民不能监督政府之原因》（1919年7月24日），中国第二历史档案馆等编《五四运动在江苏》，江苏古籍出版社，1992，第457—458页。

第二章　各界联合与各界民意的形成

　　第一章探析了20世纪初中国人的职业认识与职业主义的兴起，接下来我们将研究职业代表制登场的另一个背景——各界联合与各界民意的形成。职业主义与各界联合在二者的紧密相关之中兴起。本书中的"各界"一词是当时新闻与杂志上通用的词语。"界"由原本佛教用语"世界"的"界"而来，"世"是时间概念，相对而言，"界"是空间概念。不过各界的"界"代表的不是地区，而是指组成社会的各个领域。由此，这一用语成为与社会职业或职能领域几近一致的用法，农界、工界、商界、学界、报界、军界、女界等表达方式得到了普及。

　　各界联合，为了商讨国民性议题而集结民意，由各种近代社会团体联合而成立。社会团体是有别于以政治活动为主要目的之政党和政治团体，根据各种社会需求而成立、进行活动的团体。所谓近代意义上的团体，是指明确规定会员平等的权利与义务、职员组成与团体运营的民主方式、程序等规则的团体。在中国，这种团体在甲午战争以来的结社救国的社会心理背景下诞生。此类团体在国家层面获得了许可，先于政党而诞生，因此还担当了政党应负的一部分责任，展开了超越原本目的的社会政治活动。

　　作为这种社会团体的联合，各界联合通常被认为在五四运动期间成立。但正如本章所讲，这种民意集结的结构与经验在1907—1910年收回利权运动与国会请愿运动中形成。在此过程中，商会、农会、教育会发挥了重要作用；因为它们作为法团，按照各级行政单位拥有分会—总会的组织系统，具有使地方民意联合并扩大的机制。以上述三个团体为中心，各种职业团体通过纵横联合来集结各界民意，其舆论形成结构于辛亥革命开始前在省市范围内已基本成形，在五四运动期间发展扩大到全国。此后，这种形式的各界民意集结机关稳定为社会惯例并得以延续，再掀起解决清末民国时期缺少民意机关的政治困境的民众运动，成为国家层次民意机关制度化的核心推动力。

一 合群救国的社会心理：走向职业团体

在甲午中日战争之后加重的对外危机中，一些开明知识分子提出了中国人若想在国际竞争中生存下来就必须结成团体的结社救国论，以当时的用语则是合群救国论。受到社会进化论与社会有机体说以及社会学（在日本人翻译的"社会学"一词通用之前曾称为"群学"）的影响，合群救国成为广泛普遍的社会心理。在以往的研究中，对结社（合群）的论述仅仅集中在戊戌变法时期的学会设立上。[①]

所合之群包括各种形态、种类的团体。其中从商战救国论的角度来看，关注职业团体并将其与国会开设相联系的郑观应的主张值得注意。[②] 他于1894—1895年在《商战》与《议院》中主张士农工商要各自结成团体，彼此联合，这样才能在与外国的商战中取得胜利，并由此提出了四民合群论。合群就是国家的富强之术，此时把四民的团体连接到一起的机关就是国会。其要点有三。第一，西

---

① 陈旭麓：《戊戌时期维新派的社会观——群学》，《近代史研究》1984年第2期；王宏斌：《戊戌维新时期的"群学"》，《近代史研究》1985年第2期；汤志钧：《戊戌时期的学会和报刊》，台北，台湾商务印书馆，1993。
② 关于商战论的形成与展开，参见王尔敏《商战观念与重商思想》，氏著《中国近代思想史论》，台北，台湾商务印书馆，1995。

方各国进行商战时，商人不仅组成商会与公司，士农工和兵还会帮助商。第二，西方各国设立议院来联合四民的意志，强化民气，由此带来能够称雄世界的力量。第三，中国与此不同，由于"民心之涣"而在甲午战争中惨败，被各国轻视。就此他主张，中国若想在将来的商战中存活，就必须在按业种合群的同时，实现士农工商的合群，并得出了为此必须设立议院的结论。① 这里的议会不仅是公议政事的民意机关，还是防止国权分散、坚定民心的机构，也就是全国性合群的团体。可以说，郑观应的四民合群论是各界联合理论的原型。

郑观应强调为了商战应设立农工商会与议会，这并不仅仅因为他是商人出身。他的主张还给变法派士大夫带来了巨大影响。② 康有为把郑观应所说的"民心之涣"改为"一盘散沙"的戏剧性表述，强调同一形态的合群，并开展了实际行动。他1895年5月联合全国18省举人上书光绪帝，称中国将近灭亡是由于其在商战中失败，并建议在各省设立农工商会、农工商学、中央通商院作为对策。师从他的梁启超也敦促农工商学与农工商会的设立，称："国群曰议院，而商群曰公司，士群曰学会。"③ 这里的国会也被理解为在国家层面上将四民的职业团体统合为一的团体。

合群富强之术，被看作文明之国的标准。康有为认为，地球上的文明国家依据宪法均有合群的自由，因此会和党实在是国民

---

① 《商战》（上、下，1894—1895年），《郑观应集》上册，上海人民出版社，1982，第590—597页；《议院》（上，1894年），《郑观应集》上册，第313页；《增订新编后序》，《郑观应集》下册，第932页。

② 关于当时郑观应等上海商人与变法派之间的交流，参见闵斗基《戊戌改革运动과上海的商人集团》，《中国近代改革运动의研究》，首尔，一潮阁，1985。

③ 《上清帝二书》（1895年5月）、《上海强学会后序》（1895年11月），《康有为政论集》上册，中华书局，1981，第126—128、171—173页；《论学会》（1896年），《梁启超全集》第1册，第27页。

的元气，而其中最大的称为国会。[1] 梁启超和严复均主张，能够组成公共团体进行自治的人就是文明人，把合群与文明直接联系到一起。梁启超强调，人与人要联合起来组成小群，小群与小群要联合组成大群。他认为，中国人唯有摆脱恶习之一的"不群之性"，才能成为新民，不被别国视为"一盘散沙"而嘲笑。[2] 这里提出的从"小合群"到"大合群"的想法成为五四运动时期毛泽东的"由许多小的联合进为一个大的联合"设想的原型，这一点值得我们关注。[3] 严复认为，"草昧者，其团结成体，或由宗法家族，或由宗教神权。而文明国家，则渐离此二宗旨，而以保护利益为重"。就是说，在他看来，文明团体正是超越血缘与宗教，将有共同利益的人聚集起来并保护自己的团体。[4] 当时立宪派日报《大公报》也称，"今也我国民团体结合力日渐膨胀"，"其（合群运动——引者注）声势之雄，其风潮之大实为我中国数千年来第一次文明举动"。[5]

到了辛亥年，是不是合群开始被视为衡量是不是共和国民的标准。《民国报》把合群看作共和国民应有的首要资格，称："共和政体以自治为主干，个人自治联合起来成为团体自治，团体自治联合起来成为大团体自治，这就是共和政体。"[6] 中华民国政府于1912年9月强调，在《中华民国临时约法》中已经明示结社自由，

---

[1] 《代上海国会及出洋学生复湖广总督张之洞书》（1900年12月），上海市文物保管委员会编《康有为与保皇会》，上海人民出版社，1982，第56页。
[2] 《十种德性相反相成义》（1901年），《梁启超全集》第1册，第429页；《新民说》（1902年），《梁启超全集》第2册，第693—694页。
[3] 《民众的大联合》（1919年7月），《毛泽东集》第1卷，第64页。
[4] 《政治讲义》（1906年），《严复集》第5册，中华书局，1986，第1268页。
[5] 《合群以御外侮说》，《大公报》1903年11月26日、11月27日；《论天津解散团体之可惜》，《大公报》1905年6月29日。
[6] 鸡鸣：《民国报六大主义之宣言》、朴庵：《建设共和政府之研究》，《民国报》第1号，1911年10月1日；剑农：《论共和国民之资格》，《民国报》第3号，1911年12月11日。

因此人人合群并促进政治、实业、社会实现发达是国民的义务。①

中国人的"一盘散沙"与"不群之性"这些形象是中国人将自己与外国国民相比较而形成的自我认识，同时也是外国人将中国人与自己相比时得出的他者认识。在康有为的演说中首次出现了这一提法，"凡中国之事，败于散而不聚，塞而不通，私而不公"，"昔外人诮我一盘散沙，则我虽有四万万人，实一人耳。宜其弱，宜其被侮。"② 日本首相伊藤博文说过，"中国名为一国，实则十八国也，其为一国，则诚十余倍于日本；其为十八国，则无一能及日本之大者。吾何畏焉！"③ 1900年，在被梁启超引用之后，这种看法对中国社会的影响也就愈发广泛了。1916年，《民声》（长沙）中提到，"西方人说我国没有三人以上的团体，也没有十人以上的联合，他们的话真实地描写了我们的真面目"。④

但在这里我们不得不提出疑问，自明清时期中国就有工商业者的同乡同业团体（会馆、公所）、绅士与文人的同好团体（诗社、诗学会）、乡村自卫团体（民团）、慈善团体（善堂）以及各种秘密结社，⑤ 可为什么中国人会如此轻易地接受外国人评价的"散沙"形象，并且变得普遍化呢？特别是会馆与公所从18世纪开始变得更加活跃，在主要城市中已经发展到代行部分城市行政事务的地步，社会政治影响不断增大。不过，这只是按照籍贯和行业组成的分散的、封闭的小合群，还没能形成纵横联合的全国性力量来应对民族主义的吁求。梁启超1901年对此批判道："各省中所含小群无数也，同业联盟之组织颇密，四民中所含小群无数也。然终不免一盘散沙之诮者，则以无合群之德故也。合群之德者，以一身对于一群，常肯

---

① 《内务府通行各处请将各项集会结社详细调查列表送部文》，《政府公报》第146号，1912年9月23日。
② 《在鸟喊士晚士叮埠演说》（1899年4月），《康有为政论集》上册，第403、406页。
③ 《中国积弱溯源论》（1900年），《梁启超全集》第1册，第417页。
④ 囚：《民议社说》，《民议》第1册，1911年；曾㭿：《法治主义与军国主义》，《民声》第1卷第3号，1916年12月。
⑤ 陈宝良：《中国的社会学》，浙江人民出版社，1996。

绌身而就群；以小群对于大群，常肯绌小群而就大群。"①

总而言之，唯有突破籍贯与行业的界限、彼此联合，才能摆脱一盘散沙的小合群，实现大合群。朝着这一目标，从戊戌变法前后开始，首先组成了各种学会，倡导民族主义。②合群运动的第一阶段由此开始，这成为农工商会的萌芽。少数先觉者的合群商战论通过各省的日本留学生扩散开来。留日学生主张，先在各县与各省设立教育会，再以此为基础设立农学与商学、农会与商会，同时探索它们之间的联合。③ 1905年《大公报》也提到，为了合群救国，在联合"政学之群"的同时，要联合"农工商之群"，进行两方面的合群。④这里指的是上层社会与下层社会、政治团体与职业团体的合群。

合群是富强之术与文明国家标准的看法通过学生自治会和学校教育被更加广泛地扩散。近代学校在1905年废止科举制度后取得了长足的发展，在民国成立后学生数量迅速增加。学生人数的增加趋势大略如下：1905年25万人，1907年100万人，1910年200万人，1912年300万人，1916年400万人，1922年570万人。⑤其中高等小学以上学生已受到合群救国论的影响从1906年开始结成学生自治会来实践合群救国论。比如京师大学堂师范馆学生成立自治会，并强调"社会由群而演成，竞争以群而剧烈，非合群不足以强国，非合群不足以保种"，希望以学生自治作为社会合群的中坚力量。⑥ 1906年，学部把合群列

---

① 《十种德性相反相成义》（1901年），《梁启超全集》第1册，第429页。
② 王尔敏：《清季学会与近代民族主义的形成》，氏著《中国近代思想史论》，第209—232页。
③ 《论中国商业不发达之原因》、《论中国近日有农业无农学》，《湖北学生界》第7—8合期，1903年3月8日；书展：《教育会为民团之基础》，《江苏》第3期，1903年6月。参见张枬、王忍之编《辛亥革命前十年间时论选集》第1卷下册，三联书店，1960，第548—550页。
④ 《论支那人急宜破除同乡同年之界》、《合群以固团体说》，《大公报》1905年2月25日、4月12日。
⑤ 桑兵：《晚清学堂：学生与社会变迁》，学林出版社，1995，第2页。
⑥ 桑兵：《晚清学堂：学生与社会变迁》，第146—147、293—295页。

为五大教育宗旨之一,主张要除去根据地缘与血缘关系彼此隔绝、专图个人私利的、孤立分散的坏习性,彼此联合。① 顺应这种观点,1907年发行的小学教科书,阐述"爱国、合群、进步、自立"等精神,开始培养立宪国民资格。民国初年,蔡元培著述的《中学修身教科书》表示:"人生而有合群之性,虽其种族大别,国土不同者,皆得相依相扶,合而成一社会",强调了合群是人的本性之一。② 可以说,他的表述体现了要克服被指为中国人坏习性——"不群之性"。

受这种教科书影响的学生实现了省一级的区域性合群,如湖南全省学生联合会、浙江全省学会、吉林全省学会等,到1911年4月结成全国性的学生合群,即中国学界联合会。③ 如此通过自治会活动来实践合群救国论的学生不久即成长为五四时的"新青年","新青年"就是有相同目的的人组成的团体。新政时期以合群结社的"新民"来建立"少年中国"的合群运动就直接延续为五四期间的合群运动。这可由此时期组成的"新民学会"、"少年中国学会"的名称和宗旨看出。1915年创刊的《青年杂志》由"群益书社"发行,在其影响之下,武汉地区的新青年开办了"利群书社"普及新文化。1919年毛泽东提倡"从小联合到大联合"的民众大联合论也可视为合群救国论的新青年版。④ 属于新青年的老师一代的吴稚晖与蔡

---

① 《学部奏请宣示教育宗旨折》,舒新城编《中国近代教育史资料》上册,第222、225页。
② 《中学修身教科书》(1912年),《蔡元培全集》第2卷,第206—207页。
③ 桑兵:《晚清学堂:学生与社会变迁》,第296—297页。
④ 在新政期与五四时期的合群论的比较研究中,值得关注的论著有 Wang Fan-shen, "Evolving Prescriptions for Social Life in the Late Qing and Early Republic: From Qunxue to Society", Joshua A. Fogel and Peter G. Zarrow ed., *Imagining the People: Chinese Intellectuals and the Concept of Citizenship*, 1890-1920(New York: M. E. Sharpe, 1997)。他认为五四以前,"中国是无组织的国家",不承认传统小团体是社团。这是五四前后的重大差异(第271页)。但正如本书阐述的,在这一点上来看,与以别前无不同。

元培的"从小组织或小群到大组织或大群"、陈独秀的"同业小组织的大联合"、李大钊的"从纵的联合到横的联合"等也与此并无不同。这些说法都继承了清末梁启超在《新民说》中提出的"从小合群到大合群"的思路。要消除散沙形象的合群意志通过孙中山的演说更加普及,专制政治下,"中国人受集会之厉禁,数百年于兹,合群之天性殆失",导致"中国四万万之众等于一盘散沙"。[①]

在如此强调合群救国的社会心理中,政党结成分明也是合群的类型之一,但除了从民国成立之后到袁世凯试图复活帝制的几年间,多被极度地厌恶与回避。"君子不党"的传统朋党观在这里起到了很大的作用,[②] 特别是孔子的"君子群而不党"(《论语》)的教导。此外,还与"敬业乐群"(《礼记》)、"人贵于禽兽,是因为人有合群能力"(《荀子》)的观念相符,这就为知识阶层试图用从事生业的人组成的团体即职业团体来代替政党的思路与实践提供传统根基。

二 职业团体的组织系统与广域联合

清朝的新政改革超越绅士合群的学会,为农工商合群的农工商会的组成打开了局面。清朝于 1904 年颁布《商会章程》,1906 年颁布《教育会章程》与《农会章程》,允许组成法定团体;1907 年末颁布《结社集会律》。这些措施都消除了合群的法律性障碍,带来

[①] 《民权初步》(1917 年),《孙中山全集》第 6 卷,中华书局,1985,第 412—413 页。
[②] 关于传统朋党观助长民国时期不信任政党风潮,参见张玉法《民国初年的政党》,台北,中研院近代史研究所,1985;赵书刚《中国政党发展的轨迹,1905—1949》,中共中央党校出版社,1998;陈宇翔《中国近代政党思想研究》,湖南大学出版社,2002。

第二章　各界联合与各界民意的形成

了促进大合群的效果。

　　法定职业团体得到认可是以商战救国论为媒介，且民间社会的合群运动与试将其社团按自己目的动员的国家战略相结合的结果。山东省济南商务总会认为西方国家的商战日趋激烈，督促所有行业都加入各自的公所，而公所都加入商务总会，这样才能实现业种与业种、公所与公所、官与商的"联彼此之情"、"通官商之气"、"众情联络，众情开通"。① 直隶省保定府农务总会也成立各州县农会，从译书编报、筹办农桑等入手，成为"开智与合群的先导"。②

　　法定职业团体与传统的团体不同，它根据行政区域拥有分会—总会的系统组织，因此能够实现广域的联合。商会在商业发达地区设商务分会，在省都与大城市设商务总会，完善自己的组织体系。教育会与农会也各自拥有州府县教育会—省教育总会与乡镇农务分所—州府县农务分会—省农务总会的组织系统。在各行政区域仅可设一个总会与一个分会，如果在同一地区发现两个以上的团体，主管官署将利用其职权进行调整。此时在章程上各个法团的总会与分会的关系，以教育会为例，"不为隶属惟须联络统合以扩充整理"。③ 商会也是"不为统辖，而为联络"的关系。而实际上，商会根据总会的力量可以在一定程度上统辖分会。④ 那么，一个省内各府州县组织之间，包括部分性"统辖"在内，至少具备了在章程上保障"联合"的组织系统。

---

①　《山东劝业道为造报本省地方商会情事呈工商部清册》（1908年），《历史档案》1996年第4期。
②　《直隶总督袁世凯为直隶农务局开办农务总会请予立案事致农工商部咨文》，《历史档案》1998年第2期。
③　《学部奏酌拟教育会章程折》，《东方杂志》第3卷第9号，1906年10月12日。
④　有见解认为，"一般都是分所隶属分会，分会隶属总会，相互之间宗旨相同，规章一致，组成一个层层统属、不可分割的有机整体，因而总会对分会乃至分所仍维持了实际上的统辖关系"，但其"不华可分割的有机整体"的表述有些夸张。章开沅等主编《中国近代民族资产阶级研究》，华中师范大学出版社，2000，第337页。

在此基础之上，商会、农会与教育会通过各自组织纵横联合，按职业进行大合群。省联合即可称为大合群，而不过4—5年即结成的全国联合，可谓是超大型合群。以商会为例，在江苏省为了开展"裁厘认捐"活动，结成省内25个商务总会与分会联合体，即江苏全省商会联合会，而就在此之前，四川省各城镇商会联合体，即四川商会联合会也成立了。① 商会与传统的会馆、公所等行业组织不同的是形成了这种跨越行业与地域界线的广域联合。在若干城市中，会馆、公所在太平天国运动之前通过行业联合也部分地起了城市自治的行政作用，但联合的范围仅限于个别城市内部。②

　　结成全国商会联合会的努力，是在1907年11月全国各地商会代表聚集举行商法讨论会时开始的。鉴于与西方国家商战失败的原因是中国没有保护商人的法律，全国10余个省80多个商会的代表聚集到一起，于1909年3月自发拟订了《公司法》草案。③ 这是民间团体为了争取经济立法权而展开的活动，因此受到关注。1909年3月，《华商联合报》创刊，在上海设立华商联合会办事处，并把其定位为"联合的机关"。全国商会联合会于1912年11月发起，并于次年1月正式成立。至此，形成了可以突破以往由于"各处商会势力若散沙"，"对于国内无联络、讨论、通筹全局之方法，对于

---

① 《江苏全省商会联合会记事》，《东方杂志》第7卷第8号，1910年9月28日；马敏：《官商之间：社会剧变中的近代绅商》，第258—271页。
② 重庆的八省会馆、汉口的八大行、湖北沙市的十三行、广州的七十二行等是其例子，主要是按照出身地域进行行业联合。八、十三等是出身地域的数量。比如"八省"为江西、江南、湖广、浙江、福建、广东、山西、陕西。William T. Rowe, *Hankow: Commerce and Society in a Chinese City*, 1796–1889 (Standford: Stanford University Press, 1984), pp. 330-334；窦季良：《同乡组织之研究》，正中书局，1946，第22页。
③ 朴埈洙：《民国初全国商会联合会의成立과商会의政治的抬头》，《中国近现代史의再照明1》，第132—144页；虞和平：《中华全国商会联合会的成立与中国资产阶级完整形态的形成》，《历史档案》1986年第4期。

国外无群策群力出而争雄之能力"①的组织局限性的依据。

农会的广域联合首先在府与省范围内尝试。1909年12月,安徽省农务总会设立,选出会长、副会长、董事时,董事按照"各属"单位安排,13个属内各有2—5名,总计选出39名。②"属"是被称为府或州(有的省"属"也包括几个府或州)的行政区域,位于县和省之间的区域等级。省农会董事已在县农会基础之上以"属"为单位选出,为此各县农会的紧密联系与协商成为必需。全国农务联合会于1910年9月成立,除了各省的农务总会与农务分会的代表,各地方自治公所、农业学堂、农业公社、农事试验场的代表以及在农业方面有知识与经验的个人也可以加入。③因此其实是超越"农会联合"的"农务联合",自治公所也能加入。农会像商会一样积极参与促进立宪的参政运动。当时主导预备立宪公会并拥有全国联络网的绅商张謇积极推进结成全国农务联合会,从他担任首任会长这一点便可得知。④

教育会的广域联合与农会的情况很相似。江苏省教育总会成立于1908年,是从江苏学会改编而来。它虽以各州府为单位选出评议员,是可以集结全省意见的机构,但却不是由府州县代表组成。在这种条件下,1910年春,在四个县教育会的参与下,组成了常州府教育联合会,以该类型的府联合为基础,当年9月江苏各属教育会联合会成立。在这种府省联合的背景下,1911年9月在上海成立了全国教育会联合会。⑤

---

① 《中华全国商会联合会发起会议纪要》(1912年11月13日)、《中华全国商会联合会缘起》(1912年11月),《历史档案》1982年第4期。
② 《全皖农务总会开会纪事》,《申报》1909年12月11日。
③ 《全国农务联合会章程草案》,《东方杂志》第7卷第8号,1910年9月28日。
④ 和农业改良原本的趣旨相比,清末民国初农会被灵活运用为主导政治活动的基石。参见柳镛泰《1906—1926年中国의农会와农民协会》,《历史教育》第60辑,1996年。
⑤ 金衡钟:《清末新政期의研究:江苏省의新政과绅士层》,首尔,首尔大学校出版部,2002,第168—171页。

清廷并没有在章程上保障这些法团结成的全国联合会，而各团体都超出了章程的规定，展开联合。民国成立之后对此颁布了新规定，全国联合会的结成得到了保障。这是在各方面已经展开大合群运动的结果。

清末民初，商会、农会、教育会等组织的数据统计不确切，各种资料也有差异，总的来说，1911 年商会总数约为 800 个，农会则约为 400 个。[①] 当时全国的县为 1500 多个，组织率应约为 1/2 与 1/4。教育会的总数据推测应为两者之间。这一数据可视为已经拥有了组成各业全国联合的基础，各界联合由此也得到了推进。

三　各界联合的诞生与发展

1. 省市范围的各界联合，1907—1913 年

由商会、农会、教育会等团体的联合开始的各界联合首先在各省市范围内登场。为了不有损国民的利益及与其有直接联系的政治议题的共同解决，各团体在这些层面上积极探索了联合，并以民众集会与联合体结成的方式出现。

四民合群的民众集会于 1903 年 4 月由反对俄罗斯占领满洲的拒俄运动开始，却被清政府在短时间内镇压，随即在抵制美货运动中又有进展。1905 年 7 月，上海的"学会与学界、商界、工界以及各大城市推荐派遣的代表们"参加活动。[②] 但当时全国各地的 250 余次

[①] 阮忠仁：《清末民初农工商机构的设立：政府与经济现代化关系之检讨，1903—1916》，台湾师范大学历史研究所专刊（19），1988，第 219—238 页。根据《中华民国社会志》（台北，"国史馆"，1998，第 566—569 页）所记，1912 年农会为 226 个，1916 年商会为 1158 个。

[②]《公议实行不用美货之特别大会》、《赣省学商两界请废除原电》，《申报》1905 年 7 月 20 日、10 月 15 日。

集会中，仅有1次是"三界"联合的集会，"两界"联合的有12次，也仅停留在"商学界"联合，其余均为"一界"的单独集会。① 在统称参加团体时也仅使用了"各帮"或"各业"等用语，还未出现"各界"，因为这一运动主要在商界内部各帮、各业的联合中展开。从地域上来看，这一运动也主要局限在华侨较多的沿海地区。

即便如此，参与的团体还是把通过各团体"集会"方式而进行的和平抗争看作"文明排外"的"国民合群"。主导该运动的曾少卿评价道，"防弊我国民散沙之诮久已见轻于外人"，国内外同胞对此齐声响应，使"我国民合群之能力"显于世界。②

"各界"的提法和各界联合体在1907—1910年国民拒款运动、国债偿还运动、国会请愿运动中首次登场。此时超越民众集会形式的各界联合，即国民拒款会、国债偿还会、国会请愿同志会等联合体的成立，与以往有所不同。

清朝为了实现铁路国有化而借款，国民拒款会就是反对其借款的团体，于1907年10月末开始通过各团体的联合而成立。这是凭借"国民的资格"而进行的"绅商学界联合行动"，是试图摆脱与列强的财政从属关系而展开的民族主义斗争的一环。③ 1907年11月，浙江省国民拒款公会在包括"各府县的绅商学军界代表"在内共7000人的见证下成立。④ 成立大会呼吁："联合21省在上海设立总机关，守住路权。"⑤ 他们以省联合为基础试图建立全国联合这一点值得我们关注，然而实际上并未成立全国总机关。

---

① 以上分析根据的是当时主导该运动的曾少卿留下的全国集会记录。《开会抵制》，曾少卿：《山种集》，铅印本，1905，第11—25页。
② 曾少卿：《山种集》，第53、76页。
③ 闵斗基：《清末江浙铁路纠纷와辛亥革命前夜绅士层의动向》，《中国近代史研究》，首尔，一潮阁，1973，第378—389页。
④ 《浙江拒款会通告各府县士民文》、《国民拒款公会开定式大会》、《专电》，《申报》1907年11月1、6、26日。
⑤ 《各省复国民拒款公会电》，《申报》1907年12月7日。

在此前后，拒款会的组织扩大，形成了县拒款会—属拒款会—省拒款会的系统。嘉兴、余姚、苏州等地的县拒款会通过"绅商学各界一千余名"的民众集会而成立。在此背景下，杭属拒款公会通过联合杭属内一州八县各团体的拒款会而成立。不仅职业团体，且地域团体、同乡团体、慈善团体、学生团体等也都参与其中。① 这里值得注意的有以下两个方面。第一，"各界"的用语开始以联合为前提使用。第二，组织分为执行部与评议部，评议部由"在各州县的每个团体选出2人"组成。杭属拒款公会自发变为浙江省国民拒款公会的分会，简称"国民公会"。也就是说，杭属一州八县的联合名义上虽是地域联合，但实际则是地域内的各界团体联合。因此，其评议部不是由"各地代表"而是由"各界（团体）代表"组成的。

由此可见，县—属、府—省的地域联合，是与其内部的代表"各界团体"的职业联合相互渗透的，形成紧密的联合；各界团体组成府与省的"国民公会"，由此可见主导有关国民议题舆论的民意集结机关开始形成。在这里虽然使用了"各界"，但仅是"各界团体联合"，还没有出现"各界联合会"的名称，国民（拒款）公会实际上是各界联合会，也可以说是五四运动期间国民大会的前身。

以国民公会名义提出的拒款要求遭到了清政府的拒绝，而由此打下了基础的国民合群方式于两年之后，在国债偿还运动与国会请愿运动中收获了阶段性成果。这两个运动在紧密结合的内部联系中，几乎是由同一个主体主导进行的。海牙和平会议上，列强决定监督未能偿还国债的中国政府的财政。这一消息传出后，1909年末在天津与上海的商务总会主导下，各界团体共同参与，组成各地区国债偿还会。国债偿还会的逻辑是，若不能偿还国债，再加上代表中国

---

① 《苏州拒款会纪事》、《余姚拒款会纪事》、《杭属拒款公会开会纪事》、《本埠各团体联合会纪事》，《申报》1907年11月2日、11月23日、12月25日。

民意的国会不监督政府，那么就无法阻止列强对中国进行财政监督的内政干涉。发起上海国债偿还会的商务总会会长周金箴、发起浙江省国债偿还会的绅士陆春江等表示，"偿还国债为国民之义务，开设国会为国民之权利，不可只有义务而无权利"，在这个逻辑中主张"国债偿还正为国会续开之预备"，直接将这两个活动联系到一起。① 各界团体选择了国民自发偿还国债并以此积累名分与力量，由此紧逼开设国会的策略。

各省市各界团体也与这一目标相呼应，积极参加运动。1910年1月23日，浙江省国债偿还会举行正式成立大会，选出"各界代表"（而非"各地代表"）：绅界8名，学界8名，商界26名，工界未定。在这种背景下，浙江省"绅商学军农工各界"共5000余人参加，并在杭州明伦堂举行国民国债偿还特别大会，触发了此后省内各地的国民募捐运动。② 安徽省国债会由"六界共同"组织，除会长之外每界出1人，共有6名副会长。所谓"六界"就是官界、绅界、学界、商界、军界、警界。江西、湖北的国债会首先是由督抚促使教育会发起，然后由教育会与商会联合成立。③ 这与当时各省督抚开始以上书请愿组成责任内阁和国会续开的方式参加立宪运动，④ 从而在某种程度上协助各界团体也是相关的。

在经济方面，南洋劝业会发挥了促进依据商战救国论进行各界联合的作用。1910年6—11月南洋劝业会在南京举行，该会从1908年开始在农工商局的主管下，由商会、农会、教育会和其他实

---

① 《上海筹还国债会发表意见》、《沪人会议筹还国债纪事》、《陆中丞函请增抚发起筹还国债》，《申报》1909年12月17、18、21日。
② 《筹还国债期成会纪事》、《国民筹还国债大会纪事》、《浙省筹还国债正式大会详情》，《申报》1910年1月3、5、27日。
③ 《爱国海军义捐公会成立纪事》、《赣抚提倡筹还国债会》、《鄂督通饬集议筹还国债会》，《申报》1910年1月17日、3月11日。
④ 侯宜杰：《二十世纪中国政治改革风潮：清末立宪运动史》，人民出版社，1993，第269、277页。

业团体、谘议局以及自治公所、杂志社、工商企业等代表组成的协赞会负责筹备。① 此时《华商联合报》表示，"士农工商兵必须全部尽自己全心全力联合，才能在学战、农战、工战、商战、兵战的世界中胜利"，以此推进各界联合。为此还提倡广域联合，如"党的联合"、"学商农工各界的联合"、"华侨的联合"，以及包括这三个联合在内的国会层次的联合。②《观会指南》中称，"世界文明国家的进化怎么会是偶然？一定要有实业的团体才有可能"，"所谓战胜并不是取决于兵，而是由农工商相互联合，把竞进大会看作农工商的广告场、国民的大学校，预备农战、工战、商战"。③

因此，1910年是各界联合在政治经济方面的重要转折期。从该年年初开始，国会请愿运动就出现了与国债偿还运动相似的大合群。安徽省各界在举行国会请愿代表团欢送大会时，将会议名称定为"绅商学农军警路矿各界联合大会"，④"各界联合大会"在此首次登场。"各界"中增加了军警界与路矿界，可见，参加的各界根据现实需求而扩充。

国会请愿同志会正是以这种各界联合的形态成立的。广东省"绅商农工各界"14个团体联合成立了广东省国会同志会，谘议局与自治公所以外的商会、教育会等也参与其中。⑤ 山西省"农商绅学各界"组成的国会期成会把组织分为执行部与评议部，20名评议员由农会、商会、教育会、谘议局、自治局中选出，各4名。⑥

---

① 《端方批文》(1908年)、《南洋第一次劝业会协赞会草案》(1909年)、《苏省农工商务局为筹设协赞会物产会照会》(1909年)，华中师范大学历史研究所等编《苏州商会档案丛编》第2辑，华中师范大学出版社，1991，第389—390、396—398页。
② 陈颐焘：《华商联合会序目》、林作屏：《广联合篇》、陈颐焘：《广广联合》，《华商联合报》第1、18、19期，1909年4月、9月30日、10月15日。
③ 南洋劝业会事务所编纂科编《观会指南》，南洋劝业会场劝业日报，1910，第1—3页。
④ 《欢送代表联合大会纪事》，《申报》1910年1月9日。
⑤ 《粤省国会同志会开第三期会议》，《申报》1910年4月17日。
⑥ 《晋省国会期成会成立》，《申报》1910年3月5日。

这是职业团体与地域自治团体为了解决国民议题组成联合体，进而实现其内部民主主义制度化，由各界团体选出和派遣代表的民意集结方式。

与第一次请愿代表团由谘议局议员组成不同，第二次请愿代表团的主体是各界团体的联合体，即国民请愿同志会。这反映出职业团体与各界联合的政治影响力已经成长到一定程度。请愿代表团联名提交单一请愿书的同时，还按照职能分别提交了10份请愿书。①

清廷虽仍禁止请愿运动本身，但各界马上发起了第三次请愿运动。此时正逢签署俄日协定与韩日并合条约引发的"满洲危机"，更加刺激了这一场运动的开展。各省市请愿同志会发起了大规模民众签名、民众集会以及上街游行等活动。1910年10月5—30日，全国各省请愿同志会少则数千人，多则上万人举行集会，签名之后组成队伍前往督抚官署提交请愿书。只有督抚答应会上奏国会续开，他们才解散。实际上，19个省的督抚10月25日提交了推进国会续开的联名上书。② 各界民间团体联合通过示威与请愿，向各该省督抚提出了政治要求。民众集会与示威已进展到可与后来的五四运动相提并论的地步。对此，清廷也把趋于高潮的"满洲危机"看得极为严重，约定提前两年即1913年开设国会。至此，以政府为对象的民间团体的政治活动即国会续开请愿运动首次取得了阶段性成果。

照此形成的省市范围内的各界联合在民国成立之后更加普遍。1913年，坚持议会政治的国民党领袖宋教仁遭暗杀，各界团体举行要求查明真相的省市联合大会，如武汉国民大会、湖南省公民联合大会、江西省公民联合大会等。③

---

① 侯宜杰：《二十世纪中国政治改革风潮：清末立宪运动史》，第289页。
② 侯宜杰：《二十世纪中国政治改革风潮：清末立宪运动史》，第308—314页。
③ 《武汉大会纪》、《湘省大会之捣乱》、《赣省公民联合大会纪》，《申报》1913年5月9、11、13日。

2. 全国范围的各界联合，1915—1919 年

辛亥革命前形成的省市范围的各界联合 1915 年在反对"二十一条"运动中形成了临时性的全国联合，至 1918—1919 年又发展为持续性的全国联合。

清末向政府发起国会请愿运动的各界团体，在武昌起义之后，其立场发生了急剧转变，站在了支持革命的一方。上海总商会首先向全国人民发布支持革命的电文，各省市县的商会、教育会、农会彼此联合，通过举行光复大会的方式，革命成为既成事实。[①] 新成立的中华民国于 1913 年开设国会，各界团体对其抱有极大期待，可不到 9 个月就被总统袁世凯解散。因此，在没有国会的共和国中，各界团体的民意代表功能更为民众所需，也变得更加重要了。高呼"共和万岁"的部分法团甚至使用"国会的自杀"来表达自己对议会政治紊乱的失望，并带着可以有效寻求政局安定的期待，加入袁世凯的帝制请愿机构——筹安会中。

不过随着北京政府接受日本的"二十一条"，中国的民族危机加重，1915 年各界团体在各地通过各界联合举行国民大会或市民大会，掀起反对接受"二十一条"的国民运动。1915 年 3 月 18 日，上海各界在张园举行国民大会，决议排斥日货并组成雪耻会，要求政府公开"二十一条"全文。5 月召开的国民大会有数万人参加，之后各省市接连举行这种集会，提出要求，呼吁开展排斥日货运动。这场运动的诉求发展为要求废除条约与抗战。同时，贵州省的"绅学商农工各界"组成"各界联合会"，与各省联合，形成反对帝制的舆论。[②] 各界联合在国债偿还、国会请愿运动的

[①] 李侃：《从江苏湖北两省若干州县的光复看辛亥革命的胜利和失败》，《纪念辛亥革命七十周年学术讨论会论文集》（上），中华书局，1983，第 461—463 页。

[②] 《湖南各界纷纷主战废约》（1915 年 5 月）、《各界联合会开会志略》（1916 年 1 月 19）、李希泌等编《护国运动资料选编》下册，中华书局，1984，第 339—340 页。

基础上，把废除条约与反对帝制的要求联系到一起。这虽然也是为了国民议题而进行的各界联合大会，但这里使用了辛亥革命以前未曾出现过的"国民大会"的名称，因此值得关注。1913年5月，在为了查明宋教仁事件与阻止袁世凯"大借款"，各界联合集会在"武汉国民大会"中首次使用了该名称，此后通过为了反对"二十一条"而组成的救国储金团联合体，该名称扩散到全国。全国各地自发成立救国储金团联合体，其全国总机构即中华救国储金团。① 从目的及组织形态上来看，它与国民拒款会、国债偿还会极为相似，不过从组成全国性的组织来看有所不同。从中我们可以得知，各界联合已经到了可以使用"国民大会"的地步，规模扩至全国。

国会的失败使人们对政党及"党派运动"的不信任也扩散开来，而成长为全国性的国民运动在这种情况下形成了新的社会思潮。在传统朋党观影响下，开始兴起由"国民运动"代替"党派运动"来掌控政治与外交、建设新民国才是捷径的认识。第一次世界大战结束后，虽然有舆论主张要中国派遣代表团参加巴黎和会，收回山东利权，却没有统一的政府派遣代表团。那时中国的政府分裂南北而相互对峙，这是与国会失败相对应的政府失败。1918年春，各地区的各种公共团体联合，提交"停止内战，一致对外"的国民请愿书，并宣扬反战舆论。他们还于1918年10月发起成立全国和平联合会，1919年2月成立国民外交协会。②

全国和平联合会在10月18日起草的宣言中表示，"本会由全国法定团体组织而成，为真正民意机关，故对于南北和平会议应实行共和国民应尽之职务"，"实行发表国民真正意见以立于第三者

---

① 罗志田：《"二十一条"时期的反日运动与辛亥五四期间的社会思潮》，《新史学》1992年9月，第40—55页；菊池贵晴『中国民族運動の基本構造』、東京：大安、1966、頁163—168。
② 应俊豪：《公众舆论与北洋外交》，台湾政治大学历史系，2001，第81—94页。

仲裁地位"。① 由前一天成立的全国和平期成会通告各地法团，各地法团与此相呼应，到1918年底，在北京、上海、南京、武汉、长沙、广州等地以地区为单位，以同样的方式组织和平期成会或和平联合会。

在各地和平期成会、联合会成立的背景下，1918年12月18日，全国和平联合会正式成立，并以南北政治势力对峙局势的第三方、仲裁者身份自居。这意味着从清末开始偏重于君主立宪论并倾向于北京政府的法团联合开始对南北政治势力转向批判的立场。全国和平联合会分为评议部与干事部，为了吸引在野有名望的人士，还组成了参议会；发生重大的国内外问题时，举行三个机构的联席会议，进行公决。② 1919年3月，各省区代表基本由省议会、商会、教育会代表组成，其中只有湖南、江西省派遣了农会代表。也许正是因为如此，全国和平联合会第七次会议决定，要求各省法团派遣代表时一定要指明农会代表，不能将其落下。③ 此外满、蒙、藏等少数民族代表与华侨代表也在其中。

因此，无论是从目的还是从构成来看，全国和平联合会都成为实际上能够填补国会空白的民意机关。1918年12月开始，该会各界团体代表主张举行以代表为与会主体的国民大会，解决包括制宪、国会召开、总统选举在内的国是的原因正在于此。他们已不再是南北政府之间单纯的调整者，而是开始构想成立第三方新政府的

---

① 《京师总商会会长等为发起成立全国和平联合会致叶兰舫函并附该会宣言》（1918年10月），天津社会科学院历史研究所等编《天津商会档案汇编》，天津人民出版社，1992，第4534—4536页。
② 《全国和平联合会暂行简章》（1919年2月）、《全国和平联合会为请速派代表赴沪致苏州总商会函》（1919年3月），《苏州商会档案丛编》第2辑，第660—661页。
③ 《全国和平联合会第七次评议会议事日程》（1919年3月）、《全国和平联合会各省区代表一览表》（1919年3月），《苏州商会档案丛编》第2辑，第668—674页。

方案。①

　　随着五四运动的爆发，借着和平联合会聚集到一起的各省市的各界举办了国民大会，成为五四引导"外争主权，内除国贼"的民意的力量。各地的各界联合自发举行民众集会，并大都使用了国民大会（或市民大会）的名称。这样集结起来的各界团体借用国货维持会的松散组织形式，持续进行了联合行动，并重新组织了各省市县"各界联合会"的常设团体。以天津为例，可以说明各界联合会的名称得到了普及。1919 年 5 月 12 日，在直隶省议会的发起下，"召集绅商学报各界，各界代表 200 余名参加"，进行了常设团体的讨论。此时关于团体的名称，会上提出了"直隶国民大会"、"直隶绅商各界联合会"、"直隶各界公民联合会"等方案，最终定为"直隶各界公民联合会"。② 6 月 18 日天津绅商、学、报各界 61 名代表在总商会开会，决定成立"天津各界联合会"。③ 同年 11 月，全国各界联合会成立。可见，在"各界联合会"大获人心的同时，"绅商"这个名字的影响力在急速下降。这与象征"新青年"的新一代青年学生登场、成为这一运动的主力有一定关系。

　　学生联合会凭借出众的组织能力与行动力促成了全国性、区域性的各界联合。以江苏省各县范围内的各界联合会为例，8 个联合会中有 6 个是在学生联合的主导下成立的，从这一事实中我们也可以确认学生的力量。④ 五四运动中，在很短的时间内实现的职业联合以及以区域性联合为背景而形成的全国联合，得益于国民拒款会、

---

① 野沢豊「五四運動と省議会―民族運動の内部構造の検討にむけて―」、『人文研究紀要』2 号、中央大学人文科学研究所、1983、頁 72；味岡徹「南北対立と聯省自治運動」、『五四運動史像の再検討』、東京：中央大学出版部、1986、頁 345—346。
② 《顺直省议会发起成立直隶各界公民联合会》，《大公报》1919 年 5 月 13 日。
③ 《各界联合会举行成立大会》，《益世报》1919 年 6 月 19 日。参见天津历史博物馆等编《五四运动在天津》，天津人民出版社，1979，第 137 页。
④ 相关资料参见《五四运动在江苏》，第 173—186 页。

国债偿还会和全国和平联合会的 10 余年活动经验，此次成立的全国学生联合会是继承与发展。其结果是，1919 年 11 月成立全国各界联合会。全国各界联合会自命为"知道全国人民的合群自救不可避免，因此聚集真正的国民总意组织而成的真正的民意机关"，并将政府外交失败的原因归为"没有健全的民众团体可监督政府"。[①]也就是说，民众团体的各界联合会要自发承担起监督政府的作用。

四　各界联合对民意机关的摸索

　　1918—1919 年，全国和平联合会与全国各界联合会自命为真正的民意机关，这是 1907—1910 年各界联合登场后逐渐积累经验获得的成果。前面探讨的各界联合主要以民众集会与组成联合体的形态出现，并渐渐地稳定下来成为民意集结的社会惯例。每当提出紧急的国民议题时，这一社会惯例就会表现为民众运动的形态。为了克服任意性与短暂性，召集按照民主程序选出的各界代表参与各界代表会议，并试图通过制度化将它变为正式的民意机关，下面我们将探索相关内容。

　　从清末立宪运动开始，各界团体就在各省谘议局的开设过程中起推动作用，以为预定于 1913 年开设的国会发挥作用做准备。讨论政党结成与国会组成方案的主体也不得不由国会请愿同志会聚集起来的各界团体来担任。在这里，民间团体成为主导政党结成与国会组成的中国宪政运动的独特构成。在各省督抚的汉人高官上奏开设议会与进行地方自治即合群进化之后，清廷接受该奏疏而采取动员民间社团的政策，这种政策与各界团体参政运动相结合，从而促进这个独特结构的形成。

[①]《全国各界联合会宣言》，《申报》1919 年 11 月 11 日。

关于以什么方法选出民意机关（省议会、国会）的代表，预备立宪公会于 1907 年开始讨论。在此过程中，也曾考虑过西方的选举制度，但和区域选举相比，团体选举更受欢迎。预备立宪公会表示所谓团体选举是指各团体选出代表并介绍先例，如上海 12 个团体选出代表起草上海谘议局章程，1860 年初德国便试行了这一制度。[①] 上海事例指的应该是 1905 年作为中国最早地方议会的总工程局的成立及其选举方式。

如在本章开头提到的，开明知识分子 1895 年开始主张通过四民合群建立国会，如强学会主张必须建立国会才能实现国家富强（参加图 2-1）。上海的会馆与公所等行会性质的民间团体自 1895 年以来，推举自己的代表，在市内各单位建立自治机关，也就是各马路工程局。1905 年建立总合各马路工程局的总工程局时，这些民间团体发挥了主导的作用。因此，其间部分性地负责市自治业务的善堂、书院、警务、各铺段的董事、各行业的公所与会馆等民间团体共同选举出总工程局的"议员"。其结果是当选的"议员"大多是会馆、公所的董事。这些会馆、公所的董事加入商会，则成为商会的会员，因此在商会的设立普遍化之后，这种选举方式受欢迎的可能性也就更大了。农会、教育会希望作为这种民意机关选举的主体参与其中也是理所当然的。

这种情况在 1906 年 7 月成立的天津县议事会中再次得到了确认。市自治局全体局员以及自治局选出的 12 名绅士、学会选出的 20 人、商会选出的 10 人共同制定"自治章程"，该议事会就是根据自治章程成立的。[②] 学会与商会等民间团体也是作为主体参加的。实际上当时各地的自治局或自治公所由各该区域内的各界团体代表

---

① 汤一鄂：《论成立国会实质之预备法》，《预备立宪公会报》第 1 期，1907 年 1 月 28 日。
② 《北洋大臣袁世凯奏天津试办地方自治情形折》（1906 年 7 月），中国第一历史档案馆编《清末预备立宪档案史料》（下），中华书局，1979，第 720 页。

组成的情况已经占多数，由此来看，这也就不足为奇了。

图2-1　左侧为《强学报》；右侧是1910年第二次请愿运动的各界代表
注：强学会主张必须建立国会之后，各界团体开展了国会请愿运动。

各民间团体主导地方议会的设立，民间团体代表成为议员，这些不只发生在上海与天津。清廷的宪政编查馆制定的《城镇乡地方自治章程》规定，"新设立的教育会、商会等"都是各地方的自治团体。① 这种由"公共团体"处理国是的一部分，被看作是补充官厅力量无法到达部分的"尽公法上义务的公法人"。② 这就是以教育会、商会等作为先锋，主导各省市自治会设立的背景。贵州自治学社由教育总会、黔学会、商务总会主导组成，是一个具代表性的例子。预备立宪公会与粤商自治会也由同样的方式组成。③

预备立宪公会1908年设立研究国会开设程序的国会研究所。该研究所是为了让受到推荐的团体成员成为会员而成立的。在国会研究所商议下院议员组成方法。孟森等明确提出了由地方商会、学会

---

① 《宪政编查馆奏核议城镇乡地方自治章程并拟选举章程折》，《东方杂志》第6卷第1号，1909年2月15日。
② 王士森编《城镇乡地方自治章程要义》，商务印书馆，1909，第4—5页。
③ 侯宜杰：《二十世纪中国政治改革风潮：清末立宪运动史》，第120—122、143—151页。

等团体推荐选举人，再由选举人选举议员的方案。① "社会是法人，国家也是法人，因此个人无法成为国家的代表"，此团体主义思考在民意机关制度化的过程中也发挥了作用。② 这反映了合群的社会心理强烈地渗透到实际的社会政治活动中。

团体选举如此受欢迎，从表面上看，在灵活利用团体选举的便利性的同时，是来源于主导各团体的立宪派实现本身执权欲望的实用性需求；而从本质上来看，可以说是把团体组成看作富强与文明标准的善群进化论的观点得到反映的结果。只是这个团体到底是职业团体，还是包括区域团体在内的其他团体，依然没有明确。所以它既不是仅属于职业团体的职业代表制，也不是仅属于区域团体的区域代表制，职业团体虽占中心位置，但更趋向于二者折中。

当时在中国，同乡团体以慈善活动为背景来发挥社会政治影响力，同时也与职业团体联合，作为各界联合的一员参与其中。在同乡团体内具有同业团体的特征，而相反的情况也不少。在一个团体中，重叠着同乡性、同业性、区域性、职业性。特别是商会，从一开始就靠着传统的公馆与会所的加入而成立，1919—1920 年上海总商会就由四明公所（宁波同乡会）与广肇公所（广州肇庆同乡会）主导。即使这样，在上海市总工程局华人代表的选举中，同乡团体还是被看作仅为拥有特殊地缘关系的人而存在的团体，未能得到代表公民公意的选举单位的资格。③ 其他临时团体也是一样，这里判断的基准似乎也是职业团体比其他任何团体更加有效地实现富强、文明、

---

① 孟森：《论中国今日有可以速开国会之理由》、《国会研究所第三次议案》，《预备立宪公会报》第 7、8 期，1907 年 1 月 28 日，1908 年 5 月 27 日。
② 《预备立宪公会致各团体函》、《江苏绅士预备开设国会纪事》，《申报》1908 年 5 月 7、18 日。
③ Bryna Goodman, "Democratic Calisthenics: The Culture of Urban Associations in the New Republic", Merle Goldman and Elizabeth J. Perry eds., Changing Meanings of Citizenship in Modern China (Cambridge: Harvard University Press, 2002), p. 79.

共和的、进步的合群商战论。在以教育和财产程度为基准限制选举权和被选举权的同时,将有无职业追加为限定条款,各种民意机关的《组织法》和《选举法》限制"无职业者"、"不正当职业者"的参政权也是出于这个原因。①

那么此时中国的民意机关选举已经引入职业代表制了吗?工团主义与行会社会主义的职业代表制直至五四运动才为中国人所接受。澳大利亚、意大利、英国的职业团体代表至 19 世纪末才加入议会,并且他们都是由政府任命的,所以与以职业团体会员选举为依据的职业代表制还相距甚远。②即便如此,以法团为中心的各界民间团体在主导国债偿还运动与国会请愿运动的过程中确立的各界联合的民意集结方式相当程度地运用了职业代表制原理。威斯康星大学政治学教授芮恩施严密地考察了这一过程。他表示,"中国人因为多样的行会和社会团体而集团化,这些团体的业务通过职员与会员在会议上的讨论来处理。因此,(他们的)国会开设要求是中国人社会生活中有根深蒂固的惯例而自然而然发展的结果","最近成立的众多公共团体代表的是,在省市谘议局成立时试图用自己的方式解决自己的问题的公众自发性行动。这种公共团体实际上是小规模的真正的议会"。因此,"在准备民意机关设立的过程中,利益代表(representation of interests)的理念得到了中国政治评论家的强烈拥护"。③

---

① 排除"无业者、无职业者"的法规:1905 年《上海市总工程局议事规程》,1921 年《浙江省宪法》。排除"营业不正者、不正当职业者"的法规:1909 年《城镇乡地方自治章程》,1914 年《城镇乡地方自治施行条例》,1922 年《湖南省宪法》,1924 年《淞沪自治制》,1924 年《云南潜行市自治条例》、《上海总工程局潜行章程》。参见《东方杂志》第 3 卷第 12 号,1907 年 1 月 9 日;叶利军:《民国北京政府时期选举制度研究》,湖南人民出版社,2007,第 65、341、355、386—389 页。

② 王世杰:《比较宪法》,第 270—271 页。

③ Paul S. Reinsch, *International and Political Currents in the Far East*(New York: Houghton Mifflin Co., 1911), pp. 256-257, 260-261, 267-268.

芮恩施的论述中虽然包含着一部分对于法团的过高评价，但他注意到了在国家与社会的关系中，各界民间团体具有民意代表的功能，把它理解为利益代表（职业代表）之一其实并不过分。只不过民众运动形态的各界联合虽然明显采取了利益代表的方式，但其是否在民意机关选举中得到制度化则是另外一个问题。实际上，它并没有被引入清朝的谘议局和资政院选举、中华民国的省议会和国会选举中，这些民意机关都是依据区域代表制组成的。结合芮恩施的观察，这样的代表构成方式与各界联合主导民意、实际上担当议会功能的社会惯例相背，这些民意机关没能为政局的安定做出贡献的一个重大原因可归于此。

由于民国初年这些民意机关解散或者沦落为军阀、政客的陪衬，各界联合则开始以民意机关自居。甚至中华民国政府也让商会、农会、教育会代行国会的职能，这些法团则更以民意机关自居。1912年9月，工商部表示，"如果没有团体的结合，任何事情都无法获得成功"，并召开全国临时工商会议，议决各种工商业相关政策。各地方工商矿业相关团体的代表与华侨的商会代表和各省担当实业的官员一同参加会议，正式被称为"议员"。政府在会议召开之前，让工商矿业各界代表准备好各种相关政策方案。该计划下达各省，各省先举行省工商会议，讨论将在全国会议上提出的方案。[①] 1912年11月农林总长召集的全国农会联合会会议也在报告各省的农业情况之后，审议表决了农林部提交的16项与农政相关的议案和会员提交的28项农业振兴方面的议案。[②] 同样，从1915年开始，教育会也在每年召开的全国教育会联合会会议上审批决议教育方面的国家政

---

① 《直隶都督转发工商部召开全国工商会议通知并附会议章程》（1912年9月）、《直隶劝业道请商会遴员出席直隶工商矿业讨论会函并附章程》（1912年9月），《天津商会档案汇编》，第2542—2544、2567—2568页。
② 陶昌善等编《全国农会联合会第一次纪事》，台北，文海出版社，1973，第57—61页。

策,此外,还在各县教育会的参与下召开省教育行政会议来探讨省级议题。①

因此,由具备全国组织网络的这三个团体主导并参与的全国和平联合会与全国各界联合会以民意机关自居也绝不属虚假或夸张,而作为其延续,各界团体于1919年开始迅速接受行会社会主义的职业代表制理论,试图用其强化自己的处境。其结果是,更加增强了人们对代表特定"领域(利益)"(而非特定"区域")的团体能够切实地代表全体的信心。可以说,这是清末兴起的合群救国论、商战救国论的发展。

综上所述,各界社会团体在辛亥革命之前组成各界联合,展开成立合群救国民意机关的运动,并主要以临时性的民众集会、持续性的联合体、按案件组织的代表会议等三个形态出现。这虽是地域范围的现象,但接下来在五四运动期间已扩大到全国,之后成为社会惯例。所以,这种理解是能够把辛亥革命与五四运动看作相关联过程的必要前提。② 辛亥革命之前,把各界代表看作利益代表的一个形态的芮恩施作为美国驻北京公使,在仲裁了1918—1919年的南北和平会议后离职,随即在1920年提出了依据职业代表制召开国民会议的建议,这绝不是偶然。在第三章中,笔者将会仔细探讨国民会议召集论的形成过程。

---

① 《各省教育总会联合会议决案》、《全国教育会第一次联合会纪略》、《第四届全国教育会联合会议决案》,《教育杂志》第3卷第6期,1911年6月10日;《教育杂志》第7卷第6期,1915年6月15日;《教育杂志》第10卷第12期,1918年12月20日。《组织湖南省教育行政会议议案》,《湖南教育杂志》第2卷第7期,1913年6月14日。
② 闵斗基把辛亥革命看作具有共和政体的制度性框架的第一阶段,把五四运动看作是拥有其内涵的第二阶段,二者实际是一个连续的共和革命的过程。闵斗基:《共和革命试论》,《中国初期革命运动의研究》,首尔,首尔大学校出版部,1997,第22—25页。

第三章　国民会议召集论的形成

辛亥革命之后成立的中华民国经过区域代表制的设限选举（以财产、教育程度为基准）开设了国会。但由于军阀的政治欲望和内战，国会经历了解散与恢复。国民会议召集论就是在这种政治背景下提出的。它由职业代表组成新的民意机关，制定《宪法》，并根据《宪法》成立新的政府，探讨"真正的民国"之建国方案。

国民会议的核心问题在于，民意机关的组成原理为什么以及怎么样从区域代表制转变为职业代表制。以往的研究不将国民会议看作是国民的民意代表机关，而是看作革命政党的统一战线，因此对此并未表示出有所关注。日本和中国大陆学术界认为国民会议是1923年由共产党提出的统一战线的一个形态，与此相反，台湾地区学术界则认为，在北京政变之后的政局中，国民会议是1924年11月孙中山在《北上宣言》中提倡的、讨论中国统一与建设的临时性政治会议。但这两方的观点与本章中揭示的国民会议召集论的真相有着较大的差距。尤其他们都是站在国共两党的立场上得出的见解，由此这种观点的局限在于仅将职业团体视为两党的动员对象。国民会议的组成主体是各职业团体，所以理应从职业团体的成长与要求的角度来研究国民会议召集论。

因此，本章以前两章探讨的合群救国论、各界联合的民意集结经验和职业主义为背景，揭示国民会议召集论早就在1920年8月由原驻华美国公使芮恩施作为明确的政治议题有体系地提出。而且他提出的并不是个人的单方面想法或提案，而是在准确地了解了辛亥革命以来各界联合主导民意形成的经验和社会惯例后，有逻辑地系统化之体系。

一 议会制革新论与职业代表制论的舆论化

第一届国会于 1913 年 4 月 8 日开幕。但 11 月 4 日袁世凯总统下令解散国民党，并取消国民党籍议员资格，造成参会议员不足，国会停开。11 月 12 日袁又下令取消各省议会国民党籍议员资格。次年 1 月 10 日袁宣布停止参众两院议员的职务，至此，国会被非法解散。1916 年 8 月 1 日黎元洪总统曾将其恢复，但 1917 年 6 月 12 日张勋再次将其解散。1918 年 8 月 12 日召开了由安徽派军阀控制的安福国会（也称"新国会"），但由于西南五省没有参加选举，其正统性十分微弱。随着直隶派掌权，新国会也于 1920 年 8 月 31 日解散。1922 年 8 月 1 日，第一届国会（也称"旧国会"）通过直隶派重新得以复会，可是在选出总统曹锟的过程中发生了贿赂行为，在国民的责难中，1924 年 11 月又被北京政变后登场的段祺瑞解散。在此期间，由解散国会的势力任命的人士组成了各种形态的临时性会议体，代替国会。

国会如此遭到嘲笑的直接原因在于其中充斥着军阀的收买、威胁和暗杀行为，但像候鸟一样行动、变得政客化的议员以及处于两者之间的官僚也有很大的责任。从省议会的情况来看，由于 1913 年议员之间党派林立，议长团的选举苟延残喘，开院时间也被推迟，因此引发了社会各界的不满，教育会、农会、工会、商会、报界等各法团成立了"法团联合会"，施加压力以督促开院，结果是议长团的选举有了一个了结。① 与国会经历了解散和恢复不同，省议会存留至 1927 年，因国民革命而解散。从中可见，从党派性政党与公共

---

① 吕实强：《民初四川的省议会，1912—1926》，台北《中央研究院近代史研究所集刊》第 16 期，1987 年 6 月，第 258—259 页。

团体对比的角度来看待议会政治已经悄无声息地占据了一席之地。

这样，辛亥革命之后把引入议会制看作理所当然的大多数中国有识之士在看到议会政治被军阀、官僚、政客垄断并遭遇挫折之后，开始探索怎样才能建设"真正的民国"。

首先，对于政党政治社会基础的探索引人注目。民国初年经历了政党政治失败的人们分成两派来寻找对策，一派是打破政客式政党结成新政党的"政治对抗势力"；另一派是超越党派的"社会对抗势力"。李大钊于1914年表示，必须在政治的正常轨道内允许不同政党存在，以此来维护独立精神，牵制执政党的独断。① 他认为，要给这种政治对抗势力做后盾，就必须由"勿受势位利禄权威之驱策"的"社会各方人士"即"社会中枢"组织群众，统一群众意志，使扎根在集成民意上的政党政治步入正常轨道。他的这种想法同时培养了政治对抗势力与社会对抗势力，但又似乎更重视后者。张东荪1914年也认同需要这两种对抗势力，表示"无形的对抗势力"——即社会各部门相互牵制与调和更加重要，因此应更加重视社会对抗势力。② 陈独秀呼吁将党派运动转换为国民运动，这也是把这一构想进一步推进的例子。他在1916年1月表示，政党政治此时在欧洲也已经成为历史遗产，中国必须将党派运动转换为国民运动，他还向青年呼吁，把1916年作为从政党政治转向国民政治的元年。③

那么支撑政治对抗势力的社会各方面自律民众的结合是什么呢？他们没有明确提及，不过它大概不是单纯的知识人团体，例如学会，而是以职业团体为中心、已经具体化的各界联合的可能性大一些。从清末立宪运动以来，各种职业团体作为法团，延续了一路担当舆论形成的社会主体的历史，从这点来看更是如此。但由于经

---

① 《李大钊文集》上册，第99—109页。
② 白永瑞：《共和에서 革命으로——民初논쟁으로본중국의 국민가형성》，《东洋史学研究》第59辑，1997年，第43页。
③ 陈独秀：《一九一六年》，《青年杂志》第1卷第5号，1916年1月15日。

历了袁世凯的帝制运动,这些职业团体徘徊于"共和万岁"与"帝制请愿"之间,丧失了社会信任,因此很难认为它直接就成为五四时的职业代表制。正如第一章中所探讨的,这应该是以无政府主义者主张的各同业公会联合成立劳农兵会来执行国政的社会改造论为媒介,逐步朝职业代表制方向发展。

其次,他们还承认了议会政治的弊端,并且试图引入直接民权来修正。1916年孙中山指责道,在代议制之下人民只能行使代议权,即便议会的立法与人民的意志相反,也没有办法将其取消。他表示,为了改善这一点,必须用直接民权(创制权、复决权、罢免权)来补足,将其与选举权结合起来形成的四大民权才能称为"纯粹的民国"。此时他为了实行直接民权而提出的方法是举行"国民大会"。县国民大会由人民自发举行,过半数赞成时可以行使创制权、复决权、罢免权;各县代表参加全国国民大会,可以行使选举总统以及修改中央立法等全国性层面的直接民权。[①] 他对国民大会的构想与辛亥革命之后首次登场并经过反对"二十一条"运动、在五四运动中得到普及的国民大会极为相似,这点很值得注意。从前后脉络来看,主导该国民大会的不是别人,最可能的正是以职业团体为主的各界联合。

如此,通过辛亥革命产生的对议会制的批判与革新论在公开的辩论与讲演中被提出,并及时报道,引起了不小的反响。五四时的议会制革新论受到第一次世界大战与俄国革命前后在欧美政治学者及社会运动家之间扩散的非议会主义(non-parliamentary)激进思想的影响,得到了更广泛地、有体系地展开。[②]

[①] 《孙中山全集》第3卷,中华书局,1984,第323、328—330、412—413页。韦杰廷、陈先初:《孙中山民权主义探微》,广西师范大学出版社,1995,第89—90页。后者认为,孙中山的这种议会制革新论,1916年发展为"新民权主义"。

[②] 在《东方杂志》中常见对于非议会主义的介绍,参见昔尘《议会政治之失望》,《东方杂志》第17卷第17号,1920年9月10日;王世杰:《德谟克拉西与代议制》,《东方杂志》第18卷第14号,1921年7月25日。

第三章 国民会议召集论的形成

有一种推测认为，只有以职业团体为中心的各界联合才能够充当与政党势力对峙的"社会对抗势力"及"国民大会"的角色。这种推测在几年之后陈独秀的构想中得到了确认。以1919年五四运动的经验为基础，他开始确信中国政治的根本性解救方法在于根据"学界、商会、农民团体、劳动团体"等"平民团体的多数意思"进行"国民直接行动"。在这里，他明确表示要排除政党，使政府和国会服从大多数平民的命令。① 如果是这样，那么培养属于平民的职业团体就成为政治改造的当务之急。

五四运动之后，《建设》、《星期评论》、《民国日报》等国民党系言论阵地以1919年7月开始未能制定《宪法》的事实为依据，指责中国议会制的失败，并提出了对国会的批判和革新论。② 虽然它只不过提出以孙中山的直接民权论作为对策，但却使人们意识到议会制革新的必要性，因此促进了人们对根本性的革新方案的寻求。与此同时，从1919年9月开始，《解放与改造》、《东方杂志》、《申报》等也主张，必须与直接民权一同实施职业代表制，唯有这样才能根本性地革新议会制的弊端。③

这些议会制革新论的要点如下：首先，如按照以政党为中心的区域选举制选拔代表，那么在某些地区居民的利害关系错综复杂时，他们也没有持续稳定的社团，则选举只能被区域单位政党所左右，

---

① 只眼：《宪法问题》（1919年5月），《陈独秀著作选》第1卷，第474页；《山东问题与国民觉悟》（1919年5月），《陈独秀著作选》第2卷，第19页。
② 仲恺：《三大民权》，《星期评论》第6号，1919年7月13日；《议会政治的末路》（社说），上海《民国日报》，1921年2月21日；仲恺：《"全民政治论"序章》，《建设》第1卷第1号，1919年8月1日；民意：《国会之非代表性及其救济方法》，《建设》第1卷第4号，1919年11月1日。
③ 张东荪：《罗塞尔的"政治理想"》，《解放与改造》第1卷第1号，1919年9月1日；叶裳：《基尔特社会主义》，《解放与改造》第1卷第3号，1919年10月1日；延陵：《廓尔的"实业界的自治"》第2卷第10、11号，1920年5月15日、6月1日；杨端六：《社会组织的研究》（上），《东方杂志》第17卷第23号，1920年12月10日。

而其结果就是出现党见与民意相反的政党政治的结构性矛盾。其次，议员与地区选民利害关系不一致，并没有在二者日常的接触中形成集中选民的利益与要求的代议关系，因此即便议员进行与地区选民意愿相反的议政活动，选民也没有任何能够牵制他们的手段。最后，他们认为，议员轻易被军阀和官僚收买或自发背叛民意的原因在于"无职业者"当选，把军人、官僚、议员视为无职业者，唯有拥有职业的人才具有议员候选人的资格。

　　正如第二章中谈到的，这种议会制革新论重视职业，与拥有职业的人试图解决社会、经济、政治问题的职业主义思潮相结合，促使职业代表制得到普遍接纳。其理论基础就是基尔特（行会）社会主义的职业代表制论。《解放与改造》主编张东荪等人于1919年开始介绍行会社会主义理论，并在以和平方法废除私有制与工资制度方面关注经济组织的改造方案。刚结束欧洲游历归国的梁启超与张君劢于1920年4月结成共学社，展开了旨在改造社会的新文化运动，并将行会社会主义作为其中一环积极地介绍与吸纳。为此他们将《改造》（《解放与改造》的续刊）当作其机关杂志，1922—1923年翻译及出版行会社会主义单行本，将其作为共学社社会经济总书。① 共学社中，除了与梁启超亲近的蒋方震、张君劢、张东荪、蓝公武等年轻人之外，

---

① 译书包括：G. D. H. Cole, *The World of Labor: A Discussion of the Present and Future of Trade Unionism*（London: G. Bell, 1919）; G. D. H. Cole, *Guild Socialism: A Plan for Economic Democracy*（New York: Frederick A. Stokes company, 1921）; G. D. H. Cole, *Social Theory*（New York: Frederick A. Stokes Company, 1920）; G. D. H. Cole, *Labor in Common Wealth; A Book for the Younger Generation*（New York: B. W. Huebsch, inc., 1920）; S. G. Hobson, *National Guilds: An Inquiry into the Wage System and the Way Out*（London: G. Bell and Sons, ltd., 1914）; G. R. S. Taylor, *The Guild State: Its Principles and Possibilities*（London: G. Allen & Unwin, 1919）; A. J. Penty, *Guild, Trade and Agriculture*（London: Allen, 1921）等。参见张朋园《梁启超与民国政治》，台北，汉生出版社，1992，第19—20、156—164页。

蔡元培、张謇、张元济、蒋梦麟等著名人士也加入。他们的目标是以生产者的同业公会为经济组织的基础，各种不同产业的行会由此得以行使民主权利，并废除工资制度。

当时中国最具影响力的杂志之一——《东方杂志》从1919年11月开始，作为中国议会制革新的对策方案，介绍了行会社会主义的职业代表制论。杨端六于1916年赴英留学，对此进行了系统学习，1920年归国担任《东方杂志》编辑后更加灵活地介绍这个理论。如在工业方面，为了实现民主主义的探索，介绍了"产业民主主义"（或工业民主主义）理论，[①] 他把这一原理扩大到其他职业上，形成职业代表制论。科尔、维佰、宾第、罗素等人的理论均得到介绍和吸纳，其中也有略微的差异，而在中国影响力最大的是罗素和科尔的理论（见图3–1）。以下，我们简要地概括当时介绍到中国的职业代表制理论的基本原理。[②]

职业代表制论从职能性社会观和多元性国家观出发，提出人按照职能分辨你我，并彼此联合，勾画自己的生活；而所谓社会，是拥有各种职能的人为了生活而形成的。在议会政治中，选举代表的单位理所当然要以职能为基础，不能以居住地所在区域为基础。居住地区域仅仅是为了治安、征税等行政上的便利而存在的单位。因此，要实现真正的民主主义则应按照各业种自治的原则，从各职业单位的基层小组织开始并以此为基础，逐层扩大到同一职业的全体。

[①] 这个理论涵盖工厂内生产与经营过程的一切，从劳动条件的改善到劳动者家属的福利问题等方案都是在经营方代表与劳动者方代表同数组成的会议上经过充分讨论而决定的。衡如：《实业的民治主义之实验》，《东方杂志》第16卷第11号，1919年11月15日；扶风：《实地试验中工业的德谟克拉西》，《东方杂志》第18卷第7号，1921年4月10日。

[②] 张东荪：《宪法上的议会制》，《东方杂志》第19卷第21号，1922年11月10日；徐六几：《中华基尔特社会主义国宪法导论》，《东方杂志》第19卷第21号，1922年11月10日；张荣福：《职业代表制之比较研究》，《东方杂志》第21卷第7号，1924年4月10日；黄卓：《职能的民主主义》，《东方杂志》第21卷第8号，1924年4月25日。

国家则是由与此相同的各种职能性社会组织聚集起来形成的，因此，如果要想把各种不同职业人员的利益和要求反映到政策中，国民的政治代表就要以职业为单位选出，议员的人数要按照各职业人口的分布来按比例分配。

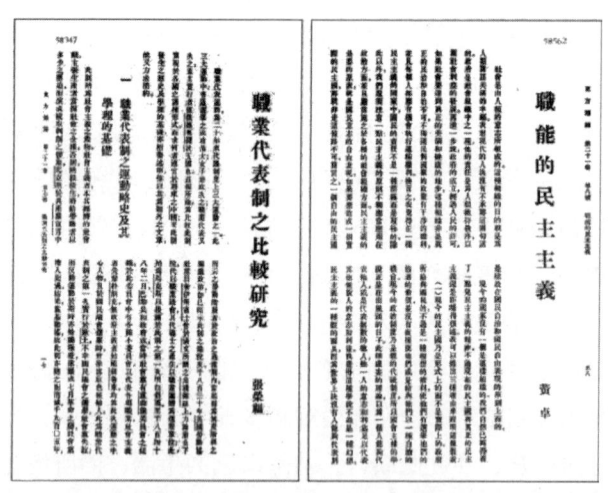

图3-1 经过五四运动，欧洲的职业代表制理论得到介绍并广为流传

如上所述，从社会组织原理出发的职业代表制论是对代议政治中的"代表"概念及原理的重新探讨。"代表"代表的不是多数被代表人的意志，而代表的是共同的目的与职能。这就是职能性代表的原理以及真正利益代表（representation of interests）的原理。[①]

职业代表制论从职能性社会观和多元性国家观来出发，反对国家权力的集中与强化，主张分权。但其不像无政府主义或工团主义那样试图用职业组织来代替国家机关。其主要呈现的倾向是对职业组织和国家的调和。特别是罗素认为，为了建设新的制度与社会，必须抑制人的"私有冲动"，为此需要国家权力的干涉，他主张基

---

① 六几：《基尔特社会主义的原理》，《东方杂志》第18卷第22号，1921年11月25日。

尔特与国家权力的共治。

职业代表制论者以这种理论为依据，试图在以下几个方面克服原有议会制的弊端。（1）如果以职业团体为单位选举代表，代表会在有限的目的和职能下行使权限，因此可以防止议员代替地区选民的全体意志，作为"万能代表"的弊端。（2）选民以职业团体为单位组织起来，在此基础之上代表人与被代表人持续见面，形成代议过程，并监视着议政活动，进一步地，可以在任期结束之前罢免代表，便于行使直接民权。（3）把议会从拥有财力与权力的少数人机关变为代表各种职业的国民代表机关，才是真正的大多数人的民主政治。其结果是不仅容易实现政治上的民主，还容易实现社会经济上的民主。（4）以各职业方面的经验与知识为基础，可以增加议政活动的专业性与提高效率。

在进行必须导入职业代表制论的舆论造势中，发挥最重要作用的是《东方杂志》及其周围的知识人。以杨端六为中心的这一杂志称，"改善代议政治问题的途径除了职业代表制之外别无他法"，这将成为"代表最大多数的民主思想的极致"。[1] 从1919年秋开始到1924年春，他们一直为职业代表制论的传播而努力。共学社同仁也于1920年10月邀请罗素，一同扩大行会社会主义的影响，并开始在省自治运动中应用他的职业代表制。在胡适的主导下，1922年到1923年发行的《努力周报》也积极地推介职业代表制论。[2] 继罗素的讲演之后，江亢虎的讲演也借助中国社会党的组织力量，为职业代表制论的传播做出了贡献。他跟随世界潮流，把直接民权与职业代表制的结合，称为"新民主主义"。[3]

---

[1] 昔尘：《代议政治改善论》，《东方杂志》第17卷第24号，1920年12月25日；六几：《基尔特社会主义的原理》，《东方杂志》第18卷第22号，1921年11月25日。

[2] 参见卫挺生《职业参政刍议》，《努力周报》第22期，1922年10月；慰慈：《德国的经济会议》，《努力周报》第31—32期，1922年10月等。

[3] 江亢虎：《新民主主义新社会主义说明书》，《东方杂志》第19卷第16号，1922年8月25日。

但在主张实行职业代表制的中国论者中，围绕这一制度的导入范围与职业团体的职权有着不同的意见。这些意见可以分为两种，一种是与西方的职业代表论者一样，主张废除区域选举，用职业代表制来代替，即全面导入；另一种则是主张二者并行，即部分导入。当时罗素和科尔主张的并行论占据了优势。[1] 关于职业团体的职权，工农阶级以行使立法权和行政权的苏维埃式职业代表制（排除资本家、地主）有独裁危险为由，多持反对意见，相对的，提倡参照德国的经济会议（资本家代表与劳动者代表同数参加）形式，行使一部分立法权，使其成为补全区域代表制议会的咨询机构，进一步则成为行使一部分立法、行政、司法权的机构。[2] 关于实施的时间，有主张立刻实行的，也有人认为要想不被武人、官僚利用，则要将职业团体组织扩大并强化、改造，形成必要条件之后再实行。

以上批判当时议会制度、选举制度的弊端并要求革新的舆论在辛亥革命受挫后重新被提出，在五四运动之后被广为扩散，1922年前后达到顶峰。这种舆论在1918年国会选举和1921—1922年省县议员选举受到金钱官权左右、背叛民意的政治现实的刺激下，赢得了民众的普遍认可。

二 职业代表制国民会议召集论的形成

1. 职业团体的成长与各省市国民大会

第一次世界大战时成长的工商业团体、民国以来随着学校制度的改善而成长的教育团体、各省市法团以及其他职业团体成为国民舆论形成的中心势力。虽未像法团那样得到政府的公认，但具有公

---

[1] 有一种见解认为无论是区域代表制还是职业代表制，均是建立在同一个假设之上的。Heinz Eulau, John C. Wahlke 编《代议政治论》，第146—149页。
[2] 卫挺生：《职业参政刍议》，《努力周报》第22期，1922年10月。

共目的的"公团"大多已成立,有时与法团相同,有时则与法团有别;它们成为集结各界民意的主体。① 常见的"公法团"一词则是把二者合到一起称呼。

从1918年5月开始,包括北京、上海在内的全国各省市教育会、商会、农会、报界联合会等职业团体对政府提出取消与日本的军事协定、反对铁路借款等要求,并向参加巴黎和会的中国代表呼吁收回山东利权。一面批判靠不住的"政府外交";一面开始制造他们支持的"国民外交"的舆论。② 同年6—7月,上海与广州的当地法团也联合起来,呼吁南北之间"停止内战、一致对外",并召开了各省市国民大会。以此为基础,它们提出要在上海召集全国国民大会,通过国民公意解决制宪与国会选举等问题。同年11月在山东济南,教育会、商会、农会、工会与省议会一起组成旨在收回山东利权的外交商榷会。次年4月,举办10万余人参加的公民大会,决议守护山东的铁路、矿山利权与青岛。③

在五四运动发生两天之后,各职业团体就提出了释放拘留学生的要求。声援学生运动的是上海商业公团联合会,上海与江苏的商会、教育会、报界、律师公会等。此后各职业团体自发以集会、示威、请愿等方式参与反日反军阀运动。集会与示威虽由学生联合会带头,但起到推动作用的是各公法团的联合集会,随即集会名称也统一为"国民大会"。自1919年5月7日北京市内各团体举行国民大会开始,上海、成都、长沙、武汉、南京、济南等大都市也相继举行了国民大会。在此过程中,上海的国民大会事务所发出通电,呼吁各省的各界团

---

① 例如,在商界,区别于少数富商团体如总商会或县商会,以大多数中小商人为中心的各马路商界(总)联合会作为代表商界公意的机构而登场。李达嘉:《五四前后的上海商界》,台北《中央研究院近代史研究所集刊》第21辑,1992年6月,第230—231页。
② 《国民外交的真面目》,上海《民国日报》1919年2月7日。
③ 末次玲子「五四運動と国民党勢力」、『五四運動史像の再検討』、東京:中央大学出版部、1986、頁296—300。

体各派一名代表到上海事务所，举行"全国一致的国民大会"。5月30日，成都国民大会向各县派遣代表，倡导各县国民大会的推进，并通电各省国民大会组织"中华民国国民大会总机关"，决议进行全国性的一致行动。同年8月底召开的湖南国民大会与次年10月召开的湖北国民大会也都响应，并提议经过各省的同意，召开"中华民国国民大会"，解决与时局相关的一切问题。[①] 为了促使日本政府对1919年11月16日发生的福州事件（日本人殴打、杀害中国学生）道歉，处罚当事人并赔偿受害人，国民大会1920年继续在全国各地召开。这是福州事件与山东问题处理相结合、中国各界的反日意识增强的结果。不过在此过程中，各地各团体之间的联系也得到持续发展和强化。

如此一来，这些国民大会都不是一次性的，而是结成了各界联合会，为此后持续进行排斥日货运动、收回山东利权运动等国民主义运动打下基础。各省市的各界联合会1919年6月18日在天津首先成立之后，北京、上海、南京、汉口、长沙、广州等地也相继成立。各界联合会中虽有一部分原法团成员中的进步人士，但由在五四运动前后新组成的公团，即学生联合会、商界联合会、教职员联合会等主导，一直以来主要为上层国民的利益担任代言人的商会、教育会、农会等法团，与五四时为中下层国民利益代言而新成立的公团一同为了共同的国民主义目标而奋斗，展开活动，偶尔法团也因立场的差异而不加入各界联合会。这样，在上海、广州、长沙等地分别组成了法团联合会与各界联合会。笔者关注的是，无论哪一方都与各职业团体联合，组织省市单位的各界（各公法团）联合会，并在此之上组织全国各界联合会，这些联合会此后一直在国内外主要政治问题的解

[①] 中国社会科学院近代史研究所近代史资料编辑组编《五四爱国运动》（上），中国社会科学出版社，1979，第273、345—356页；张影辉、孔祥征《五四运动在武汉史料选辑》，湖北人民出版社，1981，第239—240页。

决上积极发言、出面协调。①

全国各界联合会1919年11月10日在上海成立，以真正的民意代表机关自居，致力于解决国是问题。《全国各界联合会宣言》表示："今之世界端在多数国民之自决，决非少数人所能支配，故群众自动已成世界人类图存之定义。……今幸全国各地知合群自救为万不可缓之图，不约而同先后有各界联合会之组织而各地之意见允宜汇集俾得发扬真正国民之总意……俾全国人民有一致之动作庶迎合世界最新之民主潮流以解决吾国数年来未竟之国是。……全国各界联合会纯为平民之组织，以各地人民为主体之组织。"②随后全国各界联合会发电文给各省市的各界联合会，呼吁为了妥善处理福州事件和收回山东利权，全国人民应一致抗日，并督促各地举行国民大会。

不仅如此，在国际联盟大会举办之时，全国各界联合会"代表中华民国宣告于各友邦曰本会何为组织：（一）中华民国本民主国家主权在民在约法，岂能为少数官僚武人擅夺，爰组斯会，张我主权。（一）少数武人官僚假托民意蒙蔽友邦，藉使私图，爰组斯会发表我国民之真意"。还主张取消欧战以后中日间一切不平等条约，包括"二十一条"，并收回德国在山东占有之一切权利。要求"我国合法国会未能完全行使职权以前，各友邦勿供给军械金钱于南北政府，并停付关税盐税余款"。③

这一时期，各法团及各界联合会的舆论主要集中在外交问题上，但也不仅限于此。各界团体在认识到政府的"外交失败，薄海惧亡，揆厥原因，实由我国无健全之民气团体，以监督政府"，为了"以民意为前提，作外交之后盾"而组织各界联合会，④并在革新无论是

---

① 249个团体的697名代表组成的全国各界联合会以发展民生、促进民治、拥护国权为宗旨。
② 《全国各界联合会宣言》，《申报》1919年11月11日。
③ 《全国各界联合会告各友邦文》，《申报》1919年12月3日。
④ 张影辉、孔祥征编《五四运动在武汉史料选辑》，第194—195页。

外交还是内政中都忽视民意的无能腐败的军阀政府与议会方面，起到形成舆论导向的作用。例如 1919 年 6 月上海的各团体呼吁解散新国会；上海国民大会宣布断绝与卖国政府的关系并停止纳税；江苏省 8 个团体称安福国会（新国会）为了党派的私利成为国民的公敌已久，并呼吁解散试图与日本直接交涉的安福系等。① 因此，包括国民党和研究系在内的各股政治势力试图动用各种方法，在国民大会和各界联合会中发挥影响力。②

各界联合会以华盛顿会议的召开为契机，从 1921 年 10 月开始组织全国国民外交大会，并在全国各地继续进行名为"国民（外交）大会"的集会与示威。国民外交大会称中国政府的外交失败是因为没有好政府和公正的官吏，必须除去这种"外交上的陈腐障碍"。③ 这再次确认了各界联合会否定北京政府、重新建立新的政治秩序的意志。从中我们可以发现，由于对外问题而形成的民族主义正在促进有关内政问题的民主主义运动。

像这样，各界联合会在解决中国的主要政治问题中代表国民，作为真正的民意代表者站出来，似乎是因为五四运动而取得部分性的胜利，从而切实地感受到国民直接行动的高效率和必要性。1913—1919 年驻北京美国公使芮恩施在目睹了民国初期中国的政治转变后也认为，五四运动是出现在阻止帝制复辟企图的延长线上的"中国民意的组织性大运动"、"中国民意的大觉醒"，并强调这是"中国生活上出现的一个新势力"。④

在这一时期的国民大会和各界联合会中，职业团体以外的各种团体也参与进来。1919 年 5 月 9 日参加上海国民大会筹备委员会的 21

---

① 《八大团体要电两则》，《申报》1919 年 11 月 15 日。
② 末次玲子「五四運動と国民党勢力」，『五四運動史像の再検討』、頁 326—327。
③ 《国民外交大会之代表大会》，《申报》1921 年 12 月 25 日。
④ 芮恩施：《政治与民意》，《东方杂志》第 16 卷第 11 号，1919 年 11 月 15 日。

个团体中,有 8 个是各省同乡会,也就是说包括同乡会在内的非职业团体绝非少数,在这种情况下想要导入职业代表制将会遇到相当大的阻力。即便如此,杨端六表示,中国传统的会馆、公所停留在消极应对中,但在近代都市里成立的商会和各种公会摒弃以往袖手旁观的态度,开始在政治、社会的一般问题中积极发言和活动,[①]明确强调五四时期产生的"民意的组织性大运动"是以职业团体的成长为基础的。正如下一节所述,杨端六与芮恩施是把西方的职业代表制论放在中国的现实情况中,予以具体化和舆论化的主要人物。因此,这种职业团体联合会的社会政治性成长,才是这一时期作为对西方议会制批判与革新的职业代表制论能够迅速为人们所接纳的客观条件。

2. 全国国民大会(国民会议)召集论的形成

职业代表制论被广泛接纳的契机是在 1920 年 8 月第一次奉直战争之后(全国)国民大会召开的问题正式成为议题时。迄今为止,相关研究都提到了吴佩孚提倡国民大会,而各界也予以赞成,在此,笔者将在前文涉及的国民大会延长线上探讨这一问题;[②] 通过各职业团体对吴佩孚提案的反应可以对此有所了解。吴佩孚与北方八省的反安徽派同盟提出于 1920 年 6 月 14、22 日召开"国民大会",以解决时局问题,但吴佩孚的提案没有得到舆论的支持,反而引发了不满与批判。

上海的十个团体首先批判了吴佩孚的提案,呼吁"各军不要滥用政权,或是试图倚靠外势,而要服从民意,迅速广泛听取国民公议,

[①] 杨端六:《社会组织之研究》(下),《东方杂志》第 17 卷第 24 号,1920 年 12 月 25 日。

[②] 最早开始研究国民会议的野泽丰称吴佩孚的国民大会构想是按国民革命时提倡的国民会议方式来进行的,由此将二者直接联系到一起。野沢豊「五四運動と省議会―民族運動の内部構造の検討にむけて―」、『人文研紀要』2 号、中央大学人文科学研究所、1983、頁 76。

组织宪法会议"。① 上海商业工团联合会与上海商总联合会主张，国民大会不但为军人、政客所利用，而且违反《临时约法》，要根据原有的《选举法》召开合法国会。② 对于这种批判与反对声的出现，我们可以理解为吴佩孚对于国民大会代表选拔的方法和职权没有予以具体地说明。

对此，吴佩孚于 7 月 30 日提出了《国民大会大纲》。其要点是采取国民自决主义，由全国各县法团代表召集国民大会，制定《宪法》，修正《选举法》。③ 正如前面所述，这一《大纲》是汇集了五四前后各省市职业团体主导的各省市国民大会经验的方案。因此，得到了各地各团体的广泛支持，在《大纲》发表之前仍对吴佩孚的提案持批判态度的十个团体至此也开始转为支持的立场。④ 此后，大部分的法定职业团体相信了吴佩孚所讲的排除官僚与政派的参与、干涉，开始在此后活动的基础上自发组成国民大会促成会，展开促成运动。

但与此同时，也有对吴佩孚的提案表示警惕或持批判的立场。天津各界联合会表示，"国民大会举行与否处于不透明状态，也不知道是否会由官僚、武人指名的代表组成假的国民大会"，对此持保留态度。上海各界联合会发文表示，不是国民自发组织的国民大会，极易成为被帝制复辟所利用的公民大会，因而提出要由"纯粹的民间团体"制定《国民大会组织法》。⑤ 随即，上海学生联合会发表《对于国民大会之意见书》，具体地列出了《组织法》，其中新的内容如下。（1）如果各县没有民间团体，则要即时组织，排斥无职

---

① 《十团体对时局之主张》，《申报》1920 年 7 月 28 日。
② 《商业工团对时局之紧要函电》、《各路商界对时局之主张》，《申报》1920 年 7 月 29 日。
③ 《专电》，《申报》1920 年 7 月 31 日。
④ 《组织国民大会之沪公团意见》、《赞成国民大会函电》，《申报》1920 年 8 月 6、8 日。
⑤ 《上海各界联合会对国民大会之意见》、《天津各界联合会纪事》，《申报》1920 年 8 月 13 日、9 月 8 日。

业者或法团式的"半官僚性团体"。(2)选举临时大总统与国务委员，组织临时政府，国务院对国民大会负责。(3)南北当局要服从国民大会的决议，组织起临时政府后要立即取消南北政府。(4)如果有一个代表在全国国民大会中表示了与县国民大会不同的意见，或受贿、受委托，则应对其罢免（县国民大会行使罢免权），并剥夺其若干年的公民权。① 这与吴佩孚的《大纲》大有不同，此时学生联合会表示，如果不遵守这一具体的《组织法》，国民大会很有可能为官僚、军人、政客所利用，就此提交了意见书，这一点为人瞩目。这是对吴佩孚《大纲》不信任的表现，也在表达无法把"各县法团"看作真正的"民间团体"的意见。

  出现这种批判与不信任的原因可以概括为两个方面。一个是，吴佩孚的《大纲》有借助民意镇压曹锟、张作霖的企图，人们认为其很可能会被用作军阀之间权力斗争的工具。特别是被指定为国民大会构成主体的法团会为军阀、官僚、政客所左右，这一点遭到了指责。在各界联合会主导国民大会促成会的地区，把官僚、政客主导了法团中心的促成会看作"假冒"及"御用"。而在上海，法团没有参加各界联合会主导的国民大会准备委员会。② 全国各界联合会最终直接发给吴佩孚的公文中称，"各省县农工商学法团均为恶绅士豪之巢窟，为安福系所收买，早就为平民所抛弃，岂能代表民意"，郑重拒绝了吴佩孚的《大纲》。③ 可见，在双方共享由职业团体代表组成国民大会原则之基础上，与法团争夺代表权的各界联合会将法团排除在外，企图独自主导国民大会。

---

① 《学生会对于国民大会之意见》，《申报》1920年8月19日；《上海学生联合会再告全国书》，长沙《大公报》1920年8月25—26日。
② 上海国民大会准备委员会以大部分群小团体为中心而成立。楚伧：《今后之国民大会》，上海《民国日报》1920年8月8日；《御用的国民大会的内容》，长沙《大公报》1920年9月4日；湘君：《快反对官立国民大会》，上海《民国日报》1920年8月27日。
③ 《各界联合会与吴佩孚往来函》，《申报》1920年8月29日。

除了从现实角度来看，国民大会被军人、官僚、政客利用的可能性极大之外，另一个原因在于，否定国会而组织一个名为国民大会的新机关，对此缺少一个明确的合乎法理逻辑的解释。当时有很多主张认为，孙中山与西南各省提出守护《临时约法》，并拥护第一届国会（旧国会），而国民大会与《临时约法》是矛盾的。① 在这种情况下，原美国公使芮恩施与《东方杂志》主编杨端六对于这一问题，进行了理论的、系统的解释。

首先芮恩施8月24日提交给中华民国国务总理的《对于中国时局之建议》表示，"超乎法律之新国会不必论"，"迁徙无常分崩离析之旧国会论法律根据亦不过徒增其分崩离析耳"，《临时约法》是暂时的，要为根本大法代替；"当今中国政府致命之缺陷在于无代表人民之。代表人民之国会缺乏则名存不符之政府发生"，因此中国还"不能成为完备之近代国家"。出于这种原因，他否认了必须由国会制定宪法性质的《临时约法》的规定，认为必须召开新的"宪法制定国民会议"。② 随即杨端六9月10日在《国民大会平议》中称，"今日人心已经在否认选举法的存在与约法的无效"，"向无法制定宪法的国会强求制宪，这是约法的错误，如果与不符国情的约法纠缠在一起，是无法制定国家的根本大法的"。因此他主张民国的根本大法必须通过召开"像美国宪法会议一样的国民大会"来制定。③

那么芮恩施和杨端六提出的制宪国民会议（国民大会）是怎样组织的呢？为什么一定要以职业代表制的方式来组织呢？对此，芮恩施做了如下说明。（参见图3-2）

---

① 《各路商界对时局之主张》、《盛孝先之对于国民大会之考虑》，《申报》1920年7月29日、8月11日。
② 《芮恩施对于中国时局之建议》，《申报》1920年8月30—31日。
③ 杨端六：《国民大会平议》，《东方杂志》第17卷第17号，1920年9月10日。

图3-2　1920年8月与9月芮恩施和杨端六提出作为职业代表制
民意机关的国民会议组成方案

一切立法之基本，在乎公共民意能为有秩序之表现。故就目前中国之情势而论，苟欲解决时局，则不但在理论上应当召集国民会议征求意见，且在事实上亦舍此而外别无他法。惟召集此种会议之时，必须根据已经存在之国体。若不如此，则全国假选举而组织之新团体，必如春菌暴发，以谋参加。推其性质，不难想见。惟已经存在之团体如商会、公会、教育会、以及各省议会等乃为中国真正统治权之所属，将来惟有此种团体，方能赋中国政府以代表全国之权……

如召集此种之宪法会议而离开上述一层要义，是无异鼓励不良之分子，而不求真正之代表。今中国工商学各界之团体，皆早已成立，而且甚为活动。且彼辈身负职业，对于国事常有切肤之痛，断不能如一般漠不相关或任人收买之选民，随意皆可为狗官谋职者之利器。事理俱在，此不难逆料者也。吾辈如果希望中国能有真正之国民代表产生，则舍将就此已有之工商团体而外，亦难得其他适当之组织……

而其惟一职务，当在制定宪法及国会选举法，使政府各部分皆能建设于法律基础之上。……由此种"国民制宪大会"（The

People's Constitutional Convention)而选举正式国会,将来正式国会之选举法中,亦当利用已有之机关,使其所代表者为农工商学各方面之利权,而不仅代表选举投票之区域。此为近代"代表利权"之学说。为当今世界政治之潮流。①

芮的《建议》开篇写道"不但在理论上……且在事实上",分别说明了职业代表制理论和中国各职业团体(联合会)的政治成长。结尾处,他表示,"中国之存亡与否取决于是否建立这种代议机关",以此呼吁召集职业代表制国民会议。在这里,他把省议会包括在内,这可以看作是对民国以来各界职业团体常与省议会相联系的现实之考虑。在当时对于国民大会是否召集,以及真正民意代表之选拔方法众说纷纭的情况下,可以说,他的建议是系统性的见解。吴佩孚的《大纲》没有明确说明法团代表是否以职业代表制论为根据,而仅仅停留在把国民大会限定为六个月的临时机构;与此相反,芮恩施的《建议》以职业利权代表的学说为依据,强调不仅要在国民会议中,还要在此后《选举法》中把职业代表制作为常设制度予以法制化。

芮恩施1913—1919年8月担任美国驻北京公使,因此他比任何人都更缜密地了解民国以来中国的政治与民意。而且他从1918年10月开始,在威尔逊总统的指示下,为了促成南北和议而做了多番努力,特别是访问那些在南北政府对峙战线上迫切希望南北统一的城市,如武汉、长沙、南京等,并与各界人士会面。② 和平会议虽于次年5月决

---

① 《芮恩施对于中国时局之建议》,《申报》1920年8月31日。该文在《申报》上连载至9月2日。
② 芮氏于1919年10月返回美国,当吴佩孚成为北京的实力派、政局开始混乱之时,他于次年8月到北京发表了《对于中国时局之建议》。Noel H. Pugach, "Progress, Prosperity and the Open Door: The Ideas and Career of Paul S. Reinsch", Ph. D. Thesis(University of Wisconsin, 1967), pp. 466-472, 550-551。

裂，但他目睹了引导五四运动的各界联合的力量，而他提出职业代表制国民会议召集论的这件事本身，就是中国民意的政治性体现。离任之后他被邀请担任北京政府高等政治顾问，从这一点，我们就可以发现他的建议之影响不容小觑。《申报》、《大公报》（长沙）、《民国日报》（上海）和《东方杂志》等具有影响力的报纸与杂志相继连载他的《建议》全文。① 《申报》评论员认为，"建设完全的民国的方法，除了芮恩施的建议之外别无他法"，表示了明确的支持。② 这也告诉我们，当时芮恩施备受中国舆论的关注。在京的外国舆论促使北京政府总理召开外国驻京记者招待会，表明政府的立场。而 The North China Daily News 的记者借此进一步直接对国民而不是总理和政府劝告，说中国国民可以利用国民大会与军阀、官僚做斗争，促进民主。③

需要指出的是，此时《申报》等舆论机构将芮恩施建议的新型制宪机关称为"国民会议"，但此前引用的译文用的是"国民大会"，而且杨端六把《申报》上提到的"国民会议"称为"国民大会"。可见，"国民大会"和"国民会议"这两个词是混用的。如在本章后面提到的，这两个词是到1923年才开始区分使用的。

不过召集以职业团体代表为中心的国民大会、国民会议构想并不是由芮恩施第一个提出来的。五四运动期间，除了主导各省市国民大会的职业团体理所当然地具有这样的观点之外，与这些团体没有直接关联的人士也都有着相似的想法。比如1919年1月《每周评论》的一位读者表示，国民大会"由教育会、商会、省议会推选野贤组织"，④

---

① 《芮恩施解决中国时局之条陈》，长沙《大公报》1920年8月30日至9月7日；《芮恩施博士建议书》，上海《民国日报》1920年8月31日至9月3日；芮恩施：《对于中国时局之建议》，《东方杂志》第17卷第18号，1920年9月25日。
② 默：《芮恩施之建议》，《申报》1920年9月1日。
③ 北京政府认为吴佩孚的"国民大会"和芮恩施的"国民宪法会议"都是以革命为前提的方案，没有法律依据，因此持反对意见。《靳总理招待外报记者》，《申报》1920年9月2日。
④ 只眼：《请问蒋观云先生》，《每周评论》第6号，1919年1月26日。

《解放与改造》的张东荪也追随梁启超的职业代表制构想，分别于 1920 年 2 月和 7 月发表文章，主张废除由官僚、军人控制的议会，在有职业的人中选拔代表召开国民大会。① 可见，国民会议召集论就是众多中国有识之士将西方职业代表制论与新政后成长起来的职业团体的社会政治活动相结合构想出来的方案。只是这些想法没有在与北京军阀政权变动相关的具体政治日程中被重视和实践，因此还仅仅是个人的意见。

笔者认为，这种建立在各界联合经验之上的便利性构想在 1920 年 8 月被芮恩施综合到一起，并作为对于所面临的时局问题的解决方案提交给中华民国总理，这就超越了个人意见的层面，而上升至具有社会性意义的政治日程。在英国留学过程中熟悉了职业代表制论的杨端六以芮恩施的建议为基础，于 1920 年 9 月 10 日表示，"不要把吴佩孚讲的所谓商会、学会限制为现在的商会、教育会，而是要包括中学以上的学生联合会、绅士、各级学校教职员等其他职业团体，要同时融入保守主义者和进步主义者"，就此扩大了参加团体的范围。同时他认为要排除国会议员与省议员、军队及警察，这又提出了限制条件。② 芮恩施把不是职业团体的省议会纳入国民会议组成主体中，可以理解为他认可民国以来二者一同形成各界联合的社会惯例。而将其排除在外的杨端六的提案表现出他对军人、官僚与政党、政客的彻底不信任，忠实于职业代表制论的方案。因此，职业代表制方式的国民会议召集论，可以说是继梁启超与张东荪等人提出个人性的构想之后，被芮恩施和杨端六继承发展而成的。

主张职业代表制方式的国民会议召集论者在排除现职官僚、警察、军人、政党这一点上基本没有异议，但对于省议会和学生会有着不同

---

① 张东荪 1920 年 2 月在《时事新报》上提出这一意见，但随即遭到了国民党方的批判，后于 7 月再次提出。东荪：《中国之前途德国乎俄国乎》，《解放与改造》第 2 卷第 14 号，1920 年 7 月 15 日。

② 杨端六：《国民大会平议》，《东方杂志》第 17 卷第 17 号，1920 年 9 月 10 日。

的意见。省议会由于是像国会一样通过限制选举而组成的，关于国会不过是绅士、土豪会议的看法在进步新青年之间扩散开来。而对于是否包括学生会，具有保守倾向的法团对此表示反对，相对进步的人士以及与法团相竞争的公团认可五四期间学生会发挥的作用与革新倾向，主张应让学生会也加入。特别是平民主义思潮主张把职业团体限定为法团，引起了舆论批判。国民革命接近高潮，关于"农会是地主会，教育会是校长会，商会与工会是工商业主会"，并不是大多数国民组成的团体，因此无法代表真正民意的见解逐渐扩散。[1] 即便如此，也没有出现主张舍弃职业代表制，重新采用区域代表制的舆论，这是值得我们关注的现象。省议会一方面参加各界联合；另一方面又于1918—1919年组成省议会联合会，试图代替南北分裂的国会，但1920年后半期开始急速丧失动力，其中缘由也无非在此。[2]

三 职业代表制的法制化尝试

围绕参加团体的范围与代表权，各界内部也有过争议与异见。但主张召开由职业团体代表组成的国民大会（国民会议）的舆论实际上是由各界团体从1920年8月开始在各省市成立国民大会促成会并组织活动而扩散开来的。促成会于8月13日在北京首次成立，上海、山东、安徽、江西的促成会于8月内也相继成立，[3] 之后发展到全国。促成会成立之地区，在此基础上组织了国民大会筹备委员会。1921

---

[1] 坚瓠:《余之国民大会观》,《东方杂志》第17卷第17号, 1920年9月10日;《地方舆论》, 第20卷第23号, 1923年12月10日。
[2] 野沢豊「五四運動と省議会—民族運動の内部構造の検討にむけて—」,『人文研紀要』2号, 頁38、70。
[3] 《国民大会促成会出现》、《国民大会策进会成立纪》、《国民大会之赣鲁观》、《山东国民大会促成会成立》,《申报》1920年8月14日、8月21日、8月24日、9月2日。

年1月10—28日，举行国民大会策进会各省区代表大会，决议在还没有促成会的地区扩大组织，① 国民大会促成运动由此达到了高潮。

但各界联合会独立、自发地主导国民大会促成运动，就与企图按自己意愿推进国民大会的吴佩孚产生矛盾。在这种情况下，吴佩孚1921年8月提出由"国民代表和军人代表"召开庐山国是会议的新主张，表露了自己的本意。对此，以往支持吴佩孚提案的舆论开始批判北方军阀试图伪造民意，② 促成运动由此停滞。为了消除各界联合会与吴佩孚之间的这种对立以及南北政府的牵制，通过国民大会的召集形成全国性民意机关，首先需要职业团体的团结与强化；而由于法团与各界联合会之间争夺代表权，缺乏能够涵盖所有职业团体的统一性领导力量等职业界内部的局限性，1920—1921年国民大会促成运动最终没能实现其目的。代表权的争夺不仅存在于上层的法团与中下层的非法团之间，五四运动之后还存在于主导各界联合的非法团之间。③

在国民大会促成运动处于停滞状态时，职业代表制论依然被各省宪法制定运动与《国是宪法》所接受。在省宪制定运动最先兴起的湖南，1920年8月就开始了关于自治运动方法的讨论，并为制定省宪法征集意见。不过有关制宪主体却莫衷一是。与必须由省政府、省议会制定的主张相对，出现了必须由省政府、省议会、农会、商会、教育会等法团一同制定的主张。但10月5—6日提交的《湖南人民宪法会议召集建议书》呼吁，省政府、省议会自然为制宪主体，农会、商会、教育会等法团也是依据原有法制秩序而存在的机关，因此从法理上看，并不能否定它们制定新法制秩序的权限，可依据普通选举组成

---

① 《国民大会策进会评议会纪》、《国民大会策进会开会纪》、《国民大会策进代表大会开会宣言》，《申报》1921年1月3日、1月10日、2月14日。
② 默:《民意与政客》、《各种会议与国民会议》、《庐议与北伐》，《申报》1920年8月7日，1921年10月17日、10月25日。
③ 上海的各马路商界联合会于1919年7月至1920年4月因上海市工程局华人咨询委员会代表的选举权而发生冲突，不仅如此，1921年还因为国民大会筹委会主导权纠纷而最终一分为二。后1923年因排斥日货运动而再次复合。

宪法会议。① 可是，起草这份建议书的毛泽东此前于6月和9月曾表示，必须有职业的人才能执政与议政，第一次世界大战之后的欧洲也出现了以这一原则为依据的新的政治规则与法律规定，以往的就成了无用之物。② 与他一同提交建议书的人主要站在与法团保持距离的各界联合一边，就此可以推知他们由于受到芮恩施和杨端六的影响，推崇职业代表制。即便如此，他们也并没有在省宪法会议组建上应用这一主张，可以理解为这是为了否认法团代表权的一个策略。因此在省宪法中就有了要求导入职业代表制并将其法制化的可能性。

湖南各界的30多个团体虽然就召集宪法会议的问题进行示威与请愿，③ 却被忽视，最终在省政府和省议会的主导下起草了《湖南省宪法草案》（1921年4月21日），并通过审议与省民投票后公布（1922年1月1日）。《草案》中写道："省长由省议会、省民众团体、县民众团体、一等市民众团体各自共组织四个选举会（各行使一权）选举产生。"它虽然导入了职业团体代表制，却在审查过程中遭到修改。但《湖南省宪法》第65条规定了，"法定之省教育会、农会、工会、商会、律师公会及其他依法律组织之各职业团体得提出关于各该团体范围内之法律案，省议会必须以之付议"。④ 可见，至少允许了有限范围内职业团体的法案提交权。与此同时，其承认三大直接民权（创制权、复决权、罢免权），这也是议会制革新论中值得关注的条款。

---

① 该《建议书》由"政、学、绅、商、农、工、法、报各界"377名人士联名提交。他们不是法团代表，而是各界代表。《由"湖南革命政府"召集"湖南人民宪法会议"制定以建设"新湖南"之建议》，长沙《大公报》1920年10月5—6日。
② 《湖南改造促成会对于"湖南改造"之主张》，长沙《大公报》1920年7月6日；泽东：《释疑》，长沙《大公报》1920年9月27日。
③ 胡春惠：《民初的地方主义与联省自治》，台北，正中书局，1983，第199—201页。
④ 《湖南省宪法》（1922年1月1日公布），《东方杂志》第19卷第22号，1922年11月25日。

此后，浙江、广东、四川等地也接连展开了省宪制定运动，各地纷纷尝试将职业代表制部分法制化。例如，1921年9月9日公布的《中华民国浙江省宪法施行法》规定，由省及各县的职业团体组织选举会选出省长。[①] 此外，安徽、江西、陕西虽然没有达到省宪制定的程度，但这些地区各职业团体也发起了省宪制定运动。[②] 1922年8月，陕西省共进社表示，唯有职业代表制才能代表真正的民意，不以此为基础的联省自治就会成为武人、官僚、政客的"联省专治"，就此呼吁必须依据职业代表制来进行省自治的法制化。[③]

职业代表制论能够相对容易地应用到省自治运动中，这应该是因为职业代表制论强调职业团体的自治，反对中央集权的多元性国家观，与中央权力相对的省中心势力分权主义倾向一拍即合。

以上是关于省宪法中法制化内容的探讨，接下来笔者将要探讨《国是会议宪法草案》的法制化。《国是会议宪法草案》1922年5—8月由在上海举行的八个团体参加的国是会议制定、公布，国是会议在代表选拔方法方面与吴佩孚的庐山国是会议不同，反而与杨端六及芮恩施的国民大会（国民会议）构想相似，我们可以把它理解为国民大会促成运动（1920年8月至1921年3月）的延伸。[④] 各职业团体自发参与和展开的国民大会促成运动在吴佩孚提出《庐山国是会议提案》时中断，并一度停滞；此后以华盛顿会议为契机，提

[①]《中华民国浙江省宪法施行法》，《东方杂志》第19卷第22号，1922年11月25日。
[②] 胡春惠：《民初的地方主义与联省自治》，第309、321页；吕芳上：《民国初年的江西省议会》，台北《中央研究院近代史研究所集刊》第18期，1989年6月，第254页。
[③] 刘云汉：《对于未来宪法之要求》，《共进》第20期，1922年8月25日。与此相似的主张可参见武埈乾《联省自治与职业主义》，《太平洋》第3卷第7号，1922年9月。
[④] 关于"国是会议"，参见金子肇「一九二〇年代前半における各省'法団勢力と北京政府」、横山英編『中国の近代化と地方政治』、東京：勁草書房、1985、頁135—142。他仅仅认为国是会议有继承吴佩孚1920年国民大会提案的一面，却没有关注到国是会议之前关于职业代表制的舆论。

出了"国权守护"必须先实现"民治发展",得以再次发展起来。不过这一次,在商会、教育会等大法团主导"中华民国八个团体国是会议"的同时,学生联合会与其他各小团体独立召集了"中华民国各团体会议"的活动,① 因此各团体的民意未能完全集中于"国是会议"。《国是会议宪法草案》虽然在如此受局限的条件之中制定,但其试图在全国范围内将职业代表制法制化。就这一点而言,值得我们关注,与此相关的部分如下。(1)大总统由省教育会、商会、农会、工会的代表与省议员两方同数组织选举会选举产生,参议院由各省议会选出5名代表,省教育会、商会、农会、工会各选出2名,官立、私立大学各选出1名组成。(2)关于生计政策上的立法,国家要咨询商会、农会、工会的意见,经五个省以上的法团全部同意,可以修改宪法。② 这是以赋予同意权的形式导入职业代表制。此外,还规定了对于议员的罢免制,从这里可以看出,它部分反映了欧洲新宪法中规定的职业代表制与直接民权相关的目的。

《国是会议宪法草案》与各省宪法在军阀政权下虽无法获得政治上的实效,但我们就可以批判它们是单纯的"军阀走狗"或"资产阶级的幻想"吗?③ 这是忽视各界盼望并予以批判的看法。因为这一时期法制化尝试其实反映了五四后成长起来的各界之盼望。笔者认为其影响在于:第一,各职业团体将职业代表制法制化,试图以此来替代和革新已经成为军阀政权附庸的议会制;第二,以这种法制化的推进为契机扩大职业代表制论的影响。

在国民大会促成运动停滞并且法制化尝试遭受挫折之后,召集

---

① 中华民国各团体会议于1922年3月18日由各省区40多名代表聚集而成,以改革内政、实行民治、救亡为宗旨,并以吴军的川鄂战争与湘鄂战争为契机,批判吴佩孚的国民大会主张欺瞒国民。《各团体会议讨论章程》、《各团体会议之宣言与请愿》,《申报》1922年3月19日、4月6日。
② 《国是会议宪法草案》(甲种),《东方杂志》第19卷第21号,1922年11月10日。
③ 力子:《蜂腰式》,上海《民国日报》1922年3月16日;平心:《中国民主宪法运动史》,进化书局,1947,第167页。

以职业团体为中心的国民大会（国民会议）的努力依然进行着。特别是《东方杂志》将中国的《国是会议宪法草案》和各省宪法与第一次世界大战之后欧洲"四国"（德国、波兰、捷克、南斯拉夫）制定的新宪法相比较，努力向世人展示职业代表制是可以实现的制度。[①] 其编辑杨端六与北京大学教授王世杰、张慰慈等以卷头言、论文、时评等形式持续关注这一问题，进一步地，《新青年》、《努力周报》、《改造》、《申报》等其他报纸杂志全文刊登了相关论文，或以论评形式予以介绍，[②] 努力地汇集与此相关的论述。这种努力一直持续到国共合作后1924年的春天。

四　民意机关组成主体的范围与非职业团体的排挤

以职业代表制论的接受和国民会议召集论的形成为契机，在近代中国的社会团体中，职业团体的社会政治地位变得特别起来。因为在许多社会团体中，唯有职业团体被认可为参政的主体。其在清末民初各界联合与各界代表集结各界民意的过程中早已登场，至此进入了制度化的阶段。尽管如此，学术界对它的关注依然是微乎其微。

在近代中国，各种社会团体以同乡、居住地、职业、同好、思想理念等多样的关系网为基础而成立，并展开活动。这些关系网不具有排他性，而是彼此重叠，促进了团体结成。特别是从一开始就以会馆与公所为基础而成立的商会。虽然工会与学生会没有那么明显，但也不例外。在近代中国，影响人们认同感的首要因素依然是

---

① 《宪法研究专号》（上、下），《东方杂志》第19卷第21—22号，1922年11月10、25日。
② 此类例子可于《东方杂志》的数期"评论之评论"栏目中看到，参见《东方杂志》第20卷第1号，1923年1月10日；第20卷第2号，1923年1月25日；第20卷第6号，1923年3月25日；第20卷第7号，1923年4月10日。

第三章　国民会议召集论的形成

同乡与居住地等地缘关系。

在阶级论革命史研究渐渐褪色的同时，认为同乡团体担当重要作用的见解开始流行。比如 Bryna Goodman 认为，在民国初期舆论形成与社会政治动员方面，同乡会发挥的作用最大，而职业团体仅是在五卅运动（1925年）至四一二政变（1927年）的短时间内发挥了重要作用，之后同乡会的地位马上又得到了恢复。[①] 这种看法还影响了韩国学术界，对20世纪二三十年代劳动运动与学生运动的研究中，其焦点在于说明同乡会或同乡关系网是怎样在工会与学生会之类的近代社团形成和运营中发挥作用的。[②] 李丙仁认为各种社会团体事实上不过是同乡会的联合。他强调，除了南京国民政府初期把同乡关系网看作分裂主义的源泉这一短暂的时期之外，同乡会始终在社会政治动员方面发挥了最重要的作用。[③]

与此不同，卜正民认为，和同乡团体急速减少相比，同好团体迅速增加，而在应对国民党训政体制施加政治压力方面，文人、教授等同好团体发挥了最重要的作用。他还认为，此时职业团体发挥的作用微乎其微。[④] 对于职业团体的社会政治作用的研究最近才开始进行，但还没有将其与职业代表放在一起探讨的例子。如探讨商会等法定职业团体的地方公共业务执行以及工商同业公会在训政体制下对国民党政策推进、政治动员发挥的作用等。一般将有关同业公会政治参

[①] Bryna Goodman, *Native Place, City and Nation: Regional Networks and Identities in Shanghai, 1853–1937* (Cal.: University of California Press, 1995), pp. 271–272, 281–282.
[②] 全仁甲：《二十世纪前半期上海社会의地域主义와劳动者》，首尔，首尔大学校出版部，2002；郑文祥：《中国의国民革命과上海学生运动》，首尔，慧眼，2004。
[③] 他认为上海的大多数职业团体不过是同乡会的联合体，参见李丙仁《近代上海의民间团体와国家》，首尔，创批，2006，第26、345、350—355页。
[④] 根据他的调查，上海市有65个同好团体、60个职业团体，相对地，同乡团体是19个。Timothy Brook, "Autonomous Organizations in Chinese Society", Timothy Brook and B. Michael Frolic eds., *Civil Society in China* (New York: M. E. Sharpe, 1996), pp. 33–35.

与的研究称为"社团政治"（associational politics）研究。① 同好团体的活动也可包含在这个"社团政治"的概念之中。

与政党政治形成对比的社团政治强调社会团体的一般政治活动，因此对于重新探索以各界联合为中心的民族民主运动史有一定的帮助。实际上各界联合举行民众集会时，也没有区分职业团体与非职业团体，而是广泛联合，努力使其力量最大化。因此，将包括同乡、居住地、同好、同学团体在内的各种非职业团体也纳入各界联合会组成团体之中也是理所当然的。依据政治学在自律性社会团体中市民的民主资质与能力可得到培养的理论，社团民主主义和社团政治受到重视，以上大部分研究也没有偏离这一立场。市民社会论者主张的"市民社会的初步形态"其实指的也是这种社会团体的一般地方公务执行或社会政治活动，即社团政治。② 主张社团政治或市民

---

① David Strand, "Civil Society and Public Sphere in Modern Chinese History", Roger V. Des Forges & Luo Ning et al. eds., *Chinese Democracy and the Crisis of 1989* (N. Y.: State University of New York Press, 1993), pp. 59-60; 魏文亨:《社团政治：近代工商同业公会的政治参与，1928—1947》，胡春惠、薛化元主编《近代中国社会转型与变迁》，台湾政治大学历史学系、香港珠海书院亚洲研究中心，2004。

② David Strand 的主张就是代表性例子。David Strand, "Civil Society and Public Sphere in Modern Chinese History", Roger V. Des Forges & Luo Ning et al. eds., *Chinese Democracy and the Crisis of 1989*. 市民社会论者认为中国可以称为市民社会的领域还未制度化，仅停留在初步形态，但考虑到原本的所谓市民社会，是依据国家法制使社会团体的自律领域得到保护时才成立的，因此这样一看，其只不过是同语反复。以通过自律性社会团体的联合，展望中国国家统一的可能性以及 1910—1920 年代日本学者三浦周行、内藤湖南、橘朴的见解为根据，岸本美绪认为，1980 年代以来欧美学界的"市民社会论"实际上也是将这些见解用不同的语言再组织（reframe）。但她在此前发表的文章强调，自律性社会团体的扩张最终也归结为专制国家的形成。由此可以说，她还没脱离前面提到的同语反复的困境。Kishimoto Mio, "Social Turbulence and Local Autonomy: Japanese Historians Interpret Chinese Social Groupings", *The Late Imperial China* Vol. 30-1, June 2009, pp. 144-145; 岸本美緒「中国中間団体論の系譜」、山本武利（外）編『帝国日本の学知』3 巻、東京：岩波書店、2006、頁 266。

社会的研究几乎无一例外，都将其限定在地方的范围内，具有未将其扩展到全国范围内进行研究的共同点。

但以这种地方范围内的民众运动为背景，对于如何把民意机关的形成当作全国范围的国民性议题，并将其作为国家法制制度化，以及当时根据何种原理与方式选出民意代表来组成等问题，无法用一般社会团体的活动，即"社团政治"的概念来解释。正如前文所讲，在上海市总工程局华人代表选举中，同乡团体所代表的是私人利益，而职业团体所代表的是公共利益，这二者的差异为人所强调正说明职业团体得到了关注。由此我们需要关注和了解其深处的社会心理。同时，即便考虑到本书第一章关注的职业主义思潮，个别的职业团体仍然容易陷入集团利己主义，所以无法轻易判断其所代表的一定是公共利益。

因此，需要制度性的举措，由此，各种职业团体均拥有参政权，而有势力的特定职业团体无法偏向代表自己职业的利益，并通过民主协商分配代表权，通过他们相互之间的牵制与妥协实现均衡。这就是职业代表制的多元主义原理。总而言之，在民众运动的层面上，各界联合的组成主体，为了社会政治性参与和动员的最大化，将职业团体和非职业性社团都包括在内，但民意机关的组成主体，因限定于职业团体，而排挤了非职业性社团。由此也出现了不是职业性团体而是职能性团体（如学生、青年、妇女、宗教慈善、抗日等团体的社会性职能）的情况，但我们也可以把它看作是职业代表制具体化过程中的弹性应用。

我们不能把这种对职业代表性的重视狭隘地理解为一定是来源于欧洲新思潮。正如在各界联合会的各界代表中所看到的，重视界别代表性的惯例为其起着支撑作用。1925年参加五卅运动的150多个团体再次被分为各界（商界、工界、教育界、学生界、报界、律师界、银行界等）。[①] 这让我们想起1910年1月浙江省国债会将参

[①] David Strand, "Civil Society and Public Sphere in Modern Chinese History",

加团体分为绅界、学界、商界、工界来选拔各界代表的例子。上海总商会起初是以会馆与公所为会员而结成的，虽然包括多个同乡团体，但选举董事时不是以同乡而是以行业为基准来划分选区。① 曾被卜正民列为同好团体的文人、教授团体虽然分别被划入文化界与学界，统称为文化团体，但至此则被归入"自由职业团体"。上海的大学教授协会称，"同乡会是家庭的外延"，而"职业团体在培养个人的团结的同时，组成社会的基础"，就此将二者进行对比。② 同乡会为了强调自己不是私人团体，以"公所"为名，并以实现公共目的的公团自居，但它作为民意代表的社会领域之一的"界"，未能得到认可。

职业团体经过五四运动后迅速成长，但依然未能克服其局限性和分散性。特别是它们开始正视现实，即如果不打倒拥有武力的军阀政府，就无法实现和平召开国民大会或国民会议。职业团体展开的依据职业代表制建立民意机关的国民会议运动，改变其最初立场，不得不与革命政党联合的原因正在于此。其分界线是1923年。

一直以来，人们都认为国民会议召集论是在1923年《临时约法》体制的法统崩溃后首次登场，③ 实际上，那一年是国民会议召集论与革命政党相结合，迈入新阶段的转折点。此前主张的是在排除一切政党的状态下，凭借职业团体独自的力量设立民意机关。笔者将这

Roger V. Des Forges & Luo Ning et al. eds., *Chinese Democracy and the Crisis of 1989*, pp.61—63.

① 1918年35名董事的所在单位为：买办兼营工商业12名、工矿业2名、商业11名、银行业3名、钱庄及票汇业3名、保险业2名、航运业1名、职业买办1名。徐鼎新、钱小明：《上海总商会史，1902—1929》，上海社会科学院出版社，1991，第246页。

② 徐小群：《民国时期的国家与社会：自由职业团体在上海的兴起，1912—1937》，新星出版社，2007，第289页。

③ 有论者认为，1923年宪法统一消失，国民会议召集论就作为其替代方案而提出。尹惠英：《中国现代史研究：北伐前夜北京政权의内部崩溃过程，1923—1925》，第84、92页。

一阶段称为第一期国民会议运动（1920—1922年），与第二期国民会议运动（1923—1928年）相区分。在第一期运动中，"国民大会"与"国民会议"这两个词语是混用的；在与革命政党联系后的第二期中，这二者以其各自拥有的不同意义而区分使用。第二期运动的"国民大会"指的是在孙中山的建国方略中宪政期的区域代表制民意机关；而"国民会议"则为新的职业代表制民意机关。

正如笔者在第四章中要讲述的，职业团体与以政党、军队来打破军阀体制的国民革命结合，这使第二期的国民会议运动展现出革命性的特征。从这方面来看，国民会议召集论在全国范围内组织的五四运动中确认的民众力量、团体力量，起到了将其连接到国民革命运动中心环节的作用。国民会议与国民革命有着打破军阀和帝国主义体制、树立宪政国家的共同目标，但前者呼吁以和平手段召集各界民意，后者则希望依靠革命军的武力来实现。最终，鉴于此前凭借自身力量发起国民会议运动失败的教训，职业团体做了一个新的决定，即为了实现自己的目标，与革命政党联合并积极参与国民革命运动。一方面，革命政党必须与政客式的政党有所不同；另一方面，职业团体也要适应革命政党的政治要求。

第四章　革命政党与国民会议运动

在第三章中，笔者探讨了国民会议召集论的形成与第一期运动的特点，下面来探讨第二期运动。第二期运动的不同点是，鉴于此前职业团体与国民党、共产党等革命政党各自为建设新民国付出的努力遭到了军阀、帝国主义势力的轻视和打压而一度停滞，他们意识到双方联合的必要性，于是开始尝试协作。

共产党在重视民众运动的立场之上，于1923年主张召开国民会议，与各界团体联合，而对此持冷淡态度的国民党于1924年11月在孙中山的《北上宣言》中提出了国民会议召集论。由此，职业团体与革命政党开始联合，共同推进国民革命运动。

对于两党的国民会议主张，学术界持两种看法，一种认为国共两党开创了各自国民会议论。另一种则认为是共产党开创了国民会议论，而国民党在其劝告之下接受了国民会议论。认为孙中山接受了共产党提案的后者又分为两方，一方认为孙中山原本就是武力统一论者，在他的思想体系中无法接受国民会议论，而孙的接受仅仅是随机应变的临时性策略；另一方关注的则是孙中山的思想在朝着重视民众运动的方向变化和发展，在此基础上他接受共产党的提案，并以此为新的统一建国论。

无论哪一种看法，都局限性地把国民会议召集论理解为1923年之后的事情，并没有将之与第一期国民会议（或称国民大会）运动联系起来进行分析。笔者则认为，国共两党的国民会议召集论不是任何一方开创的，而是两党接受了第一期国民会议运动中形成的各界舆论与民意集结惯例的结果。因此，这一探讨对阐明五四运动至国民革命运动期间国民会议召集论发挥的作用，以及职业团体与国共两党的关系方面具有关键性意义。

一 中国共产党的国民会议召集论

在中国共产党成立之前，要将议会制革新为职业代表制并制定宪法的舆论就已扩散开了，但国共两党当时还很难接受这种舆论。其原因在于职业代表制论指责区域代表制依据的只是政党的利害关系，是议会制各种弊端的根源，具有排斥政党的倾向；此外，在国家建构方面，其以权力的分配与职业自治为基础，推崇分权主义与多元主义，这与国民党推崇的以党治国和共产党坚持的无产阶段专政相背。

特别是共产党人认为以无产阶级专政为依据的苏联式社会主义革命是改造中国的唯一方案，并与《改造》同仁等行会社会主义者展开了激烈的论战（1920年11月至1922年7月），因此他们不可能接受批判苏维埃为"贫民独裁"的行会社会主义的职业代表制论。对于吴佩孚与芮恩施的国民大会或国民会议召集论，国民党人士或以其为吴佩孚与曹锟以及张作霖之间权力斗争的工具，或以推选出的少数代表组成的会议不是真正的国民大会为借口而反对。而对于由农工商学法团代表组成的国民大会，他们则称其仅仅是"绅士会议、名流会议"，不是国民大会，认为法团的代表性有问题。[①] 但实际上是为了保护《临时约法》而展开第二次护法战争的国民党无法接受

[①] 佐治：《吴佩孚之行动》、楚伧：《今后之国民大会》、际安：《国民大会》、佐治：《国民大会是什么》，上海《民国日报》1920年7月1日、1920年8月2—8日、9月2日。

否定《临时约法》的国民大会。在护法战争以失败告终后，依然残留着对旧国会的期待，因此难以接受否认旧国会的国民会议。

共产党在 1922 年 7 月党的第二次全国代表大会上把反帝反封建的民主革命设为首要目标（此时职业代表制论正在全国范围内扩大舆论影响，并推进到法制化阶段），为此后逐步接受职业代表制论打下了理论基础。为了广泛联合反帝反军阀的民主革命势力，共产党于 1922 年 6—7 月首次决议，联合"工会、农民团体、商人团体、教职员联合会、学生会、妇女参政同盟团体、律师公会、新闻记者团体等，在全国各城市组织民主主义联合战线（民主主义大同盟）"。① 这是在承认原有的职业团体联合会与各界联合会的社会政治影响力的基础之上，积极与各种职业团体结成民主主义联合战线。笔者认为，到 1923 年 8 月，共产党开始接受职业代表制的国民会议召集论。

在把无产阶级专政设定为国家建设路径这一点上，和国民党相比，共产党应该更难接受职业代表制，但它为什么先于国民党接受了职业代表制呢？笔者在此关注的是陈独秀与李大钊的作用。

陈独秀从 1919 年 12 月开始接受共产主义的主张，"民治实行的基础是小组织的地方自治团体与各种同业联合，必须要组成这两种组织，在最小的范围内实现社会经济平等与权益，才能实现真正的民治主义"。② 这与试图将区域代表制与职业代表制并行，以此来革新议会制弊端的英国行会社会主义极为相似。李大钊同样认为，"各行业都要组成小组织，并以此为基础形成大联合。必须有这种横向

---

① 《对于时局之主张》（1922 年 6 月 15 日）、《关于"民主的联合战线"的决议案》（1922 年 7 月），中央档案馆编《中共中央文件选集》第 1 册，中共中央党校出版社，1989，第 45—46、66 页。
② 陈独秀：《实行民治的基础——"地方自治与同业联合两种小组织"》，《新青年》第 7 卷第 1 号，1919 年 12 月 1 日。该文以《实行民治主义之基础》为题刊发于《东方杂志》第 17 卷第 1 号，1920 年 1 月 10 日。

组织才能确立真正的民意的基础"。① 他于1920年8月表示，

> 吴佩孚将军提倡的国民大会，不过是秉承了我们的民众的意思……五四运动以来，罢免曹、陆，乃至此次打破一派军阀，摧除安福，那件不是自发召开的国民大会的效力！……望大家愤起，把已有的职业团体改造起来，没有团体的职业也该迅速联合同业，组织起来。这就是永久的人民大会的基础。②

可见，他主张的是在改造被少数人摆布的原有法定职业团体的同时，组织新的职业团体，并以这种职业团体为基础召开真正的国民大会。陈独秀与李大钊的这种构想是建立在中国现实的基础之上的，但在共产党创立前后，受到共产国际的无产阶级社会主义革命路线的影响，至二大国民革命路线被采纳之后重新提及。他们承认无论是刚成立不久的共产党，还是拥有民主革命历史的国民党，都没有力量替代军阀，③ 因此不得不关注原有的法定职业团体以及以此为基础的国民会议召集论。如此一来，1923年2月7日，陈独秀终于对由职业团体代表组成的国民会议明确表示了如下立场。

> 议会制度虽在欧美各国已成末路，而他们当初发生及存在却有历史意义。因为他们的议会制度是资产阶级的产物，他们的资产阶级都很发达，大部分的议会议员都有相当的职业……

---

① 孤松：《大联合》（1919年12月）、守常：《由纵的组织向横的组织》（1920年1月），《李大钊文集》（下），第174、203页。如第二章提到，此前毛泽东提倡的"民众的大联合"（1919年7—8月）也是与此相同的想法。
② 李守常：《要自由机会的国民大会》（1920年8月），《李大钊文集》（下），第240—241页。
③ 陈独秀：《对于现在中国政治问题之我见》（1922年8月），《陈独秀著作选》第2卷，第374—378页。

所以他们的议会制度是有意义的,而且是有后援的。中国的议会则不然。产业幼稚的中国……各级议会的议员都没有相当的职业,这种以议员为职业的议员,自不得不视职业为谋利的工具。……所以我敢说:全国各级议会的议员种种失德败行横暴堕落无人格的行为,并不是议员们本身的罪恶,乃是强效欧美的议会制度而不合中国社会状况的罪恶。……救济之道,惟有用革命的手段废去现行各级议会的组织法及选举法,改用由现存团体(如工会、商会、教育会、律师公会等)选举的国民会议、市民县民会议,代替现在职业议员的国会及各级地方议会。此种国民会议,不但代表其团体的意见与利益有一定之后援,能收监督政府之实效;而且每年改选一次,每次会期不过一二月,不妨碍议员固有的职业,谋生无后患,至少也不至象现在的职业议员长久群聚废业,为谋利求官而有奔走结纳煽动政潮的必要与经验。①

可以说,陈独秀在这里将职业代表制民意机关的名称写为"国民会议",这是秉承了芮恩施的"国民会议论",并与以往被称为"国民大会"的用法相区分。他将芮恩施主张的国民会议方式扩大到省、市、县,试图组成县民、市民会议—省民会议,使其成为国民会议的基础。可以说,这就是国民会议论的进一步发展。陈独秀的这一构想在1923年第二次发表的《中国共产党对于时局之主张》中公开宣告,"必须有国民会议才能真正地代表国民来制定宪法,建设新政府,统一中国",因此"国民党要带头呼吁全国的职业团体举行国民会议"。②

---

① 陈独秀:《中国之大患——职业兵与职业议员》,《向导》第19期,1923年2月7日。
② 《中国共产党对于时局之主张》(1923年8月),《中共中央文件选集》第1册,第177—178页。

第四章　革命政党与国民会议运动　　　　　　　　　　　　　　　　　113

　　从以上引用的陈独秀个人文章与党的公开宣言中可以看出，陈独秀与中国共产党已经完全接受了早在 1919 年就已提出的议会制革新论与职业代表制论。我们可以将其理解为继承了 1920 年 8—9 月芮恩施、杨端六、上海学生联合会等提出的国民大会（或国民会议，以下称"国民会议"）召集论，从国民会议的职权方面来看，与除了宪法制定之外还承认政府创立权的上海学生联合会的主张极为相似。中国社会主义青年团也于 1923 年 10 月指出国会议员因曹锟总统的贿赂选举事件而被嘲笑为"猪仔议员"。但青年团认为，如果完全否定议会制，就会重新恢复君主制，因此需要探索改善措施，并提出了应对方案，即将职业代表制与直接民权结合起来同时实施。可见，青年团已经接受了职业代表制。①

　　职业代表制论者也因国民大会促成运动与法制化努力遭到军阀、官僚势力的镇压而受挫，意识到必须重新整理与政党的关系。1923 年 12 月 10 日《东方杂志》上刊登的《谁能救中国如何救中国？》就是这种意识的产物。其要点有以下三方面。（1）职业团体只注重自己团体的利益，难以团结，因此有必要组织"政治团体"并在全国范围内团结起来。（2）政治团体由职业团体中政治知识丰富的人组成，职业团体以政治团体为中心。（3）如此一来，如果二者不结成紧密的关系，政治团体就会成为靠政治蹭饭吃的政客的团体。②

　　总而言之，该文认为要在借助政党的力量形成全国范围团结的同时，为了防止政党的政客化，积极与政党联合。带头接受并传播职业代表制论的杨端六于 1923 年 1 月批判必须组织像英美那样强大

---

① 但一：《我们还要议会制度否》，《中国青年》第 2 期，1923 年 10 月 27 日。不仅如此，中国社会党也受江亢虎的影响在孙中山发表《北上宣言》之前就已将职业代表制论确定为党论。《中国社会党临时战略》（1924 年 6 月 15 日），中国第二历史档案馆编《中华民国史档案资料汇编》第 3 辑政治（1），江苏古籍出版社，1991，第 622、727—728 页。

② 倬章：《谁能救中国如何救中国？》，《东方杂志》第 20 卷第 23 号，1923 年 12 月 10 日。

的政党的主张，① 由此可见，职业代表制论者也未必全都接受了这一联合的逻辑。但大部分的职业团体，以与原有政客式政党不同的新革命政党联合为前提，并以国民党改组为契机，表现为接受国民党也参与在内的国民会议召集论。但职业团体在认可与"以党治国"的国民党联合的瞬间，就不得不背负要在党治之下守住职业团体自主性的重担。

二　国民党改组与孙中山的国民革命论

国民党的改组于1923年1月至次年1月间进行，其中关于国民会议值得关注的是确定了要组织国民，依靠国民推进国民革命的路线。在中央执行委员会中首先设置农工委员会，然后将其再分为农民部、工人部、商人部、妇女部等，在民众组织方面倾力说明依靠组织起来的国民推进国民革命这一政策路线。当然，这些部门的核心负责人大多是加入国民党的共产党员。已经接受了国民会议召集论的共产党员在国民党组织的民众活动中，努力宣传国民会议召集论。1923年6月黎元洪总统遭到驱逐，10月曹锟为当选总统而贿赂国会议员，这就为其传播提供了良机。

6月政变发生后，上海国是会议代表立刻呼吁全国各界召开国民会议，随即共产党第二次发表《对于时局之主张》，国民党带头召集农工商会、学生会等职业团体，提议举行国民会议。常见的说法是孙中山忽略了这一提案，但实际上我们不能如此简单地看待这件事情。

中共中央在1923年发表《对于时局之主张》的同时，将中央委员联名书函发给孙中山，恳切地请求他召集国民会议。他们提出，

---

① 杨端六：《时局问题之根本讨论》，《东方杂志》第20卷第1号，1923年1月10日。

第四章　革命政党与国民会议运动

此次北方危机实为国民党发展的良机，可结束在广州依靠军阀武装的军事运动，并将党组织与宣传活动扩大到上海、北京等全国各地，在把国民党变为全国性政党的同时，形成依靠国民的革命武装。[①]作为兼顾二者的方法，他们建议国民党前往舆论中心地上海召开国民会议。

据当时与国民党改组和国共合作有紧密联系的马林的报告称，对于由职业团体代表组成国民会议的主张，孙中山的态度是："我不反对他们试试看，党员可以以个人身份从中帮助。党不能介入。召开国民会议的运动不可能成为一场严肃的运动。"[②]当时孙中山为了发展自己的军事力量，专注于在广东建立根据地。他认为建立根据地之后与东北、西北的军队合作，凭借这些力量就能够促成革命的胜利。因此，他只说过让国民党不要马上介入全国性的国民会议促成运动，就此很难将其看作反对召集国民会议本身。

另外，当时孙中山在护法战争失败之后，依然没有放弃对第一届国会的期望。1923 年北京政变之后，就有国会将搬到南方的传闻，随即 185 名国会议员宣布，在被军阀包围的北京无法自由行使国会的职权，国会迁往上海。[③]与此相应，孙中山向北京的国民党议员发送了催促南行的电文，并派汪精卫等亲信迎接议员。[④]在这种情况下，孙中山和国民党都很难接受全面否认国会及其议员召集国民会议的要求。

计划开展国民会议运动的共产党通过《对于时局之主张》传单的

---

① 《陈独秀、李大钊、蔡和森、谭平山和毛泽东同志致孙中山的信》，《联共（布），共产国际与中国国民革命运动》（以下简称《联共》）第 2 册，中共中央党史研究室第一研究部译，北京图书馆出版社，1997，第 495—496 页。
② H. 马林：《向共产国际执行委员会的报告》（1923 年 7 月 15 日），《联共》第 2 册，第 497—499 页。
③ 《南方召集国会问题之紧迫》、《国会议员离京宣言》，《大公报》1923 年 6 月 17 日、6 月 22 日。
④ 《孙中山电令国会南迁》，《大公报》1923 年 6 月 28 日。

发放和《向导》周报的发行，揭示了北方政局的危机和召开国民会议的必要性。1923年10月各界召开批斗集会，抨击曹锟为了当选总统而进行的贿赂国会行为，此时上海各公法团提议召开国民会议，并将其作为大会的议决事项，全国学生总会对此也表示支持。甚至一部分护法议员也主张召开国民会议，这是因为大部分国会议员已被曹锟所收买。① 如此一来，对国会否定的舆论增加，可以说，孙中山及国民党与国民会议召集论保持距离的一个障碍被消除了。

即便如此，无论是作为民众运动还是国民代表会议，国民党若想接受国民会议，都先要重新认识包括职业团体在内的民众组织在国民革命运动中的意义与作用。孙中山在坚决进行国民党改组工作的同时认识到，在打倒军阀方面，面向全国人民的宣传与组织是必不可少的步骤。

1923年2月，直系军阀控制的北京政府血腥镇压罢工，酿成"二七惨案"。就此，孙中山表示，"佩孚之有今日，实则曩日之舆论为之，故居今日而欲灭佩孚，仍非先转移舆论……且宣传主义以为义师之导"，以此呼吁北京学生联合会积极参与宣传。② 1923年10月发生曹锟贿赂选举事件后，在针对国民党员的演讲中，他承认其间国民党的主要精力放在了海外活动上，国内根基极为薄弱，党的国内活动也仅仅依靠武力，在革命失败的同时，党也失败了；进而主张今后要取得"人民的心力"，使其成为党的力量，与革命并行。此时，对取得"人民的心力"的宣传比依靠武力的革命更为重要。③

他在1924年1月第一次全国代表大会上提出的《国民政府建国大

---

① 尹惠英：《中国现代史研究：北伐前夜北京政权의内部崩溃过程，1923—1925》，第93—94页。
② 《复北京学生联合会函》（1923年4月15日）、《孙中山全集》第7卷，中华书局，1985，第337—338页。
③ 《在广州中国国民党恳亲大会的演说》（1923年10月15日）、《在广州大本营对国民党员的演说》（1923年11月15日），《孙中山全集》第8卷，中华书局，1986，第286、430—431页。

第四章　革命政党与国民会议运动

纲》明确强调了对民众宣传的重要性，并表示，军政时期"政府一面用兵力以扫除国内之障碍，一面宣传主义以开化全国之人心，而促进国家之统一"。①随即他说道，各省人民结合团体，要求政府建国大纲之实现，"若之宣传于士农工商各界，则必表同情。由全国团体团结成为一体，为一大示威运动，则军阀安有不倒"。②此前他把向国民党公开提议召开国民会议的陈独秀任命为广东军政府大本营宣传委员会委员长，这一事尤为值得关注。③从中可以看到，在依靠军事力量进行北伐战争期间，他也可能有推进国民会议运动的倾向。

经过改组的国民党设立了工人部与农民部，1924年3月至8月孙中山接连呼吁全国各界人民组成自己的团体。在"民权主义演讲"中他表示，中国人没能组成团体，没有抵抗力，最终成为"一盘散沙"，因此在遭受外国侵略与经济商战压迫时，无法抵抗；如果不能组成大团体，我们的革命目的永远无法实现，应以国民党的"革命主义"为基础，组成大团体。④用一句话来概括，他的理论是清末以来合群救国论的延伸。他随即给全国各界发送电文，呼吁只有全国的学农工商各界与国民党一同参加革命，才能成功打倒军阀与抵抗外来侵略，以实现各界的民生与利益。⑤

接下来，孙中山会见农民、工人，督促他们组成自己的团体。他对广州市及近郊的工人与农民说，在组成各自的团体追求集体利益的同时，还要担起作为国民的责任；所谓国民责任，就是参加废除不平等条约运动以及解决国内政治问题。他讲道，特别是占总人

---

① 《国民政府建国大纲》（1924年1月20日），《孙中山全集》第9卷，中华书局，1986，第127页。
② 《关于组织国民政府案之说明》（1924年1月20日），《孙中山全集》第9卷，第103页。
③ 《给陈独秀的指令》（1923年12月17日），《孙中山全集》第8卷，第525页。
④ 《民权主义》（1924年3月16日），《孙中山全集》第9卷，第281—283页。
⑤ 《致全国学会工商通电》（1924年4月12日），《孙中山全集》第10卷，中华书局，1986，第59页。

口 80%—90% 的农民，如果能像商人与工人那样组成大团体，拥有自己的力量，就能建立真正的民国，以此鼓舞农民组成协会。①

当然，孙中山并不打算以这种有组织的团体为基础来推进阶级革命。他希望劳动者组成工会，农民组成农会，商人组成商会，政府与这些职业团体合作来解决民生问题。但他认为要寻求不把地主、资本家排除在外，同时争取农民－地主、劳动者－资本家的双方兼利的方式。这与排除地主和资本家，单单代表农民、劳动者、兵士权益的苏维埃原理有所不同，而与职业代表制原理相符。

由此可以看出，孙中山经过国民党的改组，从武力"一边倒"路线"走出来"，开始推进"武力与国民"相结合的国民革命。但这只不过是他接受国民会议召集论的必要条件。现在我们来看则是充分条件，即他承认职业团体在舆论形成方面拥有的现实影响力，并逐渐接受职业代表制。

1916—1917 年，孙中山早就提出人民自发召开县国民大会来行使县单位的四大民权，进而召开由各县派一名代表组成的全国国民大会来行使全国单位的四大民权的建国构想。该国民大会构想虽与此后形成的职业代表制国民会议不同，但在重视人民大众自发性组织的民意机关方面值得我们注意。此后，他在第一期国民会议运动开始之后的 1921 年 7 月，已经在有限的范围内接受了国民会议召集论。他当时已经决定撰著《国家建设全书》之一的《外交政策》，并"主张召开国民会议，实行本党对外政策，以挽救中国外交失败"。② 就连在展开护法战争时，他还在对外问题上，以职业代表制作为民意集

---

① 《在广州市工人代表会的演说》（1924 年 5 月 1 日）、《在广州农民联欢会的演说》（1924 年 7 月 28 日），《孙中山全集》第 10 卷，第 148—149、463—466 页。
② 《复廖仲恺胡汉民函》（1921 年 7 月 3 日），《孙中山全集》第 5 卷，第 569 页。这时候，他还要求新成立的广州市议会应给工人代表分配席位，参与公共事务的讨论，以使社会职业团体获得参政权。夏良才：《孙中山与基尔特社会主义》，《近代史研究》1991 年第 2 期。

第四章　革命政党与国民会议运动　　　　　　　　　　　　　　　　　　　　119

结的新举措。1923 年 1 月，出于化兵为工的目的，为了将各军兵力减少至一半，孙中山提出了要让全国各职业团体代表与法定监督机关一同监督裁兵和借款用途的和平统一方案。① 他自 1922 年 9 月以来与奉天派的张作霖、安徽派的段祺瑞结为"反直三角联盟"，并主张依靠武力进行南北夹击，之后考虑到掌握北京政权的直隶派被驱逐后的境况而提出了统一方案。②

但直隶派首领吴佩孚随即制造了"二七惨案"，孙中山的"和平统一方案"被忽视。北京各界开始呼吁广东政府出师北伐。孙中山没有立即响应这一呼吁，而是表示，"证实直曹无诚意，与之言和平统一，是犹对牛弹琴，不如其已，此后只有对国民宣传和平统一，而促人民之大觉悟，以备群众之大革命而已"，以此明确国民革命的路线。③ 他出席香港工商界集会与广州各界人士欢迎会，提出"裁兵借款的用途，系照予日前宣传办法，系由本省农、工、商、学、报五界各举代表一人，连同债主派出一人共同监督"，④ 并给全国各省的教育会、商会、农会、工会、各法团与各报社以及其他有名望人士发送《裁兵实行宣言》，这都是对国民直接的宣传。

他的这种构想在一年后的《中国国民党第一次全国代表大会宣言》中得到了体现，"召集各省职业团体（银行界、商会等）、社会团体（教育机关等）组织会议，筹备偿还外债之方法，以求脱离因困顿于债务而陷于国际的半殖民地之地位"。在此时通过的《中国国民党总章》也规定，"俱乐部、会社、工会、商会、学校等也要特别组织国民党党团"，计划将各种职业单位与党组织紧密联系

---

①《和平统一宣言》（1923 年 1 月），《孙中山全集》第 7 卷，第 50 页。
② 这个统一方案使我们预见了次年直隶派被驱逐后孙中山的反应。裴京汉：《반직삼각연맹과 손문의 북상》，《釜山史学》第 8 辑，1983 年，第 246 页。
③《批答沈鸿英之"和平统一"宣言》（1923 年 4 月 14 日），《孙中山全集》第 7 卷，第 336 页。
④《在香港工商界集会的演说》（1923 年 2 月 20 日），《孙中山全集》第 7 卷，第 118 页。

起来。该《宣言》与《总章》虽以包括鲍罗廷在内的共产党员为主来制定，但似乎并没有脱离孙中山此前的构想。①

如上所述，孙中山为了特定领域国民议题的讨论，已开始接受职业代表制为有限的民意机关，并在1924年2月终于表露了召开议决国内统一问题的国民会议的想法。在与日本新闻界人士松岛宗卫的会面中，对于中国历史上的统一均由北方势力的"南伐"来实现，广东军政府正在推进的北伐是否能到达长江以北的问题，孙中山表示，"我军一旦将长江占领后，即暂时出持久态度，谟与北方同志之段祺瑞同志一派提携，徐徐再打开统一局面。召开南北统一国民大会，议定约法、其他国宪，裁减各省军队施行内外新政"。②他这里提到的"南北统一国民大会"并不是他在《建国大纲》上讲的宪政阶段的国民大会，而是训政阶段的国民大会。他的想法十分明确，如果北方政局发生变化，不仅要制定《训政时期约法》，而且要制定《宪法》，并根据《宪法》召开国民会议来建立统一政府。

不仅如此，孙中山与广东军政府已经将职业代表制灵活运用到政府政策的议决与执行中。1924年9月长江流域爆发江浙战争后，大元帅府随即制定加快北伐步伐、以占领江西省为前提的《赣南善后会议暂行条例》及其暂行细则。根据此条例，委员长要与善后委员及县知事之外的商会、教育会、农会等各县法团代表与有名望的公正人士召开善后会议，制定军队要遵守的公约，估算征用物品的

---

① 《中国国民党第一次全国代表大会宣言》（1924年1月），《孙中山全集》第9卷，第123页。《大会宣言》由鲍罗廷起草，据说发表前一天孙中山曾要求其取消。因此虽有人指出在孙中山的思想中，党大会"宣言的逻辑"与其个人"讲演的逻辑"不同，但笔者认为在承认推进民众宣传与组成团体的重要性方面，二者并无差异。王奇生：《党员，党权与党争：1924—1949年中国国民党的组织形态》，上海书店出版社，2003，第110页；山田辰雄『中国国民党左派の研究』、東京：慶應通信、1980、頁74—86。

② 《与日人某君的谈话》（1924年2月），《孙中山全集》第9卷，第535—536页；陈锡祺主编《孙中山年谱长编》（下），中华书局，1991，第1850页。

第四章　革命政党与国民会议运动　　　　　　　　　　　　　　　　　　　121

价格，并决定设置负责人力、物资征用与运送业务的机构。与此同时，给各县法团代表赋予四级职员职位（县知事为三级，征用所所长为五级）。[①] 该构想将职业团体代表明确定为省单位的训政时期革命政府，特别是地方民意机关的组成主体，这一点值得关注。此前，财政部1923年8月为了维持广东金融秩序并处理纸币发行问题，既发行证券，又制定管理条例。此时执行证券管理与监督职能的证券基金委员会由广州总商会、广东商会联合会、银业公会、七十二行商、总工会、九善堂、市参事会各一名代表，以及两名政府代表组成。[②] 以上条例均经孙中山的认可，在《大本营公报》上公布。

总而言之，孙中山与其国民党的亲信批判性地省察自辛亥革命到护法战争为止的革命活动，认识到对民众宣传与组织活动的重要性，并活跃职业团体，通过裁兵舆论的扩散、裁兵的监督、证券的管理监督等，发挥稳定金融的作用；更进一步，他们已开始形成以此为基础建立训政期国民革命势力的地方政权和全国政权的政治构想。因此，一旦全国政治形势发生变化，作为"一个严肃的运动"的全国国民会议召集论被接受的可能性已经隐含其中了。

三　《北上宣言》与孙中山的国民会议构想

孙中山通过"反直三角联盟"夹击北京军阀政权的同时，积极鼓励各界民众组成团体。1924年10月23日，发生了北京政变，直隶派军阀曹锟和吴佩孚被冯玉祥军队驱逐。对此，各地各界重新主

[①] 委员长由大元帅任命，委员由委员长在各县任命一人并提请审批后由大元帅任命。《公布"赣南善后条例"等令》（1924年10月10日），《孙中山全集》第11卷，中华书局，1986，第154—161页。

[②] 市参事会1921年在由五个职业团体代表组成的选举会中选举成立。《给叶恭绰的指令附广东造币余利凭券条例》（1923年8月28日），《孙中山全集》第8卷，第172—175页。

张召开国民会议来解决时局问题，北方的友军希望孙中山北上。于是孙中山发表《北上宣言》，并突然主张召开国民会议。由此，我们无法判定他召开国民会议的主张是出于内在的需求，还是接受鲍罗廷等劝告的结果。①

在这种紧迫的情况下，他想要做的是什么，想要通过怎样的步骤召开国民会议，以及在做出这些决定之前，有怎样的内外因素影响了他，这些都是我们需要研究的问题。

首先，对于从发生北京政变的10月23日到发表《北上宣言》的11月10日期间发生的事情，学术界存在着误会，我们有必要消除这一误会。② 政变时，孙中山在韶关指挥北伐战争，24日接到北京的国民党领袖顾孟余、易培基、李石曾发来的电文，称曹锟、吴佩孚已经没落，政府改组即将开始，希望其立刻进京参与大政。26日他给胡汉民发送密电，命其将汪精卫等人护送到韶关，以商议发表关于北京政变的宣言（电文中他用的是"议稿"一词，表示要将起草宣言一事托付给他们）。孙中山与27日到韶关的汪精卫、廖仲恺商议政变后的应对方案，并在给北方友军发电文表示即将北上的同时，为了与张作霖协商，还给被派遣到奉天的儿子孙科发密电，表示自己即将北上，让孙科派亲信到天津接他。二人于29日回到广州，第二天参加了第十一次中央政治会议；而孙中山于30日回到广州，11月1日参加了第十二次中央政治会议。在第十一次会议上决定，在北方会议上提的条件（包括国民会议的提案）若不被接受，国民党就将退出会议。而第十二次会议决定，首先到上海发

---

① 关于共产党及鲍罗廷的劝告，可参见李升辉《中国의"国民会议运动"과上海商工阶层》，《历史学报》第144辑，1994年，第178—179页；李升辉：《孙文과国民会议》，《历史学报》第166辑，2000年，第102—108页。

② 有论者认为孙文在韶关期间，29日（中央政治委员会的会议记录是30日）在广州第十一届中央政治会议上，国民会议根据鲍罗廷的提议做出决议，当时在韶关的孙中山与广州的中央政治委员之间并没有交换意见。李升辉：《孙文과国民会议》，《历史学报》第166辑，2000年，第113—114页。

布协商条件,如果北方同意该条件就合作。11月2日,汪精卫在孙中山的指示下起草了《北上宣言》。[①] 11月3日,孙中山于即将北上之际,在黄埔军校进行了告别演讲。此后于10日发表《北上宣言》,13日从广州坐船北上(乘坐火车往返于广州与韶关)。《北上宣言》的要旨是呼吁召开九种团体(现代实业团体、商会、农会、工会、教育会、大学、各省学生联合会、反对曹锟和吴佩孚的各军队和政党)代表组成的国民会议,实现中国的统一与建设。

在商议北京政变的对策时,孙中山为什么选择了汪精卫和廖仲恺呢?他们是比任何人都支持孙中山主张的国共合作的国民党左派领袖,站在重视民众运动的立场上。特别是孙中山提出"主张召开国民会议,实行本党对外政策,以挽救中国外交失败"的构想后,派汪精卫作为广东省教育会代表,参加1921年10月12—14日在上海举行的商议太平洋会议与会代表的全国商会教育会联席会议。该会属于第一期国民会议运动,在以集结各界民意的方式处理紧急的外事活动问题的同时,促使南北战争终结;由商会与教育会主导召开。对于派遣南北政府统一代表团的提案,汪因不承认北京政府表示反对,但对于"战争告终劝告案"表示赞成。因为他相信,商会与教育会代表国民的民意,能够充当分辨南北之间是非的裁判。[②] 商会和教育会以联席会议为基础,1922年5月8日主导召开国是

[①] 罗家伦主编《国父年谱》,台北,国民党党史会,1969,第1144—1151页;《致胡汉民电》(1924年10月26日),《孙中山全集》第11卷,第248—249页;陈福霖、余炎光编《廖仲恺年谱》,湖南出版社,1991,第288—289页;蔡德金、王升:《汪精卫生平纪事》,中国文史出版社,1993,第57—59页;《邵元冲日记,1924—1936》,上海人民出版社,1990,第72页。对于第十一次中央政治会议的日期,邵元冲日记上记录的是10月29日,而廖仲恺年谱上记载的为10月30日。后者依据的是中央政治委员会的会议记录,因此更为可信。更重要的是,根据记录,汪与廖29日参加的是其他会议。

[②] 精卫:《为太平洋会议派出代表问题》、《广东省教育会对于太平洋会议之意见》、《国民今日应有之决心》,《广东省教育会杂志》第1卷第5号,1921年11月;第1卷第6号,1921年12月。

会议，议决《国是宪法》，以此呼吁战争的终结和政府统一。以上经过说明，孙中山与汪精卫关注职业团体民意集结的方式，并与其中心势力保持着某种联系。1923年1月，孙中山构想的方案，即让职业团体代表监督裁兵和借款的用途，也是出于与"战争告终劝告案"相似的想法。1923年9月，汪精卫被孙中山派到奉天，与张作霖、张学良一同商议南北夹击直隶派北京政府的计划时，对于打倒直隶派之后重整政局的方案，曾提议召开国民会议。① 1923年10月曹锟贿赂选举事件发生后，南北夹击的计划更加活跃，1924年9月孙中山的广东军政府发表《北伐宣言》后，10月1日段祺瑞的代表许世英就到广州。廖仲恺带着他去韶关与孙中山商议打倒直隶派后重整政局的方案，此时孙中山亲自说明了国民会议召集论的概要。②

因此，认为孙中山仅因为鲍罗廷的劝告就主张召开国民会议，是缺乏说服力的。孙中山和汪精卫等重视民众运动的国民党左派以北京政变为契机全面接受国民会议召集论，是抱有将政局扭转为对自己有利的根本目的的。

此外，也有论者认为，孙中山"基本上选择国民会议之路，但党内另一方面也在探寻其间积极推进的与北方友军无条件协商的可能性，会从这两条路的折中立场上发表北上宣言"。③ 但孙中山期待的不是无条件合作，而是作为既能牵制北方军阀，又能扩大国民

---

① 汪精卫听从孙文的指派，1922年9月前往奉天与张作霖商议"反直军事政治合作计划"，并于1922年12月和1923年4—5月也因同一目的被派遣。何柱国：《孙段张联合推倒曹吴的经过》，杜春和等编《北洋军阀史料选辑》下册，中国社会科学出版社，1981，第111页；蔡德金、王升：《汪精卫生平纪事》，第37—43页。

② 罗家伦的《国父年谱》称，接见日为10月4日，实则不然。参见陈福霖、余炎光编《廖仲恺年谱》，第285页；陈锡祺主编《孙中山年谱长编》（下），第2019页。

③ 尹惠英：《中国现代史研究：北伐前夜北京政权의内部崩溃过程，1923—1925》，第108—109页。

党组织的机会接受国民会议召集论,并通过其来探索有条件的合作。特别是政变后,冯玉祥以自己的军队为"国民军"自居,在北京地区允许国民党与共产党公开活动,并给予集会与出版的自由。因此,在这种条件得以维持的基础之上,加拉罕和鲍罗廷也对于与冯玉祥合作抱有极大的期待。[①] 从 11 月 3 日孙中山在黄埔军校的演说中可以看出,孙中山冷静地认识到了北方政势。与此前的地方革命不同,少数北京地区的党员试图发起中央革命和发动北京政变,但他们的力量不够,政权依然掌握在官僚、军人的手中。孙中山表示依然选择"北上"是出于两方面的考虑,一是为了遵守与北方同志的约定;另一方面则是为了准备大规模的中央革命,通过国民会议促成运动,在北方宣传革命主义,形成党的基础,并使其成为革命基地。[②]

那么根据有条件合作来牵制军阀的方案具体是什么呢?用一句话来概括,就是"国民与武力相结合"。具体方法为召开国民会议,使国民主动选择利于自己的方策,而且利用新时代的武力拥护自己的利益,消除障碍。[③] 孙中山与汪精卫计划在国民会议上使国民与武力实现结合,得到能够牵制军阀的力量与名分。与以往的国民会议论不同,他们将各种职业团体代表,政党以及"反对曹锟、吴佩孚的各军"代表都列入国民会议组成主体的范围内。[④] 与其说是为了寻求与北方军阀的合作,不如说是为了职业团体代表

[①] 加拉罕和莫斯科当局对冯玉祥的关注达到顶峰,1925 年 1 月鲍罗廷甚至前往冯玉祥军队的本部,会谈合作的可能性。Dan N. Jacobs, *Borodin: Stalin's Man in China*(Mass.: Harvard University Press, 1981), p. 168.

[②] 《在黄埔军官学校的告别演说》(1924 年 11 月 3 日),《孙中山全集》第 11 卷,第 264—266 页。

[③] 《北上宣言》(1924 年 11 月),《孙中山全集》第 11 卷,第 296 页。

[④] 一部分共产党员对于将其实不过是军阀的人士纳入"各军"范围内的意图表示不解,因此刚开始时反对《北上宣言》,在国民党与苏联顾问之中也是弹赞参半。尹惠英:《中国现代史研究:北伐前夜北京政权의 内部崩溃过程,1923—1925》,第 107 页。

的国民的集体意愿与力量,各军站在国民的立场上,达到"武力与国民相结合"。① 因此他表示,"相信国民自决是国民革命的捷径","全国各团体全派代表参加国民会议,如果时局解决的方法在此决定,无论所有团体是否拥有军队,都要服从该决定,服从国民会议的主张"。②

孙中山在 1925 年 1 月 17 日发给段祺瑞的电文中,也坦率地表露了这一意图。他表示,国民会议"由反对曹锟、吴佩孚的各军、政党、人民团体平等参与而组成,这才是真正的武力与人民相结合"。这样一来,知识阶级(教育会、大学、学生联合会)、生产阶级(现代实业团体、农会、工会、商会)、军事政治实力者(政党、各军)聚集在一起,共同商议国家建设大计,政府官员与军人作为人民的公仆,要尽全力服务于民国的主人,即人民。③ 他后来称包括报界联合会在内的所有全国性职业团体都必须参加,以此最大限度地拓宽民间团体的参加范围,这是为了牵制军队,使服从于他的国民力量达到最大化。④ 因为战祸的终结与国民生计的改良,以及不平等条约的废除等问题,都要成为"国民全体的主张"才能得以解决。⑤

为了牵制军阀,除了拓宽民间团体参加范围之外,还需要革新其代表的产生办法。在孙中山看来,民国以来虽然召开了数次会议,但未能收获成果,这是因为会议的组成分子全部由政府指定,他们

---

① 同时,他在"北上"前的欢送会演说中明确表示了要使北伐战争与国民会议并行。《在广州各界欢送会的演说》(1924 年 11 月 12 日),《孙中山全集》第 11 卷,第 308—309 页。

② 《在上海招待新闻记者的演说》(1924 年 11 月 19 日),《孙中山全集》第 11 卷,第 333 页。

③ 《复段祺瑞电》(1925 年 1 月 17 日),《孙中山全集》第 11 卷,第 561—562 页。

④ 《在长崎对中国留日学生代表的演说》(1924 年 11 月 23 日)、《在神户欢迎会的演说》(1924 年 11 月 25 日),《孙中山全集》第 11 卷,第 368、388 页。

⑤ 《在神户欢迎会的演说》(1924 年 11 月 25 日),《孙中山全集》第 11 卷,第 388 页。

第四章 革命政党与国民会议运动

仅是军阀实力派的代表，而不是国民的代表，国民在会议上没有发言权。① 因此孙中山主张，国民会议及其预备会议的代表不应该是被指名的代表，而应该是团体会员选出的代表；进而，为了国民会议的成功，必须实行政治犯的大赦免，使国民与各团体在宣传和选举上的自由得到保障。②

在他的构想中，国民会议的终极目的是结束战争，解决民生，废除不平等条约，使国家从半殖民地的状态中摆脱出来。中国此时混乱的根本原因是军阀与援助军阀的帝国主义，只有打倒二者，中国才能实现和平统一。因此，国民会议与北伐战争一同进行的可能性很大。他表明，"以全国的确确实实的各部门职业团体为基础进行的国民会议为中心来执行政权"，赋予国民会议关于军制与财政等统一国家与建设国家的"最后决定之权"。③

这样拥有最后决定权并执行政策的国民会议通过促成运动，起到了鼓舞各界人民积极参与国民革命运动的作用。此外，这并不仅仅是宣传层面的策略，还是实际的革命政权建立方案，在之前《赣南善后会议暂行条例》的探讨中也已确认过这一点。那么这也许会引起与国民党"以党治国"原则的冲突。从与党的关系来看，对于孙中山来说，国民会议是确定党的纲领和决议，代表国民全体意愿的工具。国民党第一次全国代表大会的主张与政纲在国民会议上提出，以求得国民对其的理解与支持，使国家接受并承认其内容。④ 这样一来，国民会议就能起到接受党的意见，并将其转变为国民

---

① 《复段祺瑞电》（1925年1月17日），《孙中山全集》第11卷，第561页。
② 《北上宣言》（1924年11月）、《关于国民党最小纲领之宣言》（1924年12月22日），《孙中山全集》第11卷，第297、516页。
③ 《与高木的谈话》（1924年11月24日—26日），《孙中山全集》第11卷，第392页；《复段祺瑞电》（1925年1月17日），《孙中山全集》第11卷，第561—562页。
④ 《北上宣言》（1924年11月）、《关于国民党最小纲领之宣言》（1924年12月22日），《孙中山全集》第11卷，第298、514—516页。

意见的作用，从而与"以党治国"毫无冲突地并行。但如果国民会议行使最后决定权来批判、修改、拒绝党的决定，拥有军队的党领袖的不满就会加大。更进一步，在党的统治下如果职业团体丧失其自律性，那么由这种团体组成的国民会议就很有可能沦落为党的决议案的表决机器。

国民会议像孙中山的《国民政府建国大纲》(《建国大纲》)所提的那样，也可以从党的意见和国民的意见二者的关系中理解。《建国大纲》的"军政—训政—宪政"不以国家而以省为单位来履行。这不是由国民党一举掌控的全国政权，而是通过地方革命，打倒各地方军阀，并首先建立广东军政府等以省为单位的地方政权，再逐步扩大的全国政权。但北方友军突然掌控了北京政府，如此一来，如果与友军达成合作，就有可能一举进入全国性的训政阶段。《建国大纲》中规定，训政期民选的县自治政府成立的各县选出一名国民代表，组成"国民代表会"，参议中央政事。[①] 孙中山的想法与其他人的不同在于，他主张召开国民会议预备会议，使参与团体自发地主动讨论、决定会议原则，这本身就是真正的训政过程。因此，国民会议有可能发挥了训政期参与中央政事的国民代表会的作用。当然，在这种情况下，国民会议无法行使最后决定权，仅仅停留在训政期有限的民意机关的定位上。但从其训政内容中包括宪政准备这一积极的观点来看，国民会议亦有可能担当"宪法制定会议"的重任。比如1924年2月"南北统一国民大会"制定约法与国宪的构想是其根基。

综上，由于国民会议和《建国大纲》相互排斥，孙中山以此为契机修改了《建国大纲》的见解是难以成立的。如果说《建国大纲》

[①] 另外还规定，如果一个省内所有县都实现了自治，就进入了训政时期，此时的"国民代表会"选出省长，成立民选省政府。如果过半数以上的省进入了训政时期，就召开"国民大会"，进入全国性的训政阶段。《国民政府建国大纲》，《孙中山全集》第9卷，第127—128页。

是从宏观上整理革命阶段的纲领性文件，《北上宣言》就是在具体情况中实现该纲领的战术性文件，以这种角度来说明二者并不相互排斥则显得更有说服力了。① 实际上，由汪精卫代笔的孙中山遗嘱提到，"继续努力贯彻建国方略、建国大纲、三民主义、第一次代表大会宣言，在最短时间内实现国民会议"。从中可以看出，孙中山和汪精卫并没有认为召开国民会议与《建国大纲》是互相排斥的。孙中山的葬礼结束后，国民党原原本本地接受了总理的遗嘱，并发表为公开宣言也是出于这个原因。②

因此，我们很难认同一些研究者的看法，即将孙中山的国民会议主张看作伴随突发事态发生的"单纯的临时应急"策略。③ 国民会议不仅能够通过有组织的国民大众的力量牵制军阀，并且，能够作为包容和控制越来越大的商人势力的工具发挥作用。④ 孙中山和国民党所接受的国民会议在此与依靠武力的军阀一同既成为国民革命运动的两个主力，也是以包括革命政党在内的职业团体的广泛民意为依据的国民革命势力之建国方案。毋庸置疑，国民革命势力是各界各层的联合，对他们来说，国民会议是依据各自利益与要求形成的各种政治体制构想相互竞争与妥协的场合。⑤

---

① 周兴樑认为二者互相排斥，孙修改了《建国大纲》(《孙中山与国民会议运动》，第 825—828 页)；韦杰廷、陈先初认为二者是相互并立的 (《孙中山民权主义探微》，第 109—110 页)。孙宏云也认为孙中山虽然根据职业代表制精神接受了国民会议，但这不是他的民权思想发生变化的结果，而是政治实用主义的产物 (《孙中山的民权思想与职业代表制》，《广东社会科学》2007 年第 1 期)。
② 《中国国民党接受总理遗嘱宣言》，广州《民国日报》1925 年 5 月 26 日。
③ 李丙仁早就批判了李升辉的策略说。李丙仁：《国民会议와职业代表制》，《中国近现代史研究》第 12 辑，2001 年，第 129 页。
④ 白吉尔认为，孙中山主张国民会议召集论的意图是同时牵制商埠商人和地方英豪。Marie-Claire Bergere, *Sun Yat-Sen* (California: Stanford University Press, 1998), p. 400.
⑤ 白永瑞：《中国에서市民社会가形成되었나?——历史的观点에서본民间社会의轨迹》，《亚洲文化》第 10 号，1994 年，第 227 页。

四 国民会议促成会全国代表大会

以北京政变和《北上宣言》为契机，国民会议促成运动在全国各地再次急速发展。与民间社会的这种发展相呼应，政变后的北京政府召开善后会议，试图主导政局。最终焦点集中在由谁、依据哪种原理产生国民代表。

国民军的领袖冯玉祥发起政变，构想"全国会议"，在孙中山的《北上宣言》发表之前，该会议就具体化为"善后会议与国民会议"相继召开。[①] 民国初期的国会任期已满，而议员们的腐败又达到了顶点，招致国民的厌恶，国会因此解散，并召开国民会议代替国会。关于其召开的程序与职权是这样描述的：想要一下子召开国民会议很难，因此首先推荐各省耆宿召开善后会议，议定国民会议的组织与运营方法，在此基础上召开国民会议议决《宪法》与其他各种重大问题。与此同时，冯还表示，必须废除总统制，采用委员制，使国民会议拥有议决《宪法》以及其他重要问题的职权。这与其间各职业团体及共产党的国民会议召集论是一致的。因此，冯玉祥的善后会议与孙中山所讲的国民会议预备会议是类似的概念。

但冯玉祥关于废除总统制、采纳委员制的构想在北京外交团、张作霖与阎锡山等军阀实力派的压力下不得不放弃，改为拥戴段祺瑞"临时执政"（虽是临时的，却是兼具总统与总理权限的特殊职位）。《北上宣言》发表10余天后，临时执政的段祺瑞取消民国法统，废除了国会；与冯玉祥的构想不同，他提出了召开"国民代表会议"来解决一切的根本问题，为此先召开善后会议，以商议其准备阶段的建国方针。[②] 当时很多普通民众将国民会议与国民代表会议混淆也是出于这个原因。孙中山不可能不知道二者之间的不同，

[①]《王承斌与冯玉祥论建国大计》，《大公报》1924年11月8日。
[②]《合肥东山再起之通电》，《大公报》1924年11月22日。

第四章　革命政党与国民会议运动

而无论是孙中山还是段祺瑞都无法轻易忽略或排斥对方；在孙中山的立场来看，他只好认为可以最大限度地拉拢国民代表会议，并尽量探索其实现的可能性。因为依据职业代表制召开国民会议是当时各界公认的舆论焦点，他接受了该观点的立场，获得了各界的支持。

孙中山没有放弃通过与包括冯玉祥在内的北方友军的合作来牵制军阀的计划。1925年1月17日，他最后提出了职业代表也可以参加段祺瑞善后会议的妥协方案。考虑到当时的情况，国民对于北京政变以及因此成立的临时执政府抱有极大的期望，否认执政府主张的不过是少数，呼吁执政府接受国民会议预备会议与国民会议方案的占主流，① 我们可以认为该妥协方案具有双重意义。首先，如果该妥协方案被接受，会遭到军阀与外交团势力的压制，在不按照自己构想实现的情况下，孙中山可以将其看作代替自己的国民会议预备会议的方案；即便遭到反对，也会形成段祺瑞方面对国民舆论置若罔闻的局面，这就有了明确反对段祺瑞执政府而由自己走这条道路的名分。和国民党直接拒绝参加善后会议相比，这种做法显然更为有利。②

该妥协方案遭到拒绝后，国民党中执委才决定不参加善后会议，而是独自进行国民会议促成运动。此时国民党为了排除特定势力的干涉，使民意充分表达出来，呼吁"人民团体主动制定国民会议组织法"。③《北上宣言》之后促成运动的高峰是国民会议促成会之全

---

① 尹惠英：《中国现代史研究：北伐前夜北京政权의内部崩溃过程，1923—1925》，第112—114页。
② 鲍罗廷当时表示，经过这种权衡提交了妥协方案。张国焘回忆录中表示，该方案是鲍罗廷经孙中山同意提交到国民党中央政治会议上讨论后发表的。鲍罗廷：《关于国民党的书面报告》(1925年1月24日)，《联共》第1册，第572页；张国焘：《我的回忆》第1册，东方出版社，1991，第380页。
③《中国国民党反对善后会议制定国民会议组织法宣言》(1925年2月10日)，"中华民国各界纪念国父百年诞辰筹备委员会学术论著编纂委员会"编印《国父全集》，台北，1965，第73页。

国代表大会。《北上宣言》之后不过两三个月，全国几乎所有省市以及一部分县成立了促成会，加入各省市促成会的团体为湖北120多个，湖南170多个，广东300多个，上海143个。这些数字体现的可能不都是实实在在的职业团体，但促成运动能够如此迅速发展，我们很难忽视1920—1922年第一期国民会议促成运动的经验与国共两党的推进作用。以往的研究已经论述了从此之后到全国代表大会召开之前的各地促成运动，本书就不再赘述。笔者在此只梳理代表大会制定的《国民会议预备会议条例》，并将之与孙中山的构想做比较。

国民党的妥协方案即"职业团体参加善后会议"遭到段祺瑞拒绝后，1925年1月末国民党为了监督政府，以民众力量解决"国是"问题，决定在北京召开全国国民会议促成会联合会。① 按照这一方案，以党组织为媒介，全国各地的各界团体进行集结促成会力量及联合会的工作；3月1日召开全国国民会议促成会联合会成立大会兼全国代表大会。在预备会议前要开促成会全国代表大会，这看似是要否定段祺瑞执政府主导的善后会议，弱化其意义，并通过其筹备预备会议。实际上，它与善后会议的时间（1925年2月13日至4月20日）有冲突；促成会全国代表大会制定的《国民会议预备会议条例》称，"使全国国民会议促成会联合总会成为国民会议预备会议准备机关"。

促成会全国代表大会在决议案中否定议会制，称"十年以来所谓代表民意的机关（国会）非但没有代表人民的利益，反而变质为帝国主义与军阀的武器"；"国民会议是人民从帝国主义与军阀手里恢复国家政权的机关"，"作为国家的最高机关，是国民行使主人公

---

① 《中国国民党中央执行委员会关于实现国民会议及巡行示威反对善后会议函》（1925年1月31日），中国第二历史档案馆编《善后会议》，档案出版社，1985，第13页。

第四章　革命政党与国民会议运动

职权的集中场所","国民会议的目的是树立人民政权,解决一切内外问题"。① 大会主席顾孟余(国民党员)也主张,"国民会议要成为使人民团结争取到权力的机关"。这就明确了否认执政府、建立人民政权的方向,从中可以看出,《北上宣言》之后到促成会全国代表大会召开之前,存在于各势力与团体中的对于国民会议预备会议与国民会议职权见解的差异初步得到调整,并走向统一。也有论者认为在承认执政府的基础上,将国民会议等同于善后会议,视之为民意收集机关。国民党在放弃与段祺瑞的合作之前,一度对于在否认执政府的基础上,由预备会议掌握政权并主导召开国民会议的激进立场持批判态度。

持续进行一个多月的代表会议按国际、国内、财政、国民会议运动四个专门委员会来收集各界意见,通过了决议案。我们简单探讨该议案,可以从中推测将来"树立的国民会议政府"要实现的目标。

在《内政问题决议案》中,批判警察和军人以《治安警察条例》和《出版法》为依据来限制人民自由的现行法律制度不是法治制度,而是军治制度,并表明,有必要制定能够保障人民自由的人民宪法与法律,而且宪法是证明国民拥有主权的证书,唯有人民获得权力,才能制定自己的宪法和法律。②

《内政问题决议案》关于民生方面的问题有明确规定,为了振兴工商业,要收回关税自主权,废除厘金,发展国家主导的工商业,控制私人资本。在控制私人资本的原因中,除了私人资本的弊端之外,还考虑到在中国的条件下,私人资本无法在与外国资本的竞争中取得胜利。关于农民问题,提出要组织农民协会、农民自卫军、乡村自治会、各种农业经济机关,确保农民的政治经济地位,将荒

---

① 《国民会议促成会全国大会国际问题决议案》、《内政问题决议案》,上海《民国日报》1925年5月10日、5月16日。各种决议案于5月10—28日在该报纸上连载,广州《民国日报》也于5月18日至6月3日连载这些议案。

② 《内政问题决议案》,上海《民国日报》1925年5月16日。

地租给贫农，规定农民拥有土地的最大限度，承认农民减租要求权等。此外，还探讨了劳动问题和妇女问题。

根据代表大会制定的《国民会议预备会议条例》，参加团体由《北上宣言》中提到的9个增加到了12个。其中，"反对曹、吴的各军"为兵士警察联合会所代替，并新增了妇女、记者、律师等三个团体，而且没有限定为北京政府法团，其中包括商业团体联合会、教育团体联合会、农民团体联合会、工界团体联合会、妇女团体联合会等各界民众组织。[1] 以《北上宣言》为基准来看这一主体范围，虽然比孙中山构想的有所扩大，但如果考虑到孙中山在北上途中称有组织的职业团体全部要参加，将范围扩大到了最大限度，就反而可以说这与孙中山的构想并没有太大出入。

这些团体以省为单位各派两名代表，而像铁路总工会或海员总工会等全国性团体可以另各派两名代表。华侨代表的各团体也可以各派一名代表。这些团体中20岁以上的会员均拥有选举权和被选举权，违反民意的军阀、试图复活帝制的政客等反民国人士则被排除在外。如此一来，与以财产多少和学历高低为标准来限制选举权与被选举权的区域代表选举法相比，参与政权者的范围就大大扩大了。此前不承认国会代表性的原因之一就是选民被限制为极少数的上层人士。

该条例中还有一个值得关注的，就是北京政府"法定团体"地位的下降。但如果从孙中山所讲的不将职业团体限定为农会、商会等北京政府法团，而是包括了现存的各界全国性职业团体来看，我们也很难说这个条例脱离了孙中山的构想。因为实际上，他在发表《北上宣言》之后将参加主体范围扩大到"已经有组织的全国性团体"。这告诉我们，国民会议的主导势力会随着职业团体的主导势力变化而发生变化，反之也是如此。同时，在北京政府法团地位急剧下降的另一面，以代表着同一职业界上下层利益的各职业联合会

---

[1] 《国民会议预备会议条例》，上海《民国日报》1925年4月20日。

为单位赋予代表权。其中虽然包含着复杂问题，但该条例的政权构想没有偏向上层或下层，具有分布均衡的优点。这与杨端六国民会议论强调的原则相符合。

因段祺瑞的善后会议使职业团体与国民党力量分散，国民会议促成运动未能充分集结力量就终结了。北京政府召开善后会议和国民代表会议，宣称要解决国是，表现出部分性地回应舆论的态度；而对此抱有期望的包括总商会在内的职业界的一部分法团，以及反对汪精卫的国民党内部的一部分党员参加了善后会议。

即便如此，国民党依然通过国民会议促成运动收获了丰硕成果。国民党接受了国民会议的舆论，这使他们作为全国性政治势力得到国民的支持，进而在各省各地区扩大党组织，由此在解决时局的能力方面，国民党政府首次与北京政府旗鼓相当。如此一来，各界对于北京政府的期待迅速消退，甚至在北方也开始出现国民党方面的革命论合理的言论。[1] 国民党机关报《民国日报》（广州）1926年5月评价国民会议促成运动时说，"它让人看到了国民党改组之后的最大成果"，同样也说明了这一点。[2]

就各界社会团体收获的成果来说，通过国民会议促成会全国代表大会，职业代表制的影响更加扩散开来。这一点在如下事实中也得到了体现，就连不赞同国民革命的保守势力也出面要求段祺瑞的国民代表会议必须由职业团体代表组成，并且要求赋予保守势力的团体以代表权。对此，哈尔滨航业公会、上海会计师公会、天津律师公会、全国商会联合会等走在前列。[3]

---

[1] 尹惠英：《中国现代史研究：北伐前夜北京政权의内部崩溃过程，1923—1925》，第150—151页。

[2] 《国民党今后当有计日程功的工作》，广州《民国日报》1926年5月17日。

[3] 《哈尔滨航业公会要求将航业公会列入参加国民代表会议各法团以内代电》（1925年1月）、《中华全国商会联合会要求将各省省会列为商业区并选出国民代表会议代表代电》（1925年3月14日）等，《善后会议》，第15、57、59、73、89页。

从以上分析中可以得知，国共两党接受了当时舆论主流——国民会议召集论；共产党从一开始就将其定位为全国性民众运动，而孙中山与国民党则在刚开始时仅限定为外交、裁兵、金融等特定领域的代表会议，后来才发展至全面接受，包括南北统一国民会议。孙中山的《北上宣言》阐明了武力与国民相结合的路线，即军事北伐与国民会议并行，并组织宣传，为推动第二期国民会议促成运动提供政治力量。

孙中山的国民会议构想与此前相比，除了职业团体之外还将军队与革命政党包括在内；此外，通过预备会议筹划正式会议的组织与运作方法。上述两方面有别于此前想法。革命政党虽然也参加，但大多数代表来自职业团体，因此政党无法左右国民会议条例的制定。如此一来，职业团体的自发性更加得到鼓舞，也更加活跃，但与此同时，这些职业团体的自律性遭到军队和政党的压制。这两个倾向之间的张力在职业团体与革命政党相结合时就已经可预见到了。职业团体在排除政党的状态下召开第一期促成运动，当时的多元性、分权性指向至此则不得不在一定程度上被压制。①

这种张力具有两面性，一方面可以应用为相互竞争的催化剂，一方面也可以视为职业团体的归属。而且孙中山《建国大纲》提出的革命理论即以党建国论与军政、训政和宪政三时期建国论，还承认行使最终决定权的国民会议。因此两者间的关系也具有两面性。国民党在革命政党时期为了打倒军阀和帝国主义的共同目标而与职业团体联合，但在成为执政党的那一瞬间，很有可能变为控制职业

---

① 李丙仁：《国民会议와职业代表制》，《中国近现代史研究》第12辑，2001年，第138—140页。该文以这种差异为依据，主张职业团体与革命政党相结合推进的第二期国民会议运动不是职业代表制。但白永瑞与其不同，认为这一时期各界职能团体与政党通过竞争与协商将民主主义具体化为职能代表制。白永瑞：《中国现代史上民主主义的再思考——1920年代国民会议运动》，第96—104页。后者支持了笔者的论点，另外，可参见孙宏云《孙中山的民权思想与职业代表制》，《广东社会科学》2007年第1期。

团体。从这一点来看,孙中山构想中的国民会议虽然与职业团体本身追求的自律性国民会议有较多的共同点,但在此之后成为执政党的国民党的立场会逐渐发生改变。

第五章　国民会议运动之再起与分歧

前面我们讨论了职业团体与革命政党的结合，第二期国民会议运动的开始及其于1925年3月在国民会议促成会全国代表大会上达到高潮的过程及意义。之后在北京政府的镇压下，运动一度停滞不前，因此大多数的学者认为，该运动在孙文死亡时实际上已经告终。

但国民会议运动经过1925年五卅事件（亦称"五卅运动"）之后的国民外交运动与关税自主运动，成为促发国民革命运动的导火索。特别是1925年10—11月由关税自主运动引发的所谓"首都革命"，使得第二期国民会议运动再次兴起。第二期国民会议运动受急速成长的国民革命势力的影响，一直持续到1927年5月。在此过程中，国民党与各界社会团体围绕国民会议召集的步骤与职权发生了分歧。一方面随着军阀体制被打破，各地各界社会团体急速成长，积极展开活动，并通过以往的国民会议运动来培养权力主体意识；另一方面，国民党成为广东地区的执政党，其势力范围随着北伐战争而扩大，就此试图管制社会团体。两者之间的争议日益增大。

本章将力图呈现五卅运动后北伐时期国民会议运动与国民革命运动相结合而提出的国民会议运动的真相，并揭示"武力与国民的结合"即武力的北伐与和平的国民会议之结合在国民会议运动展开过程中是怎样具体化的。还特别指出，在这种条件下，国民会议运动走向两个极端，即共产党影响之下包括农民等劳动者团体在内的下层职业团体主导的运动，以及国民党影响之下依靠上层职业团体进行的召集"训政国民会议"。在国民党内部，汪精卫派在国共合作决裂之后仍为召集国民会议而努力；对此，蒋介石不得不出面表态。

一 五卅运动中的国民外交运动

1925年2月，在上海的日本纺织工厂中，中国劳动者在争议之中被射杀，5月30日数千名学生对此进行抗议示威。对此，英国警察出动，导致13人死亡、数十人负伤。作为反帝运动五卅事件的一环，国民外交运动由此拉开序幕。国民外交运动采取的并非其他形式，而正是国民会议的民意集结方式，我们接下来对此具体分析。

国民会议促成会联合会全国代表大会之后，国民党通过机关报《民国日报》揭露了善后会议作为少数军阀和政客的会议，欺骗了民意，并将促成会代表大会的各种决议案告知国民，吸引了国民对此的关注。国民党宣布，要按照孙文的遗嘱，在最短时间内召开国民会议并废除不平等条约。随即，五卅事件发生当日，国民党呼吁全国国民反对善后会议要召集的国民代表会议，自发地召开国民会议预备会议和国民会议。①

由促成会集结而成的职业团体以及各种社会团体同样坚持这种立场，并发表宣言反对善后会议制定的所谓《国民会议条例草案》。各职业团体代表主张，国民会议作为代表国民解决国是的最高机关，拥有制定根本大法，成立国民政府，参与制定国家对内、

---

① 《国民党第一届三中全会对于时局宣言》（1925年5月22日），荣孟源主编《中国国民党历次代表大会及中央全会资料》（上），光明日报出版社，1986，第82页；《国民党对时局之重要宣言》、《国民党对国民会议之宣言》，广州《民国日报》1925年5月23日、6月1日。

对外政策的权限;他们拒绝接受没有这些权限而仅作为表决机器的"国民代表会议"。另外,他们批判否认女人与军人选举权与被选举权的主张,明确表示国民会议将承认男女具有同等的国民权利,虽反对军阀,但承认普通军人的参政权。①

五卅事件刚发生,全国各地的职业团体就以国民会议促成运动结成的组织及所得经验为基础,迅速地组成了大范围的地域联合体并形成社会舆论,走在了"国民外交"的前面。我们来看看天津地区各团体的应对。上海的英国警察射杀学生的消息刚传开,天津国民会议促成会为了应对此事件,提议召开各团体代表会议,并随即在6月4日的会议中决定扩编原有的各界联合会,开展示威运动。②经过几次会议准备,6月10日新成立了天津各界联合会,并在该联合会主导之下,6月14日召开了20万人参加的大规模市民大会。大会的口号聚焦在打倒英日帝国主义、排斥英日商品、经济断交、废除不平等条约、收回租界等对外问题上。③随后,天津各界联合会向全国各职业团体发送电文,呼吁建立全国各界联合会总机关,并于6月25日与北京各界联合会展开联合示威,决定由这两个联合会推动全国总会的组织。④

在这里值得注意的是,各界联合会一面通过集结起来的国民力量与舆论批判软弱的政府外交;一面阐明了要支持"国民外交"的立场。各界联合会在提交政府当局的许可申请书中批判当时扩散全世界

---

① 《全国代表大会反对国民会议条例草案宣言》,广州《民国日报》1925年4月16日。
② 《津人援助沪案之昨闻》、《津人援助沪案之热烈》,《大公报》1925年6月5、7日。
③ 此处提到的大会参加人数是当时报纸的推测报道,因此很难将其看为精确数字。《本埠各界援助沪案之热烈》、《昨日各界之大游行》,《大公报》1925年6月14、15日。
④ 《本省各界援助沪汉案之激昂》、《全省民众始终不懈之援助沪汉案》,《大公报》1925年6月18、29日。

的"民主主义思潮",写道:"因为想到不可以相信国民外交是国家的后盾,而将外交委托给一两个交涉代表,因此有60多个团体参与。"① 这说明,各界联合会认为自己是由国民力量与舆论集结而成的民意代表机关。随后,天津各界联合会给英国国会下院发送信函,要求国会监督英国政府,使其不失公道,② 这说明各界联合会在国际社会中也以民意机关自居。

与天津的事例相似,同一时期的北京、上海、汉口、济南等全国主要城市也以相似的方式及形态,以各界联合会为中心召开国民大会或市民大会,展开国民外交运动。这种运动方式实际上在五四运动及此后国民会议召集论形成期间就已定型。各界联合会以民意机关自居也是早在那时就已形成的惯例。

天津各界联合会在此后也仍然随时召开各团体代表会议,并讨论因五卅事件引发的外交问题的对策,召开大规模市民大会,展示团结起来的民意。

这样,由于五卅事件全国各地的舆论沸沸扬扬,各界联合会以民意机关自居后,形成"国民外交"的舆论,意识到在这种国民舆论的压力下,北京政府不可避免地要采取团结民意的方案。北京政府6月23日在国务会议上决定要尽快召开国民代表会议也是出于这个原因。对于各省选出代表派往北京的要求,除了广东和云南之外,各省区长官都纷纷响应。③ 从7月初开始,北京和其他各省市为国民代表会议代表的选举成立了事务所,并开始准备选举事宜。

---

① 《津人对沪汉英捕残杀学工案之援助声:各界联合会呈请立案》,《大公报》1925年6月16日。
② 《团体代表会致英国国会电》,《大公报》1925年6月19日。
③ 这里包括冯玉祥与阎锡山等控制的西北地区,张作霖等控制的东北地区,赵恒惕与方本仁及萧耀南等控制的两湖地区,还有各地方实力派人士。《国民会议之好消息》、《国内要闻:各方相应举办民会选举》、《国内要闻:促进民会之应声者》,《大公报》1925年7月6、8、14日。

天津与北京的各界联合会对于段祺瑞召集国民代表会议的决定没有明确表示反对，而是谋划形成另一个民意代表机关，即积极组织各界联合会全国总机关。有10万—20万人参加的国民大会6月10日、6月25日、7月18日在京召开。在这个因五卅事件而引发的反帝爱国斗争的热潮中，各界联合会在"国民外交"的名分之下，为民意机关的形成，即自发性国民会议的召集做准备。特别是7月18日在北京召开的国民大会有两个方面值得我们关注。首先，北京各界联合会在召开大会之前，要求段祺瑞临时执政科外交总长和五卅事件交涉特使出席北京国民大会，报告交涉经过。[1] 执政府虽然没有回应这一要求，但我们可以从中再次确认，各界联合会以民意机关自居。其次，全国农界联合会、全国工界联合会、全国商界联合会各自组成五卅事件后援会参与其中。[2] 由此可见，以五卅事件为契机，各职业界逐步形成全国性联合组织；国民会议促成会全国代表大会制定的《国民会议预备会议条例》中，没有将各职业界代表的选举单位限定于农会、工会、商会等北京政府法团，而是明确为农民团体联合会、工人团体联合会、商人团体联合会等，与这一点联系起来看的话，则可以说其作为国民会议促成运动而值得关注。

综合以上，可以发现国民外交运动实际上是各界团体与国民党联合引发国民会议促成运动的热潮。7月18日在北京召开的国民大会上，宋庆龄、李石曾、徐谦等国民党知名人士受邀请做演讲，似乎也与其不无关系。

国民党此时依靠国民与武力（国民革命军）团结的力量，驱逐陈炯明军阀，7月1日成立广东国民政府，这也是以国民会议促成运动聚集的国民支持作为基础，才能实现。在这种舆论的支持下，

---

[1] 《沪案特刊：明日天安门之国民大会》，《大公报》1925年7月17日。
[2] 《二十万人烈日下开国民大会》，《大公报》1925年7月19日。

国民党配合段祺瑞召集"国民代表会议"的动向，7月13日再次呼吁自发性地召集国民会议。此时国民党呼吁国民8月1日自发地在北京召开国民会议预备会议，该会议的参会主体则定为《北上宣言》中明确规定的团体代表。预备会议中宣布，接受上海、青岛、广州等租界中人民的要求和其他地区人民的要求，使民意得到充分地表达，议决废除不平等条约，并审议其实行方法。[①]同时，国民党向党员下达训令，指明段祺瑞的国民代表会议与国民会议预备会议绝非同物，不能混淆二者。因为两个会议的名称原本就较为相似，当时国民代表会议进行选举准备的消息在报纸上报道时去掉了"代表"二字，仅标为"国民会议"，混用情况更加严重。

但包括奉天派军阀在内的各地军阀为了阻止各界联合会和国民党的这种动向，扩大自己的地盘，于7月28日废除上海工商学联合会，从此开始镇压各界联合的国民外交运动。段祺瑞执政府辜负了各界联合会与各职业团体对其阻挡军阀镇压的期望。时值暑假，学生们引导这一运动的力量也明显弱化。在五卅事件的交涉处于停滞不前时，8月18日北京政府公布将于10月召开关税会议；而就连至少可谓是反映民意的国民代表大会也于9月20日因过了选举期限，最终未能召开，五卅事件的交涉也以失败告终。与此同时，从学校开学的9月开始，各界的不满有组织地爆发，此时的焦点对准了段祺瑞执政府。

二　关税自主运动与国民会议运动的再起

段祺瑞执政府由于未能按照国民要求解决五卅事件，本已引发

---

① 《国民党关于民会预备会议之宣言》，广州《民国日报》1925年7月14日。

全国人民的不满，又企图通过与列强"协议"附加关税，并于 1925 年 10 月 25 日召开了关税会议，由此引发了包括北京在内的全国各地各界团体展开反对段祺瑞执政府关税会议的关税自主运动，再次呼吁召集国民会议。

北京各界团体于 10 月 25 日召开国民大会，要求召集国民会议与取消不平等条约，并进行反对段祺瑞执政府的示威，主张组织全国性国民政府。在 11 月 22 日 10 多万人参加的天安门集会中，民众反对镇压民众爱国运动的段祺瑞执政府，提出要"依据民意召集真正的国民会议，建设实现民众利益的国民政府"，并将其内容通告全国。① 而就此掀起的国民大会热潮，由 28 日袭击章士钊等段祺瑞执政府要员的家并放火焚烧《晨报》社，发展到与镇压当局展开激战的事态。12 月召开的北京国民大会要求段祺瑞即刻下台，并决议"组织国民委员会政府，执行中央政务，由该政府召集国民会议建设国民政府"。②

对于各界联合的这种动向，国民党中央执行委员会评价其为"革命运动"，并表示"完全拥护该决议"而即刻响应。③ 国民党在《民国日报》（广州）中提及，如果不是由国民会议选举成立的政府，就无法称其为正式的国民政府，并呼吁人民在赶走临时执政的段祺瑞政府后，在新过渡政府的监督下，自发地召开国民会议。④ 包括各界联合会在内的民众组织，以及对该活动持负面态度的戴季陶等国民党西山会议派人士也发表了同样内容的宣

---

① 《京各界举行关税自主示威运动详情》，广州《民国日报》1925 年 12 月 8 日。
② 《北京国民革命大运动》，广州《民国日报》1925 年 12 月 9 日；《中央通告第七十一号》（1926 年 1 月 10 日），《中共中央文件选集》第 2 册，第 2 页。
③ 《中国国民党对北京革命运动勃发宣言》，广州《民国日报》1925 年 12 月 9 日。
④ 《新国民建设之原则》，广州《民国日报》1925 年 12 月 11 日。

言。① 共产党与共产主义青年团于 1925 年 10 月发表《对反奉战争宣言》，提出人民武装的必要性，并主张召集国民党与国民革命军参与的、真正能够代表人民的国民会议。②

11 月末北京各界集中提出召开国民会议并建立全国统一国民政府的要求。该要求借助广东政府反军阀战争的胜利和广东统一之势，扩散到全国各地各界。12 月上海市民大会、香港广州罢业工人代表大会、全国学生总会、广东省各界团体组成的广东统一会、长沙市民大会、国民党湖北省党府等共同呼吁打倒段祺瑞卖国政府、拥护广东政府、召开国民会议。③ 这就在全国范围内充分展示了广东统一后国民党力量、革命武力与国民结合带来的成果。段祺瑞在全国民众的呼声与舆论压力之下，最终不得不在 1 月 15 日宣布召开国民代表会议。④

此时，国民党内左派与右派均主张召集国民会议，在这种背景下举行的国民党第二次全国代表大会（1926 年 1 月），通过了召集国民会议的决议案。根据该决议案规定，国民党领导国民军及反奉天派的各股势力、各种职业团体，并组织国民政府，由该政府召集国民会议。⑤ 这推翻了以往国民党和各界联合会关于各团体自发召集国民会议并组织国民政府的主张，弱化了职业团体与民众的自主性，

---

① 《对时局宣言》，荣孟源主编《中国国民党历次代表大会及中央全会资料》（上），第 355 页。
② 《中国共产党、中国共产主义青年团对反奉战争宣言》，《中共中央文件选集》第 1 册，第 519 页；秋白：《反奉战争与国民革命运动》，《向导》第 134 期，1925 年 10 月 30 日。
③ 《上海市民反段大会来电》、《罢工代表大会对时局之宣言》、《全国学生总会又一通告》、《统一会声讨祺瑞宣言》、《长沙市民示威大巡行》、《湖北省党部对时局主张》，广州《民国日报》1925 年 12 月 14、18、19、22、25 日，2 月 22 日。
④ 报道中为召开"国民会议"。《本报专电》，广州《民国日报》1925 年 12 月 22 日。
⑤ 《第二次全国代表大会始末纪要》，荣孟源主编《中国国民党历次代表大会及中央全会资料》（上），第 212 页。

这一点值得关注。① 可以说，这是随着国民党在广东成为执政党而发生的重大变化。西山会议派也随之改变自己的立场，称由国民政府召集国民会议。②

从关税自主运动到 1926 年春段祺瑞被驱逐，愈加不明朗的北京政局使得各界迎来开展国民会议促成运动的绝佳时机。1926 年 4 月 9 日，冯玉祥的国民军包围执政府，逐出段祺瑞，但随即国民军也遭到反击。当时各界联合会把这种不明朗的北方政局视为无政府状态，宣称这是人民夺取权力的好时机，并在各地呼吁自发性地召集国民会议。1926 年 1—2 月北京和天津的各界以及上海的学生联合会等，既反对张作霖、吴佩孚试图恢复国会，又反对段祺瑞主张的国民代表会议。他们一方面呼吁自发地召集国民会议，成立中央国民政府；另一方面要求广东国民政府出师北伐。③ 广东各界于 2 月 17 日成立广东国民会议促成会，打倒与英、日勾结的奉直联合军，拥护北方国民军，主张召开国民会议，成立真正的人民政府。④ 也就是说，对于国民党"二大""先树立国民政府，后召集国民会议"的方针，各界并没有执行。

在促成运动趋于高潮的情况下，为了调节"先会议，后政府"与"先政府，后会议"路线之间的立场差异，各方也探索了妥协方案。如瞿秋白提出了以下方案，首先，广东国民政府、国民军与各界人民代表召开联席会议，召集国民会议预备会议，组织临时革命

---

① 当然以往在国民党影响力较强地区的各界团体中也有如下情况，如广州学生联合会将党政放到比职业团体更加重要的位置，主张由国民政府召集国民会议。《广州学联会对时局之宣言》，广州《民国日报》1925 年 12 月 8 日。
② 《第二届全国代表大会宣言》，荣孟源主编《中国国民党历次代表大会及中央全会资料》（上），第 411 页。
③ 《北京各界反日示威运动详情》、《上海学联会对时局宣言》、《天津讨张反日大会发出宣言》，广州《民国日报》1926 年 1 月 28 日、2 月 3 日、2 月 22 日。
④ 《国民会议促成会开成立大会》、《总理周年纪念举行办法》，广州《民国日报》1926 年 2 月 18 日。

第五章　国民会议运动之再起与分歧　　　　　　　　　　　　　　　　147

政府；其次，该临时革命政府在将一切反革命势力打倒并统一中国之后，召集真正的国民会议；最后，在国民会议上选出中央国民政府，建设真正的共和国。① 可以说，这是在政府与职业团体共同主导之下的"先会议，后政府"路线。

　　1926年2月，在孙中山逝世一周年之际，为了在全国范围内组织各地自发性运动，在北京结成了全国国民会议促成会联合会总会，由它出面参与全国促成运动。总会商务委员会于3月1日通告各省促成会，即刻召开促成全省代表大会，整备和扩大组织。② 3月12日在北京天安门广场上召开了20万人参加的纪念孙中山大会，该大会发放了40万张刊登有孙中山遗言的传单，呼吁召集国民会议。同一天，在上海与湖南、长沙等地也召开了大规模的纪念大会，提出了同样的请求。③

　　关于召开国民会议的具体程序，赞同国民革命的各势力虽有不同的见解，但对北方军阀恢复国会的企图和段祺瑞提出的国民代表会议，他们都一致表示反对。所以在段祺瑞被驱逐出去之后，除了明确召集国民会议的方案之外，再没有其他方案可以考虑。这样一来，在张作霖、吴佩孚等军阀企图恢复国会的情况下，从1926年4月开始，各界的意见逐渐集中为出师北伐与进行国民会议运动，即革命武力与国民的结合。

　　对此，广东国民政府在4月19日段祺瑞落马之际发布的对内宣言宣布，北京自此进入无政府状态，军阀势力即将崩溃，呼吁"国民要结成巩固的团体，自发地召集国民会议，取得政权"。④ 可此时

---

① 瞿秋白：《国民会议与五四运动》，《新青年》第3号，1926年3月25日。
② 《全国国民会议促成会联合会总会通告各地注意进行事项》，广州《民国日报》1926年3月25日。
③ 《上海十万民众冒雨举行孙公纪念大会》、《北京二十万人公祭孙中山先生》、《湖南民众纪念孙中山先生之热烈》，广州《民国日报》1926年3月20、27、29日。
④ 《国民政府对内重要宣言》，广州《民国日报》1926年4月20日。

的国民会议毕竟还是党—政府主导之下的"自发性"召集。这样看来，1925年5月以来，国民党主张的"自发性"召集国民会议，仅仅是出于排除北方军阀政府，并唤起各界进行促成运动的目的，其实与把它放在国民党主导之下别无不同。

1926年7—8月，在北伐军以破竹之势攻占湖南省的形势下，共产党向各支部通告，组织各地的各界联合会，并提议可将之作为当地人民对于地方政府的代议机构，逐渐发展为县民、市民会议，就此呼吁各级地方政府应实现民选。① 这是坚持"先会议，后政府"的路线，并在地方政治领域开始推行该路线，召集县民、市民、省民会议，以将其发展为全国性国民会议召集的基础。这意味着，随着国民政府管辖区域的扩大，自下而上的国民会议进入了实行阶段。

在这种政势的变动之下，国民党于1926年10月在中央各省联席会议上决议，召集国民会议与省民、县市民、乡民会议。根据该决议，国民会议召集的顺序是：首先，在党部的指导下组织包括职业团体（农、工、商、教职员、学生、自由职业者、军队、妇女团体）代表在内的人民团体联合会（"全国—省—县市"联合会与各地华侨联合会）。其次，该联合会作为国民会议代表选举的基础单位，即时准备选举，组成依靠职业选举的省民、县市民、乡民会议。最后，省县政府委员不是由省县民会议组织，而是由国民党中央执行委员会与省执行委员会协同组织。因此，乡民、省民会议不是选出各级政府委员的政权机关，而是被规定为咨询机关。②

国民党的决议与各职业团体和共产党的路线不同，实际上，

---

① 《中国共产党对时局之主张》（1926年7月）、《中央通告第一号》（1926年7月31日）、《中央通告第十七号》（1926年9月）、《中央通告第十八号》（1926年9月），《中共中央文件选集》第2册，第153—155、271、312、322页。
② 《国民会议召集问题决议案》、《省政府、地方政府及省民会议、县民会议决议案》，荣孟源主编《中国国民党历次代表大会及中央全会资料》（上），第279—281页。

农民协会与同业公会主导的运动超越了国民党的这一规定。1927年春,湖北、湖南、上海等地,依据这一路线的国民会议运动发展为建立县市民会议、省民会议,以及成立县市政府、省政府等地方政权的运动。国民会议运动的这种地域化是由职业团体与各界联合会主导的自上而下运动,与党政主导的依靠党军打倒北方军阀,在成立全国性国民政府之后,由国民政府召集国民会议的方针相反。

三 广东统一之后的国民会议运动

国民革命军将军阀驱逐出广州、掌握政权是 1925 年 12 月的事情。该事件被称为国民党的"广东统一"。以在此之前成立的"统一广东各界人民代表大会"为基础,广东国民会议促成会于 1926 年 2 月成立,此后促成运动急速发展。在此过程中,主张以党治国的政党和政府与社会团体(国民政府从此时开始称"社会团体"为"人民团体")之间的竞争和妥协是不可避免的。

国民党在广东地区强调"政府与国民的结合",为了有效推进"广东国民政府与人民团体的结合",决定从 1925 年 8 月初开始组织统一广东各界人民代表大会。根据规定,该大会以统一广东、经济独立、促成国民会议、废除不平等条约、支援罢工工人为宗旨,由省内各界团体代表共同组织,在广州设总会,各县设分会。[①] 从参会人员及促成国民会议的目的可以看出,统一广东各界人民代表大会足以成为国民会议促成会的根基。

为给统一广东的军事行动做准备,1925 年 9 月 24 日召开大规

[①] 在规定上,各团体没有按职业统一,共有 2 个农民团体、4 个商人团体、4 个工人团体,各自组成人民代表大会,并定好各团体派遣代表的名额。《广东人民代表大会之组织规程》,广州《民国日报》1925 年 8 月 1 日。

模群众会议（6万人参加）——"军政学农工商各界大会"，宣传政党和政府与人民团体合作统一广东，完成国民革命。[①] 以这种努力为基础，在东征军出兵到东江地区时，10月25日统一广东各界人民代表大会成立。此时该大会之《组织规程》的一部分内容被修订，新增了国民政府（中央、市、南洋等三个）与妇女团体、各地区各界联合会（惠潮梅、八属），参加团体由13个增加到20个。[②] 在该大会上，国民政府的代表汪精卫提出，如果在数日内统一广东之后出师北伐，与冯玉祥的国民军联合打倒北方军阀，就可以统一全国，实现孙中山的《北上宣言》。

各地人民团体从物质和精神方面均对革命军的作战给予支持，并于12月实现了广东统一。1926年2月17日统一广东各界人民代表大会（实际上是各界联合会）改名为广东国民会议促成会。根据组织规章，由广东各界27个人民团体组成的这一促成会目的在于人民掌握政权、实现全国统一、废除不平等条约。执行委员会下设总务、组织、宣传、外交、财政部，经费由各团体出资。[③] 促成会指责道："一年前孙中山先生呼吁的国民会议是夺取人民政权的工具，虽然采取的是接受政权的形式，但当时人民的觉悟低，组织也散漫和薄弱，依靠军阀的想法更多一些，因此遭受了失败。"随即指出，在北方主张恢复国会，这其实是失意的政客企图依靠军阀来恢复自己的地位；唯有国民会议运动才能建立人民的政权，呼吁在国民会议的旗帜之下团结一致。[④] 2月26日，举行了10多万人参加的大规模国民会议促成大会。广东国民会议促成会主张，国民政府出师北伐，

[①] 《军政学农工商大会详情》，广州《民国日报》1925年9月26日。
[②] 《统一广东各界代表大会》、《广东各界人民大会详情》，广州《民国日报》1925年10月17、26日。
[③] 27个人民团体和前面的各界人民代表大会组成团体一样，没有按照职业来分类，而是由个别团体自己参加。《广东国民会议促成会筹备大会》、《国民会议促成会开成立大会》，广州《民国日报》1926年2月17、18日。
[④] 《广东国民会议促成会宣言》，广州《民国日报》1926年2月18日。

第五章 国民会议运动之再起与分歧

指挥国民军消灭军阀，召集国民会议并成立统一人民政府，以此再次确认"先会议，后政府"的路线。[1]

在这股热潮的影响之下，促成运动从 2 月末到 3 月初波及各县，陆续组成了县促成会。在孙文逝世一周年之际，各县召开了纪念孙文大会，并借此机会顺理成章地成立国民会议促成会。[2] 3 月 7 日，1 万多人参加的东莞县国民会议促成大会，除了讨论出师北伐、废除不平等条约等全国性议题之外，还提出了罢免东莞县长、废除杂税、肃清土匪、禁止征收土地附加税等与县民日常生活直接相关的要求。[3] 此时广东国民会议促成会执行委员会通告各县立刻组织分会，制定"分会章程"，并要求分会接受广东总会的监督。[4] 这是为了防止各县促成会分散行动，谋求集中和统一。此后从 3 月末到 4 月中旬实现了县促成会的成立。[5]

这样以县为单位推进了促成会的扩散。但随着正式开始准备出师北伐，在强化政府与人民的合作、巩固北伐后方的名义下，国民会议促成运动在 5 月便退到了幕后。其结果是促成会之前的各界人民代表大会组织再次登台，5 月 21 日成立了广东农工商学联合委员会。联合委员会强调，农民与工人为了打倒帝国主义和军阀，一定要得到小资产阶级的支持，不能将农工与商人分离，削减革命力量。[6] 根据这一判断，组织起来的委员会在委员人数的分配上为农民协会、总工会、教育会代表各 4 人，自由职业代表 2 人，而商人代表则有 12 人。[7] 可以看出，在筹备北伐经费方面，商人的支援是必需的。

---

[1] 《二十六日广东国民会议大运动》，广州《民国日报》1926 年 3 月 1 日。
[2] 参见《各属人民纪念总理情形》，广州《民国日报》1926 年 3 月 15—29 日。
[3] 《东莞促成国民会议大会情形》，广州《民国日报》1926 年 3 月 10 日。
[4] 《国民会议促成会通告》，广州《民国日报》1926 年 3 月 19 日。
[5] 参见《各属新闻》，广州《民国日报》1926 年 4 月 2—16 日。
[6] 《农工商学联合会开会详情》，广州《民国日报》1926 年 5 月 19 日。
[7] 《农工商学联委会之会议》、《农工商学联合会成立通电》，广州《民国日报》1926 年 5 月 21、22 日。

从表 5-1 可以看出，包括同乡会在内的自然性团体几乎没有。拥有国民党党籍的校长联合会作为国民会议促成会的成员登场，这说明了国民党的以党治国论将在教育方面具体化。"自由职业团体"一词在此首次登场，也值得我们关注。此后该词将发展为统称记者、律师、医药师、工程师、会计师等职业团体的用语。这些职业应为专门职业，在此称之为"自由职业"，恐怕不是出自从事该职业的人，而是出自国民政府的可能性更大一些。

表5-1 统一广东各界人民代表大会、国民会议促成会、工农商学联合委员会的组成团体

	统一广东各界人民代表大会 （1925年10月）	广东国民会议促成会 （1926年2月）	广东农工商学联合委员会 （1926年5月）
参加团体	①国民党中央党部、广州特别市党部、南洋总支部、青年军人联合会； ②中华全国总工会、省港罢工委员会、广东总工会、广州市工人代表会； ③省农民协会； ④省教育会、广州学生联合会； ⑤广州总商会、广东商会联合会、广州市商会、广州市商民协会； ⑥广东报界公会； ⑦广东妇女解放协会； ⑧广东各界对外协会、惠潮梅各界联合会、八属各界联合会	①国民党中央党部、省党部、市党部、党籍校长联合会、青年军人联合会、华侨协会； ②中华全国总商会、广东总工会、工人代表会、机器总工会、中华海员工会、省港罢工委员会、全港工团联合会、广州洋务工会联合会、省港机器联合会； ③省农民协会； ④广州总商会、广州市商会、广州市商会联合会、广州市商民协会； ⑤省教育会、广州学生联合会、省港学生联合会、广州大学生联合会； ⑥报界公会； ⑦广东妇女解放协会、广东女权运动大同盟	①中华全国总工会； ②省农民协会； ③省教育会； ④广州总商会、广东省商会联合会、广州市商会、广州市商民协会； ⑤广东自由职业团体；
数目	20	27	8

资料来源：《统一广东各界代表大会》，广州《民国日报》1925年10月17日；《广东国民会议促成会筹备大会》，广州《民国日报》1926年2月17日；《农工商学联委会之会议》，广州《民国日报》1926年5月21日。

联合委员会由农工商学各界组成,通过促成"人民与政府的合作"来支持北伐。为了巩固国民革命的基础,恢复人民的元气,呼吁政府实现以下诉求:取消石油垄断销售、解决香港广州罢工问题、肃清土匪、整备河道、设立地主—佃户与劳资仲裁机构以调整纷争、肃清贪官污吏与投机商人、开放黄埔与改善港口、完成修建广州—汉口铁路、增加教育经费与普及教育等。①

政府与人民的合作进入公开化阶段,应该始于1926年2月22日东江各属行政大会。汕头、潮梅、海陆丰各属行政长官与农、工、商、学（教育会）、妇女等124名人民团体代表参加了该会,提出了297个提案与计划书,以及245份报告书与调查表,经过讨论于3月3日通过了有关建设、教育、民情、财政、商务、农工、妇女等问题的93个决议案。② 其内容涉及治水和整平道路、取消保卫团、整理杂税、推崇国货与收回海关自主权、禁止人身买卖、实现教育的平民化与革命化,这些都是东江民众当时急需解决的问题。

像这种行政长官与人民团体代表一起召开联席会议,审议决定管辖区域内行政事项的体制是伴随着国民革命的发展而在政治上出现的重大变化。职业团体从区务社会团体,发展为地方政治的决定主体,由此开始起了民意代表机关的作用。东江各属行政大会实际上是相当于地区（临近的几个县合并成为属）单位的国民会议,也就是正在形成"属民会议"或地区人民代表会议。以此为基础,通过国民会议成立地方政权的形式也不是没有发展空间的。虽然因为革命进行的需要,采取的不是独立的代议机关,而是行政机关和代议机关结合的议行合一的形态,但行政大会宣言中的"将与大众无关的绅士、特殊阶层为主体的议会政治弊端一扫而光,促进由职业团体组成的国民会议的迅速发展",让人预感到,在这种新形态地

---

① 《农工商学联合会开会详情》,广州《民国日报》1926年5月19日。
② 《东江各属行政大会宣言》,广州《民国日报》1926年3月17日。

方政治结构的基础上，国民会议运动将会有全新的发展。①

正如前面提到的，共产党于 1926 年 7—9 月主张，组成各界联合团体，将其作为市民、县民会议的过渡机关，并且成为当地人民的代议机关。这其实是要将广东国民会议运动，即广东的县民、省民会议运动的经验推广到全国。北伐之后，与湖南、湖北、上海等地不同，广东没有将其称为"省民会议"而是称为"广东国民会议"，可见，随着与北京政府对峙的广州国民党政府实现广东统一，广东就变成了国民革命的根据地，就此共产党主张开展全国的国民会议运动。

四　北伐之后湖南的省民会议运动

国民革命军北伐之后，随着湖南的省、县政府交替和农民协会组织的发展，本土统治势力掌握的乡村政权被动摇。农民协会与国民党指导部通过乡民会议—县民会议—省民会议的召集展开了全新的乡村政权—县政权—省政权的成立活动，并将其扩大为国民会议，试图建立新的全国政权。当时湖北的省民会议运动和上海的市民会议运动也在同样背景下展开各地区的国民会议运动，在这里主要讨论的是湖南。②

在北伐开始之前，湖南的各界团体于 1926 年 3 月和国民党湖南省党府一同召开国民大会，也称市民大会，组织湖南临时人民委员会，要求取消省议会、召集国民会议、成立全国统一政府、出师北伐等。北伐军到来之后，10 月 19 日国民党中央各省联席会议选择了以省民—县民—乡民会议的方式来提出决议案，并将其组织方法的基础委托给省党府。此时，国民党右派势力认为，只要党治就够了，没

---

① 柳镛泰：《知识青年과农民社会의革命：1920年代中国中南部三省의比较研究》，首尔，文学与知性社，2004，第 362 页。
② 以下关于湖南省民会议运动的论述，参见柳镛泰《知识青年과农民社会의革命：1920年代中国中南部三省의比较研究》，第 352—371 页。

有必要设立民意机关，因此均表示怀疑或反对。对此，左派势力借孙文的权威进行反驳，主张这是以民众为基础"强化国民革命联合战线"。即，无论是党还是军，没有民众的参与都无法成为革命的充分基础，只有全面发动民众的力量和表达民众的愿望，才能完全杜绝反革命势力起死回生。

在这种逻辑下，省政府与省党府、公法团代表一同于1927年1月、2月、4月制定了《关于湖南的区乡自治与县自治的条例》，并确定了允许人民团体拥有112项司法权（参审、陪审）的《湖南省行政大纲》。民间职业团体与党和政府一同议决自治条例，甚至省的市政方针也一同议决，这是值得关注的。其范围也扩大到拥有共同目的的公团，而不只是法团。

这里的条例制定主体是党政团（党部—政府—团体，下同）联席会议，虽然其为临时性机构，但也是形态十分值得关注的地区权力机构。广东的东江行政大会也采取了同样的形式，即民间的社会团体参与党、政府和团体的联席会议，组成议行合一的权力机构。湖南与湖北的社会团体通过它组成各县的土豪劣绅审判特别法庭或特别委员会，行使司法权，也就是立法、行政、司法三权合一。以此为后盾的党、政府、团体在人员和组织上是相互渗透、重叠的。这是因为党政如果没有这些社会团体的帮助，则会出现无法执行政策的现象。社会团体与国家的相互渗透由此开始。

根据党政团联席会议的决定，县民或市民—省民会议准备委员会实际上是由公法团联合会组成的。国民党联席会议吸取广东的经验，曾决定先由各级党部组织人民团体联合会（农、工、商、学、教职员、自由职业者、军队、妇女）来准备国民会议，而且以此为基础在湖南各县组织工团联席会议。在团体力量大的几个县，它发挥了决定县内主要问题的议决机关的职能，而县长则执行其决定。可以说工团联席会议发展为县民或市民会议—省民会议准备委员会。

在县民会议召集延迟的情况下，4月末首先进行了长沙市民会议与省民会议的选举。根据条例，组成区民—县民或市民—省民会议的各代表由区域代表和团体代表组成。虽然在第一期国民会议运动中，只由职业代表组成民意机关；第二期运动中，将党和军队都包括在内，这提供了除了职业代表之外将属于党组织的区域代表也包含进去的可能性，并且在这次选举中进一步得到了具体化。其实在各种职业没有活跃发展的地区，不像在有职业团体的城市地区，在湖南的农村地区，仅凭职业代表组成民意机关是十分困难的，也是不现实的。国民党中央各省联席会议根据孙文的国民会议组成方法，规定"按照职业选举法选举代表"，但在湖南则是职业选举和区域选举并行，这应该也是考虑到湖南现实情况的调整。但在实际选举过程中，区域选举也变为区域内各团体的选举，并没有展现出区域选举的意义。

允许参加长沙市民会议选举的团体有国共两党、农民协会、总工会、商民协会、学生联合会、教职员联合会、警察、农民自卫军、工人纠察队、妇女联合会、自由职业团体（律师公会、新闻记者联合会）、国民革命军。这些团体选举确定下来的代表有439人。① 长沙市民会议随即召开第一次代表大会，选出市政府委员，由朱剑凡（国民党长沙市党府委员）担任市长的长沙市政府由此诞生。选出的市政府委员全是国民党左派人士和共产党员，而国民党右派则全部落选。

另外，省民会议因为国民革命军的政变（马日事变）而未能召开。因为国民党右派和本土统治势力认为，如果省民会议成立，选出省政府委员，将迎来和长沙市政府一样的结果，因此誓死反对。而且5月8日至19日，国民党湖南省党府决定没收大地主的土地、公地和荒地，将其分给农民，因此以地主出身的将领为中心组成的一部分湖南驻扎国民革命军在蒋介石的"四一二"上海政变之后寻找机会，于5月21日发动政变，支持省民会议。

湖南的各级行政单位规定，国民会议形式的地方民意机关均为

---

① 《长沙市民会议第一次代表大会日刊》，《湖南民报》1927年4月20日。

当地最高权力机关。它们能够选拔各级政府的委员，正是这种地位具体化的体现。这是在各职业团体与党、政府一同制定的条例中规定的内容，与国民党中央各省联席会议上将其定位为咨询机关形成对比。国民党作为执政党，虽试图弱化职业团体的地位，但北伐之后急速成长的职业团体没有受党和政府路线的牵制，而是通过竞争和妥协，实现了自己利益与要求。

那么国民会议形式的地方民意机关是否具备主导势力所讲的"民主联合政权"的结构和力量呢？就此我们来分析参政主体和选拔代表的方法。

乡民会议由全体乡民组成，但区民—县民会议、市民—省民会议由团体代表组成，具体可参见表5-2。

表5-2　湖南省区民—县民会议、市民—省民会议的组成团体

区分	区民会议（条例）		长沙市民会议（实际事例）		省民会议（条例）	
	团体代表	区域代表	团体代表	区域代表	团体代表	区域代表
参加团体	国民党5 农民协会5 工会2 商民协会2 教职员联2 学生联2 妇女联3 （其他区民会议承认的团体各1至2名）	人口在300人以下的乡1名，人口在300到500人的乡2名，人口在500人以上的乡2到5名	国民党40 共产党24 农民协会60 总工会80 商民协会64 学生联30 教职员联16 警察4 农民自卫军4 工人纠察队6 妇女联40 自由职业16 卫戍司令55	通过职业团体选举产生	国民党20 共产党5 农民协会20 总工会7 省军各连1 学生联3 妇女联3 教职员联3 各大学1 警察协会1 商民协会7 矿业总会1 律师公会1 新闻记者联1	通过职业团体选举选出以下代表： 一等县6 二等县5 三等县4 （长沙市6 常德市4 衡阳市3 岳阳市1 ……）* 矿业区域 （石矿山3 水口山2 ……）

续表

区分	区民会议（条例）	长沙市民会议（实际事例）	省民会议（条例）
职业代表总数		439	

注："××联"是"××联合会"的略称。*市不属于县，所以特注明市的代表名额。

资料来源：柳镛泰：《知识青年과农民社会의革命：1920年代 中国中南部三省의比较研究》，第364页。

虽然条例上规定乡民会议由15岁以上的男女乡民组成，但实际上在农民协会强大的乡里，乡民会议是在农民协会的主导下成立的；而在其他乡未能成立乡民会议。与民国以来一贯将"不识字的人"排除在外的《选举法》不同，这里没有将文盲排除在外，因此参政主体范围得到了大规模扩大。如果排除80%为文盲的农民，就不能称为真正的民主自治政权。对乡民具有选举、罢免、创制、复决四大民权（四权）予以认可，直接民权就得到了制度化。与乡民会议—区民会议承认居民的四权相比，县、市民—省民会议仅承认公共团体会员的四权。

市民会议中以党与工商团体为主，而区民—县民—省民会议中则以党与农民协会为主。在选举代表的方式上，虽然包含新民主主义的要素，但从利益关系相冲突的各阶级与阶层之间的势力关系来看，这究竟是不是可实现的方式，也仍是个疑问。

首先，在以经济标准来区分阶级的基础上，将参与政权的主体限定为党承认的职业团体，其结果是使更多的阶层、团体和个人难以参与。虽然其保障除农民、劳动者之外的知识层、军警、妇女的参与，给了一部分"小资产阶级"参与政权的机会，但相对地，包括中小地主和富农、产业资本家，以及大地主和大商人在内的总商会与地方议会势力等拥有经济能力的集团就无法参与了。这种结构与新政权的物质基础薄弱是有关系的。而且因为各领域的职业和职业团体未得到均衡的发展,农民团体与物质基础薄弱的学生、教职工团体占的比重较大。

其次,北京政府法团与其主导势力被排除在参政主体的范围之外。比较参政主体时可以发现,在广东唯有农会被农民协会代替,而教育会和商会被纳入参政主体的范围内;而在湖南,教育会与商会分别被教育联合会和商民协会代替。其时广东处于走向革命形势的过渡期。而由职业界上层人士主导的北京政府法团则干脆被废除,为国民政府法团替代。我们应注意到省政府废除各县的农会和教育会,以及将其办公室和财产交给农民协会和教职员联合会的指示。①这是为了将由地主与校长组成的团体转变为以农民和教师为中心的团体。

虽然国民革命势力为了反帝反军阀而强调联合战线,但因为将中小地主和富商排除在参政主体之外,所以他们坚决地反对新民意机关的设立。其结果是,联合战线从乡村内部开始崩溃。非职业团体从参政主体中排除是理所当然之事,但国民党还要求这些团体解散。国民党湖南省党府于1927年3月中旬决定,"各种校友会、同乡会、同学会等都是建立在封建时期部落思想基础之上的团体,因此要全部解散",国民党中央执行委员会也追认了此决定,下达了同样的训令。②

把下达非职业团体解散令的时间定为1927年4月,一方面是因为担心区民—县民会议设立的日程具体化之后,同乡、同门会介入职业团体的选举;另一方面也是因为处于旧势力统治之下的教育会,在代表选举问题上与教职员联合会对立。总而言之,部落团体解散令和教育会解散令目的在于除去旧势力的根基,因为他们会反

---

① 《教(育)厅废止各级教育会》,《湖南民报》1927年4月14日。
② 见心:《取消同乡会校友会等》、《省党部厉行取消部落团体》,《湖南民报》1927年3月19日、4月29日。

对设立以国民党左派为中心的乡民—县民—省民会议，事实上他们进行了反对。

总商会、农会、教育会等上层职业团体阻止将自己排除在外的国民会议形式的地方民意机关与地方政权的出现，并且计划卷土重来。其结果是他们与国民党右派勾结，协助"清党"工作，以此使中下层的团体崩溃，将以自己为主的团体作为新国民会议的组成分子。这成为国民会议运动产生分歧的、出自职业团体内部的因素。

职业团体与政党之间的竞争也是促成国民会议运动分期的又一个因素。职业团体采取的是"先会议，后政府"的路线，自发召集国民会议，然后根据其决议结果成立国民政府。相对的，国民党采取的是与之相反的"先政府，后会议"路线。而试图通过活跃民众运动来扩大组织的共产党自然选择了前者。国民党刚开始时也强调自发性地召集国民会议，但随着其成为执政党，就颠倒了二者的先后关系。这样一来，职业团体的自主性遭到打击，国民会议的职权与意义也就自然变小了。当然在国民党内部，认为国民会议与党治相对立而提出反对的右派与认为党治之下依然需要民意机关的左派立场截然不同。这大概也不知不觉给国民会议运动的分歧带来了一定影响。

综上所述，南京国民政府通过"清党"，将中下层主导的职业团体改为上层团体主导，1931年5月在南京召开的南京国民会议与长沙市民会议转向了"右"，这是对"先政府，后会议"路线的实践。与此诀别的共产党在深山之中召开苏维埃工农兵代表会议，走上了"左"的道路。可以说，这是国民会议运动分歧的极端形态。

第二部

职业代表制的持续与变化

第六章　职业团体与国民党训政政治

虽处在国民会议运动产生分歧、国共合作决裂的背景下，但国民革命军依然在1928年占领了作为军阀体制心脏的北京，实现了形式上的统一。对此，国民党宣布，按照孙中山的《建国大纲》，军政阶段由此结束，训政阶段从此开始。本来宣布的训政是从1928年10月开始并以六年为期限，但出于中日战争的爆发等原因被多次推迟。在历尽曲折之后，到1947年才公布《中华民国宪法》，也就是说在此之前中国都处于训政体制之下。

训政是指国民党按照三民主义理念来训练人民，培养自治能力。要使在禁止结成政党的条件下成立的国民党党治体制——训政体制正式启动，最重要的就是组织和动员包括职业团体在内的人民团体。与此同时，站在人民团体的立场上来看，为了及时结束训政而开始实行宪政，他们不得不积极参与训政体制，抓住实现人民参政的机会。因此，人民团体的动员和参与必然成了理解训政时期政治的关键。国民党联合了国民革命时的农民部、工人部、商民部、妇女部来设立民众训练部，并试图通过其组织人民团体实现训政也是出于这个原因。

在本章中，以1938年国民参政会的成立为界线，将训政时期分为前期和后期，笔者提出贯通前期和后期民意集结原理与体制的正是职业代表制，并分析国民党的职业团体政策与动员战略。由于国民党的力量受限，党治仅局限在中央实行，在省以下行政区域则根本不起作用。即便如此，国民党训政体制还是持续了20年之久，并且承受住了抗战的冲击,这股力量正是来自包括职业团体在内的人民团体。笔者在本章中将会确认这一点。在这里,这种关系可以看作党的动员和职业团体的参与,以及互相合作、互相竞争的作用。

因此,职业代表制是具有两面性的,它既可以按照职业团体本身的参政逻辑分析,也可以按照党的动员逻辑分析。笔者希望通过分析其两面性,重新揭示如果没有职业团体的动员和参与就不能存在训政政治基本结构这一事实。

一 职业团体的一般实态

得到法律保护的团体理所当然要按照政府制定的标准来设立和登记,团体与政府二者之间有各自的权利与义务。对于政府来讲,一方面要监督团体是否按照其设立目的开展活动,另一方面,也有保护其活动不受外部势力妨害的权限与责任。对于团体来讲,展开明文规定的活动、寻求会员的共同利益以及受到政府的监督,无论在近代哪个国家,这些都是相通的。只不过根据国家与社会的发展程度、民主化程度、团体活动的自律性空间会有所不同。

就笔者所知,对于中华民国北京政府时期职业团体的统计只存留了一部分的资料。根据《第一回中国年鉴》(1924)的记载,各省的农会数目为227个,其会员数则不得而知;商会数为1103个,会员数为162490名;教育会和工会的数据则没有记录。[①] 国民革命时期,仅仅农民协会的会员数就达到了1000万人,职业团体得到了迅速发展。这些国民政府法团是由接受近代教育的进步

[①] 阮湘主编《第一回中国年鉴》,商务印书馆,1924,第1186—1187、1539—1543页。

知识青年主导的，他们与原有的绅士阶层主导的北京政府法团相互竞争，成为帮助国民党打倒北京政府的国民革命运动的民众基础。但随着 1927—1928 年国民党放弃了"容共"政策，掀起铲除"容共"分子的"清党"运动，这些团体很快溃散或被改造。在此过程中发生的巨大变化是 20 多年间由绅士和绅商主导团体的惯例几乎消失。比如教育会，经过国民革命后，从绅士团体转变为教师团体。①

随后各个团体从自己的内部需求出发并寻找机会重建，1928 年宣布训政的国民党试图让其成为训政体制的社会基础。在像胡汉民那样主导"清党"的右派国民党领导看来，党指导下的民众运动是在军政、训政、宪政阶段都需要的，而且为了人民的训练，人民的组织化成为必需。② 对此，国民党与国民政府公布《人民团体组织方案》（"民众团体"一词在此与"人民团体"混用），将人民团体分为职业团体（农工商会等）和社会团体（学生会、妇女会、慈善团体、文化团体），提出了关于设立与登记的标准。③ 根据该标准，职业团体由 50 人以上、社会团体由 5 人以上的发起人联名向所在地县市党部提交设立目的文件来申请，并经党部的考察和许可后方可举行成立大会。

在各种人民团体中，国民党尤为重视的是职业团体。中央民众训练部于 1928 年 10 月表示，"民众团体为各职业民众的代表，因此总理为了贯彻重视职业代表制的精神（可以从《国民会议组织法》

---

① R. Keith Schoppa, *Chinese Elites and Political Change: Zhejiang Province in the Early Twentieth Century* (Mass. : Harvard University Press, 1982), pp. 186–190；高田幸男：《近代中国地域社会与地方教育会》，《民国研究》第 1 辑，1994 年，第 251—252 页。
② 尹世哲：《胡汉民과清党》，闵斗基编《中国国民革命指导者의思想과行动》，首尔，知识产业社，1988，第 68—69 页。
③ 《人民团体组织方案》（1929 年 6 月），中国国民党党史委员会编印《中国国民党年鉴》（民国 18 年），1929，第 1128—1133 页。

中了解——引者注），必须在地方自治中尊重民众团体的领导地位"。① 进而于1930年3月修订了《人民团体组织方案》，限定"在职业团体中仅为真正的本业从事者可以加入"，"在社会团体中唯有拥有正当职业的人才可以加入"，在非职业团体中也将无职业者排除在外。国民党以拥有职业的民众为基础推进地方自治的构想，可以说是对此前探讨职业主义的反映。此外，从事专门职业的人（律师、医师、药师、会计师、工程师、记者等）的团体被称为"自由职业团体"。② 但自由职业的范围不是固定的，比如教育会原本等同于农会、商会之类的职业团体，至此被国民党划分为文化团体，后来又重回自由职业团体之中。

训政时期整顿职业团体的契机有四，此与设立民意机关这一政治性需求紧密相关。

第一是1931年5月召集的国民会议代表选举。国民会议民选代表520人的选举以职业选举的方式来进行，参与该选举的团体为农会、工会、商会及现代实业团体、教育会和大学及自由职业团体。这些团体大部分在1931年2—4月做好了选举人名簿和各团体的会员名簿，提交给选举事务所。在1930年代各种人民团体统计表中出现的团体之成立时间大多在1931年4月前后，也正是出于这个原因。③ 例如，湖南省59个县农会中的47个团体以及143个县市商会中的129个团体是1931年2—5月成立的。④ 因此，这些职业团

---

① 《国民党中央民众训练部拟订民众团体三民主义训练纲要》（1928年10月），《中华民国史档案资料汇编》第5辑第1编政治（3），第32页。
② 徐小群：《民国时期的国家与社会：自由职业团体在上海的兴起，1912—1937》，第97—98页；朱英、魏文享：《近代中国自由职业者群体与社会变迁》，北京大学出版社，2009，第2—3页。
③ 张玉法、李荣泰编《中华民国人民团体调查表》，台北，"国史馆"，1999，第171—264页。
④ 《各市县农工商团体通计》，《湖南年鉴》（民国22年），湖南省政府秘书处，1933，第62—68页。

体中很多在此后没能持续做好职业团体的本分工作。

第二是为了抵抗日军侵略的抗日救国会的成立。九一八事变前后，全国各地结成了各界团体联合的抗日救国会，既刺激个别职业团体的成立，又促使已经成立的职业团体与其他团体一同结成各业种联合会或各界联合会。辽宁省国民外交协会就是其中的一个例子，参与的团体有农务会、商工总会、教育会、律师公会、新闻联合会等职业团体与宗教、慈善团体。该协会按照国民外交的方式，在为中国的自由与平等而努力的前提下，调查日本人的经济侵略，研究和宣传对抗其经济侵略的措施。特别值得关注的是，它继承了五四运动以来的传统，以"对日、对俄问题的民意机关"自居。①

第三是 1936 年 7 月到 1937 年 10 月进行的国民大会代表选举。此时通过职业选举选出 380 名代表，和国民会议代表选举有同样的效果。在这次选举中，自从国民会议召开以来就没有进行什么活动、形同虚设的团体为了再次准备选举而改选委员，并做好会员名簿上报。湖南省桂东县农会与 25 个区乡农会全部成立于 1931 年 3 月，然而时隔五年，1936 年 6 月才进行的一次委员改选就是这种情况。② 江苏省江宁县指呈五区的 12 个乡农会同样于 1931 年春成立，此后新增会员的入会时间也大部分集中于 1936—1937 年。③

第四是 1938 年以来国民参政会与省市县临时参议会的设立。1933 年通过的《训政时期国民参政会组织法》与 1935 年县地方自治条例虽未实施，但规定了由职业选举选出全部参政员与部分参议

---

① 『遼寧省国民外交協会拡大会議ニ関スル件』（1931.1）、A6117；『外交協会会議開催』（1930.1）、A612003。
② 《湖南省农会与该省桂东县各乡农会章程职员会员名册》（1936 年 12 月），中国第二历史档案馆：全宗号 722/4，案卷号 773。
③ 《江苏省江宁自治实验县指呈五区各乡农会章程会职员名册及指导员总报告》（1935 年 10 月至 1937 年 3 月），中国第二历史档案馆：全宗号 722/4，案卷号 744。

员（各区 2—3 名代表之外农会、工会、商会、教育会、自由职业团体各 1 名）。因此成为刺激各种职业团体成立的潜在原因。[①] 以此为基础，1938 年召开的国民参政会一开始从文化团体与经济团体中选出占团体总人数 50% 以上的核心人士，在此基础上再选出 25%—33% 作为参政员，这种惯例一直持续到 1948 年。而且 1939 年以来省市参议员中的 40%、1941 年以来县市参议员中的 30% 均与国民参政会参政员一样，在文化、经济团体的主要人士中选定。湖南省武冈、汉寿、桃源、嘉禾、醴陵 5 个县农会与其所管辖的 58 个乡农会，广东省曲江等 28 个县农会与其所管辖的乡农会均在 1939 年 9 月至 1941 年 9 月期间成立。[②] 可以看出，这也与地方民意机关的设立有关。

实际上在民族民主运动的逻辑中，这四个契机是统一的，上海市商会的机关报纸可以确认这一点。《商业月报》称："九一八事变之后，日本人在国际会议上宣传'中国是无组织的国家'，这实在是我们的耻辱……奋斗的第一步是从无组织的状态中走出来，迅速拥有组织。"[③] 从中可以看出，民族危机感对团体组织的成立发挥了重要的作用。更进一步，"三民主义将民权与民族、民生并列到一起，因此三民主义政府接受商人对于政治的要求……必须召集以商会和

[①] 《县地方自治条例及施行细则》（1935 年 10 月），立法院编译处编《中华民国法令汇编》，众花书局，1936，第 119—124 页。

[②] 《湖南省武冈县农会暨各乡农会组织报告》（1941 年 10 月），中国第二历史档案馆：全宗号 11，案卷号 1849；《湖南省汉寿县各乡农会渔会章程名册及组织报告》（1940 年 10 月），全宗号 11，案卷号 1856；《湖南省桃源县农会章程名册及组织总报告》（1941 年 9 月），全宗号 11，案卷号 1857；《湖南省嘉禾县各乡农会组织总报告》（1940 年 12 月），全宗号 11，案卷号 1858；《湖南省醴陵县各乡农会组织总报告》（1940 年 7 月），全宗号 11，案卷号 1878；《广东省曲江等二十八县农会组织报告》（1941 年 1 月），全宗号 11，案卷号 1907。

[③] 薛光前：《同业公会之研究》（下），《商业月报》第 13 卷第 10 号，1933 年 10 月。

同业公会作为组成分子的德国式经济议会,这样才能进行商人与政府的沟通。这些团体对于今日民权与国民参政等运动来说,也是不可缺的要素"。① 从中还可以看出,民族独立与民主运动的逻辑是统一的。

接下来要讨论的则是通过以上契机成立的各种职业团体和会员的数量。从1940年开始,管辖主体从国民党中央社会部转为行政院社会部,教育会被纳入自由职业团体之内,统计方式也发生了变化,将此前和此后的数据整理为表6-1。当时统计的可靠性虽较低,但比较《1931年的训练部工作报告》(表6-1中的A)、《1934年的党务统计报告》(B)、《1938年的民众训练部统计》(C),并与前面提到的四个契机相联系分析,可以了解当时达到的程度和形成的趋势。会员总数1931年为199万多名,1934年为467万多名,1938年为499万多名。但上述C文献中漏了商会、教育会、自由职业团体的会员数,因此若加上这三个团体的会员(至少为1934年的57.9万名),则可推测1938年的会员总数为556.9万多名。

表6-1 1930年代职业团体与会员数

团体种类		A	B	C
年份		1931	1934	1938
农会	团体	563	30148	32176
	会员	1533280	3185695	3468100
工会	团体	766	3458	3116
	会员	364012	905600	1530830
商会/同业公会	团体	—/1991	1477/9296	1830/11386
	会员	—	412139	—

---

① 阮静如:《同业公会之新使命》,《商业月报》第12卷第5号,1932年5月。

续表

团体种类		A	B	C
年份		1931	1934	1938
教育会	团体	508	2702	—
	会员	87430	142092	—
自由职业团体	团体	37	240	316
	会员	5558	25518	—
合计	团体	5191	47321	—
	会员	1990280	4671044	5569000
国民党员（非军人）		303353	435618	633086

注：原表中还包含其他人民团体，但笔者在这里略去该部分内容。

资料来源：《全国人民团体会员人数统计表》，《中国国民党第三届中央执行委员会训练部工作报告》（1931年11月）；中央统计处编印《中国国民党二十三年党务统计报告》（1934年）；《中国国民党中央民众运动史略》（1938年），《中华民国史档案资料汇编》第5辑第1编政治（3），第86—88页。

笔者在这里仅仅比较三个材料中都有掌握的农工团体会员数。首先1934年到1938年四年间，增加了90.8万人，而相比之下，1931年到1934年三年间增加了219.4万人，这一点值得注意。1936年1月，通过了《人民团体总视察法》，国民党中央民众训练部4月开始进行数月的视察，并按省市整理出总报告书22份，团体调查表2万余份；① 随后还进行了国民大会代表的选举。通过这些调查，可更加准确地了解各团体的会员数，这当然也反映在表6-1中。一二·九运动时，在全国范围内重新组织了抗日救国联合会也是人数增加的一个原因。相反，1931年至1934年之间，除了结成的抗日救国会刺激之外，并没有其他契机，但人数依然增加了约1.16倍。笔者认为这是由于1931年统计不准确。比如农会，B参照的是20

---

① 《国民党中央民众训练部工作报告》（1938年3月），《中华民国史档案资料汇编》第5辑第1编政治（3），第80页。

个省市的报告，而 A 仅参考了 9 个省市的报告。当然也要考虑到，农会会员为了国民会议选举，1930 年末至 1931 年初虚报人数，大部分会员有名无实。①

农会为了国民会议选举而夸大会员数，而城市地区的职业团体则相反，因为只有在特定期限内得到县市党府的许可、在政府登记的团体才可以参加选举，因此表 6-1 了解到的这些团体的人数可能比实际的要少。根据市商会会员名簿的记载，1933 年上海市同业公会有近 200 个，而得到党政许可和登记的，即党政方面了解到的会员数还不到一半。② 国民党要想了解人民团体的实态，必须要完全掌握地方党部管辖区域内的人民团体的情况。但他们表示，"因为本部（民众训练部）没有系统地对于此间承认的人民团体登记，因此很难找到关于团体数目的准确统计。此次以总视察为契机，在本部内设置人民团体登记室，专门负责登记业务"，③ 由此可推测，应该是此后才更加系统地掌握会员数。

但 1940 年 12 月，在与政府的社会福利事业相结合的名义下，人民团体相关业务由国民党社会部转到了行政院社会部。这意味着组织和训练民众的主导权实际上从党转移到政府。即便如此，国民党依然推行党团政策，要求政府给予支持，采取社会立法政策，试图以此强化对人民团体的指导。甚至以非常时期的名义，规定职业团体会员须强制入会，并制定限制退会的条款。④

---

① 《调查皖北宿迁灵璧县农民暴动报告书》（1932 年 11 月），《中华民国史档案资料汇编》第 5 辑第 1 编政治（3），第 594—595 页。
② 薛光前：《同业公会组织之研究》（下），《商业月报》第 13 卷第 10 号，1933 年 10 月。
③ 《国民党中央民众训练部工作报告》（1938 年 3 月），《中华民国史档案资料汇编》第 5 辑第 1 编政治（3），第 81 页。
④ 《加强人民团体内党的组织及活动决议案》（1941 年 4 月）、《战时人民团体指导方针决议案》（1941 年 12 月），荣孟源主编《中国国民党历次代表大会及中央全会资料》（下），第 692—693、749 页。

表6-2 1940年代职业团体与会员数

团体种类		1940年10月	1942年2月	1943年末	1944年末	1945年末	1946年末
农会	团体	5796	7629	4268	7139	8542	12889
	会员	963108	1438781	1598295	2814970	3425656	5671810
渔会	团体	60	71	73	102	104	168
	会员	12440	14362	27074	34357	34741	56419
工会	团体	3061	3456	2872	3359	4359	6358
	会员	842130	903730	1009011	885310	1522003	2046710
工商业团体	团体	2687	3666	9035	9892	11717	15162
	会员	106580	126244	293043	379624	454226	612791
自由职业团体	团体	1184	1451	1095	2138	3368	5942
	会员	77962	98152	106495	157437	224786	360648
合计	团体	12788	16273	17343	22630	28090	40519
	会员	2002220	2581269	3033918	4271698	5661412	8748378

注：自由职业团体中包括律师、工程师、会计师、记者、医药师等公会。教育会本不属于自由职业团体，但在此例外地把它列入统计中。本表是笔者去除原文献中"社会团体"的数据，而仅保留"职业团体"的数据编制而成。

资料来源：《社会部改隶行政院以来历年全国人民团体及会员数》，社会部编印《人民团体统计》（1946年），1947，第1页。

行政院社会部了解到的1940年之后职业团体会员数如表6-2所示，1940—1943年，急速减少到200万至300万人，1945年末才恢复到560万人。同一时期，国民党员增加了3倍以上，由50万人增加到220万人，农会会员中也出现了党员，但在表6-2中，看不出与这种变化相对应的职业团体会员数的增加。这是由于农会在地主、富农的主导下，具有无法保障贫农大规模入会的根本性局限。在当时的记录中，20世纪三四十年代，各级农会职员大部分被看作"地方士绅"，但实际上他们不是拥有绅士学位的人。对1934年湖北省襄阳县、1940年湖北省宁海县和1941年河南省商城县各级农会委员发展的研究表明，农会委员有包括教员、下级官吏、保长在内的乡村自治机构人员、警察、保卫团人员等。① 因此，他们是相对来说拥有土地较多的地主或富农。1944年在社会部的农会组织强化方案中，包含了乡村教员兼任乡农会书记的方案。② 这是因为他们认为，教员比官吏、保长、保卫团更能代表农民的利益，也再次让我们想起前文所提的国民革命时期农民协会的大多数干部是小学教师。

农会职员大部分是地主、富农，但会员大部分则是普通农民。可以推测这是1943年修改的《农会法》在会员资格中删掉了"拥有农地的人"而开始重视耕作农民的原因；不过通过会员名簿可以确认，在此之前耕作农民也占大多数。③ 这是训政时期农会与清末—北京政府时期农会的不同点之一。《农会法》规定，农会职员按照民主程序通过会员选举选出，因此会员的大多数是普通农民这一点本身就具有重要的意义。

农会难以对耕农以下的农民——半自耕农、佃农、雇农——产生吸引力还有别的原因。根据当时社会学者的调查研究，各乡村通过普遍成立的自发性相互扶助团体来解决日常生活中农民的借贷、防卫、娱乐、信仰问题，农民对这些自发性团体也较为满意。④ 因此，

---

① 这是李永芳与魏文享的分析结果。李依据乔启明的观点认为农会委员大部分是"地方士绅"。而魏认为农会委员实际上不是士绅，而是"新式地方精英"，但他依旧称其为"乡绅"。李永芳：《近代中国农会研究》，社会科学文献出版社，2008，第494—498页；魏文享：《国民党、农民与农会：近代中国农会组织研究，1924—1949》，中国社会科学出版社，2009，第178—193页。
② 《完成人民团体组织以奠定宪政实施之基础案》，行政院社会部编印《社会行政检讨会议决议案汇编》，1944，第3—4页。
③ 《湖南省汉寿县各乡农会渔会章程名册及组织报告》（1940年10月）、《湖南省桃源县农会章程名册及组织总报告》（1941年9月）、《广东省曲江等二十八县农会组织总报告》（1941年1月），中国第二历史档案馆：全宗号11，案卷号1856、1857、1907。
④ 乔启明等：《安徽宿迁原有乡村组织之研究》（1934年6月），李文海主编《民国时期社会调查丛书·社会组织卷》，福建教育出版社，2005，第52—63页；晏升东：《县单位（璧山，昆明）各种社会组织调查》（1941年），李文海主编《民国时期社会调查丛书·社会组织卷》，第127—136页。

农民在此之外所需的团体应该是能够与乡村之外的势力联系、在政治上代表农民利益的团体。国民党也曾树立过"使农会组织健全，成为领导农民参政的机关，同时成为农业发达的指导机关"的方针。[1]但大部分的农会在原有乡村权力者存在的情况下，或在他们的主导下成立，因此符合农民期望的可能性是很小的。最终农会所谓"领导农民参政"的作用是在与乡村权力者没有利害关系冲突的范围内，也就是作为政府主管的各种民意机关代表的选拔单位。

农会委员大部分为保甲、保卫团人员出身的地主、富农，这一点是使农会无法作为农民团体发挥作用的重要原因。尽管如此，也很难说这一时期的农会全部有名无实，或以"它是保甲组织的附庸，是乡村基层政权的补充形式"一言概之。[2]比如浙江省，在省政府实行二五减租的地区，农会辅助减租的推行，发挥了调解地主和佃农之间纷争的作用。这种情况就是由被称为"公正绅士"的有良心和进步知识分子主导的农会，为了实现农民的利益而斗争的例子。浙江省平阴县也是如此，通过农会，农民的意识与行动自由得到增进的这一事实值得关注。"过去农民对于业主一般都均视若神圣，现有农会组织，难免不改变观念，而一般业绅又向视面子为第二生命，今一旦受人藐视冥落，其不平之气不言而喻，故不惜多方设法摧残农运，然其最后真正目的，不外于求取消二五减租。"上述报告描述了这种变化。[3]为了使农会不被少数土豪等地方权势控制，国民党于1946年3月制定《新农会法》，禁止实际上不从事农业者的人入会，这具有重大意义。[4]

---

[1]《国民党中央民众训练计划大纲》（1928年7月），《中华民国史档案资料汇编》第5辑第1编政治（3），第13—14页。

[2] 李永芳：《近代中国农会研究》，第498—499页。

[3]《蒋介石饬解散浙江平阴农民会并拿办为首分子有关令文》（1934年3月至12月）、《金贡三致浙江省执行委员会的调查报告》（1934年），《中华民国史档案资料汇编》第5辑第1编政治（3），第526—529、531页。

[4] 魏文享：《国民党、农民与农会：近代中国农会组织研究，1924—1949》，第267页。

承认训政逻辑的那一刻，就产生了在党政的关系中职业团体自律性遭到损害的问题。特别是党团的作用，政府对团体的经费支持与纵容强制入会等，都能成为侵害职业团体自律性的因素。但这种管制未能按照党政的意图发挥实际效果，而且团体结成与民族民主运动的契机直接联系，因此团体有摆脱党政管控来进行活动的名分和空间。特别是越专门的职业团体（大学教授、医生、律师等），自律活动的空间就越大。[①] 农会因为经费不足所以对政府的依赖性最强，但为了从土豪权势人物的附属中摆脱出来，包括党政在内的外部支持是必需的。因此，如果仅从职业团体与党政一对一的角度来分析农会的自律性，就有可能出现难以充分把握的认识误区。

对于与社会团体和党之间自律性有关的用语之意义也存在争论。徐小群的研究中称，训政时期国民党与政府舍弃"法团、公团"，用"人民团体、民众团体"来代替，这是为了降低社会团体的地位，明确其为党的训育对象。与此相对，社会团体曾试图恢复公法团的用语，这是他们出于利用一旦某个团体作为法团、公团得到认可，就可以对公共领域政治议题提出自己主张的清末以来的社会惯例的策略。因此，无论是职业团体还是社会团体，不能因他们在政府和党部登记而得到认可，就把他们看作是从属于党、丧失自律性的团体。

二　国民党对于职业团体的政策

训政时期，国民党要训练人民的政治能力，就要向国民宣传三

[①] Xiaoqun Xu, *Chinese Professional sand the Republican State: The Rise of Professional Associations in Shanghai*, 1912—1937（Cambridge: Cambridge University Press, 2001）, pp. 273—274.

民主义并付诸实践。地方自治与人民的四大民权训练也从此开始变得大有可能。在这里必须理清党与人民的关系。"党处于代表和领导民众的位置,对于民众团体,党也是领导的关系,而不是命令的关系。这种领导关系指的不是直接命令民众,或是发挥统治民众的上级管理作用的关系,而是进入其中发挥骨干核心作用的关系。"① 发挥这种作用的组织形态正是党团。

国民党右派通过"清党"运动,在杀害或驱逐被看作共产党员或"亲共派"的国民党内左派人士后,1928年7月及10月仿效共产党,建立以党团方式指挥民众团体中的党员,用三民主义引导民众、吸收优秀分子入党的原则。② 即便如此,党团方式也不是和训政实施一同登场的。这在1924年1月通过的《中国国民党总章》已明确标明。根据该总章,在设立中央党部与各级地方党府的同时,还在各种非党团体中设立党团;如果说党部是地区单位,党团则可以说是职业单位。这样导入的职业党团经历了"清党"运动,事实上遭到了破坏。从事民众团体组织活动的国民党员大部分被看作是共产党员而遭到驱逐,被判刑的就超过了30万名。国民党自己也承认,这导致无法与人民团体中的党员取得联系,难以进行对民众的领导工作。③

在这种情况下,国民党表示要以与之前相同的党团方式来指导、训练民众团体。1929年国民党"三大"上,修正国民党党规,删除关于职业党团的规定,而加入了"在无法公开或半公开的地区,如

---

① 《国民党中央民众训练部制定之民众团体组织原则及系统》(1928年10月),《中华民国史档案资料汇编》第5辑第1编政治(3),第3页。
② 《国民党中央民众训练部制定之民众团体组织原则及系统》(1928年10月)、《国民党中央民众训练计划大纲》(1928年7月),《中华民国史档案资料汇编》第5辑第1编政治(3),第4、20页。
③ 《第四届四中全会中央组织委员会工作报告》(1932年12月至1934年1月),李云汉主编《中国国民党党务发展史料:组织工作》(上),台北,中国国民党党史会,1993,第462页。

需要时可以组织党团"的条例。① 有人认为此时党团已被废除，其实并非如此。从党规的修改中可以看出，党指导部对于职业党团不像以前那么重视，不过此后党团运动也一直持续。国民党湖南省党务指导委员会1930年向各县市党部发放了五份《党团须知》并复印发给辖区内的党员，要求他们严守秘密。②

此后国民党1929—1931年决定通过各种职业团体来强化党与人民群众的联系，取消或精简不重要的市县党部，并使区党部组织包括各种职业团体在内的人民团体，在区单位内联系并运用民权领导党员参加自治团体的实际工作。③ 1931—1935年将与职业团体直接接触的区党部变为非公开组织。"重行划分区分部、区党部，以党员住地为标准，但必要时得以职业为标准"，"以发展党的运用于人民团体"。这样，党的组织方法在以往的地区划分法的基础上还加入职业划分法。两种组织方法并行。④ 并决议了职业党团组织划时代发展的方案。其重要内容如下：

第一，党的基层组织是区党部，但活动单位是职业党团。党团活动的意义是使党员在各种社会职业中起领导作用，为了革命工作及自身的利益而奋斗。第二，所有的党员必须拥有职业，加入社会

---

① 《中国国民党总章》（1929年3月修正），宋孟源主编《中国国民党历次代表大会及中央全会资料》（上），第665页。有论者认为此时党团已被废除，参见家近亮子『蒋介石と南京国民政府』、東京：慶應義塾大学出版会、2002、頁238—251。
② 《通告各县市党部办法党团须知饬令遵办并严守秘密由》，《训练部部务汇刊》，1930，第13页。
③ 《第三届四中全会中央组织委员会时期之组织工作》（1929年3月至1931年11月），李云汉主编《中国国民党党务发展史料：组织工作》（上），第170页；《训政时期党务工作方案决议案》（1930年3月），宋孟源主编《中国国民党历次代表大会及中央全会资料》（上），第792—793页。
④ 《第四届四中全会中央组织委员会工作报告》（1931年11月至1932年12月）、《第四届四中全会中央组织委员会工作报告》（1932年12月至1934年1月），李云汉主编《中国国民党党务发展史料：组织工作》（上），第383–394、459–465页。

团体，为了党而进行党团活动。所有的党员在所属区党部管辖区域内，按照其职业的特性组成各种职业党团。第三，同一农村的农民和同一工厂的职工、同一学校的学生和同一性质的自由职业者，如果达到 5—30 名成员，就可组成一个职业党团。同时，各种同业党团可以按照地区级别组织同业党团联席会议，如全省教职员党团联席会议。第四，中央党部之外的各级地方党部必须秘密行动。①

总而言之，哪怕各级地方党部是秘密组织，也期待能够实现"培养党员的职业技能，引导其投身到各种社会事业中，获得民众的信赖"。② 此时中央组织委员会分配各省确定的新入党员，以职业分布比例农工 50%、青年 30% 为目标。当时党员的职业分布中，农工占比为江西 9.9%、河北 22.2%、浙江 20.4%，机关人员及教育文化从事者占 50% 左右。③

在党团乃至各级地方党部秘密行动的方针下，党员就无法以党部的名义进行以上活动了。因此，进行宣传活动时，要使用自己所属职业、社会、文化团体与机关（的名称）来发行出版物。④ 这实际上是用人民团体的经费来展开党团活动。在这里，节省各级党部经费的目的也发挥了作用。这是用各级地方党部工作人员最少化而节省出来的费用来从事社会事业。实际上，各级地方党部似乎并没有全部变为秘密组织，但各省市党府的工作人员已经大幅减少，因此

---

① 《关于整理本党实施方案决议案》（1932 年 12 月），宋孟源主编《中国国民党历次代表大会及中央全会资料》（下），第 177—178 页。
② 在这一时期，国民党中央为强化职业党团采取了比以往更坚决的举措，这似乎是与汪蒋合作而实现改组派的跃进有关。1932 年汪精卫担任行政院长兼中央政治会议主席后，改组派领袖陈公博也担任了行政院实业部长兼国民党中央民众训练部长。改组派在国民党内部采取了积极支持民众团体组织与民众运动的立场，也得到了人民团体的较大信任。改组派领袖要想与拥有军队的蒋介石竞争，不得不重视人民团体。
③ 李云汉主编《中国国民党党务发展史料：组织工作》（上），第 480 页。
④ 《关于整理本党实施方案决议案》（1932 年 12 月），《中国国民党历次代表大会及中央全会资料》（下），第 178—179 页。

能够用节省下来的费用从事社会事业。①

这样一来，在各种职业团体内，只要党团没有组织他们的会员去做活动，该党的组织与力量就会缩减。而这种把各地方党部当作秘密组织的做法，是因为人民对于党员还持负面看法，因此党员不愿公开自己的身份。② 这样职业团体就变得愈发重要了。各职业团体的经费有党组织的支持也是出于这个原因。在其经费本应由会员的会费与捐金来充当的原则下，国民党依然表明，"如今是训政时期，是团体在本党的主义下实行的特殊情况，因此政府有着在不超过团体经费十分之四的范围内进行经济扶助的需要"。这也是他们在人民团体的董事及监事就任时，要求宣势"以至诚实行三民主义，遵守国家法令"③的原因。

因此，直到国共内战结束之前，国民党都很重视职业党团。只不过进入抗战后，从1938年末开始，就增加了其与社会福利活动相配合的方案。在各级党部设立社会服务处，使其展开灾害救济、桥梁修筑、职业介绍等活动，但直到1945年2月，480个县市服务处、443个保服务处都处于停滞不前的状态。④

至1945年3月，共成立了47个全国性人民团体党团，在各地党部指导下成立了6513个地方性人民团体党团，合计6560个党团。其中513个属于县市参议会与乡镇民代表会等各级民意机关。⑤ 但县以下各级党部并不健全，因此无法领导党团工作。抗战胜利后，党

---

① 《第四届四中全会中央组织委员会工作报告》，李云汉主编《中国国民党党务发展史料：组织工作》（上），第465页。
② 王奇生：《党员、党权与竞争：1924—1949年中国国民党的组织形态》，第265—275页。
③ 《修正人民团体理事监事就职宣誓规则》（1933年9月）、《修正人民团体经费补助办法》（1933年2月），《商业月报》第13卷第5号，1933年。
④ 《第五届中央执行委员会时期之组织工作》（1935年11月至1945年5月），李云汉主编《中国国民党党务发展史料：组织工作》（下），第23页。
⑤ 《第五届中央执行委员会时期之组织工作》（1935年11月至1945年5月），李云汉主编《中国国民党党务发展史料：组织工作》（下），第26—27、476页。

团组织数量迅速增加，1947年9月人民团体党团为11125个，民意机关党团1503个，合计12628个。① 在职业党团中，还成立了得到更大发展的职业党部，但87.7%都集中于学校。②

三　职业团体的参政类型

为了训政时期的国家建设，党政工作按照三民主义的原理训育、动员人民团体。动员如果不以参与为前提，或者不一同参与，就很难延续下去。由于是训政政治，就更是如此。1930年11月国民党上海市党部代表陶百川表示，"对于商人来讲，一直以来就有在商言商这句话，这告诉我们的仅仅是国家思想的缺乏"，作为一个国民，应该"在商言国，图谋时局的和平与政府的统一"。这虽然是因国民会议召集，为了政治动员的需要而做的发言，但商会以其政治参与的名分，积极地利用了这一点。与此相应，上海市商会机关报表示，"在商言商是我们要打倒的中国的老话"，"唯有我们商会出面，才能使总理（孙中山）所讲的革命成功"，"因此要打破旧观念，拥有积极参政的态度和机会"。③ 传统上被认为是社会政治地位最低的商人团体若是持如此立场，那么也就能通过其大致推测其他团体的情况。

在训政开始的1928年10月，国民党认为"民众已经取得了参政

---

① 《第六届中央执行委员会时期之组织工作》（1945年5月至1950年8月），李云汉主编《中国国民党党务发展史料：组织工作》（下），第591—592页。
② 《五届八中全会中央组织部工作报告》（1940年7月至1941年3月），李云汉主编《中国国民党党务发展史料：组织工作》（下），第433页。
③ 《上海市商会第一届各业委员代表大会纪》，阮静如：《国民会议以后中国商人之责任》、《同业公会之新使命》，高伯诚：《商人爱国浅说》，《商业月报》第10卷第7号，1930年7月；第11卷第5号，1931年5月；第12卷第5号，1932年5月；第14卷第2号，1934年2月。

地位",因此将民众团体的使命限定在产业发展、文化提升等方面。[①] 这是以赋予参政地位来进行动员的逻辑,那么取得政治参与的权利意味着什么?按照时间与条件,参政可分为四个不同的层次和类型。

第一,直接请愿。训政体制中,在召开国民党全国代表大会、中央委员会全体会议时,职业团体提出各种请愿,使请愿内容反映到主要政策的决定中,以此实现同业的利益。比如,商会与酒酱业同业公会等呼吁即刻实行新盐法,规定取消特定商人的食盐专卖制,禁止除食盐税以外的附加税等;请愿书由县单位的法团或由教育会与农会联名提交到国民党第五次全国代表大会。[②] 上海市商会将改定印花税法的请愿提交到中央政治会议也是其例。[③]《商业月报》刊载了提交到与商会同业利益实现相关的党政机关的各种请愿文件。向政府而不是向党部提交请愿书的情况也很常见,农会向行政当局直接提交请愿书,要求减轻土地税、改正腐败的地税行政也是其例。[④] 新闻记者、律师、工程师、会计师、医药师公会的会员数很少,职业利益的凝聚力很高,因此提交谋求自身职业利益的请愿书就更加活跃。

职业团体的直接请愿并不仅限于增进同业利益,还是满足国民设立民意机关这一需求的必经阶段。1932年1月,上海的商人团体在提交给国民党四届一中全会的请愿书中呼吁,既然他们早已帮助

---

① 《国民党中央民众训练部制定之民众团体组织原则及系统》(1928年10月),《中华民国史档案资料汇编》第5辑第1编政治(3),第2页。
② 如下按职业各举一例:《江苏常熟县商会致五大电》(1935年11月),中国国民党党史馆档案(下略):会5.1/8.10;《湘潭县农会致五大电》(1935年11月),会5.1/10-2.4;《镇江县酒酱业同业公会致五大电》(1935年11月),会5.1/10-2.15;《湖南岳阳县教育会农会等致五大电》(1935年1月),会5.1/10-2.21。
③ 《本会会务纪要:为请纠正印花税法事致中央政治会议电》,《商业月报》第14卷第11号,1934年10月。
④ 笹川裕史『中華民国期農村土地行政史の研究』、東京:汲古書院、2002、頁232—259。

财政部汇集巨额债券，政府应该召集德国式全国经济会议，赋予监督会议与设计的权利，并召集财政、金融、工商各界代表，一同商议、决定办法。[1] 此时各职业团体以职业代表制作为训政时期民意机关，由它请愿召集国民救国会议也是同样的情况。

第二，对政府行政事务的辅助与监督。例如职业团体在辅助征税工作的同时，能够调查县政府地方财政。商会从政府那里承包了营业税的征收，使同业公会机关会员执行征税工作，并从政府那里拿一部分征税额作为经费。[2] 包括农会在内的各县法团代表可以在县政府的主管下，从事土地（税）调查，从而确保税源；更进一步，他们被赋予了可以随时确认和调查县地方财政的所有财政收支的权限。[3] 这是职业团体在辅助地方行政的同时，被赋予监督的职能，从而被动员到参与民生主义经济运营的例子。职业团体被赋予了监督政府的功能，使得人们对于民权主义训练的效果也开始有所期待。

第三，党政团联席会议。它作为各级行政单位实际议事决策机构，可以说是对于本书第五章中所探讨的国民革命时期在广东和湖南先驱性尝试的延续。例如，1932年浙江省江都县县长召开"各机关、法团、各乡镇长联席会议"，议决《田赋清查实行办法》，反对土地调查的数千名农民发起了暴动，党与县政府在"各机关、法团代表会议"中讨论了对策并最终由农会与商会会长出面调解，秩序得到了恢复；[4] 福建省永泰县农会、商会、教育会、妇

---

[1] 《上海各路商界总联合会上四届一中全会电》（1932年1月），中国国民党党史会档案：全宗号110，会4.2/9.140。

[2] 李丙仁：《近代上海의民间团体와国家》，第297—307页。

[3] 《整理田赋先举行土地陈报而除积弊以裕税源案》（1934年1月）、《减轻田赋附加以救济农村解除民困案》（1934年1月），宋孟源主编《中国国民党历次代表大会及中央全会资料》（下），第231—232页。

[4] 《江苏省长顾祝同镇压江都东乡农民抗清查田赋暴动经过有关文件》（1932年10月），宋孟源主编《中国国民党历次代表大会及中央全会资料》（下），第555—568页。

女会等根据党政团联席会议的决定,将第三届省参议员的两名候选人推荐给国防最高委员会。[①] 在此之前,1930 年全国工商会议与此后的上海市商会代表大会全部以党部、政府、商会代表的联席会议形态进行,提案、讨论和决议各种商工业发展方案,将其称为"官民合作的先导"等[②],也表明了党政团联席会议在县与市级单位广泛开展活动。

第四,各级民意机关的主导与参与。各职业团体请愿民意机关实际上是准备与党政共同起主导作用的主体。这主要是训政后期——1938 年之后的事情:国民参政会将各地方职业团体与国防经济相结合,并将这些团体作为抗战动员与地方自治的基础,促进省市县临时参议会的设立,以此拥有更大的力量。试图使职业团体成为地方民意机关设立主导者的构想,像在《民众团体训练纲要》中标明的那样,虽在训政前期就开始提出,但一直停留于构想,至此进入了实行阶段。其结果是农、工、商会,以及教育会等职业团体与党政一起,主导了县参议会。1939 年开始设立的省参议会议员的 40%与县参议会议员的 30% 是由职业团体充当代表。对于设立民意机关的动员并没有停留在地方的层面,而是展开到国家层面。1931 年 3—4 月国民会议选举与 1936—1937 年国民会议选举即为其例。

职业团体参与民意机关的选举具有同时实现合群救国、民主建国的国民性课题与各业种同业利益的双重意义。我们可以看到,就连在宪政期民意机关国民大会代表选举中,也有以训政期方式,即依靠由党"指名"代表来谋求同业利益的例子。上海与西北三省等地的记者公会曾向国民党中央要求指定自己的候选人,工程师学会因大部分没有登记为自由职业团体,而是登记为学会,因此原本没

---

① 《各省市民众团体推选候补参议员案》(1939—1945 年),中国国民党党史馆档案:国防 003/0050。
② 《全国工商会议纪》,《商业月报》第 10 卷第 11 号,1930 年 11 月;《本会第三届委员代表大会纪》,《商业月报》第 12 卷第 6 号,1932 年 6 月。

有选举权，而是在提出直接请愿后，得到选举权。① 对于参议会《选举法》的"问询地方民众团体意见"而决定候选人的规定，职业团体积极地进行解读，曾有试图自发推举候选人或行使决定权的例子。"职业团体推出参议员是因为在孙中山的遗教（国民会议召集）中也重视了职业团体，抗战以来职业团体在捐税、献金、公债、储蓄等方面也不遗余力进行配合"，由此可见其根据与名分。②

国民大会选举虽然其间经历了修改《选举法》，训政之路更加迂回曲折，但在次年还是依然继续进行选举。在1937年七七事变后中日战争扩大，到9月末还进行了职业选举的81.8%，区域选举的83.8%。③ 抗日战争升温后，国民大会遭搁置，没能召集。为了填补这一空缺，1938年国民参政会作为战时民意机关被召集，但这并不是由选举产生，而是由以协商方式选定的区域代表及职业代表组成。

在以上几个参政类型的基础上，各界职业团体与党政方面以动员、参与的方式起到了稳定训政体制、支撑抗战体制、引导抗战胜利的作用。比如包括浙江省农会、商联会在内的7个民众团体1940年1月在省党部的指导下，组织浙江省民众团体战地联合工作团，支持政府的抗战。④ 在满铁调查部的中国抗战力量调查报告中，在评价国民参政会与省市县参议会的设立时提出，虽然是有限的民主化进展，但增强了党政的中央（特别是军事委员会）集权，这一点值

---

① 《国民大会职业团体代表选举案（一）》，《国民政府档案》，台北"国史馆"藏：001-011142-0001。
② 《各省市民众团体请增加参议员名额案》（1939年4月）、《各省市民众团体对于地方政府违例选举请予纠正案》（1939年4月），中国国民党党史馆档案：国防003/0048/0113，国防003/0049。
③ 《国民大会代表选举总事务所工作报告》（1936年7月至1940年6月），秦孝仪主编《中华民国重要史料初编——对日战争时期》第4篇战时建设（2），台北，中国国民党党史会，1988，第1747页。
④ 魏文享：《国民党、农民与农会：近代中国农会组织研究，1924—1949》，第299页。

得注意。① 在国家的总动员令之下，各省市县参议会与党政军一同成为动员会议的组成主体，并且成为国民参政会经济动员策进会的赞助会员，因此其动员效果加倍。②

四 共产党的应对

如上所述，国民党试图使各界职业团体作为民意机关的主体参与党政，以强化政权；共产党也开始以相似的方式重新塑造与职业团体的关系。

在国民党训政体制成立之时，共产党以在根据地建立苏维埃政权、进行土地改革的方式做应对。国民党于1931年5月通过一党体制下的职业选举召集了国民会议，制定了《训政时期约法》，使训政体制正当化。共产党于11月进行了区域选举，建立了中华苏维埃共和国。苏维埃俄语意思是"代表会议"，它由工人、农民及其子弟兵组成代表。此外，共产党还开始使用和平民主的方法来应对，以及试图取得资产阶级支持的主动立场，其起点是1935年的《八一宣言》。

在《八一宣言》中，共产党积极反映国民的抗日民主舆论，重新提出国民会议式职业代表制。在《八一宣言》中，主张苏维埃政府及共产党和参加抗日救国事业的各党派、各民间职业团体、著名学者、政治家、地方军政机关一起商议，共同成立国防政府，该国

---

① 満鉄調査部編『支那抗戦力調査報告』(1939年度総括資料)、東京：三一書房、1970、頁124、130、137—138。
② 姫田光義「抗日戦争期における中国の国家総動員体制——国家総動員と国家総動員会議をめぐって」、中央大学人文科学研究所編『民国後期中国国民党政権の研究』、東京：中央大学出版部、2005、頁297—313；《国民参政会经济动员策进会组织大要》(1942年10月)，国民参政会史料编纂委员会编印《国民参政会史料》，台北，1962，第294—295页。

防政府通过工农商学军政各界的抗日救国党派与民选代表来组成民意机关。[①] 在此基础之上，以 1935 年底的一二·九运动达到抗日民众运动的高潮为背景和名分，增进了共产党与各界团体的沟通与联系。进一步地，国民党于 1936 年公布《五五宪草》并进行国民大会选举后，共产党随即做出回应，积极推进与各界团体的联系，展开各种宣传活动。1936 年 12 月西安事变后，第二次国共合作更加促进了这一态势。

首先在国民大会代表选举刚刚开始之后的 1936 年 8 月，依据《五五宪草》及训政方式进行的国民大会选举，由于是排除各党各派参与、坚持禁止结党的非民主选举，无法代表全国民意，共产党表示不参加国民大会，并对此进行了解释。它向全国各界救国联合会（全救联）发去书函，表示将积极参加依据民主原则组成的人民代表机关。这是对全救联指责《五五宪草》与《国民大会组织法》是联合战线的障碍，并作为其替代方案而提出的《抗日救国初步政治纲领》的响应。

《初步政治纲领》的要点是："召集依据各党各派参与的抗日会议、普通选举组成的国民救亡会议，并根据其树立统一的救国政权。"全救联对此表示，各党各派派出的代表参与谈判，担当制定"共同抗敌纲领"、建立统一抗敌政权的媒介，并提出作为谈判的基础的《初步政治纲领》。他们保证，如果各党各派参与的国民救亡会议及救国政权成立，全救联将处于不受任何党派干预的、超然的、独立的位置，使各党各派实行"共同抗敌纲领"。同时，他们自告奋勇地表示，可承担起监督其是否实行与实行程度的责任。[②] 在这

---

① 《为抗日救国告全体同胞（八一宣言）》（1935 年 8 月 1 日），《中国现代革命史资料丛刊·一二·九运动资料》第 1 辑，人民出版社，1981，第 5 页。
② 《毛泽东同志致章乃器等的一封信》（1936 年 8 月 10 日）、《全国各界救国联合会成立大会宣言》（1936 年 5 月）、《抗日救国初步政治纲领》（1936 年 6 月 1 日），中央档案馆等编《中共中央抗日民族统一战线文件选编》（中），档案出版社，1985，第 205、564—565、572—573 页。

里，依据全救联提议的普选的国民救亡会议看似依据区域代表制，但也一同提出了各党各派选出自己代表的方式。

　　此时共产党向国民党发送书函，提出建立各党各界参与的"统一的民主共和国"。这一转折性提议的要点是召开由"各党、各派、各界、各武装队伍的代表"组成的全国抗日救国代表大会，结成抗日救国大计，并选举全国统一的国防政府，组织抗日联军。① 各代表的组成方法虽没有明确写明，但根据 1936 年 2 月发给全国各界团体的电文，代表由各党各派、各团体、各军选举。② 除参与主体包括各军这一点之外，与全救联的主张大同小异。

　　西安事变之后国共合作的氛围刚刚形成，从 1937 年 4 月开始，共产党对于国民大会选举的立场逐渐发生了变化。其立场为，如果在《国民大会选举法》中除去各种训政因素，并将国民大会民主化，国民大会在制宪的同时行宪，即如果国民大会可行使宪法赋予的职权，则共产党控制的地区也将参加国民大会。③ 此时共产党接受了三种选举方式（区域选举、职业选举、特种选举），对其中各党与各团体直接选出自己代表的职业选举最重视。其原因是，和分散在各地区的未被组织起来的个人相比，他们更重视有组织的会员、党员，强调这是按照孙中山 1924 年主张的国民会议召集方式来进行的，试图以孙中山的权威使其正当化。不过唯有职业代表与区域代表并行时，才能完全实现抗日民主，因此明确了在民主宪法公布之前，采取各党派与各团体直接选举自己代表的方式。④ 这表明在宪政实施以后，要撤

---

① 《中国共产党致中国国民党书》（1936 年 8 月 25 日），《中共中央文件选集》第 11 册，第 81—83 页。
② 《中华苏维埃人民共和国中央政府关于召集全国抗日救国代表大会通电》（1936 年 2 月），《中共中央文件选集》第 11 册，第 106—107 页。
③ 《中央关于修改国民大会组织法与选举法的通知》（1937 年 4 月），《中共中央文件选集》第 11 册，第 185—186 页。
④ 《我们对修改国民大会法规的意见》（1937 年 5 月），《中共中央文件选集》第 11 册，第 206—211 页。

销职业选举与特种选举，仅通过区域选举来选出民意机关代表。

关于各党、各团体与各武装队伍参与的真正的国民大会的召集，以及国防政府建立于 1937 年 8 月，在中国共产党抗日救国十大纲领中再次被明确提出。但共产党的这种要求没有被接受，国民大会也被延期。因此 11 月共产党向国民党提出通过孙中山的国民会议方式召集"临时国民大会"。此临时国民大会的职责为："决定具体的国防纲领，通过民主宪法大纲及保障其实行的具体方法，选举政府机关。"其代表的产生办法是：从各选举单位选出代表，其名额按照一定比例来分配。选举单位为职业团体、抗日军队、抗日政党、抗日民众团体。非职业团体以抗日的名义被包括在参政主体范围内，这是与孙中山国民会议组成主体的不同之处。①

国民党接受了该提案以及包括全救联在内的各界舆论，决定于 1938 年 3 月召开国民参政会，并在其发布的《抗战建国纲领》中明确提出了这一点。对此，共产党呼吁，国民党应在各地区和全国范围内联合各种职业团体，"选拔代表农工商学自由职业各界的代表，忠实于民意机关即国民参政会，以此为实现中山先生主张的国民会议组织原则做准备"。② 后来国民参政会召开时反映了共产党要求的一部分。共产党方面评价它是"面向民主制度的进一步"、"朝着真正民主化的初步出发"，并表示"要继续努力，以在将来建立依靠普通选举的拥有全权的人民代表机关"。③

共产党也批判训政体制，主张扩充民意机关，最终参与了宪政运动。在这一过程中，我们可以发现这几种方法的相互竞争与妥协。第一，全救联倾向于各党各派按区域选出候选人的普通选举，

---

① 《中国共产党中央委员会对于临时召集国民大会的提议》（1937 年 11 月），《中共中央文件选集》第 11 册，第 382—383 页。
② 《论国民参政会的职权和组织》，《新华日报》1938 年 4 月 18 日。
③ 《我们对于国民参政会的意见》（1938 年 7 月），《解放》第 3 卷第 45 期，1938 年 7 月 15 日。

但同时也接受各党派直接选出自己代表的方式。第二，对于训政时期的民意机关，国民党依旧希望采用职业代表制，但对于宪政时期的民意机关，他们根据孙中山的《国民大会组织法》采用区域代表制，并在此基础之上进行改革，导入一部分职业代表，转至二者并行的方向。这是对《建国大纲》的修改，因此不能不说是重大的变化。第三，共产党根据国民会议的召集方式，重视各党各派、各界团体、各武装队伍选出代表自己的职业代表制，不过也在此之上略有调整，即试图与区域代表制结合，使二者并行。这是宪政实施之前的过渡性选择。

总而言之，全救联与共产党将职业代表制看作实施宪政之前的过渡性方法，而相反，国民党将其看作是宪政实施之后要与区域代表制并行的制度。不过即便如此，在当时的情况下，三股势力都倾向于职业代表制，因此，试图将各种职业团体拉拢到自己势力范围的竞争是不可避免的。国民党和各界团体，以及共产党都试图用孙中山的国民会议召集论来使各党与团体直接选出自己代表的选举方式正当化，这一点值得我们注意。这说明，孙中山的象征性权威成为核心。陈独秀虽是在孙中山之前就倡导各界联合国民会议论的先驱，但当时他被开除党籍。这种竞争的结果是"成就"了国民会议召集论由孙中山创建的神话。

实际上，在国民党刚刚发布《抗战建国纲领》之后，共产党就根据该纲领向党员呼吁，在国民党控制地区组成包括农工商会在内的各种职业团体、学生会与文化界团体，将各团体发展为统一的全国团体，并积极参与国民党的合法群众组织，使徒有虚名的团体也充实起来。[①] 共产党已决定以群众团体为基础，实行战略性的路线变

[①] 《我们对于保卫武汉与第三期抗战问题的意见》（1938 年 6 月）、《关于抗日民族统一战线与党的组织问题》（1938 年 10 月），《中共中央文件选集》第 11 册，第 695—696、876 页。

更。共产党称，三民主义是保障各势力联合的基础，而该共和国应该称为"新三民主义共和国"。① 1939 年 12 月，共产党主张国民大会（并非前面提到的"临时国民大会"）也要由各党各派、各界团体、各武装队伍直接选出代表，并表示孙中山的《北上宣言》与国民会议召集论的主张提升了宣传效果。② 这虽然是出于宣传，但可以说体现了试图用国民会议（职业代表制）来代替国民大会（区域代表制）的想法。

与此相比，更值得我们关注的是在边区的参议会的选举过程中更重视职业团体作用。国民政府从 1939 年开始设立省市县临时参议会，共产党也于同一年召集乡—县—边区三级参议会，从 1941 年开始实行三三制。虽然参议员选举按照区域代表制的普通选举进行，但由职业团体与党政方面一同负责候选人的推荐、考察、选举与管理工作。③ 在 1945 年 6 月准备人民代表会议时，除了区域选举之外，共产党还计划导入职业选举与其并行。④ 共产党在 1946 年 4 月边区的参议员选举中部分性地导入职业选举。三三制限制所有党派的议席不能超出全体的 1/3，共产党试图通过孙中山《北上宣言》提出的国民会议论来使其正当化。在召集由各党、各界、各武装队伍代表参加的国民会议中，虽然作为参与主体，但国民党员的数量也绝不

---

① 毛泽东：《论新阶段》（1938 年 10 月）、《中共扩大的六中全会政治决议案》（1938 年 11 月），《中共中央文件选集》第 11 册，第 627、754 页。
② 《中央关于推进宪政运动的第二次指示》（1939 年 12 月），《中共中央文件选集》第 12 册，第 200—202 页。
③ 职业团体与政府一同组成选举管理委员会，通过担当此项工作候选人的讨论，排除群众评价较差的人，就这样可以与各政党同样推举候选人了。而且各民众团体领袖可以直接参加各级政府委员会，随时将自己的意见反映到实际政治中。谢觉哉：《民主政治的实际》（1940 年 4 月）、《陕甘宁边区怎样进行选举》（1940 年 7 月），延安民主模式研究课题组编《延安民主模式研究资料选编》，西北大学出版社，2004，第 44—45、103—104 页。
④ 《中国共产党七届一中全会关于召开中国解放区人民代表会议及其筹备事项的决议》（1945 年 6 月 19 日），《中共中央文件选集》第 15 册，第 152—155 页。

能超过全体代表的 1/3。① 也就是说，三三制是牵制国民党的手段。

由此我们可知，伴随着第二次国共合作的展开，共产党构想的策略是加强国民党控制地区的职业团体的参政意识，试图以此动员他们。可以说，最终职业团体、职业代表制结合起来的参与、动员逻辑贯穿了训政的前期与后期、训政政治与宪政政治、国民党与共产党的政治方略。共产党考虑到现实形势，暂时接受了职业代表制，但还是认为只有区域代表的普通选举才能保障真正的民主。因此共产党在之后不久转而支持区域代表制的普通选举。

---

① 《"三三制"的理论与实践》（1942年3月），重庆市政协文史资料研究委员会等编《抗战时期的国共合作纪实》下卷，重庆出版社，1992，第22—24页。

第七章　全国性职业选举与南京国民会议

　　笔者在第六章探讨了训政时期职业团体的实态以及国共两党的职业团体政策，本章将分析训政期最大、最高级政治训练中心——南京国民会议的召集与运作。国民会议经过全国性"职业选举"（时人把职业代表制选举略称为"职业选举"），1931年5月由南京国民政府召集。也就是说，在各界职业团体要求的"先会议、后政府"路线被压制的情况下，国民党凭借打倒军阀政权的军事力量成立的国民政府按照"先政府、后会议"路线召集了国民会议。

　　当时国民党内部存在着相互对立的两派，汪精卫派遵循了孙中山遗嘱，坚持召开国民会议，而反对势力则认为国民会议的召集与党治论相矛盾。汪精卫派根据"先会议、后政府"路线与掌握党军的蒋介石竞争，召开了北京扩大会议，以至于出现了分裂倾向。对职业团体本身来说，由于"清党"，其自律性被弱化，因此很难积极参加职业选举。

　　即便如此，国民党内部的竞争与党外的舆论使国民会议的召集不可避免，各界职业团体也为了在训政这一条件下谋求生存而不得不妥协，最终于1931年5月在南京召开了国民会议。笔者在此将其简称为"南京国民会议"。该会议由最初的全国性职业团体选举的代表组成，通过制定《训政时期约法》，给国民党训政体制提供法律正当性，并确定孙中山的三民主义为救国的唯一方略，宣布废除一系列不平等条约。

　　至今，南京国民会议都未能引起研究者的关注，可能是因为研究者认为这只不过是将蒋介石独裁体制正当化的一个手段。对于南京国民会议，仅有的研究出自台湾学者胡春惠。[①] 他称南京国民会议在国民党训政体制下保障了统治正当性，促进了国民统合。笔者认为，南京国民会议是把国民会议召集当作革命运动遗产、各界职业团体与国民政府互相牵制、合作、妥协的产物。从这一认识出发，本章主要分析南京国民会议召集与运作的实态。

一 南京国民政府初期各界的国民会议召集舆论

众所周知，国民党在蒋介石的指导下，在1927年四一二政变后开始了"清党"工作，并且扩大到将领导民众团体的左派党员及领导驱逐出党、拘留、处以刑罚，因此无论是广义上的民众团体还是职业团体，他们的组织与社会政治活动都全部停止或重编。这导致了职业团体的领导层从以中下层出身的激进派为主，转为以上层出身的稳健派为主。在这种情况下，受到"清党"影响较小的商人团体与报界明确要求成立职业代表制民意机关，如经济会议、国民会议、国会。原本的国民会议召集论中提到，报界也可以组成报界联合会参加国民会议，就此可以说，报界的要求同样是职业团体的要求。

全国的商人团体于1927年8月召开各省商民协会代表会，1928年1月召开各省商会联合会，要求政府"召集经济会议"。他们要求，即使在未成立正式国会之前的训政时期，各种经济政策与关税政策也不该任由政府决定，而是要在相关职业团体代表作为委员参与的"经济会议"中讨论和决定。参与主体除了政府代表（11

[①] 参见胡春惠《国民会议之召集与约法问题》，《抗战前十年国家建设史研讨会论文集》（下）。

人）之外，大致分布情况如下：各省的农业团体（20人）、工业团体（20人）、商业团体（20人）、金融业团体（20人）、矿业团体（5人）、交通业团体（10人）、工人团体（1人）、律师团体（1人）、医师团体（1人）。各自组成代表会选出参会代表，以使各行业的经济主体都有机会参加。如农业团体代表的分配方式为地主5人、佃农5人、自耕农5人、农学者5人。其议题包括土地、资本、劳动、贸易、生产、消费等全方位的经济问题。① 特别值得关注的是，他们明确表明训政将要结束，而要实施宪政则必须召开国民会议。在此，该经济会议就被当作国民会议在经济领域的筹备机构。以商人团体为主的职业团体的这种政治要求以1928年1月二次北伐为契机，提出不是以战争破坏的方式，而是以和平建设国民会议的方式实现统一。此后上海商人团体在1928年8月召开的国民党二届五中全会上请愿制定《训政时期约法》，11月又要求"民众团体"代表占立法院委员的半数。②

由于这些舆论，南京政府不得不在1928年6月召开上海各职业界代表参加的经济会议，还举行了非正式会议，以深入讨论国民会议召集问题。但职业团体的范围限定为商会、银行公会、钱业公会（加上其他实业界领袖与经济学者），其议题也指定为财政问题。③

至于是否召集国民会议，国民党内部也有分歧。在二届四中全会和五中全会上，蒋介石和李宗仁分别表示，国民会议的召开是国民党的责任，为此全体中央委员要起带头作用；如果不召集国民会议，

---

① 《各省区商民协会为召集经济会议讨论经济法案及关税税则呈》（1927年8月29日）、《冯少山等请召集全国经济会议调节各方纷争并抄送经济会议议案审查报告书等呈》（1928年1月31日），《中华民国史档案资料汇编》第5辑第1编财政经济（1），第58—63页。
② 李丙仁：《近代上海의民间团体와国家》，第179—183页。
③ 《财政部经济会议组织规程》（1928年6月）、《经济会议委员姓名一览》，《中华民国史档案资料汇编》 第5辑第1编财政经济（1），第63—69页。

就无法统一国民的意志，训政工作也无法取得实效。① 汪精卫的改组派也主张以"职业团体为民主势力的基础"，党组织民主化，实施地方自治，同时进行党治与召集国民会议。② 国民党 1929 年 6 月公布了使党治成为既定事实的《训政纲领》，并宣布于 6 年后实施宪政。此后，按照主导《训政纲领》的胡汉民派的思路，国民党以担心国民会议会被反动势力利用为由，拒绝召集国民会议与制定约法，决定根据《训政纲领》训练人民的政治能力。③ 对于立法委员选举权的要求，称其为否认党治的反革命行为，企图解散商会。

对此，各界立即反抗并提出了对抗逻辑。《大公报》作为报界代表，1930 年 4 月 18 日在"约法问题"的社论中主张必须制定规定统治者与被统治者权利义务关系的基础法律，才能恢复人民的国民之地位。这也是通过国民会议召集使国民参政权法制化，成为"反对独裁、转入民主"的一个契机与方案。北平大学黄右昌教授表示，"党的新生命来自于它的全国代表大会，但国的新生命来自于国民会议"；他在明确区分党和国的基础上表示，"在国际社会中，由外国人当作自己的交涉对象，并不是党，而是整个国家"。④ 这其实表明了没有国会的南京政府要想在国际社会中名副其实地作为代表中国的政权而得到认可，则国民会议的召集是不可或缺的。胡适等人在人权派杂志《新月》上呼吁，为了使人权得到法制上的保障，要制定宪法或是最低限度的约法，北平的《晨报》也要求召开国民

---

① 《二届四中全会开会辞》（1928 年 2 月），宋孟源主编《中国国民党历次代表大会及中央全会资料》（上），第 507 页；《国民会议组织大纲》，《大公报》1928 年 8 月 13 日。
② 闵斗基：《国民革命期陈公博의革命理论과政治活动》，闵斗基编《中国国民革命指导者의思想과行动》，第 257—259 页。
③ 胡春惠：《国民会议之召集与约法问题》，《抗战前十年国家建设史研讨会议文集》（下），第 487 页。
④ 黄右昌：《国民会议与职业代表制》，《社会科学季刊》（北平大学）第 5 卷 1-2 合号，1930 年 7 月。

会议并制定约法。①

　　当然此时也有人反对训政本身，但也主张按照"先会议、后政府"路线召开国民会议并实施宪政。中国青年党在《中国青年政策大纲》中，明确提出了成立职业代表制与区域代表制并行的两院制国会。②但随着《训政纲领》的发布与国民党第三次全国代表大会的召开，这种宪政论也逐渐转向了"民主式训政"论。《大公报》通过"国民会议与训政"等社论提出了如下主张：没有得到人民委任的国民党训政权缺乏正当性，而国民党的"独裁式训政"更是加剧了内战；既然训政已经失败了，那么就应该召集国民会议，实行"民主式训政"。

　　那么训政期国民会议为什么一定要依据职业代表制召集呢？曾是自由职业团体成员之一、报界代表《大公报》称，区域代表制在欧洲以及民国初年中国的实验中已经失败，其取代方案就是职业代表制。因此党要与"生产分子"合作，使职业团体成为党治的中心势力，这样才能克服军人、政客"借党治之名行使的军治"。③黄右昌表示，与区域代表制不同，职业代表制符合代表和功能性社会组织的原理。特别是拥有选举权的职业团体永久存在，能够充分行使其对于代表的监督权，增进议会的专业知识与经验。他认为苏联以及意大利等欧洲国家已经采用职业代表制，作为实验中的先进政治制度，一旦实验成功，这一革新潮流即会席卷世界。

　　1929—1930年，包括陈独秀在内的托洛茨基派和国民党改组派在北平扩大会议上全部主张召集国民会议，对此，我们需要以

---

① 平心：《中国民主宪政运动史》，第291—292页。
② 《中国青年政策大纲》（1930年10月），《中华民国史档案资料汇编》第5辑第1编政治（2），第906页。
③ 《职业代表制与中国》，《大公报》1930年8月17日。

继承国民革命运动的遗产为线索来理解。① 以汪精卫为首的改组派主导的北平扩大会议于 1930 年 7 月公开决定，召开国民会议来议决政府组织并制定基本大法。该基本大法当然是以训政阶段为前提的。根据该法，10 月公布了《国民会议筹备条例》与《中华民国约法草案》（简称《太原约法草案》）。与孙中山《北上宣言》中所提及的团体相比，这里参与国民会议的团体明显增多，新增了省学生联合会、自由职业团体和妇女团体，连国民党以外的各党派也在其中。允许各党派参与，这是发扬了孙中山要求以释放所有政治犯为国民会议前提条件的精神。《太原约法草案》还规定，各职业团体不受任何限制，可以通过会员的直接选举选出国民会议代表；《太原约法草案》中明确提及，约法要接受国民会议的议决或事后追认。②

改组派由于得到了地方青年党员（当时 29 岁以下的青年党员占国民党全体党员的 60%）的支持，在民众团体与乡村自治运动、青年军官中拥有巨大的影响力。改组派这种召开国民会议的要求与《大公报》等报界及职业团体的要求相结合，形成影响力颇大的社会舆论。因此在中原大战以蒋介石的胜利而告终后，北平扩大会议与《太原约法草案》形成的影响力仍没有消失，要求召集国民会议制定《训政时期约法》的舆论也依旧存在。为了与实际上支持此类要求的北方地区的张学良展开合作，蒋介石也不得不接受北方的召集国民会议的要

---

① 有学者认为，包括陈独秀在内的中国托洛茨基派于 1929 年夏天提出"国民会议召集"的要求，是受国际托洛茨基指示的结果。参见《郑超麟回忆录》，东方出版社，1996，第 338—340 页；Gregor Benson, *China's Urban Revolutionaries, Exploration in the History of Chinese Trotskyism, 1921–1951*（N. J.: Humanities Press, 1996），p. 32. 笔者在本书从国内舆论与国民革命运动遗产的视角来解读。

② 《国民会议筹备条例》、《中华民国约法草案——太原扩会》（1930 年 10 月），宋孟源主编《中国国民党历次代表大会及中央全会资料》（上），第 855—856、878 页。

求。① 蒋介石1930年10月在中原大战中取得胜利后，随即向战场发送电文，表示完全接受关于国民会议召集与约法制定的舆论。这是不顾与胡汉民派发生冲突而做的决定，随即他就被监禁了。

　　蒋介石与南京政府接受这种要求的意图是借助军事胜利的余威，消除反蒋势力的批判依据，如蒋介石不执行总理遗嘱等，从而把舆论拉到自己一侧，稳定政治的胜利。从如下国民党上层的言论中也能了解到这一点，"本党虽实际上已经统一全国，并且获得了政权，但从法律上来讲，还没有经过从全体国民手中赋予大权的阶段"，因此国民会议在通过制定约法来赋予国民党训政大权方面具有重要意义。② 像这样，不是通过军事手段，而是通过政治手段，结束自从南京政府成立以来不断反复的反蒋军事行动（如唐生智、冯玉祥、阎锡山等）引发的内战状态，同时超越国民党自身的狭小根基，以得到国民的同意来提高其作为中央政权的地位，有鉴于此，国民会议的召集是必需的。③ 此时，怎样把一直以来以党治和训政为依据反对国民会议的逻辑合理化，成为国民党的一大问题。蒋介石自从决定召集国民会议后，南京方面人士就开始积极讨论国民会议召集的必要性、当为性、参加团体的范围与职权等具体问题，此后将其出版为《国民会议之认识》、《国民会议之理论与实施》等单行本。根据这些论著，国民党内依然有很多党员认为，"训政时期应该训导人民的政治知识与能力，没有召集国民会议的必要"，④

---

① 殷啸虎：《近代中国宪政史》，上海人民出版社，1997，第231页；長野朗「国民會議を繞る支那時局」、『東洋』1931年6月、頁38。
② 《训政约法与信托法理》、《训政约法与国民会议》，《大公报》1931年3月17、18日；寄宇：《国民会议之意义与我们应有的认识》，《国民会议之认识》，出版社不详，1931，第175—176页。
③ 除军人和华侨之外，一般国民党员不到30万人，而且其中大部分集中于大城市，因此30万的数字也是几乎不进行实际活动的名义上的数字。关于国民党员的实际情况，可参见王奇生《党员、党权与党争：1924—1949年中国国民党的组织形态》第10章。
④ 郭全和：《国民会议底性质与权限》，《国民会议之认识》，第183页。

他们可谓是"无会议党治派"。对此,"有会议党治派"表示,召集国民会议就是实行训政,是党治的促进。因为国民会议作为训练民众行使参政权的唯一策略,是引发政治关心、培养政治知识的机会;在由农工商会等民间团体组成的国民会议上通过国民党的党纲,成为中华民国的政纲,进而使国民党的主张成为全体国民的主张。[①]总而言之,认识到国民会议位于训政与党治的互补关系之中,则可以说前面分析的职业团体之言论,以及改组派的逻辑已经几乎被南京政府方面所接受。但要想使这种互补关系成立,就必须大幅削弱国民会议的职权。因此对于民间团体提出的使其成为"拥有最终决定权的民意机关"的要求,南京方面批判它是企图破坏党治与训政的阴谋,并将国民会议限定为一个临时性的"政治集会"或"训政会议"。[②]

国民党与政府为了确保政权的正当性,在保证自己处于主导地位的同时,在某种程度上表示妥协,接受了各界的要求,而职业团体的力量也在"清党"之后被明显削弱,因此只能暂时接受,之后再去寻求发展。国民党已经将训政期限定为 6 年,并约定于 1935 年实施宪政,因此更是只能如此。

二 国民会议选举的职业团体整备:以农会为例

南京国民政府与国民党中央在这种情况下,决定于 1931 年 5 月 5 日召开国民会议,并开始了选举的准备工作。进行选举的首要任务

[①] 胡汉民:《遵依总理遗教开国民会议》,《国民会议之认识》,第 153—171 页;《戴传贤报告筹备国民会议》,《中央日报》1931 年 3 月 3 日;蔡佑民编《国民会议之理论与实施》,本立书局,1931,第 25—35、90—92 页。
[②] 丘元武:《对国民会议应有的先决及观念认识》、郭全和:《国民会议底性质与权限》,《国民会议之认识》,第 23—24、183—189 页。

是制定选举人名单，按照国民政府的命令，省总监督（省民政厅长）要求各县监督（县长）协同当地政府，改组各种团体，使其成为选举的基础。因为这些团体的会员名单就是选举人的名单。在此，笔者主要考察会员数最多的农会。

国民党组织由于主要集中在城市，因此作为南京国民政府法团的工会与商会等按照1929年颁布的新法规整备，并据此制定了选举人名单。但农会直到1931年2月都未成立，之后才按照国民会议的召集日程于3—4月成立。其成立方式为：在已有国民革命时期农民协会的地方改组农会，而在此前没有协会的地方新成立农会。湖南、湖北属于前者，而江苏、浙江属于后者。

首先，我们来看国民革命时期农民协会曾经最发达的湖南、湖北地区的农会成立过程。1927年5月21日，湖南长沙的国民革命军发动军事政变，在镇压国民党左派主导的各种民众运动的过程中，除商会及教育会之外，大部分进步职业团体都遭到破坏。此时以贫民为主的农民协会（湖南的会员数为450万人，湖北为280万）遭到打击后，1931年3月按照新公布的《农会法》，成立了以地主、富农为主的农会取而代之。此过程在国民党省、县党部的主导下，按照自上而下的方式推行。该地区的农民由于此前积极参与农民协会活动，却遭军事政变之灾，因此变得消极对待组织活动。国民党中央民众运动指导委员周芳冈在1932年10—11月的视察报告中表示，"湖南现在各团体，特别是农会按照非自发的方式组织……各县市所有农会仅由一两个穿长衫的人成立……所谓的区、乡农会只不过是名义上的团体"。① 可见，在党的主导下，区长、县长出面组织了农会。

其次，看江苏、浙江地区的情况，国民革命时期此地区的农民

---

① 《湖南省各县市农会工会商会学校社会和党务视察报告》，中国第二历史档案馆：全宗号722（4），案卷号541。

协会极少，到 1927 年 5 月，农民协会的会员也不过 5000 余名。①
之后经过"清党"，原有的激进派干部被除掉，在积极推进"反共"
的国民党右派人士主导下，重组农民协会，至年底会员人数增加到
12 万余人。② 1928 年 3 月，国民党发布《农民协会活动停止令》后，
农民协会被整顿，1931 年 3 月又根据《农会法》重组。

  此时的国民党在将原有的农民协会改组为农会的同时，允许据
《农会法》而拥有资格的一般农民加入农会。拥有土地者无论其规
模如何（即便除了农业之外还从事其他职业）都可以加入，佃农的
情况则是，只有拥有 10 亩以上的土地，或耕作 3 亩以上的花园、果
树园者才能加入。③ 因此如果佃农的耕作规模在其要求之下，就没有
会员资格，雇农也是如此。这种会员组成与国民革命时期农民协会
的会员组成形成对比，国民革命时期农民协会中佃农、半佃农占大
多数，另有自耕农与少数富农和小地主参与，是中下层农民的联合
组织。④ 因此江苏与湖南省党部认为，《农会法》仅仅重视拥有土地
者却忽视了佃农与雇农，这就导致真正的农民无法加入，就此他们
还要求修订《农会法》。⑤ 照此，会员的资格倾向于上层而忽视了
下层，因此依据选拔吸收原有团体的改组方式带来的不一定是农会
会员的急速增长，反而在不少地区导致会员人数减少。

  如此成立的江苏省各县农会的实态，在国民党上层看来，不同

---

① 《中央农民部昨日召集东南农运同志联席会议》，汉口《民国日报》1927 年 5 月 23 日。
② 《组织部工作报告》，《农运工作报告专刊》第 2 期，1927 年 7 月；《十二月份全省会员统计表》，《农运工作报告专刊》第 7 期，1928 年 1 月。
③ 《农会法》（1930 年 12 月），《东方杂志》第 28 卷第 1 号，1931 年 1 月。
④ 柳镛泰：《知识青年콰农民社会의革命：1920 年代中国中南部三省의比较研究》，第 245—270 页。
⑤ 《湖南、河南、江苏省党部电请组织省县农会等筹备处和修改及解释农会法有关条文》，中国第二历史档案馆：全宗号 722（4），案卷号 794；《湖南省各县请修农会调节处条例增补农会经费农会干事可兼任上级农会干事及农会组织状况一览表》，中国第二历史档案馆：全宗号 722（4），案卷号 771。

时期也有不同的评价。1933年国民党党史会提及，"各区、乡农会偶尔会有名无实，与县农会的关系也会有疏远的情况，但江苏省农会组织基本上是健全的"；相反，1936年国民党中央训练部表示，"农会主管人员大多不了解农会的使命……把农会当作追求私利的地盘"。① 至1933年，农会会员保持增长态势，此后逐年递减，农会的组织与活动也随之变得徒有其名。

农会虽然以国民会议选举为契机，根据政治日程迅速被重组和新组，但其还是有着原本的任务的。训政期农会的主要任务是："农业的改良与发展、农民的福利增进、实施地方自治。"其中通过改良农业而增大生产力作为最急迫的任务而受到重视，但由于经费不足，以此为指导与实践的地区稀少。那么无须投入大量经费的活动，如通过减租与减息、解决业佃纠纷而增进农民福利，或为了实施地方自治而进行各种政治教育及训练，这些在某种程度上不是可以实践的吗？下面探讨一些相关事例。

农会以国民会议选举为契机自上而下迅速重组和新组，这虽是全国性现象，但其组织与活动的具体内容在各地区是不同的。如浙江省，由于南京政府初期的"二五减租的实行而使农民增大了对党与农民协会的信任"，② 因此以此为基础改组的农会相对来说拥有较深厚的群众根基，并展开了各种活动。1931年3月到1932年5月它的主要活动，除国民会议选举之外，还开展了以下运动：从1927年开始的二五减租的宣传以及推进、为了扩大实施原本仅适用于稻田的二五减租而进行的各种调查（面积、生产量、耕作管理与纳租

---

① 中国国民党党史编纂委员会编印《中国国民党年鉴》（民国23年）第5编（戊），1934，第105—106页；中央训练部编印《江苏省人民团体概况》（全国人民团体总视察报告之一），1937，第4—5、10—11页。
② 《浙江省党部指导全省农运述要》（1932年5月），中国第二历史档案馆：全宗号722（4），案卷号648；《该部函各省市党部查报农会组织和指导农运情形及征集农运参考材料行文》，中国第二历史档案馆：全宗号722（4），案卷号648。

额、业佃纠纷等)、为了使农会代表出席由党、政与法院代表组成的县业佃仲裁委员会等为解决业佃纠纷而召开的会议之努力、病虫防治运动、肥料购买以及信用合作社的运营、识字运动与农民补习学校的运营、根据孙中山《民权初步》的精神而召开的会议、改良团体的生活习惯等。① 二五减租的宣传与推进,以及在此过程中在解决业佃纠纷方面,各乡农会与县农会积极出面则会取得较好效果。这一点在各县《农民运动纠纷调查表》中有很好的体现。反对减租的地主与土豪劣绅破坏农会的事件频繁出现,这也从侧面反映了农会的重要性。② 而在报告提及的农会组织尤为不健全的湖南省,长沙市农会与常德县农会也各自设立农民公断处与农民调解处,积极出面解决业佃纠纷。这是以浙江省业佃纠纷调解机构为原型,将其扩大发展的结果。③ 常德县农会会员有81081人,为湖南省最多,与这些活动是有一定关联的。

表7-1　1931—1933年各省农会组织情况

省份	县市农会(个)	区农会(个)	乡农会(个)	会员(人)	国民会议代表(农会/省)*
江苏	56	480	6993	478663	6/30
浙江	64	307	3127	419928	5/24
湖北	10	54	478	260913	6/29
湖南	50	324	1768	400639	6/30
广东	—	—	—	560500	6/30

---

① 《浙江省党部指导全省农运述要》(1932年5月),中国第二历史档案馆:全宗号722(4),案卷号648。
② 《浙江省孝丰等二十九县农运纠纷调查表》,中国第二历史档案馆:全宗号722(4),案卷号778。该调查表为1935年5月至10月各县党府做的调查,包含1927—1935年纷争的事件。
③ 湖南省党务指导委员会:《呈为常德县党部转变为该县区农民调解处组织条例请核示由》(1932年1月11日),中国第二历史档案馆:全宗号722(4),案卷号771。

续表

省份	县市农会（个）	区农会（个）	乡农会（个）	会员（人）	国民会议代表（农会/省）*
河北	110	487	3793	425997	6/30
河南	42	153	412	130847	6/30
山东	100	662	5897	542264	6/30

* "农会"表示的是农会代表数，"省"表示的是全省代表数。
资料来源：《该部函各省市党部查报农会组织和指导农运情形及征集农会参考材料行文》，中国第二历史档案馆：全宗号722（4），案卷号648；《中国国民党年鉴》（民国23年）第5编（戊），第106—114页；《湖南省直属人民团体农人团体社会团体组织人员及长沙市人力车纺织业公会教育会组织一览表》，中国第二历史档案馆：全宗号722（4），案卷号543。

在表7-1中，笔者以各省农会会员数为依据，推算国民会议参加选举的人。1931年至1933年各省农会组织数量与会员人数如表7-1所示。就此可以推算选举农会代表时，各省国民会议参加选举的人数最多的为40万至50万人，少的则10万到20万人。按照《国民会议代表选举法》的规定，分配到各省农会的国民会议代表名额最多6名，最少1名，合计96名。按照选举法的规定，南京、北京、汉口、广州、天津的代表名额为5种团体中选举3名代表，其中就包括农会的代表，并且有可能追加1—2名。除去上述几名，农会代表仅占全体民选代表的19%，这与农会会员占职业团体会员总数70%—80%的情况形成鲜明对比。[①] 还有，会员数为10万—20万人的河南、湖北与会员数达40万—50万人的其他省一样，代表全部为6人。从这里我们可以了解到，职业代表制的原理之一，即根据会员数分配代表数额的原理在当时中国没有得到原本的展现，

[①] 各省团体会员总数中，农会会员的比例为江苏72.3%、浙江80.9%、山西77.3%、广东84.6%。赵如珩：《江苏省鉴》，新中国建设学会，1935，第30页；《各省筹备国选》、《各地国选》、《晋省国选进行近状》、《各省市国选》、《粤省国选之急进》，《中央日报》1931年4月4、7、12、13、18日。

缘于因地制宜。

三　国民会议选举：首次全国性职业选举

现在我们来看国民会议代表中除了"当然出席代表"204名(国民党中央执监委员、政府委员及其候补委员、主席团特别指名人员等)之外，520名民选代表的选举过程。民选代表名额首先分配给各省，然后由各省的5种团体按照配额选出代表。这5种团体有农会(定额96名)、工会(94名)、商会及实业团体(90名)、教育会和大学以及自由职业团体(88名)、国民党(84名)。还有5个特别市(15名)、3个市(3名)，内蒙古(12名)、西藏(10名)、西康(2名)的代表，以及海外华侨代表(26名)。他们都由该地当局认定的团体混合选举产生。[1] 国民党当然不是职业团体，但属于孙中山在《北上宣言》提到的国民会议组成团体之一，国民党代表至多占总数的20%。除了国民党以外，其余团体都是职业团体。所以，此次选举可以说是职业选举(80%)和区域选举(20%)并行。

选举国民代表的这些职业团体必须为党国公认的团体，各职业界中不允许有重复的团体。假定这些团体会员全部都是选民，则选民占所在地人口的比例是江苏省1.89%、浙江省1.9%，[2] 职业团体最发达的上海则为4.6%。[3] 虽可以说均未达到2%，但与民国初

---

[1] 5个特别市为南京、广州、北平、汉口、天津，3个市为青岛、哈尔滨、威海。《国民会议代表选举法》(1931年1月1日)、《国民会议代表选举法施行法》(1931年1月20日)，《东方杂志》第28卷第2号，1931年1月25日。
[2] 《浙省国选进行情形》，《中央日报》1931年4月18日。
[3] 各资料记载的上海选举人数略有不同。如有文章记载，经过审查确定的选举人数为46007人，上海市人口为100万人，则占5%(实际上是4.6%)，参见努生《上海民会选举》，《新月》第3卷第4号，1931年4月。

年选民数（1912—1913年占当地人口的0.1%）①相比，在数量方面有大幅的增长。南京政府按照总理遗嘱选择了职业代表制，不分性别、财产，仅根据职业进行直接选举，并将之宣传为"世界史上最进步的选举"，"能够淘汰旧式的家族观念，利于适应将来的新社会组织，并维持议员的专业性，容易形成代表与选民之间的代议关系"。②

接下来我们分析选举过程，并看它在多大程度上体现职业代表制的核心原则。国民党有决定各职业团体是否具备参与选举资格的权限，因此处于与各职业团体完全不同的特殊地位。不仅如此，各职业团体会员按照一人一票的原则进行，但党员却不受此限制，因此如果党员是某职业团体的会员，就可以拥有行使两票选举权和被选举权的特权。③孙中山在《北上宣言》中把政党包括在内，此政党并不仅仅指执政党。因为他要求以释放所有政治犯为国民会议选举的前提，而且审核、决定其他职业团体资格的主体不是执政党，而是由各职业团体代表组成的"国民会议预备会议"。

在此，处于特殊地位的国民党审核各职业团体，由选举总监督审核各团体会员，把不合格者排除在外。如上海的淘汰率为大学58.9%、教育会13.4%、商会1.8%、工会0.2%。此时，当局把从大学和教育会中淘汰之人称为"有反动嫌疑者"。对此，代表自由主义知识分子的一个杂志嘲讽道，"大学中不具备国民资格者如此之多，这是国家未来的隐性忧虑"。④既然以"无职业者参与选举，容易被野心家所利用"的理由反对区域代表制而选择职业代表制，⑤那么是否具备参

---

① 张玉法：《中国现代政治史论》，辛胜夏译，首尔，高丽院，1991，第80页。
② 谢冠生：《对于国民会议应有的认识》，《中央日报》1931年4月16—19日；《国选宣传人员谈话会》、《芜湖国议宣传大会》，上海《民国日报》1931年4月20、28日。
③ 陈之迈：《民国二十年国民会议选举》，《清华学报》第11卷第2期，1936年4月。
④ 努生：《上海民会选举》，《新月》第3卷第4号，1931年4月。
⑤ 谢冠生：《对于国民会议应有的认识》，《中央日报》1931年4月16—19日。

与选举的资格应该以是否有职业和是否加入职业团体为标准。就此上海市政府社会局长潘公展强调,"如果你不加入农会,那么即便你是农夫也没有选举权;即使你是工人,如果不加入工会,你也依然没有选举工界代表的资格"。① 即便如此,受党政主导势力的影响,其基准成了橡皮筋,展现出将思想倾向不同者排除在外的二重性。

商会的会员不是以个人为单位,而是以个别商店或所属同业公会的公司、商店为单位,在选举中仅有这些会员单位的代表与店员代表被赋予了选举权。因此,在同业公会中,商店店主与店员之间发生了选举权的纷争。全国商会联合会表示农、工、商、学界人士全部为国民,因此对选举权的限制也应当平等;他们批判道,工人、农民在入会的同时就拥有了个人的选举权,商人却没有,这是对商人的歧视,要求商人也应拥有普通选举权。②

选举的开展与管理一般由各级行政机关的长官与职员组成选举事务所来负责。候选人被各县各团体推荐后进行登记,并在报纸杂志上刊登自己的照片、简历、主张来做广告,他们还会聚集听众进行讲演。浙江省党部发行了5万本小册子与50万张传单,各县组织的国民会议宣传委员会宣传关于国民会议的意义与任务等。③ 但对于言论的管控在此时愈发加重了。在武汉,党政军联席会议"担心反动分子的混入",要求除了党所属报刊与通讯社之外,一般言论社要在4月1日之前,重新到市政府社会局登记,以再次取得许可。地方也由当地文武官执行出版法,可随意封锁或检查报社,对记者实行拘留或罚款、吊销执照等。④ 该举措给即将进行的国民会议选举

---

① 潘公展:《一般人对于国民会议应有的认识》,上海《民国日报》1931年5月5日。
② 《商人争普选权》,上海《民国日报》1931年4月19日;《商会力争商人普选权》,《申报》1931年4月19日。
③ 宣传委员会由县政府和县党部与文化、教育、民众团体一同组成。《国民会议浙省代表当选预测》,上海《民国日报》1931年4月8日。
④ 李在铃:《南京国民政府의言论管理实态와言论界의对应》,《东洋史研究》第68辑,1999年,第69—82页。

带来了不小的影响。

各县选举经费由县政府从国库拨付，金额限定为一等县400元，二等县300元，三等县200元。这个经费额度与当时民政厅职员的工资相比（浙江省的厅长为600元，科长200—250元），是微乎其微的。投票管理员与唱票管理员由选举监督委任，监督他们的选举监察员是选举监督从各团体拥有代表资格的人（会长、常务理事、主席等）中委任的。如果是职业选举，当然是在职业团体自发的管理下主管选举，并接受政府或党的监督，但实际上并非如此。不过像上海那种各团体拥有实力的地区，也有由各团体指定监察员及投票、唱票管理员的情况。

从1931年3月末到4月下旬，由各县市选出各省团体代表，以记名投票制的方式进行，得票数多者当选。在同一市、县内，也不在一天之内结束投票，而是分区域或分团体，用几天来投票。如上海，除了国民党之外，四个团体各用一天，合计进行了为期4天的投票；投票率为农会最高，教育会最低。天津市各团体的投票率则低于50%，68000人中有29215人参加投票。选举虽以各团体直接选举为原则来进行，但江苏省农会以乡农会出席区农会代表为主的间接选举来进行。各团体要选出的代表根据各地人口进行分配，江苏、河北、河南、湖南、广东、四川、山东均为5种团体各6名，每个省份代表为30人。①

从以上研究可以发现，职业代表制的核心原则虽已在很大程度上遭到损坏，但从当时中国的条件来看，此次选举还是有重要意义的。在选举过程中，各团体致力于体现选民的利益及要求，这一点值得我们关注。上海的工会领袖发起"国民会议上海市工界提案研究会"，

---

① 此外，湖北、江西、浙江、安徽的代表分别为29人、28人、24人、20人，上海为5人，杭州、汉口、北平、天津各3人。《国民会议代表选举法》、《国民会议代表选举施行法》，《东方杂志》第28卷第2号，1931年1月25日。

提议修订工会法、工厂法和劳资争议处理法，建议政府在设立农工部的同时，在农工教育、农工保险、失业工人救济方面也应予以关注。商会也结成"商界民会提案审查会"，议决向政府提议关税保护政策、阻止外国工厂的设立、废除租界与不平等条约、征收捐税时须取得商民代表机关的同意等事项。在其他地区也开始出现这种现象，因此它被评价为培养民主政治所留下的有深刻意义的先例。①

由于选举按照团体会员选出临时性代表的形式进行，虽然国民对此没有很大关注，但平时通过职业团体活动而得到民众信赖的人当选的可能性极大。以往区域代表选举中，以财产和教育程度为基准，限制了选举人、被选举人的范围，农民和工人没有参加选举的机会；而此时，农民与工人作为农会及工会会员参加选举，从扩大参政权方面来讲，实在是一件具有划时代意义的事情。考虑到不会写字的选民，选举监督派指定人员为其代笔，并由监察员对此进行确认。② 在此过程中选民的意思虽有被歪曲的可能性，但选举事务所方面表示，80%的中国人都不识字，因此，此次选举的记名投票中尽管出现了"代书"这一现象，但这仍然是中国首次不以性别、财产、教育程度设限的普通选举。③

不仅如此，女性作为职业团体候选人参选并当选，从中可以看出，无论在选举权还是在被选举权方面，女性参政也得到了大幅的推进。包括作为浙江省工会代表参选并当选的史志英在内，女性代表共4人，其中一人被选为主席团成员。妇女团体早在参加国民会议促成运动时，就曾强烈要求国民会议代表选举权，却没能实现，

---

① 《商界昨日集议民会提案》，《申报》1931年4月8日；陈之迈：《民国二十年国民会议选举》，《清华学报》第11卷第2期，1936年4月。
② 《国选总事务所出三要电》，《中央日报》1931年3月19日。在此前商人团体的职员选举时，往往让其他人替不识字的会员代书，就此也发生过纷争。《商人团体选举职员须知》，上海《民国日报》1931年4月19日。
③ 《国民会议可如期举行》、《经办京市国选感想》，《中央日报》1931年3月26日、5月5日。

最终妥协为没有表决权的 10 个列席代表席位。尽管如此，当时韩国《东亚日报》记者申言俊到国民会议现场取材时，将青年代表和妇女代表的登场描写为"摩登男子、摩登女郎的国会"。[①]

时人对该选举为中国民主化做出了多少贡献的评价也有所不同。申言俊的报道体现了时代批判性视角，他认为蒋介石一方为了禁止反对派参与选举，动用了各种限制举措，将包括共产党在内的非执政党排除在外，从政党政治的标准来看，这分明是致命性的限制。中国青年党与国家主义青年党由此批判国民会议不过是国民党实行独裁的"党民会议"。[②] 但我们从国民革命时期湖南的国民会议式地区政权与民意机关选举可以发现，参与主体限定为各种职业团体与实际上的执政党。像这种排挤非执政党的现象不仅是训政政府的特征，还是革命政府的特征。

为了阻止反蒋派参与选举而设置的限制措施实际上也很难在全国范围内贯彻执行。在成立政党的自由遭到禁止的情况下，国民党内部也存在各种不同立场的派系，因此党内民主化的呼声也尤为强烈。中原大战之后，山西的冯玉祥、东北的张学良、广东的陈济棠等依然维持自己的"领地"，通过北平扩大会议集结起来的改组派以及反蒋势力也将自己的地盘搬至广东，与蒋介石的南京政府对峙。这种党内各派系的斗争，又恰逢"清党"由地方领袖及其追随者进行，[③] 导致党对地方政治势力的管控力削弱，地方政治势力影响力扩大，形成了南京政府与蒋介石一方无法包办国民会议选举的局势。这从

[①]《国民会议亲观》，《东亚日报》1931 年 5 月 19、23 日；闵斗基编《申言俊现代中国关系论说选》，首尔，文学与知性社，2000，第 384—385、395—397 页。

[②]《中国青年党及国家主义青年党湖北省支部"反对御用的国民会议"宣言》（1931 年 5 月），《中华民国史档案资料汇编》第 5 辑第 1 编政治（2），第 909 页。

[③] Joseph Fewsmith, *Party, State, and Local Elites in Republican China: Merchant Organizations and Politics in Shanghai*, 1890-1930（Hawaii: Univsity of Hawaii Press, 1985）, p. 142.

"在选举中蒋介石一方明显处于劣势",① 以及下一节探讨的国民会议代表提案内容中可以窥知一二。

四 国民会议的主要决议案与提案

会议于 5 月 5 日在南京中央大学大礼堂进行，全国各地各团体选出的 520 名代表基本全员参会。会议开幕以及闭幕之后依然有几名代表陆续到达，就此可说，至少在呼吁全国国民代表到南京这方面是成功的。在提出的 450 多个议案中，我们先来看看与训政相关的、引发关注的议题。

舆论对于国民会议职权的期望相当之高。《大公报》提出国民会议除了有议决国民党政纲政策与《训政纲领》的权限之外，还有训政约法的制定与宪法颁布时期的确定、政府预算案的通过、财政运用的监督、内外债整理方案的审议及决定、立法委员选举法的制定，以及一部分立法委员的选定、国民请愿权的行使等权限。② 该文劝诫道，国民会议万万不可连这些职权都没有，就只发表一篇没有实际内容的宣言，成为粉饰太平盛世的工具，这样反而会给党治的道路增添障碍。但主办方南京党中央与政府将国民会议的主要职权限定为，通过约法制定来确定训政建设事业和通过废除不平等条约来提高国际地位。③

南京政府为应付国民会议的召开，树立了废除领事裁判权的目标，并从 1930 年 1 月初开始与各国展开废约交涉。但只与新西兰、挪威等小国家达成了协议，与美、英、法、日四大强国的交涉没有进展，因此在国民会议召开之前，政府放弃交涉，选择了在国民会议

---

① 张同新：《国民党新军阀混战史略》，黑龙江人民出版社，1982，第 223 页。
② 《国民会议职权私议》，《大公报》1931 年 1 月 27 日。
③ 《告本市选民》，《中央日报》1931 年 4 月 19 日。

上发表《废除不平等条约宣言》，宣布"自动废除"。国民会议代表表示，这不是空虚的"宣言"，而是应当讨论并决定废约的具体步骤与方法，并提出国民会议的代表是全国职业团体的领袖，因此可凭借职业团体团结一致的力量对列强展开经济封锁。①

如此一来，就强调了废约"不是国民党单独之要求，而是中国人民全体之公意"这一点。该《宣言》提出在"政局有显著变化"时，根据国际法惯例，可以废旧约、签新约，由此将其作为废除条约的正当依据。这里讲的"政局有显著变化"主要有二：一是指与列强签署不平等条约的清政府及中华民国北京政府倒台并通过革命成立了新的政府；二是列强始终推迟修订条约，而其引以为借口的中国法制缺陷随着南京政府制定出台各种法律，该缺陷已经消失。② 实际上南京政府接受了外国法律专家的意见，为了使在中国居住的外国人接受中国各级法院的管辖，设立外国人专用法庭以及制定相关条例，并于1931年5月4日议决颁布。③ 从蒋介石称"不平等条约的废除才是国民会议的最高精神，是召集国民会议的最重要意义"来看，《训政时期约法》的制定在废除不平等条约方面对外意义比对内意义更大。④

从对外意义而言，制定《训政时期约法》在把废约交涉引向有利的方面是必要的，但从国内统一来考虑，其对内意义也是切实的。制定约法作为训政的法制化和以集结起来的民意赋予南京政府训政权的步骤而具有重要意义。国民党中央压制了主张总理遗教能够代替法律

---

① 《纪念国耻并蕲望于国民会议》，《中央日报》1931年5月9日。
② 《废除不平等条约宣言》，《中央日报》1931年5月14日；《法权交涉》，《大公报》1931年4月11日；艺声：《国民会议纪》（中），《国闻周报》第8卷第19期，1931年5月18日。
③ 《英美法权日内即可具体解决》、《国府明令颁布管辖在华外人实施条例》，《中央日报》1931年4月28日、5月5日。
④ 蒋中正：《国民政府政治总报告说明》，胡春惠编《民国宪政运动》，台北，正中书局，1978，第651页。

的约法制定反对论，而决定制定约法是因为期待对内产生这种效果。要求自下而上进行革命性训政的《大公报》提出，若没有"和平统一与法治"，就不可能废除不平等条约，这强调了约法制定的双重意义。①

图7-1　《中央日报》上纪念南京国民会议的插画

注：插画的寓意是1925年孙中山遗嘱公布以来，国民会议经过重重难关最终召开，并且该会议将要实现废除不平等条约与民生主义这两大目标。

《训政时期约法》全面接受了1928年的《训政纲领》，让国民党中执委行使中央统治权，从而使国民党的训政法制化。虽然其称各县迅速组织县自治准备机构，执行相关事项，并训练四大民权，但因为没有明确规定训政年限，因此遭到了舆论的强烈批判。改组派批判道，党与政府、主席的权限变得更大，而相反"人民平时无法参加立法，无法监督行政，因此约法的原则实行与否成了党与政府的责任"。② 这正是训政阶段的特征。

在消除军阀割据局势的北伐过程中，国民党军队增加到200万人，军权逐渐得到强化，甚至达到左右党权的地步。只有结束这种状态，才能从军政转入训政。为此，必须有能够使军权顺服的全国民意，以及以此为基础而成立的正统政府。从这一点来看，国民会

---

① 《国民会议闭幕》，《大公报》1931年5月18日。
② 中国国民党执监委非常会议编《国民会议的意义及使命》，出版社不详，1931，第38—41页；《约法制定之完成》，《大公报》1931年5月14日。

议的一部分代表提出的解除军政案具有重要价值。

孙中山与汪精卫等人当初构想训政的目的是加大民权并削弱军权，因此训政阶段的主要课题在于克服军政体制。[①] 国民会议中关于军民分治与军权限制的提案使人们清楚地了解这一背景。他们表示，"唯有终止随着军事力量的消长，政治力量也随之发生倾斜的恶习，才能有民治"，"既然已经宣布开始了训政时期，那么军政与民政也理当分开，根据调查结果各省政府的主席、厅长、委员大部分是现役军人。现役军人有很多担任县长的情况……军人发生非军事性犯罪的情况下，也被看作为特殊阶级，超越法律之上，存在于一般国民之上，所以必须使他像普通国民一样站在法律之前"。[②] 实际上在地方，军人沿袭清朝督抚制度的恶习，任意左右民政事项，被称为"小皇帝"。[③] 这些提案者切身感受到如果不实现军民分治，那么在训政制度下还是必然会继续实行军政，因此要求现役军人不得兼任民政工作。

以上的提案都有与权力根基主要为军权和军队的蒋介石和以他为主的南京政府一派形成对立关系的可能性。这些提案虽然没有得到执政势力的重视，但我们由此可知学界普遍批判的国民会议的选举和召集是由南京政府包办的，或国民会议仅仅是党政的傀儡的说法和评价是失之偏颇的。

各地农会代表提交的各种提案从这方面来说值得我们关注。其提案中的重要事项，主要有以下几方面：迅速制定土地相关法规来保护佃农和培养自耕农的提案、减少地税并限制附加税来救济农民

[①] 蒋永敬：《南京政府初期实施训政的背景及挫折——军权、党权、民权的较量》，《近代史研究》1993 年第 5 期。

[②] 《现役军人不得兼任地方民政长官案》、《请实行现役军人不得充任各省政府主席案》、《军人权力限制案》，国民会议秘书处编印《国民会议实录》正编"提案"（下），1931，第 40、47—48、77—78 页。

[③] 《国民会议与言论自由》，《大公报》1931 年 5 月 12 日。

的提案、在全国范围内实施二五减租的提案、严格规定地税的法定数额并将征收单位从"两"改为"元"的提案、设立全国农业改良委员会通过农村教育和改良农事设施来发展农村经济的提案、为实现农村政治经济文化的综合改革和发展而提出的中国农村建设方案等。①

在此，我们具体分析其中被称为减轻农民负担的最好方法——二五减租的相关提案。1926年10月国民党中央各省联席会议决议的二五减租仅在浙江省实施，而此时农会代表提出要在全国范围内实行，并提出以下方案。第一，秋收一周之前，乡村自治团体与当地农会一起通知业佃双方，让他们各自计算收获量，并以此为依据决定租额。其他具体的规定可以参考浙江省的减租方法。② 第二，为了调整因收获量的计算等减租参考因素引起的纷争，设立第三方，即业佃仲裁机关。初级机关由村委员会和国民党区党部组织，而县与省级的仲裁机关由当地党部、政府、司法机关与农会一同组织。业佃双方根据二五减租规则，重新签订合约，无论是地主还是佃农，只要违反减租法令的就都要依法接受处罚。③ 第三，县政府与党部、自治团体、农会派遣人员一起，组成各区乡的二五减租的地方建设费征收委员会，将减租额的1/3用作地方建设经费。

在实施二五减租的过程中，农会要想发挥重要作用，就不该依靠党政力量而紧急组织起来。因此，农会代表提出要修订《农会法》，以此扩大农会的自主性和提高地位，这也是理所当然的。如将被动的农会组织改为农民自发组织的、农民自主的农会，并帮助各级机

---

① 《国民会议实录》正编"提案"（上），第268—271、311—313页；《国民会议实录》正编"提案"（下），第42—43、50—52、56—190页。
② 《全国实行二五减租以增加农业生产发展国民经济案》，《国民会议实录》正编"提案"（下），第51页。
③ 《厉行二五减租以救济农村经济案》，《国民会议实录》正编"提案"（下），第61页。

关直接谋求农民福利的提案,[①] 将制裁欺骗及压迫农民和破坏农会者的权限赋予农会,并在各级农会内设立农事公断处来处理农民纷争的提案等。[②]

在国民会议代表的提案中,"国民经济委员会设立案"体现了职业团体的要求,因此值得关注。其提案称,由全国农工商各职业团体代表、政府机关人员、专家学者组成委员会,制定国民经济改良与经济措施等实施方案,然后由政府来实行,如此能够实现举国一致的民生促进效果。[③] 该提案在会上得到通过,并在此之后制定了实际的组织条例和设立相关机关。此处的国民经济委员会与1928年商会等职业团体要求的经济会议和1930年北平扩大会议在《太原约法草案》上明确提及的经济委员会(由政府代表占1/5、职业团体代表占4/5组成)是一脉相承的。

各种提案提交后,根据所有提案及决议不可有违总理遗嘱的基准,并经过提案审查委员会的筛选,提交到会上讨论议决。《实业建设程序案》依据的是建国方略,而《教育设施扩充案》依据的是心理建设,《训政时期约法》依据的是《训政纲领》和《建国大纲》。但前面提到的军民分治、军权限制要求案与农会法修订案未能成为决议案。在所有提案中仅有20余项最后提交到大会议决,其他的则在最后一天被一次性通过。[④] 这意味着,决议被附加了一定的限制,而且讨论也并不充分。讨论不充分的原因之一是语言问题。开始议

---

① 《发展农村经济以厚民生而坚固国民经济基础案》,《国民会议实录》正编"提案"(下),第159页。
② 《农会法中应明定农会有提出制裁欺压农民及破坏农会宗旨者之权利各级农会附设农事公断处以便处理农民纠纷案》,《国民会议实录》正编"提案"(上),第256页。
③ 《经济审查委员会审查报告》,《国民会议实录》正编"会议记录",第159—162页。
④ 《国民会议之提案与决议不得逾越总理遗教》,《中央日报》1931年1月25日、5月21日。

案讨论之后，各省代表之间无法沟通，因此需要由翻译人员进行翻译。此前蒋介石用宁波方言在开幕式致辞时，其他省份的代表也未必能听懂。①

以国民会议召集和约法制定为契机，南京方面以预备了为谋求中国统一和建设所需的"民主精神"和"法制规范"而自满，并称已确认建设的最重要课题在于民生。国民会议召集后，南京政府公开提出国民责任论，"如今国家的政治进入了新阶段……如果说此前革命成败的责任在于国民政府，那么今后该责任则在于全国国民本身"，"国民建设的责任不仅在于政府，国民也要分担和承担"。② 国民党中央将这些内容编写为《国民会议宣言及决议案宣传集》广泛宣传。

《大公报》社论也于 5 月 10 日到 18 日指出，国家的出路首先在于对内的和平统一，其中关键在于法治的实行。如果没有法治的实行，就不可能有对外方面的废除不平等条约。从上述两方面来看，不得不承认国民会议在某种程度上具有一定意义。它还指出，约法没有明确写明训政年限；在提案方式方面，也没写明必须有全体代表的 1/5 联名签署；提出了关于言论自由方面的提案却没有对其进行讨论；会期过短以致没有充分讨论的机会等，尽管如此，仍表示"希望此次国民会议成为中华民国建国的一大纪念"，以此来表达了对会议召开的期待。

但国民党内反蒋势力召开的广州非常会议将蒋介石一方的国民会议等同于袁世凯的筹安会、段祺瑞的善后会议。其根据是国民会议的召集过程由蒋介石包办，这与袁世凯、段祺瑞是一样的。按南

---

① 《国民会议杂观》（1931 年 5 月），闵斗基编《申言俊现代中国关系论说选》，第 387、394 页。
② 蒋中正：《国民会议闭会词》，《中央日报》1931 年 5 月 18 日；邵元冲：《国民会议后政府与人民应有之责任与努力》，宣传集编纂委员会编印《国民会议宣言及决议案宣传集》，1931，第 203—204 页。

京国民会议与孙中山的构想，应先召开由职业团体代表组成的预备会议。但该预备会议决定的国民会议的选举及组织办法、议事日程、职权等与构想是不同的。因此广州非常会议方面在南京国民会议结束后，于1931年孙中山诞辰纪念日11月12日举行国民会议预备会议，宣布将重新召开以职业团体为中心的真正的国民会议，但他们构想的新国民会议的职权与南京国民会议并无二致。[①] 因此，除了集合反蒋势力以外，"新国民会议"很难具有其他意义，也就没能引起社会的关注。[②] 而且九一八事变之后，广州势力放弃了反蒋，而与南京政府联合，因此国民会议预备会议的推进也随之放弃。

从以上分析可知，南京国民会议与孙中山构想的召集国民会议的步骤具有相当大的差异。其主要原因是经过"清党"之后，训政体制逐步确立，各职业团体的自律性也受到损害。即便如此，国民会议也在党政和社会团体方面各有其政治效果。在党政方面来看，国民党在国民会议上制定《训政时期约法》，国内政治势力的斗争给了蒋介石和南京政府权力正当化的机会，并且为缺少宪法的中华民国在国际社会得到共和国国体的认可打下了基础。同时通过职业团体的整顿和职业选举，试图在民间社会渗透其国家观，"社会是团体聚集而成立的，而不是个人的集合；国家以团体为基础，团体以国家为归结点"。[③] 从中可发现被称为合群建国论的团体主义逻辑。

但各界社会团体从训政初期开始就没有按照国民党和政府的意愿而被统管，而且由于日本的侵华行为重新调动了各界的民族主义情绪，因此，他们的自律性活动空间逐渐扩大。国民会议原本并不

[①] 《国民会议的意义及使命》，第30—33页。
[②] 其将参加范围限制为孙中山在《北上宣言》中提出的九种团体，而且不承认国民党以外的政党，并将"反对曹锟、吴佩孚的各军"改为"反对蒋介石的各军"。参加共产党活动的人和协助蒋介石的人也被排除了。《国民会议的意义及使命》，第84、100页。
[③] 《人民团体之意义》，《中央日报》1931年1月21日。

是根据国民党和政府的单方需求而召集的,而应是通过国民革命运动建立得到广泛支持的民意机关,因此南京国民会议实际提高了其构成主体的各职业团体的政治地位。民间职业团体的会员在国家的公认下,通过选举选出自己的代表,其代表在全国规模的会议上提出与各职业界利益相关的要求,并进行讨论。这个过程本身就是民主主义的训练过程。从世界范围来看,当时处于全体主义气息浓郁的时代,则更是如此。

第八章　从国民会议到国民参政会

1931年5月在南京国民会议上制定《训政时期约法》后，国民党和南京政府就开始强调民国建设的责任在于政府和国民两方面，其动员国民投身建国事业的意图十分明显。但是为了使这种动员发挥效果，政府不仅要遵守《训政时期约法》，还要保证国民参政的监督作用，关于这点通过成立常设民意机关就可以实现。四个月以后，发生了九一八事变，以此为契机，各界便以联合民意的形式爆发了呼吁设立民意机关的运动。

组建民意机关的诉求可分为两类：第一类是"宪政论民主运动"（简称"宪政运动"），即早日结束训政，在宪政期成立民意机关；第二类是"训政论民主运动"（简称"训政运动"），先承认国民党处在训政期这一现实，但是在训政期也应该成立民意机关，因为即使是在训政期，只要有民意机关，就可以有效地集结民意和民力。一直以来的研究都集中于前者而忽视了后者，笔者在本章将集中对后者进行考察，训政论民主运动之诉求通过1932—1933年召集国民救国会议运动和制定《国民参政会组织法》表现出来，最终在1938年成立国民参政会。

学术界一般把国民参政会（1938—1948年）看作国民党与其他党派代表共同构成的咨询机构。它直接起源于为促进第二次国共合作于1937年成立的国防参议会，因为当时参与者留下了这样的文字记述。事实上两个机构在形式上的确也有前后继承的关系。但是笔者认为，如果对国共合作这一短期"事件"过度强调，则会使我们忽略中长期的"局面与结构"持续地对国民参政会的诞生产生的影响。笔者认为国民参政会继承了一直以来声势浩大的国民会议运动，是抗日战争时期国民会议运动具体化的表现。国民参政会继承了国民会议集结民意的方式，以并行职业代表制和区域代表制的方式实现职业代表制的延续和调整。

为证明以上论点，本章首先考察民间社会集结"抗日民意"与"民主民意"的方式与结构，接着对在民间社会舆论与国民党训政体制的竞争与妥协中国民参政会的产生过程进行分析，由此揭示国民会议式的职业代表制理论。

一 民间社会的抗日民意与建立统一政府的诉求

1931 年九一八事变发生后，中国民间社会在要求南京国民政府对日宣战的同时，还提出了建立统一政府一致抗日。同年 5 月，由于在国民会议问题上的分歧，国民党反蒋势力在广州成立了非常会议与国民政府，与南京的党中央及国民政府对峙。在这种党政分裂的状态下，中国又遭日本侵略，因此对日作战与建立统一政府成为当时必须面对的、不可分割的问题。

九一八事变发生一周年之际，陈觉编纂的《九一八后国难痛史》将中国反对日军侵略的抗日主体记为学界、法团、义勇军、军人四类。[①] 这体现了当时民间社会的抗日运动是以学界和法团为中心开展的。事变发生两天后，各县市商会代表在北平向全国商会和国民

---

① 陈觉：《九一八后国难痛史》，辽宁教育出版社，1991，第 906—1078 页。（该书初版为陈觉《国难痛史》，东北问题研究会，1932）陈觉在新闻界工作多年，能够较全面地掌握全国民众的抗日舆论，陈著翔实记录了当时各抗日团体的宣言及电文等第一手资料，并附上其点评，因此与其说该书是研究著作，不如说是资料集。

发送了电文，号召全国民众成为政府的后盾，与政府并肩应对国难，并敦促政府对日宣战及北上抗日。由此，民众抗日行动至 9 月 21 日发展为市内中学、大学、商会、工会、农会、国民党省市党部等各界的集会与讲演。紧接着，9 月 28 日，250 余个团体的代表与 20 余万市民参加了北平市各界抗日救国市民大会，随后便发表了"撤销广东政府、成立统一政府、停止内战、一致对外"的宣言，结成北平市各界抗日救国会。[①] 上海也以类似的方式和渠道集结了抗日期间的民意，9 月 26 日召开了有 800 余个团体的代表和 20 余万市民参加的抗日救国市民大会，敦促蒋介石武装抗日，要求分裂的国民党摒弃私见，一致对外。[②] 南京也于 9 月 23 日召开了有 20 余万市民参加的首都各界抗日救国大会，抗议国民党政府向列强乞求、依赖国际联盟的不抵抗主义外交政策，敦促政府对日宣战并断绝同日本的经济往来。[③] 天津、太原、济南、开封、杭州、汉口、长沙、南昌、安庆、重庆、昆明、广州、福州等城市也纷纷召开各界团体联合的抗日救国市民大会，并成立抗日救国会。

以上这些以地区为单位的抗日救国会之基础是各行业法团的救国会。以工界为例，上海市各行业的工人开展反日罢工运动，成立各行业工人抗日救国会，并召开了上海市工界代表大会，成立上海市工界抗日救国会。南京、北平、天津的工界也以同样的方式结成工界抗日救国会，要求蒋介石北上抗日、停止内战、一致对外。[④] 商界、文教界、报界、妇女界、学界也开展了类似活动，上海的教育文化界分别成立了上海教育界救国联合会和上海大学教授抗日救国会。[⑤] 不仅如此，王造时、沈钧儒、邹韬奋、马相伯、章乃器、陶行

[①] 陈觉：《九一八后国难痛史》，第 947—956 页。
[②] 陈觉：《九一八后国难痛史》，第 990 页。
[③] 温经泽：《九一八和一二八时期抗日运动史》，中国工人出版社，1991，第 90 页。
[④] 温经泽：《九一八和一二八时期抗日运动史》，第 124—127 页。
[⑤] 温经泽：《九一八和一二八时期抗日运动史》，第 129—135 页。

知等人创建了上海文化界救国会。其成员大多为大学教授,事实上教育界与文化界的抗日救国会有紧密的联系。上海文化界在主导成立上海各界救国联合会的同时,与北平的张东荪、胡适等人取得联系,促进全国文化界救国会救国联合会总会的成立。① 东北各法团在 1932 年 10 月要求政府与苏联重新建交,联苏抗日。②

其实彼时民间职业团体的确有在国民党"清党"过程中按右派需要而改组这一局限性。但是在九一八事变以后,这些团体的活动和主张即时摆脱了这一局限。以这些法团及法团联合会为中心的抗日救国会,在九一八事变后,为了一致抗日,致力于呼吁民主改革、实现统一,这体现了各法团没有完全受国民党控制的实际情形。

与国民党临时行动委员会和中国致公党等呼吁打倒蒋介石与国民党的"反蒋抗日"主张不同,这些法团与各界抗日救国会采取了"促蒋抗日"的立场,因而民主化的要求更加迫切。他们以统一分裂的党政为优先考虑的课题。比如,上海市商会 9 月 28 日在掀起抵制日货运动的同时,要求国民政府立刻出兵东北,南京政府与广州非常会议各委员共聚上海讨论抗日救国办法,并积极努力实现这一设想。③ 以王造时为首的 200 名大学教授批判"党治"剥夺了人民的权利、压制了真正的民意,要求集中各方人才,组建国防政府。④

分裂为南京和广东两部分并相互对立的国民党开始重视各界提出的和平统一舆论,从 10 月 26 日开始在上海聚集,商议党政统一方案。双方讨论了中央政制改革案,其中包括国民政府每一至两年

---

① 《国民党中央民众训练部胡星伯关于上海文化界救国会活动情形调查报告附上海市党部取缔该会办法》(1931 年 12 月 7 日),《中华民国史档案资料汇编》第 5 辑第 1 编政治(4),第 247—251 页。
② 陈觉:《九一八后国难痛史》,第 986—987 页。
③ 温经泽:《九一八和一二八时期抗日运动史》,第 133 页。
④ 平野正『中国革命の知識人』、東京:日中出版、1977、頁 14—16。

召开一次的"国民代表会议",半数立法、监察委员在召开该会时遴选等。① 抗日救国会与民间职业团体向国民党要求允许其列席和平统一会议,并敦促双方摒弃异见,以大局为重,相互合作,实现统一。② 11月在南京国民党"四大"期间召开国难会议的建议也是在这样的背景下提出的,这充分体现了当时的舆论导向。

蒋介石从国民政府主席的位置引退后,1932年1月广东方面孙科、胡汉民和汪精卫等人促成了党政统一,建立了统一政府。但不久便发生了"上海事变",日本的侵华行径使形势变得更加危急。此时,上海各团体抗日救国联合会号召不仅要实现国民党内部的统一,还要停止国共内战,实现真正意义的全国一致抗日。王造时、沈钧儒等联名发表宣言,要求尽快召开国难会议,组织超党派的国防政府。该救国联合会不仅有代表性的大资产阶级团体如市商会、银行公会参与其中,还有持激进立场的大学教授抗日救国会(王造时)、市总工会(陈培德)等加入,由全浙公会(褚辅成)、律师公会(李次山)、纳税华人会(胡风翔)、马路商界联合会(张子廉)、中国工程师学会(胡庶华)、上海"地方维持会"(黄炎培)等担任该联合会的常务理事,从这一点可以说,它是上海"最初的抗日民族联合战线"。③ 另外《申报》社长史量才、市商会会长王晓籁、工商业界巨头虞洽卿等人也加入了该"联合战线"。

全国各地的中学生及大学生也在纷纷进行集会示威,抗日热情

---

① 《上海"和平统一会议"会议记录》(1931年10月27日至11月7日),《中华民国史档案资料汇编》第5辑第1编政治(2),第803页。
② 一同提出类似要求的民间团体有首都各界抗日救国会、北平市各界抗日救国会、察哈尔省反日救国会、东北留平学生会抗日救国会、清华大学抗日救国会、上海各大学生抗日救国会、浙江省鄞县中等学校反日救国会联合会、上海总工会及各业工会,江苏省铜山县农会等。参见《中华民国史档案资料汇编》第5辑第1编政治(2),第794—822页。
③ 温经泽:《九一八和一二八时期抗日运动史》,第271—272页;平心:《中国民主宪政运动史》,第301—302页。

高涨。1931年9月至12月，在首都南京的学生连续数日进行要求政府"出兵抗日"的集体请愿运动，同时还提出以和平方式建立统一政府、结束训政、实行宪政、军政分离、恢复民众运动等要求。[①]总之，学生们主张走军事抗日与民主改革并行的路线。其中对国民政府提出的实施宪政等民主改革要求可谓抗日运动的新走向，政府颇感棘手。10多年前在"五四运动"中也有类似情形，"因外侵引起的民族危机掀起了争取民主的浪潮"。[②]

对此，党和政府不仅开始镇压抗日运动，还企图将救国会纳入自己的管制之下，但是各地救国会已经明确了政府与国民、政府与民族和国家的区别，要求政府为国民、为国家。[③] 这样明确区分政府与国家的思想，很有可能发展为了国家利益而更换政府的主张。例如，"政府当局不过国民公仆耳，今竟违反民意，是直以公仆而奴主人，倒行逆施，莫此为甚。……苟政府当局不愿自绝于国民，应即撤消停战协定，整我师旅与敌周旋，则全国国民必誓为后盾，否则政府直人民之公敌耳，人民亦自有其处之道也"。[④]

在抗日运动中，民间职业团体结成了抗日救国会以集结抗日民意。与此同时，还结成了包括共产党在内的、为实现一致抗日的废止内战大同盟，积极开展活动。1932年5月25日全国商会联合会与上海市的商会、银行公会、钱业公会呼吁天津、广州、北平、南京、汉口等地的市商会、银行公会和钱业公会各界结成废止内战大同盟。

[①] 《全国青年学生抗日救国运动情况简明统计表》（1931年9月22日至12月27日），《中华民国史档案资料汇编》第5辑第1编政治（4），第150—243页。
[②] 平心：《中国民主宪政运动史》，第197页。
[③] 《中国妇女救国大同盟等团体斥汪蒋铲除异己实行不抵抗主义罪恶行径的代电》（1932年3月4日）、《北平市各界抗日救国会要求市政府当局停止干涉禁售日货等爱国活动代电》（1932年5月3日）、《南京各校抗日救国会责问政府为何不收复失地并阻止学生救国运动书》（1932年5月19日），《中华民国史档案资料汇编》第5辑第1编政治（4），第402、422—424页。
[④] 《福建晋江县各界反对妥协示威大会致行政院代电》（1932年6月15日），《中华民国史档案资料汇编》第5辑第1编政治（4），第420页。

废战运动随之开始。教育界与舆论界、自由职业团体也参与其中。理应终止的内战却从狭义的中央政府与地方军阀间的战争扩大为广义的共产党和国民党之间的战争。① 例如天津的《大公报》、北平的《独立评论》，尤其是胡适、丁文江等"反共"人士认为共产党以武力挑起内战，是政治不良的产物，而且以武力也是无法"消灭共产党"的，督促废战运动团体应该促进国共协商，民间团体也应该积极发挥媒介的沟通作用。② 上海《时事新报》和大学教授抗日救国会王造时的主张与此相同，他们认为内战不能实现军民分治，呼吁改革国民政府，禁止军人兼职民政；同时，共产党也应该积极响应、一致对外。③

这样看来，因为在逻辑上只有停止内战才能真正开始训政，所以废战运动必然会和督促实行"真正的训政"运动相结合。由此抗日救国运动必然形成两大轴心：民意代表机关成立运动和从一开始主张停止内战的废战运动。8月27日成立的废止内战大同盟还规定，在有可能因政治纠纷而引起内战时，要监督双方遵守民意机关出台的措施，"在未设立正式国民代表机关的情况下，由法定民意机关来代替"。④ 可见，包括职业团体在内的民间团体纷纷站出来，自称民意代表机关。⑤ 对于不服从民意代表机关调整的，各经济团体率先

---

① 关于内战的争论不仅在《大公报》上展开，而且天津《益世报》、北平《晨报》也展开了争论。《废战运动之管见》，《大公报》1932年7月31日、8月2日。
② 《进一步停止内战运动！》、《再谈废战运动》，《大公报》1932年7月21、22日；胡适：《废止内战大同盟》、丁文江：《所谓剿匪问题》，《独立评论》第3、6号，1932年6月5、6日。
③ 《内战与政府》，《时事新报》1932年6月15日；王造时：《救亡两大政策》，《荒谬集》，紫榆言论社，1935，第24—32页。
④ 吴鼎昌：《废止内战大同盟》、《废止内战大同盟成立》，《国闻周报》第9卷第25、35期，1932年6月27日、9月5日；《废止内战大同盟成立》，《大公报》1932年8月27日。
⑤ 在原来的发起宣言中，代替国民代表机关的团体为"法定职业团体"，但众多团体广泛参与废战运动，反映了代替国民代表机关的团体应该包括"法定民众团体"的要求。《北平各界响应废战通电》，《大公报》1932年6月12日。

提出"经济上不合作"的应对方法。

像这样在短时间内实现各界民间团体以行业为单位成立抗日救国会、以省市为单位召开大规模的市民大会、集结抗日民意、建立统一政府、开展废止内战运动等诉求的原动力究竟是什么？笔者认为，1931年5月召开的南京国民会议，1920年代以来的国民会议运动都值得关注。在南京国民会议上，民间职业团体选出各自代表，废除不平等条约，制定了《训政时期约法》。这反映了1920年以来，中国的民意一直通过各省市国民会议运动的方式和结构来集结，并成为社会惯例。

二 各界团体召集国民救国会议的诉求

统一分裂的党政一直以来都是民间社会的诉求之一，它们的另一个诉求便是设立民意机关，因为政府即便实现统一，但如果没有民意机关，也难以集中全国国民的民意与力量有效地进行抗战。开封各业抗日救国联合会要求立刻实行立法、监察委员的民选，就是这样的例子。[①] 不过它们只是治权机关，不是相当于政权机关的民意机关。

前文曾论述设立民意机关的要求大体可分为两类：一是要求实行宪政，召开国民大会的"宪政论民主运动"；二是要求训政如期实施，但须设立训政时期民意机关的"训政论民主运动"。关于前者已有很多研究，故不再赘论，本章将对后者进行探讨。

在各界团体要求成立民意机关时，对此起到促进作用的是国难会议的召开。国难会议是国民政府根据蔡元培1931年11月的提案，

---

① 《开封各业工会抗日救国联合会反对淞沪协定要求限期回复失地代电》（1932年3月），《中华民国史档案资料汇编》第5辑第1编政治（4），第413页。

于次年 4 月召开。其主旨为："在欧美各国，彼此反对的政党在国难当头的时候也都互相团结，一致应对，我们也应吸收党外的优良人才，集中力量。"① 各界大多赞同该主旨，但就与会代表的决定方式及会议的职权等问题多有不同意见。在最初的讨论之中，参会代表除了党政委员之外，还有专门学者、全国经济学会、工程师学会、全国学生团体、全国实业团体、银行公会、棉丝公会等"推荐"的人选，此外还有农工商各界中被党中央"招聘"的学识与名望兼备的人选。② 但是 1932 年 3 月 17 日发布的《国民政府公布国难会议组织大纲令》中变成了全体参会代表都由政府从各界"招聘"，这抑制了民间团体的自发集结。③

对此，被政府"招聘"为国难会议会员的各界人士，一方面被批判为非民选代表，不能代表全民；另一方面，为了参加国难会议并将之用作民意集结的工具，上海、天津、北平等地的各界分别集会，在收集诉求的同时，讨论会议战略。其主要战略如下：以保障言论、结社的自由为前提，在国难会议上对宪政实行案进行表决，制定《宪法起草委员会组织法》并组成该委员会，其委员中任何党派的人员都不得超过总人数的 1/3，并且制定了《宪法草案》和《国民代表会组织法》，直到通过《宪法》。④ 他们按照这些计划做准备。

但是在会议即将召开之际，政府宣布议题仅限于抵抗外敌、恤灾纾难、平定叛乱，各界对此强烈反对，被聘会员中有 2/3 拒绝出席，特别是宪政论者拒绝到会。他们放弃与党政的合作，加快独自开展宪政运动的进程。

另外，1931 年 12 月 10 日，党内外正在进行关于国难会议召开办

---

① 《四全会今晨闭幕：决定召集国难会议》，《大公报》1931 年 11 月 23 日。
② 《国难会议即将召集》，《大公报》1931 年 12 月 10 日。
③ 《国民政府公布国难会议组织大纲令》，《中华民国史档案资料汇编》第 5 辑第 1 编政治（5），第 667 页。
④ 《沪国难会员集会》、《平津国难会员提案》，《大公报》1932 年 3 月 20、24 日。

法的讨论时,南京政府反对派汪精卫表示,"由各民众团体自行'选出'真正的代表,组织代表会议机关。这是人民与政府之间最好的沟通机关,通过它可以进行合作,一致对外",在此提出根据民众团体的选举设立民意机关的要求。① 他的意见正是在国难会议参会代表由民间"推荐"向党中央"招聘"转变时提出的,因而马上得到了全国各界民间团体的支持,而他所指的民意机关就是"国民救国会议"。虽然其中也有国民党中央代表的参加,但是由于会议能够保证民间团体的自发选举,在国难结束之后的训政期作为中央民意机关存续下去,因此与国难会议是不同的。12月24日,孙科也提出要召集"国民代表会",主张内政与外交的重要事项必须经其议决。② 因此,处理国难会议、国民救国会议、国民代表会三种提案的国民党四届一中全会,受到了全体国民的关注,全国各界的诉求与请愿也随之接踵而至。这其中特别值得注意的是全国各地的民间团体自发组成国民救国会议促成会,并以其名义,或以抗日救国会、职业团体的名义向党和政府发送电文,提出召集建议。这可以说是再现了1920年代的国民会议促成运动。

江苏、浙江、安徽、北平等地成立了国民救国会议促成会并积极从事相关活动,尤其是江苏和浙江,甚至成立了以县为单位的促成会组织。国民救国会议的江苏促成会武进分会在给国民政府发送的电文中提出,"国家濒临灭亡之因是在以民建国的民国中,国民党试图无民救国,召集国民救国会议方为救国途径之要体"。③ 江苏省铜山县农会、商会、工会也一同要求召集国民救国会议、实行民权、一致对外。④

---

① 《请愿热潮与当局言论》、《汪精卫昨通电主张开国民救国会议》,《大公报》1931年12月8、10日。
② 孙科、吴朝枢等:《国民代表会大纲案》,中国国民党党史馆档案:会4.1/31.21-18。
③ 《国难会议召集(二)》(1932年1月15日),《国民政府档案》,台北"国史馆"藏,典藏号:001-011120-0002。
④ 《铜山县农会等上四届一中全会代电》(1931年12月30日),中国国民党党史会档案:会4.2/9.156。

各地促成会以国民救国会议主导机关自居。由江苏、浙江、福建、安徽、江西五省民众组成的东南五省民众抗日救国委员会提出，以民间职业团体的自律性为基础，召开预备会议，在解除党禁的情况下，经自由选举之后召开"真正的国民会议"。① 由于民间团体是自发集结并准备成立民意机关的，他们就会主动而明确地提出国民救国会议的组织方法与选举方法。

如1932年1月15日国民救国会议江苏促成会无锡分会向政府提出的《国民救国会议组织纲要草案》值得关注。依据这一《草案》，国民救国会议的宗旨为："解决纠纷，共同抵抗国难，确立民治基础，除应对国难外，平时要作为民意机关通过保障民权和实现自治，实现从训政到宪政的目的。"② 国民救国会议阐明了在终结日本侵略行径以后也可作为训政期民意机关，履行准备宪政的职责。各地促成会自称要成为国民救国会议的主导机关，其组织方法是由各省市人民团体选举代表，在此，有几处值得注意。

第一，参加代表必须由职业团体直接选出，只有这样才能在民主的基础上集中并最大限度发挥民众力量。参与选举的团体除了农会、工会、商会及实业团体、教育会及大学、自由职业团体之外，还扩大到"人民救国团体及其他合法社会团体"。也就是说，以抗日救国力量为基础、一直以来在抗日救国运动基础之上要求实现民主政治的抗日救国会在实际上成为国民救国会议召集运动的先导。第二，县级的团体通过直接选举的方式选出一名至若干名候选人，然后再由省级单位最终选举决定。职业团体的候选人必须在所在行业中有从业经历（农业10年以上，工商业、教育、自由职业团体各为5年以上），这是

---

① 这一团体是为抗日救国而成立的，会员人数有3604名，本部位于上海，并在各省有分会。《东南五省民众抗日救国委员会呈四届一中全会》（1931年12月），中国国民党党史馆档案：会 4.2/9.75。
② 以下相关论述可参见《国难会议召集》（二），《国民政府档案》，台北"国史馆"藏，典藏号：002-080104-00015-010。

为了防止不法活动者或政客的混入。第三，明确规定国民党及政府的委员可以参加并发言，但不享有表决权。这与国民党方面给党政指定的委员和民间团体选出的代表以同等权限的构想是不同的。

通过以上考察可知，国民救国会议促成会、抗日救国会及各界职业团体试图在最大程度保障民间团体参与的原则上，自下而上组织民意机关，其中相对较为活跃、经济较为发达的东南五省，上海及北平等地的各种职业团体走在了前列。孙科的国民代表会召集论在与会代表产生方式方面虽然与国民救国会议的主张没有区别，但是对他的支持少之又少，要求立即终止训政、实施宪政的人也是少数。与之相比，汪精卫提出的召集训政时期民意机关——国民救国会议的主张却得到了广泛的支持，其原因何在？九一八事变之前，汪精卫在主导国民党改组同志会与北平扩大会议的同时，认可唤起国民党改组精神的民众运动之自发性，将其看作党的基础，并支持根据国民会议方式建立新政权的路线。尤其是他在1930年4月明确表示了自己的立场——国民党不能代替民意机关。[1] 由此可见，各界民间团体将成立国民救国会议作为共同诉求；其与汪精卫方面彼此呼应已是大势所趋。这种呼应在蒋介石统治力量最有效贯彻的江苏、浙江、安徽等地集中体现，这与改组同志会的地方支部主要集中在东南沿海地区及上海、北平、南京等大城市的情况是一致的，这种一致并非巧合。[2] 这说明民间社会对改组同志会和汪精卫给予了同样的支持。

三　国民党的国民参政会构想

1931年12月22—28日国民党召开四届一中全会，15名中央委

---

[1] 蔡德金、王升：《汪精卫生平纪事》，第133页。
[2] 郭绪印编《国民党派系斗争史》，上海人民出版社，1992，第53页。

员提出《迅速召集国民救国会议案》。孙科等 6 名中央委员也发表提案，建议召集国民代表会，《建国大纲》中明确表示国民代表会为训政期中央民意机关。① 如前文所述，两种提案选出代表的方式是相同的，因为改组派代表人士陈公博在两个提案上都签了字，进行了认证。此外，民意机关的名称在尚未明确之时，王懋功、顾孟余等 14 人联名提交了另一份促进训政期民意机关成立的提案。提案人对于成立训政期民意代表机关的必要性说明如下：

> 总理建国三程序论的目的在于实现民治、完成宪政，已经过了训政 3 年，但是宪政的条件尚未具备，这都是执政者不努力造成的。宪政的实质是人民自己拥有运用政治能力，承担政治责任，这种能力和责任是在训政期培养的，所以在训政期人民必须享有参与政治的机会并提高自己的政治能力……为了使人民的政权参与和政治练习必须成立民意机关，这是保障国家秩序和社会安宁之路，为了中国民主政治的前途，也为了本党的生命，应该在训政期扶植民权。②

对上文三个提案的 35 名提案人的活动经历稍加考察就会发现，他们都是与南京方面对立的广东、上海人士，有 12 名在其中两个提案上签名，1 名在三个提案上都签了名，这侧面说明了三个提案密切相关。由此可见，四届一中全会关于设立训政时期民意机关的提议主要是由国民党内部与南京方面对立的广东、上海方面主导。往前追溯，他们又都是国民党改组同志会与北平扩大会议的主要人士。要求设立民意机关的中央委员中的大部分人认为，应将职业代表制

---

① 王法勤、陈公博等：《迅速召集国民救国会议案》、孙科、伍朝枢等：《国民代表会大纲案》，中国国民党党史馆档案：会 4.1/3.21-30、4.1/31.21-18。
② 王懋功，顾孟余等：《训政时期应设立民意代表机关案》，中国国民党党史馆档案：会 4.2/3.21-38。

作为训政时期民意机关代表的选举方式。如赵丕廉、傅汝霖指出："民众的福利往往以职业为特征，故选举方法亦应采取职业代表制。"① 除此之外，何香凝提出设立人民监政委员会案，建议"国民党、各党各派、无党派、各省市县士、农、工、商、妇女、军人"自选代表，组成人民监政委员会，监督政府。② 这基本都可以看作职业代表制的一种变形。

此外，关于在 6 个月内准备好国民大会、在一年内实施宪政的两个提案分别由 11 名中央委员和 10 名中央委员提出。他们认为应当尽早结束训政、实施宪政的理由与前面提到的设立训政期民意机关的理由几乎相同，这点很值得注意。其中的一个提案如下：

> 为救国不可不集中全国民力，为此要打破现今人民只有义务而无权利的政治局面，使人民可以自由结成团体。无论政党或职业团体，如果人民无法自由结成团体，民权只局限于私人权利，人民政权便无意义可言，团体的结成乃民权发达之真谛。……训政已开始 5 年，但尚无一县完成自治，现已是处于不可坐以待毙的危机情况，政府想要恢复人民的信用实施抗日救国的话，应该提前召集国民大会并实施宪政，把政权交与人民的口号已经喊了 20 年，党却自动放弃了信用……人民已经很难再容忍训政了。③

人民能够自由结社才是"民权发达之真谛"，只有把一直以来以党治为由禁止人民自由结社的训政转为宪政，政府才能通过与人

---

① 赵丕廉、傅汝霖：《立法委员及监察委员须划出半数名额为民选方法采取职业代表制案》（1931 年 12 月），中国国民党党史档案：会 4.2/3.12。
② 何香凝：《政治公开由人民组织监政委员会等案》（1932 年 12 月），中国国民党党史馆档案：会 4.2/3.21-15。
③ 《李烈钧等十一委员提"切实保障人民自由"、"人民得自由组织团体"、"缩短训政时期入宪政时期"、"实行自治发展地方"案》（1931 年 12 月），中国国民党党史馆档案：会 4.2/3.8。

民的合作集结抗日力量。此外，另一个提案的理由也与此相同。①

在四届一中全会的最后一天，即12月28日，会议通过对以上提案的合并审议，决定先在六个月之内召集国难会议，有关召集国民救国会议的提议遵从常务委员会的决定，表决并通过了立法、监察委员民选案。至此，国民党中央正式宣布，在训政期也有必要依据《建国大纲》组织国民参政机关。②

在1932年4月召开的国难会议上，突破了议题的限定范围，多数代表提出了政治制度改革案，并在讨论后进行了决议。这是因为在开幕式上行政院院长汪精卫做了让步，允许对指定议题以外的问题进行提案。加上出席会员有着改革训政独裁的决心，这才使这件事情成为可能。③ 政治制度改革案，包括召开国民大会与实行宪政案、设立训政时期民意机关案等12个议案被提出，经过合并审理后，最终决定设立训政时期中央民意机关，其名称定为"国民代表会"，而非"国民救国会议"，赋予其决定预算决算、国债发行及签署重要条约等权限，其组成人员包括各大城市职业团体、海外华侨、各省区人民选出的代表等300余人。这个由杨端六提出、陶孟和等14人联名提出的提案基本照原案通过。与此同时，要求保障人民人身、出版、集会、结社自由的提案也由他们主导提出。④ 此时，在大城市

---

① 《杨庶堪等提"缩短训政速行宪政案"》（1931年12月），中国国民党党史馆档案：会4.2/3.9。

② 《中国国民党第四届一中全会第四次会议记录》（1931年12月28日），中国国民党党史馆档案：会4.2/7.1；《中国国民党第四届中央执行委员会第一次全体会议宣言》（1931年12月28日），宋孟源主编《中国国民党历次代表大会及中央全会资料》（下），第115—116页。

③ 《汪院长演说词》、《会员代表陶孟和答词》，《国难会议记录》，中国国民党党史馆档案：会5/475；蒋廷黻：《参加国难会议的回顾》，《独立评论》第1号，1932年5月22日。

④ 《国难会议第五次会议记录》（1932年4月11日）、杨端六：《设立中央民意机关案》、陶孟和：《保障人民身体出版集会结社自由案》，《国难会议记录》，中国国民党党史馆馆档案：会5/147。

第八章 从国民会议到国民参政会

实行的是职业代表制，而包括农村地区在内的省区实行的是区域代表制，这种同时实行两种制度的做法，与前面几个追求完全靠职业代表组成民意机关的提案是不同的。提出这一提案的杨端六在1920年9月曾主张根据职业代表制召集国民会议，在20世纪20年代也一直致力于使国民会议召集论成为体系。从这一点可以说，训政时期国民代表会召集论是对国民会议召集论的延续。

就这样，训政时期中央民意机关的名称从"国民救国会议"改为"国民代表会"，通过5月初举行的国民党中央常务会议的再次讨论，正式命名为"国民参政会"。改名的原因主要是在没有实现地方自治的情况下，"国民代表会"这一名称与事实不符，而"国民参政会"这一说法含有训政时期人民参与中央政事、培养民权的意思。[①] 当时，还推举了顾孟余、叶楚伧等8名人士担任《国民参政会组织法》起草委员。部分委员在讨论中认为应同宪政国家的下院一样，让国民参政会有弹劾权。[②] 9月末，在中央常务会议上，蒋介石和汪精卫都同意早日召集国民参政会。当时明确规定国民参政会成员由职业团体推选与政府"招聘"共同组成，每年召开2至3次会议，并赋予其对外交、财政问题的审议权，以及对政府诸问题的建议权。但由于仍处于训政时期，所以最后决定权归国民党中执委。[③]

综上所述，以国民党中央常务委员会的讨论为基础，1932年12月召开的四届三中全会决定，1933年召集国民参政会、完成训政，1935年3月召开国民大会、实施宪政。如果想要在训政期集中民意、同国民共同承担责任，共渡难关，有必要在成立中央民意机关的同时，成立省市民意机关，中央政治会议被委任承担此事的准备

---

① 《汪精卫之重要报告：对国民代表会及沪协定之声述》，《时事新报》1932年5月14日。
② 《国民参政会组织法》，《大公报》1932年8月6日。
③ 《国民参政会案已大体决定》，《大公报》1932年9月26日。

工作。① 之后中常会与立法院开始拟订《国民参政会组织法》，经讨论最后决定在共 160 名代表中，150 名民选，另 10 名招聘。具体的名额分配情况是：由各省市职业团体推选 130 名，由内蒙古、西藏、华侨推选 20 名；具有选举权的职业团体有：农会（包括渔会）、工会、商会及实业团体、教育会（包括大学）、自由职业团体；② 职权主要有：拟订预算案、宣战与讲和案以及其他重要国际事项的审议权、法律案的提出权、对政治措施提出建议或要求说明权、接受人民请愿权等。其中前两项权限规定政府必须依法实行。会议在每年 3 月与 10 月召开，为期 1 个月，如有必要可以延长或另行召开临时会议；对任期一年的参政员，按照国会议员的标准赋予其免责特权与不逮捕特权。从该组织法看，国民参政会的性质是"按照训政约法的精神与国民党的中央民意机关设立决议"，"为广泛收集训政时期全国国民的公意"而组织的训政时期民意机关。

《国民参政会组织法》与《国民参政会选举法》于 1933 年 2 月 23 日在国民党中常会上获得通过，3 月 2 日由立法院公布。但由于 3 月 30 日行政院院长汪精卫突然要求早日终止训政、提前召开国民大会，立法院院长孙科也在 4 月 1 日要求为抗日提前实施宪政，于是，国民大会的召开作为紧急政治议题被提上了议事日程。他们均认为，如果国民大会能提前召开，那么具有过渡期咨询机关性质的国民参政会便没有了召开的必要。③ 汪精卫对此的解释是，已经决定在

---

① 《第四届中央执行委员会第三次全体会议宣言》（1932 年 12 月 22 日）、《定期召集国民参政会并规定组织要点交常会切实筹备以期民意得以集中训政早日完成案》（1932 年 12 月 19 日）、《设立民意机关案》（1932 年 12 月 21 日）、《集中国力挽救危亡案》（1932 年 12 月 20 日），宋孟源主编《中国国民党历次代表大会及中央全会资料》（下），第 172、179—181 页。

② 《国民参政会组织法》、《国民参政会选举法》（1933 年 3 月），中国第二历史档案馆编《国民党政府政治制度档案史料选编》（上），安徽教育出版社，1994，第 683—687 页。

③ 《中常会决意七月一日召开临时全国代表大会》，《中央日报》1933 年 3 月 31 日；《国民大会与制宪》，《大公报》1933 年 4 月 2 日。

1935 年 10 月 10 日召开国民大会,这两者之间的时间相差不到两年,很难举行两次选举,所以应该立刻结束国民参政会的召集。① 由于讨论的重点转向了宪政,尽管《组织法》与《选举法》已公布,但实际上未能实行。如果 1933 年召集了国民参政会,那么它与 1938 年召集的战时参政会相比,在性质和内容上都会有很大的不同。

立法院宪法起草委员会 1933 年 6 月拟订的"宪草"经过各界批评、党内讨论及数次修订后,于 1934 年 12 月国民党四届五中全会上作为《中华民国宪法草案》予以通过,规定大会的召开时间由国民党五全大会决定。(这个《中华民国宪法草案》于 1936 年 5 月 5 日通过立法院正式公布,亦称《五五宪草》)但是 1935 年 11 月召开的五全大会重新阐释了《建国大纲》的宪政实施途径,决定先召开"宪政开始期国民代表会",延期召开"宪政时期国民大会"。

根据《建国大纲》的明确指示,建国途径分为军政—训政—宪政三个阶段,因此,即使是在训政期,也可以在成立自治政府的县各选一名代表组成代表会,参与中央政治事务。在宪政时期国民大会之前,设立名为国民代表会的中央民意机关。② 在五全大会上,以此规定为基础,提出在训政时期与宪政时期之间有"宪政开始期",必须经过这一时期,才能召开国民大会、颁布宪法,并将宪政开始期定为 4 年。这一时期应该实施的主要措施是:设立乡民大会—县参议会—省参议会,推选乡长—县长—省长;完成地方自治,按照孙中山提出的国民会议代表选举方法选出国民代表,召开国民代表会,修改《训政时期约法》,并将其作为《宪政开始期约法》。③

---

① 《今后政治如何改进》,《大公报》1934 年 2 月 4 日。
② 此外,如果一个省的所有县都完成了自治,便进入宪政开始期,由国民代表会选出省长。由此可知,其前提是要有省级的民意机关,也就是"省民代表会"。《国民政府建国大纲》(1924 年 1 月),《孙中山全集》第 9 卷,第 128 页。
③ 《实施宪政程序暨制度改革案》,宋孟源主编《中国国民党历次代表大会及中央全会资料》(下),第 304—309 页。

但是，这个宪政开始期国民代表会的职权比训政时期民意机关的职权还要小。曾经赋予国民参政会的预算案审议权被取消，只保留了听取政府施政方针与施政情况的报告、提出建议，以及向中央监政会议提出政府弹劾案的权限。尽管增加了弹劾权这一前所未有的权限，但总统与五院院长是由国民党中央委员组成的中央监政会议推选的，所以弹劾权基本上是有名无实。修改约法也自然由国民党全国代表大会进行。另外，也没有取消党禁。因此，这一新提的"宪政开始期"不过是延长训政时期的另一种表达方式而已。

四　国民大会的延期与国民参政会的召集

如前文所述，"训政期国民参政会"与"宪政开始期国民代表会"在依照职业代表制推选与会代表这一点上是一致的。与此相比，"宪政期国民大会"则是依照《建国大纲》，实行从各县选出一名代表的区域代表制。但1936年5月颁布的《国民大会选举法》则部分采纳了职业代表制，这点很值得注意。《五五宪草》是由立法院院长孙科主导，宪法起草委员会三年工作的成果，而《国民大会选举法》和《五五宪草》是一起颁布的。国民党一直把《建国大纲》看作是不得改变任何一条的建国根本大法，却在此转而接受了职业代表制并与区域代表制并行。下面一起来看一下其过程及缘由。

1934年3月，立法院拟订的"宪草"一经发表，就遭到了各界人士的批评，其中代表选举方法是争论焦点之一。草稿中主张根据《建国大纲》的规定，采用由每个县县民直选一名代表的区域代表制，但各界人士对此认为应该采用职业代表制。但是随后出现了相反论调，"最近宪草批评者中的很多人主张并行区域选举与职业选举来选出国民代表，但是在我国各地，健全的团体是极少数，如果两者并行只会加大弊端"。在他们看来，在产业还不发达的中国，职业团体仅存在于大都市中，或尚未成熟，或被有产者所操纵，因此他们把职业团体看成反全民政治的存在。①

对此，主张采用职业代表制的人士反驳道，职业代表制才符合时代的潮流，可以弥补"区域代表制的偏颇"。欧洲各国新宪法采纳该制度则体现了新的趋势。1931年5月，南京国民会议和"宪草"初稿对于立法委员的选举也采用了职业代表制，那么国民代表选举就没有理由不采用这一制度。② 不仅如此，也有人提出应该并行职业代表制与区域代表制以互相补足，而不是以职业代表制取代区域代表制。类似于这种"部分采用论"的还有法国的预备选举制度，即在知识水平较高的职业团体联席会议上选出候选人，再由各省人民进行直接选举。③

与此同时，批判职业代表制的人士也承认各县选出一名代表的区域代表制并不能很好地代表民意。因为各县人数相差悬殊，多则一百万，少则一两万，还有的县只有一两千人。如果各县都只选出一名代表，就无法体现这种差距。④ 这点正是前面职业代表制支持者所指出的"区域代表制的偏颇"，而区域代表制支持者的反驳则是，按照人口比例调整就可以解决这一问题。

在接受了各界批评后，1936年5月公布的《国民大会选举法》，改为各县选举一名国民代表，每超过50万人的增加一个名额，并行区域选举与职业选举。代表名额的分配情况为：区域选举650名，职业选举380名，特种选举（东北、内蒙古、西藏）150名。由于职业选举是《建国大纲》中没有提及的新方法，不得不说这是一个

---

① 苏松芬：《宪法草案中之国民大会》、金鸣盛：《国民大会》，耿文田编《国民大会参考资料》，中华书局，1936，第55—56、225页。
② 涂允檀：《对于宪法草案国民大会之批评》，《大公报》1934年3月13日。
③ 陈受康：《宪法草案初稿的国民大会》，《独立评论》第99号，1934年5月6日。
④ 苏松芬：《国民大会的组织与选举问题》、陆鼎揆：《论国民大会》，耿文田编《国民大会参考资料》，第75页。

重大的变化。另外，从职业代表制的层面来说，能够与区域代表制并行，这也是一个重大的变化。这可以说是国民党从训政开始以来，在职业团体政策上广泛吸收党外人士关于职业代表制舆论的结果。

被认可为职业选举单位的团体有农会（代表110名）、工会（代表108名）、商会（代表104名）、自由职业团体（代表58名）等四个。各选举单位中没有国民党，自由职业团体是独立的，把大学和教育会作为自由职业团体的一部分就意味着教育会和大学的地位变得比国民会议选举法中的低了。能够行使选举权的自由职业团体除了大学与教育会（代表18名）之外，还有律师（代表10名），会计师（代表5名），医药师（代表8名），新闻记者（代表11名），工程师（代表6名）。[1] 此次代表分配方式因为未按照各职业人口比例进行分配，被评价为不公平。[2]

依据此选举法，从1936年7月开始国民大会代表的选举。同时享有区域选举方面和职业选举方面选举权的人，要参与到职业选举中。候选人的产生与国民会议的不同，各职业团体人员（理事）分别联合各选举单位进行初选，选出候选人的3倍人数，之后国民政府从中指定候选人的2倍人数，然后再由各团体会员进行复选。在宪政期国民大会选举中候选人由政府最终决定，国民党执监委员也算在260名当然出席代表中，这都说明了训政要素持续存在。尤其是农会，会员中大多数虽然是农民，但是也有很多非农民担任会员的情况，所以在这种结构中是很难选出耕作农民代表的，而这个问题直到1946年才得到纠正。

20岁以上的人只有在公民宣誓、领取公民证以后才能获得选举权与被选举权。宣誓内容包括"自立为公民，拥护中华民国，实行

---

[1] 参见《国民大会选举法附表3-4：各种职业团体代表名额表》，《中央党务月刊》第95期，1936年6月。

[2] 耿云志：《西方民主在近代中国》，中国青年出版社，2003，第525页。

第八章 从国民会议到国民参政会

三民主义，采用五权宪法，修明政治"。① 在宪政期而非训政期的民意机关选举中，在思想上这算是强迫公民成为三民主义的"信徒"，而且经常利用广播来宣传这种程序及意义。苏联和德国之所以能快速强大起来是因为公民宣誓，公民宣誓才是让中华民国成为强大的近代国家的捷径。② 如果 1936 年 10 月 10 日结束选举，就在 11 月 12 日孙中山诞辰纪念日召开国民大会。但是这 30 个选举单位中，区域选举中只有 17 个、农工商会职业选举中有 17 个、自由职业选举中有 18 个勉强完成了初选，并报告了结果。③ 最终党中央宣布原定于 10 月 15 日召开的国民大会延期，至 1937 年 2 月才决定将开会日期定为 11 月 12 日。

选举推迟的原因在于原定日程是仓促决定的，在人口调查和自治组织都还没完备的情况下要掌握选民名单是一件很困难的事情；此外，选定候选人的过程经常发生纠纷。造成纠纷的原因如下：在区域选举中，乡镇长和坊长首先通过初选决定应选代表名额 10 倍的人选，再由政府决定其中的 3/10 为候选人，但剩下的大多数人就会开始表示不满；在这一过程中，拥有最终指名权的政府容易成为不正当交易的对象，在职业选举中参与团体的范围是政府单方面决定的，以同一业种为基础组成的全国职业团体毕竟是极少数，很难真正实现职业代表制的宗旨，这一点也引起很多人的不满。④

但是，在这之后的 1937 年 4 月国民党修订了《国民大会组织法》和《国民大会选举法》，更加强化训政要素：①取消国民政府最终决定候选人的权限并由各选举单位来决定，同时，由国民政府另

---

① 公民宣誓在 1929 年末被规定为选举程序中的一环。《市公民宣誓登记规则》（1930 年 9 月），中央民众运动指导委员会编印《地方自治法规汇编》，1935，第 118—122 页。
② 《经亨颐在国府报告：对公民宣誓的意见》，《中央日报》1936 年 8 月 4 日。
③ 《国大选举推进概况》、《国民大会延期举行》、《国民大会延期后国选进行实况》，《中央日报》1936 年 10 月 15、16、20、22、23 日。
④ 陈仪深：《独立评论的民主思想》，台北，联经出版社，1989，第 176—177 页。

外指定 240 名代表；②当然出席国民大会的代表除了国民党中央委员外，还有候补委员，特种选举如未能按时进行，国民政府将指定代表。这样一来，就有多达 655 名代表是由政府指定的。各界对此指责不断。①

那么，国民党在选举中将相关法规修改，以强化训政要素的理由是什么呢？进入初选的候选人，"区域选举中党员与非党员各占一半，职业选举中党员占据相对多数"，非党员当选的情况非常突出。因此可以说，一个理由是国民党觉察到危机的结果。再加上党内各派竞争激烈。例如主导强硬路线的 CC 系候选人惨败，根据他们的要求，1936 年 10 月 15 日原定召开的国民大会被延期了。② 另一个理由可说是重视贤能观念的出现。候选人已由区乡这一级的自治人员和职业团体人员从当地居民或职业团体的会员中选定，因此被指人才短缺、充满"二流人士"。③ 国民政府另外指定的 240 名代表就打着要弥补"有才识且醇正的专家、有威望的老成者、为国家奋斗的卓越人才"短缺的口号。

在七七事变后中日战争逐渐激烈的情况下，继续进行尚未完成的选举。不知是否因为已经陷入战争的泥沼，概括选举事务的工作报告书遗漏了选民数和投票率的统计，只记下了当时职业团体的会员数有 500 万名左右，这个数字大概就是参加职业选举的人数。南京市在自由职业团体选举中会计的投票率为 84.4%（76/90 名），律师为 50%（87/174 名），医师为 46.9%（176/375 名），并各选出了一名代表。④ 区域选举中 46.7% 的公民（28 万/60 万名）参

---

① 陈之迈：《从国民大会的选举谈到中国政治的前途》，《独立评论》第 232 号，1937 年 5 月 2 日。
② 《汪主席解答关于国大的问题》，《中央日报》1937 年 5 月 25 日；蔡德金、王升：《汪精卫生平纪事》，第 231—232 页。
③ 宋士英：《国大选举的一个实例》，《独立评论》第 221 号，1936 年 10 月 11 日。
④ 《本市国大自由职业下月选举》、《自由职业团体国大代表揭晓》，《中央日报》1937 年 7 月 20 日、8 月 8 日。

加了投票并选出了四名代表，这一投票率明显低于1931年南京国民会议选举，尤其是区域选举的投票率很低。这反映了对采用与作为临时训政会议的南京国民会议相同的方式来进行制宪国民大会选举的一种排斥。如全国各界救国联合会发布宣言，"召开各党各派参加的国民救亡会议，据此成立统一的救国政权"，反对一党专制之下的国民大会选举。①

七七事变后，日本开始全面侵华，国民大会选举仍继续进行，到9月末完成了职业选举的81.8%和区域选举的83.8%。② 但是10月4日，党中央以"外侮紧急各地代表应该担当起前后方的工作"为由再次延期召开国民大会。

抗战刚开始，国民党军队就在同日本军队的交战中屡战屡败。首都南京于1937年12月沦陷，国民政府迁都武汉，但是武汉在1938年12月也被攻陷。在逃离南京、到武汉避难的紧急状况下，国民党在1938年3月召开了临时全国代表大会，为了取得抗战胜利，通过了《中国国民党抗战建国纲领》，"组织国民参政机关，团结全国力量，集中全国之思虑与识见，以利国策之决定与推行"。③ 国民参政会据此得以召集。虽然在这个时候党内顽固派的呼声还是很高，他们宣称在党治下不需要国民参政机关，反对国民参政会，但由于此时外患危机十分严重，这种呼声是无法扭转大势的。

核心问题是在这样的非常情况下，要以怎样的程序和方法选出参政会构成代表，即参政员。第一种方法是国民大会代表已经选出

---

① 《全国各界救国联合会成立大会宣言》（1936年5月）、《抗日救国初步政治纲领》（1936年6月1日），中央档案馆等编《中共中央抗日民族统一战线文件选编》（中），档案出版社，1985，第564—565、572—573页。
② 《国民代表大会选举总事务所工作报告》（1936年7月至1940年6月），秦孝仪主编《中华民国重要史料初编——对日战争时期》第4编战时建设（2），台北，中国国民党党史会，1988，第1747页。
③ 《中国国民党抗战建国纲领》（1938年3月），秦孝仪主编《中华民国重要史料初编——对日战争时期》第4编战时建设（1），第49页。

了80%，他们可作为参政员。原因是既然国民选出的代表可以代表民意，在余下的20%代表的选举中，候选人已经被选定，只要中央指定即可。① 但是，汪精卫认为国民参政会不是宪政期国民大会那种纯粹的民意机关，而是"为了抗战胜利，非常时期的民意机关"，就否定了这一提议。② 最后经过讨论，决定参政员不是由各职业单位选出，而是政府在职业团体居于要位的人选中进行招聘。根据《国民参政会组织条例》，"人选由各省市公私机关及团体内、各重要文化团体及经济团体内从业三年以上德高望重人士中分别选举88名和50名，由蒙古、西藏、华侨中选举12名组成"；先由各省市党政联席会议与国防最高会议推选2倍的候选人，然后由国民党中执委决定。③

《国民参政会组织条例》一经公布，各界认为只有增加文化团体与经济团体代表的比重才能充分反映民意，就此要求增加名额。例如共产党希望选出职业团体代表来充实国民参政会，以此实现孙中山的国民会议组织原则；乡村建设派晏阳初认为，召集参政会本身就体现了孙中山的建国方略，以上也是其中的两个例子。④ 在接受了这样的舆论之后，参政会于6月21日重新修改该组织条例，将文化经济团体的50个名额增加到100名。武汉沦陷之后参政会就在重庆召开。1940年12月再次修改《组织条例》，将从各省市公私机关及团体服务者中招聘88人的方式改为通过选举产生，提高了代表性与民主性。就这样，非常时期《国民参政会组织条例》（1938）

---

① 《国民参政会组织法大要之讨论》，李云汉主编《中国国民党临时全国代表大会史料专辑》（上），台北，中国国民党党史会，1991，第246—247页。
② 《国民参政会组织法大要之讨论》、《国民参政会组织法大要》，李云汉主编《中国国民党临时全国代表大会史料专辑》（上），第239—241、250—253页。
③ 《国民参政会组织条例》（1938年4月7日）、《国民党政府政治制度档案史料选编》（上），第733页。
④ 《论国民参政会的职权和组织》、《参政员梁漱溟、晏阳初发表谈话》，《新华日报》1938年4月18日、6月25日。

也逐渐接近依照职业代表制推选代表的训政时期《国民参政会组织法》（1933）。如果把集结各界民意作为目标，则虽然此次参政会没有农会和工会代表，却实现了以共产党为首的在野党派与各界团体代表第一次共同讨论国政，并使之制度化。从这点来看，有重大意义。

关于《国民参政会组织法》引入职业代表制这一点，是受到起草者王世杰的影响。1920年代初是职业代表制在中国最盛行的时期，王世杰作为北京大学的教授，在《东方杂志》等介绍了欧洲各国职业代表制的法制化趋势，1928年编辑出版了讨论职业代表制特征及评价其得失的大学教材——《比较宪法》。这本书在抗战以后曾数次再版，在学界产生深远的影响。他在自己起草的《国民参政会组织法草案》中提出国民参政会可行使立法权，但是由于立法院院长孙科的反对在审议过程中这一条被删除了。他还提出经济、文化团体的代表由各团体先推荐候选人，然后由国民党审查和最终决定。[1]因此，如果把国民参政会放到国民党内的派系关系中来看，则可以说它是国民党内像王世杰那样的民主派人士形成的政学系，并且是在与以CC系为中心的顽固派竞争的过程中取得的成果。

国民参政会的职权、会议运作与活动的相关内容将在本书第八章进行讨论，但是作为训政期民意机关，所有的决议都要由国防最高委员会通过之后才能生效，与能够行使最高决议权的宪政期民意机关相比，这是它明显的局限。但是如果我们正视当时实际上与军政时期无异的战况、农民占人口绝大多数的政治经济文化条件，就能认识到否认召集国民参政会这一训政论民主运动的意义或对之过低评价都是不恰当的。因为国民参政会议决事项中大部分都被国防

---

[1] 这点并没有在组织法中提及，而是在实践时考虑到经济文化团体自律性的结果。闻黎明：《第三种力量与抗战时期的中国政治》，上海书店出版社，2004，第66—69页。

最高委员会通过，而是否实行则取决于政府方面的意志与力量。

　　因此，以西方政党政治的基准来衡量意图通过成立民意机关实施"真正的训政"的训政论民主运动，是很难理解其历史意义的。当时批判训政体制、要求立刻实施宪政的、具有代表性的宪政论者——民治协会和《时事新报》也不主张通过多党竞争实现政权交替，而是应如美英法战时内阁一样、把一致对外的多党合作看作宪政政治应有的模式。① 九一八事变之后，各界要求建立超越政治党派并能够广泛集合人才的"国防政府"、"国难政府"、"联合政府"，这些政府虽然名称不同，但其内在逻辑都基于多党合作。因此前两种政府实际上与"联合政府"别无二致，这种内在逻辑一直延续到毛泽东的联合政府论。

---

① "在这之后各党竞争说的价值日益消退，各党合作说的力量日益增强，在朝与在野的区分已经消失了。"《宪政与政党》，《时事新报》1932年4月28日。

第九章　国民参政会与战时民主主义

国民参政会于 1938 年 7 月召集成立，至 1948 年 3 月宪政期国民大会召集而被废止。宪政期国民大会随着国民政府的倒台在 1949 年转移到了台湾，如民国初期的国会一样昙花一现。而从抗战开始至 1948 年 10 年间一直存在的国民参政会，在中国民主主义的发展过程中显示出了比国会和国民大会更重要的作用。为了论证这个观点，本章将对国民参政会的构成与实际运作情况进行分析，以明确其作用及意义。而以宪政期民意机关的标准来评判国民参政会是很难接近实际情况的。

一直以来的研究都将国民参政会看作是第二次国共合作中国共两党及其他小党派的党派议会机关，判断其作用和性质也是以参政员是否民选以及参政会的职权为标准。由此产生的对参政会的评价也具有很大偏差，有的人将它看作国民政府的"反共"道具，有的将它看作是战时国会。但无论是极端否定还是极端肯定，都是特定政治派别按照各自的标准得出的结论，因此有再次论证的必要。

为了脱离某一党派的特定视角，笔者从各党派及各界人士都拥护的《抗战建国纲领》出发，重点关注参政员构成方面具有区域代表及职业代表的二元性，将国民参政会当作战时民主主义的具体表现形式去理解。为此，笔者对参政员的人员构成、参政会运作方式、促进战时民主主义的条件及逻辑、参政员的主要提案及决议等进行分析。对于主要提案与决议，笔者将重心放在建立地方民意机关与结成职业团体这两大发扬民权的活动上，因为这两项活动是参政会作为训政期民意机关应完成的核心任务。笔者认为通过以上分析便能自然展现参政会从训政到宪政时期所发挥的桥梁作用。

综上，笔者既着眼于以政党为中心的区域代表制，同时也着眼于以职业团体为中心的职业代表制，希望能够摆脱只把国民参政会看作是政派的偏见。

一　参政会的人员构成

由于参政会的人员构成与会议运作的民主性问题有直接联系，因而，它也是衡量参政会民主性程度的标准。冷战时期中国学界倾向于批判参政会是国民党员占绝大多数的国民党独裁机关；同时，也有论者认为，国民党员人数不超过全体参政员人数的一半，反映了各界舆论的真实意志。[①] 但这两种见解在相当大程度上是根据党派理解而得出的夸大结论。另外，一般都认为第一届参政会很好地体现了参政会的民主性，之后便逐渐减弱，但其原因并不能简单归结于国民党员人数的上升。

参政员有以下几种来源：①各省、市公私机关或团体中工作3年以上并有威望者；②重要文化团体或经济团体中工作3年以上并有威望者；③内蒙古、西藏地区公私机关或团体中工作且有威望者；④在所在地活动3年以上并有威望的海外华侨。第一届参政员以接受国民党与国民政府及国防最高委员会的推荐、国民党中央执行委员会最终聘任（指名）的方式来决定。[②] 从第二届开始改为各省市代表由各省市临时参议会选举来决定参政员人选。

参政员的任期为一年并可延长，参政会的人员构成在10年间变化了5次，因此平均任期为两年左右，历届参政员总数及代表单位组成如表9–1所示。

---

① 吴永芳：《国民参政会之研究》，台湾政治大学硕士学位论文，1983，第150页。
② 《国民参政会组织条例》（1938年4月）、《国民参政会组织条例正文》（1938年6月），重庆市政协文史资料研究委员会、中共重庆市委党校编《国民参政会纪实》（上），重庆出版社，1985，第46—49页。

第九章　国民参政会与战时民主主义

表9-1　历届参政员总数与各代表单位分布（1938—1947）

（单位：名）

代表单位	第一届（第一至第五次会议，1938.7-1940.4）	第二届（第一至第二次会议，1941.3-1941.11）	第三届（第一至第三次会议，1942.10-1944.9）	第四届（第一至第二次会议，1945.7-1946.4）	第四届（第一至第三次会议，1947.5-1947.6）	合计
省市代表	88（44%）	90（37.5%）	164（68.4%）	199（68.6%）	227（62.7）	768（57.7%）
团体代表	100（50%）	138（57.5%）	60（25%）	75（25.9%）	119（32.9%）	492（36.9%）
蒙藏代表	6（3%）	6（2.5%）	8（3.3%）	8（2.8%）	8（2.2%）	36（2.7%）
华侨代表	6（3%）	6（2.5%）	8（3.3%）	8（2.8%）	8（2.2%）	36（2.7%）
合计	200	240	240	290	362	1332

资料来源：吴永芳：《国民参政会之研究》，第22—25页。笔者在此基础上还进行了部分调整。

若暂时将上文提及的参政员来源中③和④忽略不计，则参政员基本可以分为①中的区域代表和②中的团体代表两类，在第一、二届中团体代表各占50%和57.5%，占总人数的一半以上，但之后便开始减少。需要指出的是，此时的团体仅限于文化团体与经济团体。

这种文化、经济团体的代表参选时，他们团体活动经历是非常重要的，当然区域代表也是如此。因为在政党活动自由被禁止的训政体制下，结构和经验在各界的联合以及各界代表的民意集结中，就显得尤为重要了。这种舆论得到反映后，《国民参政会组织条例》也被修正，团体代表的人数因此有所增加，但在第三、四届时大幅减少20%—30%，引起了各界及在野党派的不满。从整体上来看，职业团体代表占36.9%，这与1936—1937年国民大会中职业代表占26.4%相比，增加了10.5%。[①]

另外，这些团体代表中除商会、教育会、抗日救国会、中国乡村建设学会、中华职业教育社等经济文化团体之外，还包括共产党、国家主义青年党、国家社会党等在野党。但其人数极少，仅占10%左右。这些在野党[②]承认国民政府的抗日政策并予以协助，相应的，政府事实上也承认他们是限定的议政伙伴。但因为国民政府在法律上仍禁止结成政党，因此他们依旧未能取得法律上的合法地位，只是被划分在"文化团体"的范畴中被招聘进来，因此无法像国民党

[①] 根据1936年5月公布的《国民大会代表选举法》，实际上实施了选举的比例为：职业选举的81.8%，区域选举的83%。《国民大会代表选举总事务所工作报告》（1936年至1940年6月），秦孝仪主编《中华民国重要史料初编——对日战争时期》第4编战时建设（2），第1745—1747页。

[②] 20世纪三四十年代一般将除共产党和国民党以外的小党派称作"民主党派"，笔者在此有所不同，把除了掌权的国民党之外的党派称为"在野党派"，即国民参政会中除了国民党之外的所有政党。之所以避免使用"民主党派"这一词，因为国民党内部也有民主派，为了突显包括他们在内的民主联合，所以选择了这样的词。"小党派"这一词也并非很恰当，因为到了抗日战争中期以后，共产党已经不再是小党派了。

一样成为代表省市的政党区域代表。

上述三个在野党的领导人从1920年开始拥护职业代表制,而抗日救国会实际上就是民间职业团体的联合。议席数几近与国民党相当的无党派虽然在《组织条例》中是"公私机关或团体中的工作者",但事实上他们与那些被称为经济团体或文化团体等各种职业团体都有联系,并且被这些团体所操控。其中,大部分是无党派的金融界、工商界、教育界、新闻界人士。[1]

因此参政会的人员构成在《组织条例》中分区域代表和职业代表两派,但实际上可以说是由区域、职业、党派三种人员构成。他们各自的比重从第三届参政会开始呈现区域代表增加、团体代表减少的趋势,这与国民党员比重的增加是有关系的。下面具体看一下参政员党派分布的变化情况。

第二届参政员的各党派情况根据吴永芳的研究,分类如下:国民党116名(48.1%),共产党7名(2.9%),中国青年党6名(2.5%),国家社会党8名(3.3%),救国会6名(2.5%),乡村建设派3名(1.3%),职业教育派3名(1.3%),无党派90名(37.3%),不详2名(0.8%)。[2] 除了国民党员之外,无党派人士占大多数,这不仅仅是第二届还是历届参政员的特点。因为区域代表由国民党和无党派人士构成,所以团体代表的大部分是无党派人士。

但是在上述分类中所说的国民党员占48.1%,与实际情况是有很大出入的。根据管理参政会内党员的国民党党团指导委员会的资料,第二届参政员共240名,其中,138名是国民党员,占57.5%。[3]

---

[1] 吴永芳:《国民参政会之研究》,第152页。
[2] 此处参政员的总数为241名,比前文提及的240名多1名。吴永芳:《国民参政会之研究》,第146页。
[3]《国民参政会第二届第一次会议党团干事会第一次会议记录》(1941年2月)、《第二届国民参政会内国民党员分组名单》,重庆市政协文史资料研究委员会、中共重庆市委党校编《国民参政会纪实》续编,重庆出版社,1987,第244、252—253页。

可见，在吴的研究中，第二届参政员中国民党员的占比少算了9.2%，所以实际上国民党员的数量要按照比吴的分类多9.2%去理解，因此无党派人士的数量也相应地要减少。就上述参政员的记录来看，国民党员的比例在第一届未达50%，至第二届则为57.5%，此后的第三、第四届据推算应该都超过了60%。① 前文所说的第一届参政会最为民主的原因就在于此。参政会的会议要求全体人员过半数出席，并且，出席人员中过半数赞成才能表决通过议案。第二届参政会之后，国民党虽然可说拥有了会议召开之必需人数，但是正如抗战后期共产党对国民党的指责，国民党最初就占了绝大多数不过是一种夸张的推断。

共产党参政员吴玉章所记述的第一届参政会的情况就反映了这一点。国民党以外的各党派与无党派人士为了商议提案聚在一起，"这次参政会有三、四十人是顽固堡垒，有七、八十人是同情我们。故我们提出的提案常常得到四、五十人甚至七、八十人的连署。……邹韬奋所提的《请撤消图书杂志原稿审查办法案》连署者达七十四人，占出席人数半数以上"。② 这一提案目的在于对国民党《言论统制法令》做大幅修正，顽固派国民党参政员对此是不大可能同意的，所以可以推测非国民党参政员超过了总人数的一半。尽管如此，抗日救国会的邹韬奋仍然主张第一届参政员中的3/4是国民党员，无法理解为什么他会比共产党参政员吴玉章更加夸大国民党的独裁性。③

---

① 根据偏向于国民党的吴永芳的分析，国民党员所占比例第一届为41%（82名），第二届为48.1%（116名），第三届为55.4%（133名），第四届第一和第二次会议是43.1%（156名），第四届第三次会议为141名（48.6%）。但是根据倾向于共产党的周勇主编《国民参政会》（重庆出版社，1995，第51页）之分析，第一届国民党员的比例为45.5%，到第四届增加至84%。在笔者看来，周书的分析也不完全正确。
② 吴玉章：《参政会上的一个重要插曲》，《国民参政会纪实》续编，第470—472页。
③ 邹韬奋：《第一届参政会亲经历》，《国民参政会纪实》续编，第413页。

国民党参政员之中也有民主人士同他们一起讨论并参加连署。例如国家社会党员罗隆基所提的《调整机构、集中人才以增加行政效率案》就论及人才的录用不应仅仅局限于国民党员,这与党治论相背离。对此连署的有国民党7人,国家社会党5人,救国会5人,共产党2人,乡村建设派2人,第三党1人,职业教育派1人,无党派1人。① 当时国民党设有党团指导委员会,既能管理自己党派的参政员,也可以随时召开党团干事会议,努力使参政会在自己的主导下运作发展。但上述情形就意味着国民党连自己的党员都未能完全纳入自己的统制下,如被选为党团干事且经常出席干事会议的孔庚也曾几次参加他们的连署。尤其是关于改善政治的提案,其他在野党派与无党派参政员也在寻求在野党派之间的广泛联合,② 经常通过聚餐或谈话会等活动会面、事前商议提案问题、分担提案内容等。有些顽固派把要求政治改革或是批判政策错误的提案简单地看作"攻击政府"或"反动"。③ 对抗这些顽固派参政员的"民主联合"一直持续到第四届参政会。

团体代表逐渐减少,国民党员的比重逐渐增加,这表明了民主性的后退,但是与人员构成层面上的变化不同,从制度层面上看,参政会从第二届开始就不再以国民党指名的方式来确定参政员了,而是改为包括省市代表在内的参政员均由当时成立的省市(临时)参政会选出。因为国民党禁止任何形式的异党活动,所以国民党以外的政党成员无法成为候选人,只能是国民党员和无党派人士享有被选举权,但是一直要求实施宪政的两份具有代表性的报纸——《大公报》和《时事新报》认为增加由选举产生的参政员的占比是"更民主化"的体现,希望参政会能够成为"民主的梯子","民主的

---

① 罗隆基等:《调整机构、集中人才以增加行政效率案》,《国民参政会纪实》续编,第 261—267 页。
② 黄炎培:《国民参政会日记》,《国民参政会纪实》续编,第 536—540 页。
③ 邹韬奋:《第一届参政会亲经历》,《国民参政会纪实》续编,第 421—422 页。

成分逐届加浓",此外,还评论道,"选举时期,竞选极为热烈,且各后选人皆在法律范围内竞争,为将来选举制度树立一种良好风气"。[①] 这样由选举而产生的参政员的比重随后逐渐增加,到第二届时为整体的 45%,到了第三、四届就达到了 68%,第三届之后就一直占大多数。此时这种"制度的民主化",即采用选举的方式,反倒导致了有名望的各界人士数量的减少,因此被在野党派和无党派人士指斥。

这种与期望相悖的现象发生的原因是这种选举制度是在禁止异党活动的国民党党治下实行的选举。值得注意的是救国会参政员邹韬奋的看法。他认为参政会最初成立之时参政员不是以民选而是以指名的方式来产生的,从这点来看,很难将它看作民意机关,但是从它网罗了各界有威望人士来看,也可以称作民意机关。[②] 他在此指出了参政员从何种程序或方式产生并不重要,重要的是由哪些人员构成。无论是对于国民党参政员,还是对于共产党等在野党参政员和无党派参政员,都应该从这点出发去理解。[③]

但是名望性并不是民主性,对于名望性的强调只符合重视贤能的传统人事标准,而对于民主性的强调则属于重视以主权者人民同意为基础的委托过程是否具有代表性的范畴。虽然一些各界的有名望者是因为其贤能得到认可而被聘任,但是大多数人是因为在自身所属的团体中处于领导位置而具有相当程度的代表性。经济文化团体的代表虽是属于前一种的有威望者,但是因为这一类人在第三届会议之后大幅减少,从这一层面看,只能说参政会的民主性确实在后退。

[①] 《期望于本届国会参政者》(1942 年 10 月)、《对本届参政会的希望》(1942 年 10 月),《国民参政会纪实》(下),第 1070、1076 页。
[②] 邹韬奋:《我对于参政会的希望》(1938 年 7 月),《国民参政会纪实》(上),第 94—95 页。
[③] 毛泽东等:《我们对于国民参政会的意见》,重庆《新华日报》1938 年 7 月 5 日;《参政员邓飞黄、范予遂、陈博生、陶希圣发表谈话》、《参政员张君劢、罗隆基、梁实秋发表谈话》,重庆《新华日报》1938 年 6 月 24—26 日、7 月 3 日。

在一党专制下,国民党员的比重逐渐增加,在野党对此形成了有组织的反对。在国民党颁布了所谓的《异党活动限制办法》(1939年1月)之后,从事国民党以外的党政活动的人或被逐出学院及工作单位,或是被关进监狱。参政员为了对抗此事,在1939年9月参政会上联名提出了为抗日党派争取合法地位的提案,以此事为契机,"统一建国同志会"得以成立。该会成员都是参政员中除共产党员外的在野党派人士或无党派人士,这可以说是要求促进民主进程的在野党派通过参政会联合而成的一个组织。而在新四军事件发生之后的1941年3月,这个组织便发展为"民主政团同盟"。[1] 这刺激了国民党内的民主党派从1942年初开始联合,最终促成了国民党民主联合会(谭平山、陈铭枢,1945年10月)与国民党民主促进会(李济深、何香凝,1946年4月)的成立。

共产党在新四军事件之后,提出第二届参政会是"当国民党及政府当局决心反共之时……国民党员占绝大多数之(此次)参政会,绝不能不成为政府实行反共计划的御工具",[2] 但是实际上此时的国民党参政员人数比重只有57.5%,称之为"绝大多数"实为夸张,这是参政会外的恩怨反映到对参政会的认识和理解上。

二 参政会的会议运作

参政会拥有在政府实行对内方针之前的决定权,决议需要全体

---

[1] 新四军是由在华中8个省活动的红军根据国共两党的协议而编成的军队,在这些地区的民间团体从一开始就给予新四军广泛的支持,双方关系十分密切。因此,和新四军立场相近的这些民间团体的参政员对于国民党攻击新四军提出了强烈的抗议。
[2] 《拥护我党七参政员拒绝出席本次参政会》(1941年3月),《国民参政会纪实》(下),第892页。

参政员半数以上参加，出席者一半以上同意方可通过。参政员在会场上的自由得到保证。20名以上的参政员联名上书才可以提出议案，唯一的要求是绝对不可以与三民主义相抵触，由此通过的决议案须再通过拥有抗战期间最高决定权的国防最高委员会的审核，最后由主管部门具体实行。此外，参政员在会场上还享有建议权与询问权。① 下面将分析这种职权是如何行使，以及以各种议案的提出、讨论和决议为中心的会议是如何运作的。

大多数的研究都从参政员中国民党员人数相对较少这点出发，得出第一届参政会最为民主的结论。但是笔者想对开始采用选举方式的第二届参政会在运作方面取得重要进展这一点进行重点论述。

第一，将1人议长制变为5—7人的主席团制，主席团成员由参政会选举决定。从此之后，主席团成员中从未有过两名以上的国民党员。休会期间，参政会的日常业务由常设机关驻会委员会（25人）处理，增加了督促决议案实行以及调查实行的实际状况之权力，此外还可以随时行使建议权和调查权。驻会委成员由参政员选举决定，同主席团的选举相同，驻会委成员也由在野党派人士及无党派人士按人数占比选出。

第二，参政会事先接到政府施政方针初案的口头及书面报告，初案的意见最终集合为决议文书，以此来对政府决策进行评判、推动和补充。在政府要出席参政会并提交工作报告这一点上，共产党参政员林祖涵的评价是值得注意的。他评价道："自民国二年以来，民国政府所召集的各种所谓'民意机关'都是不健全的，没有一个能够和这次的国民参政会比拟。"② 尤其是1944年9月第三届三次参政会修正的《组织条例》，增加了对国家总预算案

---

① 《国民参政会组织条例》（1938年4月）、《国民参政会议事细则》（1937年7月），《国民参政会纪实》（上），第47、51—52页。
② 林祖涵：《国民参政会之观感》（1938年），《国民参政会纪实》（上），第241页。

第九章　国民参政会与战时民主主义　　　　　　　　　　　　　　　257

的初步审议权。虽然这还没有达到决议权的地步，但可以说是有意义的进展。

第三，根据第二届第二次参政会主席团的提案，1942年10月通过了《促进民治与加强抗战力量案》，这引起了各界的关注。这一决议案压制了国民党顽固派的"扩大民治就是分散抗战力量"的论调，表明只要促进民治，就能够加强抗战力量。共产党对此也做了积极评价：主席团这个提案得以出台，多亏在此期间众多参政员提出民治促进案及对此不懈努力。① 在共产党以不出席参政会来抗议新四军事件的时期，这样评价的出现更值得注意。

新四军事件之后，国共两党之间的矛盾日益加深，但共产党对于第三届参政会的评价直到1944年9月中旬之前都是不错的。如这一评价，"须知国民政会虽有其先天的弱点，但也曾经被赋予'集思广益，团结全国力量'之使命，如果参政员诸公……善于努力运用，也未始不可对目前时局稍尽推动之责"。② 这里提出的"先天的弱点"，指的是参政会的决议案缺乏保证政府一定会履行的法律手段，但是这个问题在参政会成立之初便存在，并非到第三届会议才产生。

新四军事件以后，为了缓和两党之间的矛盾，1944年5月国共开始进行和平谈判，而参政会将国共谈判的经过写成公开报告，这无疑又是展示第三届参政会运作实际情况的一个典型。国共谈判是国内外广泛关注的重要论题。无党派参政员王云五和胡霖要求主席团让国民政府向大会报告与共产党谈判的经过，而把经过公开就是政府接受主席团要求的结果。③ 但值得注意的是，主席团并不是只要求国民党政府一方进行汇报，而是让国共双方代表——张治中

---

① 《回顾二届二次参政会》，重庆《新华日报》1942年10月25日。
② 《今日之国民参政会》，重庆《新华日报》1944年9月6日。
③ 胡霖：《对国共谈判的意见》（1944年9月15日），《国民参政会纪实》（下），第1369页。

和林祖涵分别向主席团做报告。由于采取了这种形式,谈判过程的公开和汇报也被认为"象征着民主精神之发扬","统一团结之有望"。①

共产党在这一报告中正式提出了建立各党与各界共同参与的联合政府,在此之前共产党就与参政会内部的民主派人士进行了协商并征得了他们的同意。关于建立超越党派的国防政府甚至是联合政府的要求,早在九一八事变时,各界人士就曾在抗日救国会上提出,因此这次共产党与民主派人士很快便达成了共识。但共产党在 1944 年 9 月末就开始批判参政会,称之为国民党实行一党专制和独裁统治的工具。② 这一观点甚至影响到了对过去的参政会之评价:"仍和过去的参政会一样,完全是由国民党一手包办"。③

各界的诉求是承认在野党的合法地位、成立以在野党派广泛参与为基础的临时政府并在其领导下召开国民大会。但是 1945 年 5 月国民党在第六次全国代表大会上却无视这种诉求,只在维持国民党一党合法地位的条件下通过决议,并准备在同年 11 月召开以国民党为主的国民大会。在此之后,1945 年 7 月开幕的第四届参政会第一次会议上,国民党企图得到各界对此计划的追认而使其正当化,最终却未能实现。原因是与国民大会问题相关的 23 个提案的合并审议中,参政会虽然同意政府可以参照具体情况决定国民大会的开会时间,但要满足以下前提条件:政府应保证国民大会代表享有完全的代表权,承认各政治党派的合法地位,保障国民充分享受舆论、出版、集会、结社的自由。事实上参政会站在了与国民党的期待相反的立

---

① 《国共问题的前瞻》(1944 年 9 月),《国民参政会纪实》(下),第 1390 页。
② 《批评此次国民参政会》(1944 年 9 月),《国民参政会纪实》(下),第 1394—1395 页。
③ 《中共中央负责人声明不参加第四届国民参政会》(1945 年 6 月),《国民参政会纪实》(下),第 1429 页。

场上。[①] 此次参政会成功打消了国民党一手包办的企图。共产党为此抗议国民党"六大"通过的决议并拒绝出席第四届参政会。可以说，这是共产党员和以民主同盟为首的民主党派参政员以及部分志同道合的国民党员一起努力的结果。

共产党方面一直批判第四届参政会是蒋介石进行独裁统治的工具，所以拒绝参加参政会。而在野党派与无党派参政员因为一直呼吁建立各党派与各界团体代表广泛参与的联合政府，所以他们仍然参加了第四届参政会。1946年1月，因为政治协商会的召开，参政会的社会地位比以前有所减弱，但是参政员仍然将参政会看作解决国共两党矛盾及和平建国的平台，对它仍抱有希望并为此不懈努力。即使国民党不仅镇压还杀害民主同盟成员，但反对国民党独裁的民主派参政员大部分没有中途改选，而是保留参政员身份直到最后。这说明任何势力都无法推倒以参政会为中心、用民意浇筑的坚固城墙。

实际上1946年3月到4月召开的第四届参政会第二次会议是就国民政府对政治协商会议报告的决议表示其所支持的政协合议事项，提出：（1）改组扩大国民政府，广泛挑选任用贤能者；（2）取消解放区内的特殊组织（边区政府的后身解放区委员会），实现统一团结；（3）实行党军分立、军民分治以及军队的国家化。可见，第（1）项和第（2）项互为前提条件，第（3）项对国共两党都适用。另外，还决议了要求停止共产党部队的军事行动。[②] 这一决议并没有要求国共两党共同停止军事行动，可以说是偏向国民党的条款。但是从大体来讲，这些条款并没有超出政治协商会议通过的《和平建国纲领》，"遵奉三民主义为建国之最高指导原则；全国力

[①]《第四届第一次大会提案案由及决议案》，《国民参政会史料》，第477—478页。
[②]《政治协商会议报告决议文》、《第四届第二次大会提案案由及决议案》，《国民参政会史料》，第523—524、570页。

量在蒋主席领导之下，团结一致，建设统一自由民主之新中国"。[①]
简而言之，截止到 1946 年春，参政会运作是由占大多数的国民党员在主导，但是参政会的决议并不是国民党顽固派能任意左右的。

　　之后内战全面爆发，参政员进行了改选。1947 年 5 月改选后召集的第四届第三次会议本是国民党为了把内战责任推给共产党，但因为通过了相背的决议而引发了混乱。5 月 28 日，第一审查委员会所管辖的军事问题提案中，通过了两个"讨伐共产党"的提案；而 6 月 2 日第三审查委员会所管辖的内政问题提案中，决议通过了"停止内战和平建国案"。其实后者是将国共双方停止内战与要求"讨伐共产党"等 23 条议案合并审理通过的，"讨伐共产党"的论调完全隐含在和平解决议案之中，并没有在决议案名称中反映出来。[②] 考虑到每条提案须有 20 人以上联名签署，从和平解决议案的 16 条提案中，我们就可以看出这些努力促进战时民主主义、希望代表民意建立联合政府的参政会民主派成员付出了多少。这 16 条提案的提案人中，除国民党员王晓籁、陆宗骐之外，还有民主同盟代表张澜、青年党员李璜、无党派人士邵从恩等，可见，参政员之间的民主纽带从参政会开始就一直维系到这一时期。

三　战时民主主义的条件与逻辑

　　战时民主主义按逻辑大体上可分为中日两国之间的中日战争期

[①] 《和平建国纲领》（1946 年 1 月），《政治协商会议资料》，四川人民出版社，1981，第 273 页。

[②] 23 条提案按照内容来分类，敦促国共双方停止内战和平解决的提案有 16 条；要求共产党军队停止内战的提案有 3 条；立刻"讨伐共产党"的提案有 1 条；敦促派遣代表再次促进国共协商，如共产党反对的对其进行讨伐的提案有 1 条；其他提案 2 条。《第四届第三次大会提案案由及决议案》，《国民参政会史料》，第 603—607 页。

第九章　国民参政会与战时民主主义　　　　　　　　　　　　　　　　　261

以及中国成为反法西斯的一员并与英美苏等国结成联盟共同对抗德意日的亚太战争这两个时期。下面首先分析中日战争期。

　　从底层开始推动的战时民主主义的动力是九一八事变以来要求民主与抗日的各界舆论，但是国民党与政府不理会这些诉求。抗战从一开始便陷入了屡战屡败的困境。在这种情况下，国民党才认识到各界要求民主抗战的重要性，于是召集成立了参政会。因此，战时民主主义的主张深入地渗透于 1938 年 3 月出台的《抗战建国纲领》中。《抗战建国纲领》第 13 条，"组织国民参政机关，团结全国力量，集中全国之思虑与识见，以利国策之决定与推行"，就充分地体现了这一点。

　　参政会虽然是顺应这个呼吁而产生的，但是没有被赋予国家预算决策权等作为最高权力机关应有的权力。这是因为根据《抗战建国纲领》，参政会是向宪政过渡的训政时期的国民参政机关。尽管如此，全国各界人士及舆论仍然拥护《抗战建国纲领》，并呼吁紧密团结在以蒋介石军事委员长为中心的国民党中央和国民政府周围，积极抗战。在会议上通过的《国民参政会参政员拥护抗战建国纲领之提案》不是以国民党参政员提出、其他党派的参政员同意的方式产生的，而是国民党、共产党、无党派的参政员各自提案，参政会合并审理后通过的。[①]

　　1938 年 7 月第一届参政会第一次会议通过了迅速成立以省市县参议会和乡、镇民大会为首的地方民意机关、实现地方自治并奠定宪政基础的决议案，这些都是训政期促进民主的核心内容。上述议案都是国民政府、国民党参政员褚辅成和孔庚，青年党参政员曾琦，救国会参政员王造时、无党派参政员许德珩等人各自提出，由参政会审议并通过。[②] 第二年参政会通过了在已经成立的省市参政会基础

[①]《国民参政会参政员拥护抗战建国纲领之提案》，秦孝仪主编《中华民国重要史料初编——对日战争时期》第 4 编战时建设（1），第 48—64 页。
[②]《第一届第一次大会提案由及决议案》，《国民参政会史料》，第 27—30 页。

上促进建立县参议会的决议案。① 由此可以看出，战时民主主义蕴含的逻辑为：在提出提案并决定成立各级地方民意机关的情况下，为了实现从乡镇到县、到省乃至全国的全民抗战，只有扩大民主主义，才能实现全民的民意集结。

但是第一届参政会在明确拥护以训政论为基础的《抗战建国纲领》之后，在1939年9月第一届参政会第四次会议上就通过了提早结束训政、召开国民大会并开始实行宪政的决议案。这里有必要对此进行说明。实行宪政的决议案是合并审议了国民党的孔庚、共产党的陈绍禹、青年党的左舜生、救国会的王造时、国社党的张君劢、职业教育派的江恒源、无党派人士张申府等提出的7个提案后形成的。值得注意的是，有一些国民党员也参与其中。在本因战争延期实行宪政的情况下，为什么突然提出了这种诉求呢？

第一，曾以行政院院长身份担任参政会议长的汪精卫已逃离抗战前线，在这种情况下，只有提早实现民主宪政才能阻止国民舆论的四分五裂、巩固国民抗战意志。在经过这种考虑之后，实施宪政案被提出并得到通过。其提案理由是汪精卫等人逃离后，在南京成立了"中华民国维新政府"，参政员担心这会成为日本直接分裂中国、实行以华制华的祸根。当时日本正"推进"以在义和团运动中获得的庚子赔款来收买掌权人物、诱导其投降的以华制华策略。这种阴谋一经暴露，参政会便对此保持高度警惕。② 这里强调的民主抗战逻辑不仅要将宪政抗战与宪政建国相结合，而且还要延续九一八事变以来的宪政论民主运动。

第二，1939年1月国民党五届五中全会通过了《异党活动限制

---

① 《第一届第三次大会内政部第二期战时行政计划决议案》，《国民参政会史料》，第89页。
② 左舜生等：《请结束党治立施宪政而安定人心发扬民力而利抗战案》、王造时等：《为加强精诚团结以增强抗战力量而保证最后胜利案》，《国民参政会纪实》（上），第584、589页。

办法》，对于从事异党活动的嫌疑者或从工作岗位上解聘，或从学校开除，甚至拘禁、杀害。为了应对这种情况并结束党治，以保障各党派平等的合法地位，此时社会舆论中出现了实施宪政的呼声。政府限制异党活动，对非国民党员的积极抗日分子进行镇压或排挤，导致一致抗日的各党派之间的分裂，这也是吁求宪政的原因之一。[1] 接下来，借鉴外国经验，即为实现更有效的对外战争会建立战时内阁，参政员提出了中国也要结束党治、实行宪政、建立全国统一的"战时行政院"的诉求。[2]

与这种提案或决议相对立的是宣扬训政抗战论的舆论，这种舆论虽在参政会之外兴起，但不容小觑。在参政会采纳了实行宪政议案之后，蒋介石为动员全民参加抗战，在闭幕式上承认了实行宪政是不可避免的趋势。但是在国民党的党报及党刊上仍然主要宣扬实行民主会造成国力的分散，对抗战不利，或者宣扬宪政运动就是要夺取政权，是反政府的活动等，以此拥护训政。[3] 总而言之，就是宣称国民文化水平过低，实行宪政还为时过早。

参政会通过了实施宪政的决议案之后，全国各地开始成立宪政实施促成会并由此开展宪政运动。国民党在五届六中全会上也表示，要在 1940 年 11 月召开国民大会并开始实行宪政。但是后来又宣布要推迟到抗战胜利之后。

这时美日之间的矛盾不断升级，1941 年 12 月日本偷袭珍珠港之后，中日战争成为第二次世界大战的一部分，中国也成为反法西斯同盟之成员。1941 年 10 月第二届参政会曾提出："夫中国抗战世界一大事也，回顾九一八变起之日，我国即警告世界……惟赖我全体将士，

---

[1] 陈绍禹等：《请政府明令保障各抗日党派合法地位案》，《国民参政会纪实》（上），第 581—582 页。
[2] 张君劢等：《改革政治以应付非想局面案》，《国民参政会纪实》（上），第 587—588 页。
[3] 邹韬奋：《第一届参政会亲历记》，《国民参政会纪实》续编，第 458—459 页。

奋勇苦战,直至十年后之今日,全世界始恍然承认苦战之中国,实远东大局之柱石。"①1942年10月,美英两国宣布主动放弃过去通过签订不平等条约获得的在华特权,消除了中国成为政治大国的障碍。

战争形势的变化使中国的国际地位迅速上升,也使中国人对抗胜利充满信心。国内的主要关注点也从抗战转移到建国。1942年10月张伯苓在参政会第三届第一次会议的开幕词中提到:"抗战五年余,中日战争变为世界战争,我们得到多助,敌人势穷力蹙……今后问题当在如何建国。"②加上第二次世界大战被看作是"民主与法西斯"之间的对决,作为民主阵营的一员,中国也开始有进行民主改革的民主化压力。③国际反法西斯统一战线的形成,为参政会中各界民主抗战论和抗战建国论转化为现实提供了可能性。

在此之后,训政抗战论宣扬的中心思想是各发达国家为了尽早结束战争都会部分限制已有的宪政。坚决反对这种论调的人士正式向参政会提交了反对议案。例如,抗日救国会的参政员沈钧儒等人在1941年11月召开的第二届参政会上提出了保证言论和学术研究自由有利于增强抗战力量的议案。这一提案引用了罗斯福的自由观:"言论自由如不存在,则一切自由皆无意义。"另外他们还举例说明:"苏德战争发生以后,英美两国政府对于强化民主、改善民生于争取战争胜利的必要,尤有充分之认识。"④

最终第二届参政会主席团压制了国民党顽固派宣称的民治扩大会分散抗战力量的论调,通过了只有促进民治才会增强抗战力量的决议。《大公报》评价道,《促进民治决议案》是作为反侵略民主

---

① 《会议宣言》(1941年3月),《国民参政会纪实》(下),第860页。
② 《临时出席张伯苓开幕词》(1942年10月),《国民参政会纪实》(下),第1089—1090页。
③ 《善处当前期》,《新华日报》1941年11月18日。
④ 沈钧儒等:《请政府迅即对于言论与研究加强积极领导修正消极限制以通民意而利抗战案》(1941年11月),《国民参政会纪实》(下),第995页。

阵营重要一员的中国在其必然要走的民主之路上的一个里程碑,并敦促政府切实履行此决议案。①

这个决议案不是实行宪政的决议案而是促进民治的决议案。具体有如下内容:(1)抗战过程中一方面要促进地方自治,另一方面要在抗战结束时实行宪政;(2)战时民意机关的组织与职权应得到扩大与充实;(3)用人范围要扩大,广泛录用各界人才,实现国家为公;(4)宣扬保护人民的一切合法自由,把宪政实施延期到抗战胜利之后。②1939年参政会曾通过敦促立刻实行宪政的决议案,相较而言,这次表现得如此游刃有余,其重要原因就是中国已经成为反法西斯同盟成员,世界反法西斯统一战线已经形成,参政员们意识到日本的战败和中国的胜利只是时间问题。从这以后,参政会不再提出在抗战胜利前召开国民大会实施宪政的要求,而是在督促实行上述四条决议的基础上,努力充实战时民主主义的内涵。从实行训政还是宪政的两分法争论中跳出来是一个重大的进展。它向人们展示了宪政论民主与训政论民主在抗战时期是如何相互妥协的。

另外,国际局势的发展对于促进民治也绝非是百利而无一害的。不平等条约的废止给国民党顽固派以训政方式来经营党治国家带来信心,并导致了党国体制国家主义的强化。具体表现为强化"反共"政策并镇压要求促进民主化运动的学生、知识分子及在野党派。但是实际上事情并没有朝他们预期的方向发展。1944年4月,日军开始实施一号作战计划,迅速攻占了洛阳和长沙,美国从此开始推行与八路军共同抗日的战略构想,并把这一构想延伸到积极介入国民党的军政与内政中。美国这种战略构想的具体表现为:在国共谈判

---

① 《促进民治》,《大公报》1941年11月26日。
② 《促进民治与加强抗战力量案》(1941年11月),《国民参政会纪实》(下),第992页。

的过程中以调停者的身份站出来，要求蒋介石改组国民党政府和军事委员会，并允许以共产党为代表的在野党派参与其中。① 以美国的介入为契机，共产党将美国的民主主义与国民党的一党独裁做对比，并把这种对比引申为促进民主改革的有利条件。② 美国就是在这种背景下表示了对于共产党建立联合政府要求的支持。

在民主化进程中，召开国民大会和要求实行宪政虽然都是非常重要的问题，但在战争中的中国事实上是很难立刻推行宪政的。而其现实意义则是使为实施宪政做准备的民治运动得以展开。如果要实现《促进民治决议案》的目标，就要把实施宪政的时间推迟到抗战以后，并且取消《异党活动限制办法》，广泛招揽人才，成立超越党派的战时行政院。其实这些诉求在训政时期是可以实现的。立法院院长孙科在1944年12月宪政实施协进会的"宪草"讨论会上提出立刻终止国民党的一党训政，并在承认三民主义及国民党多数席位的基础上转变为"各党的共同训政"，这就证明了在训政期就有实现上述诉求的可能性。③ 在这之前，共产党方面召开了各党派团体及无党派人士参加的"国事会议"，在会上提出了成立联合政府的方案。但这是在得到了国内各界当然还有美国等反法西斯同盟成员的支持下提出的构想，因而，不仅没能摆脱依据各党派建立联合政府的模式，还有可能使国民党维持主导地位。如果国防最高委员会与国民政府都向各党派开放并任用各党派的人才，就相当于建立了全国性的战时行政院。《促进民治决议案》的构想与此接近。

作为民主阵营的一员并在第二次世界大战中发挥重要作用的中

---

① 杨奎松：《失去的机会？——展示国共和谈实录》，广西师范大学出版社，1992，第158—161页；李炳南：《政治协商会议与国共谈判》，第16—19页。

② 邓野：《联合政府与一党训政：1944—1946年间国共政争》，社会科学文献出版社，2003，第18—19页。

③ 黄炎培：《国民参政会日记》，《国民参政会纪实》续编，第565页。

国，在战后面临着来自国内外希望其能够延续战时民主主义路线、成立联合政府并且实施宪政的巨大舆论压力。当成立联合政府、实施宪政这一课题摆在眼前的时候，争论的焦点就变成了政治民主化的途径问题，即"先解除党治，后实施宪政"还是"先实施宪政，后解除党治"。在承认各党合法地位的情况下，在野党及民间社会呼吁建立临时民主联合政府并在其指导下实施宪政。这种诉求在一定程度上是接受了共同训政或延续了战时行政院的构想，但是国民党顽固派完全无视这些诉求，坚决要在党治下实施宪政。如上文所示，正是在这种情况下，1946—1947 年在第四届参政会上，参政员提出了多达 16 个反对内战、促进和平的议案，并且抗议国民党一党主导的"党治宪政"的实施。

四 促进战时民主主义的活动

1. 区域民意的集结：地方民意机关的成立

参政会为促进战时民主主义开展了多种活动，其中最值得注意的是，为推动地方民意机关与职业团体的成立、加强集结地区民意与职业民意所做的努力。

1938 年 7 月第一届参政会第一次会议上提出的内政方面议案大部分与成立地方民意机关有关。国民政府以及曾琦、王造时等人分别提议建立省县民意机关，褚辅成、孔庚等人建议建立县以下的乡镇自治制度。审议通过的决议案的主要宗旨就是以区域代表和职业代表来组成各省县临时参议会，设立乡镇民代表会（以首事会议为常务会议机构）作为乡镇民意机关。[①]

[①]《国民参政会第一届第一次大会决议案实施情形一览表》，秦孝仪主编《中华民国重要史料初编——对日战争时期》第 4 编战时建设（1），第 242—251 页。

根据之后制定的《省临时参议会组织条例》，参议员的构成比例为60%的区域代表和40%的职业代表。并规定：公私机构或团体中五年以上工作者，或是各省重要文化团体及经济团体中有两年以上工作者才有资格参选参议员，各县市政府与党部在听取地方团体意见后推荐候选人；参议会拥有对省政府施政方针的决议权、对省政改革相关政策的建议权、对政府工作报告的听取权、对政府的质问权等四种职权。[①] 所以说省市临时参议会在人员构成和职权这两方面都与国民参政会高度相似，但是如本节后面所提，省临时参议会在1944年12月以后转变为正式参议会，并根据县参议会选出省参议员，这说明了临时参议会的职权得到了扩大。

在这以后，参政会不断开展活动，督促建立省市县民意机关。1939年2月，参政会在对内政部工作报告的决议中提到只有8省成立了省临时参议会，政府应该更积极地推动。[②] 在此之后，参政会把成立县参议会和实行新县制当作实施宪政的两项基本工作，并且为促进这两项工作而不断努力。这时青年党参政员曾琦、共产党参政员董必武、国民党参政员孔庚和褚辅成、无党派参政员邵从恩和蒋继伊等人已经提出建立市县参议会的议案并得到了通过，此外，参政会的决议也宣布建立新县制实施协进会来督促这一提案的执行。[③] 通过这些努力，根据1941年8月公布的《县参议会组织暂行条例》，参议员的70%是乡镇村民大会选出的区域代表，剩下的30%为职业

---

① 《省临时参议会组织条例》，秦孝仪主编《中华民国重要史料初编——对日战争时期》第4编战时建设（2），第1843—1845页。
② 这8个省是浙江、江西、河南、福建、广东、广西、湖南、贵州。《国民参政会对于政府施政报告之决议文》、《国民参政会第一届第三次大会决议案实施情形一览表》，秦孝仪主编《中华民国重要史料初编——对日战争时期》第4编战时建设（1），第526、567页。
③ 《国民参政会第二届第一次大会决议案实施情形一览表》，秦孝仪主编《中华民国重要史料初编——对日战争时期》第4编战时建设（1），第1008—1012页。

团体代表，[①] 这与1939年共产党在其控制的陕甘宁边区仅以人口比例选出区域代表成立边区参议会形成鲜明对比。此外，县参议会除拥有决议权、建议权、听取报告权、质问权之外，还被赋予了预算决议权和决算审议权。

1942年10月，参政会对内政部的工作报告提出了批评："县以下各级民意机关之建立，为新县制最基本之精神，训政之唯一途径，（但）一般均没筹备成立。徒事扩大（政府）各层机构，增加人民负担，舍本逐末。"在内政部把各县实施新县制以来的成果与不足进行详细汇报后，参政会督促内政部到1943年为止，应成立全部的县（临时）参议会。[②] 行政院以此决议为基础，1943年11月对各省做了批示，但是应在1944年内成立的县以下各级民意机关仍未完全成立。对此，参政会为做好宪政的准备工作限定其在1945年底之前全部成立。[③] 与此相配合，已经成立县临时参议会的地区通过了国民党参政员提出的把县以下各级民意机关改为按选举成立的正式参议会并扩大其职权，实行县长民选的议案。[④]

在这种情况下，1944年12月依照修正条例，省临时参议会改成正式省参议会，而且省参议员改为由县市参议会选出。从1941年3月第二届参政会第一次会议开始，就已经由省临时参议会选出国民参政会区域代表作为参政员了。在这之后，由参议会选出的国民参政员比重不断增加。这一时期，县参议会的组织条例在修订后，扩大了参议会的职权，赋予了县预算及结算决议权。这就是上文所说的加强战时民意中相关民主性的内容。1944年

---

① 《县参议会组织暂行条例》，秦孝仪主编《中华民国重要史料初编——对日战争时期》第4编战时建设（2），第2163—2164页。
② 《第三届第一次大会对于政府施政报告之决议案》，《国民参政会史料》，第316页。
③ 《第三届第三次大会对于政府施政报告之决议案》，《国民参政会史料》，第418页。
④ 《参政员提案由及国民参政会之决议文》，秦孝仪主编《中华民国重要史料初编——对日战争时期》第4编战时建设（2），第1380—1381页。

12月至1945年1月，省、市参议会的职权也得到了扩大，获得了预算决议权与决算审议权。[①] 在此之前的1944年9月，国民参政会获得了对国民政府预算的初步审议权，各级民意机关的权限也一并得到扩大。

参政会把地方各级民意机关对政府的监督看作"民主监察制度"，并为实现这一制度而不懈努力，与此相关的预算和决算决议及审议权就成了最核心的问题。1941年11月第二届参政会通过了褚辅成等提出的"请行政院督促各省建设县以下各级民意机关并派员指导乡民行使选举权和罢免权以期实现民主监察制度廓清积案"。紧接着，1942年10月决议"县参议会有举发县政人员贪污违法之权"，1944年9月决议把民主监察制度扩大至各级民意机关及舆论机关。[②] 虽然实际上没有赋予各级民意机关这种权限，但是抗战末期广东省临时参议会已然接受了人民对于政府官员的控诉和告发并跟进调查，四川省参议会1946年3月以贪污嫌疑逮捕了元田粮处处长吴念僧。[③] 这都说明了这些决议案的影响，以及人民对于国民参政员和地方参议员的民主监察制度的期望是很高的。

与此相同，县参议会选出省参议员，省参议会选出国民参政员。以这样层层递进的方式，县参议会与省参议会的民意能够直接反映到中央民意机关。这在战时民主主义的条件下，可以说是一个非常有意义的体系。

随着抗战结束，临时参议会也努力向直接民选的正式参议会转

[①]《省参议会组织条例》、《市参议会组织条例》，秦孝仪主编《中华民国重要史料初编——对日战争时期》第4编战时建设（2），第1891—1893、1900—1903页。

[②]《参政员提案案由及国民参政会之决议文》，秦孝仪主编《中华民国重要史料初编——对日战争时期》第4编战时建设（2），第1134、1280—1281、1381页。

[③] 广东民国史研究会编《广东民国史》（下），广东人民出版社，2003，第960—961页；山本进：《一九四〇年代国民政府治下的县市参议会——以四川省之例为中心》，《"1949年：中国的关键年代"学术讨论会议论文集》，台北，"国史馆"，2000，第174页。

变。先在 1945 年 7 月第四届参政会上确立了市长民选及市参议会民选制度，并将其作为县参议会成立的典范。1946 年 3 月又决议，应该迅速制定《县自治法》，"广育自治人才，扩大四权之行使，严禁土豪劣绅之窃权，变官治为民治，抑绅权而张民权"。① 县以下的乡村社会中，所谓的"地方自治"长久以来被与县政府相勾结的绅权支配，因此自治与官治无异，民治实际上就是绅治，而此时则是到了打破这种传统恶习的时候。

为此，必须设立乡镇民意机关，并使它有权对作为执行机关的乡镇公所进行监督，坚决改革并废止下属地区的保甲制。根据 1941 年制定的《乡镇组织暂行条例》，每户出一人组成保民大会，并且各保民大会选出两名代表组成乡镇民代表会。② 第三和第四届参政会决定，"乡镇长与保甲长必实行民选，严防土豪劣绅与流氓把持县以下各基层组织"。与此相应，还决议城市地区的"保甲长宜由民选，不得以警察兼任，必须实行警保分治，以免警权高于民权"。③ 这些决议都表明打倒那些掌握县以下乡村权力的土豪劣绅才是确立乡村自治的关键，还表明了县政府试图强化支配乡村的力度。

参政会为了建立上述地方民意机关不断努力，而实际上又建成了多少呢？1944 年 4 月，县临时参议会建成 530 个，占县总数的 48%，乡镇民代表会建成 11305 个，占乡镇总数的 38%。④ 5 个月后再次统计的结果为县临时参议会建成 784 个，乡镇民代表会建成

---

① 《第四届第二次大会对于政府施政报告之决议案》，《国民参政会史料》，第 526—527 页。
② 《乡镇组织暂行条例》，秦孝仪主编《中华民国重要史料初编——对日战争时期》第 4 编战时建设（2），第 2172—2183 页。
③ 《第三届第一次大会对于政府施政报告之决议案》、《第四届第一次大会对于政府施政报告之决议案》，《国民参政会史料》，第 317、464 页。
④ 《行政院关于成立县各级民意机关之工作报告》（节录），秦孝仪主编《中华民国重要史料初编——对日战争时期》第 4 编战时建设（2），第 2189—2190 页。

15703 个，分别占总数的 56.6% 和 58.2%。① 按照省份来看，四川、云南、广西三省各建立了 100 个以上的县临时参议会，处于领先地位；湖南、江西、广东、福建等分别是 60—70 个；贵州、湖北、甘肃等分别是 30 多个，紧随其后的是陕西省，建成 24 个。由此可知，伪满洲国的东北各省以及战争初期被日本侵占的华中和华北各省的建成情况几乎可以忽略不计。抗战胜利以后，包括这些地区在内，全国各省都建成了民选的县参议会，例如湖北省的 72 个民选县市参议会都是在 1945 年 10 月至 1947 年 9 月期间成立的。②

2. 职业民意的集结：职业团体的成立

如果说各级地方民意机关是集合地方民意的方式，那么职业团体的建立与强化就是集结职业民意的方式。因此，国民参政会为了促进包括职业团体在内的民众团体的组织与发展，做了非比寻常的努力。参政会本身就是依照《抗战建国纲领》成立的，第一届参政会以"发动全国民众，组织农工商学各职业团体，改善而充实之，使有钱者出钱，有力者出力，为争取民族生存之抗战而动员"③ 为依据，通过了关于职业团体组织与强化的决议案。

1938 年 7 月讨论了救国会参政员邹韬奋提出的《调整民众团体以发挥民力案》之后，通过了以下决议：①调整现有民众团体，只要不违反三民主义及《抗战建国纲领》，确有群众基础及救国工作表现而依法组织的，政府都应该准许它们立案，承认其合法地位。②各种民众团体为集中抗战力量起见，经政府许可得组织总机关。

---

① 《二三年来各省实施县各级组织纲要及推行地方自治成绩情况表》（民国 33 年 9 月内政部编），秦孝仪主编《中华民国重要史料初编——对日战争时期》第 4 编战时建设（2），第 2015 页。

② 《湖北省各县市参议会成立一览表》，章开沅等主编《湖北通史·民国卷》，华中师范大学出版社，1999，第 610—613 页。

③ 《中国国民党抗战建国纲领》（1938 年 3 月），《国民参政会纪实》（上），第 37 页。

③领导民众团体机关，有党部或军事委员会，应由中央统一起来提高组织上和活动上的效率。④已经准许立案的民众团体，如果无违法确据，各地方政府不得随意镇压或停止其活动。①

　　一直推进乡村建设运动的梁漱溟等人在第一届参政会第一次会议上指出："在各职业团体中，应以农会为最关重要，诚以民众动员，大部即为农民之动员也。各地农会素来有名无实，或并其名而无之，任时为应付选举而设。究应如何改善而充实之？"② 当时相当多的农会都是在1937年为了即将到来的国民大会代表选举而临时成立的，对此，军事委员会政治部长回应道，已经调查了各县农会的实际情况，并且准备了《战时农会组织通则草案》来应对上述情况。③ 在第二次会议上经济部长回答道，在无法获知政治复议处理结果的情况下，他们已修正各级农会章程并准备于近日公布，已经指示各省建设厅依此执行。本由国民党社会部主管职业团体相关业务，但在1940年，将主管权力转移到行政院社会部手中。从这就可以看出，政治部、经济部、社会部只是分别主管相关业务，并没有相互协助。

　　国共两党的参政员一直都非常重视职业团体，不仅把它看作党的群众基础，还提出了强化组织的方案。共产党参政员陈绍禹等在第一届参政会第二次会议上提出，"中国拥有四亿五千万人之世界最多的人口，但是中外事实证明仅仅人口众多，并不能成为不可征服的力量。只有广大民众认真地组织和发动起来，才能成为巨大无比取得事业胜利的力量。应按照《抗战建国纲领》组织各种职业团体并充实之，以此来组织动员各界同胞，才能增加抗战的军力、物

---

① 《第一届第一次代表大会提案案由及决议案》，《国民参政会史料》，第32页。
② 《参政员对于政府施政报告之询问及各主管机关长之答复》（1938年7月），秦孝仪主编《中华民国重要史料初编——对日战争时期》第4编战时建设（1），第319页。
③ 《参政员对于政府施政报告之询问及各主管机关长之答复》（1938年11月），秦孝仪主编《中华民国重要史料初编——对日战争时期》第4编战时建设（1），第444页。

力和财力，才是克服抗战的一切困难的根本源泉"。① 这一提案在大会上被通过。要组织和动员抗战必需的物质力量，当然是通过各种与生产实际相关的职业团体来实行是最有效的，《抗战建国纲领》就试图使职业团体发挥这样的作用。

第一、二届参政会通过了国民党参政员李中襄所提出的促进组织农工商会，以增进生产和动员民力来加强抗战力量，强化地方自治之基础力量。② 前面提到的省参议员的40%和县参议员的30%是职业团体代表的这一规定说明了，关于将职业团体作为"自治之基础"已经是超越个人构想层面而达到国家层面的制度化阶段了。第二、三届参政会决议，不仅要强化农工商会等各种职业团体组织，还要发展国民经济，推进县自治的新县制及相关政令的施行，进一步辅助抗战建国法令及宪政的实施。③ 不仅让参政会辅佐抗战，还帮助县自治、建国法令和宪政的实施，这已经是发挥了大大超出"自治之基础"的作用。抗战以后的1946年3月，参政会决议，乡农会为调整租佃关系、执行二五减租的法定团体，农会办理农业贷款、普及农业技术及农村合作等一系列事务，这些都是农村实行自治的核心内容。④

抗战以后这种对职业团体的期望更广泛地延伸到了民意代表机关的建设上。在第四届国民参政会上提出的增加国民大会代表与立

---

① 陈绍禹等：《关于克服困难、过渡难关、持久抗战、争取胜利问题案》（1938年10月），《国民参政会纪实》（上），第342—343页。

② 《参政会议案案由及国民参政会之决议案》（1939年9月）、《国民参政会第二届第一次大会决议案实施情形一览表》，秦孝仪主编《中华民国重要史料初编——对日战争时期》第4编战时建设（1），第757、1015—1016页。

③ 《第二届第一次大会对于政府施政报告之决议案》，《国民参政会史料》，第235页；《第三届第二次大会对于社会部报告之决议文》，秦孝仪主编《中华民国重要史料初编——对日战争时期》第4编战时建设（2），第1251页。

④ 《第四届第二次大会参政员提案案由及国民参政会之决议文》，秦孝仪主编《中华民国重要史料初编——对日战争时期》第4编战时建设（2），第1560页；《第四届第二次大会对于政府施政报告之决议案》，《国民参政会史料》，第539页。

法委员的职业选举比重，以提高代表性、巩固行宪基础、促进国家现代化的提案就是很好的例子。① 上述提案未做任何修改就得到了通过。国民参政会宪政实施协进会也在对于《五五宪草》的决议中提到："除宪草第二十七条规定之区域代表外，应兼采职业代表制，并将其名额之百分比，加以规定。"② 更应引起注意的是，这些提案与决议都是在抗战开始之后形成的。因为抗战期间是非常时期，选举重视简易性，所以国民党和国民政府偏好于职业代表制而不是区域代表制。但是抗战结束以后还要将职业代表制正式制度化，这就表示无论是个别参政员还是整个参政会，都不是仅从技术层面来看待对职业代表制的采纳。

现在来看一下参政会为激活职业团体所做的努力在实际上的效果如何呢？1944年9月参政会在对社会部工作报告的决议中提到："人民团体量与质之增进"，"较去年为进步"，但"农民占全国人口百分之八十以上，而现组农会与会员人数为数过少"，"以往人民团体的组训工作，其重点似多偏于繁荣之城市，而疏于广大的乡村"。接着还指出，农会的发展才是当前的紧急要务。③ 与城市相比，农村的农民团体萎靡不振的重要原因是农民依然无法享有团体活动的自由。例如1946年政府的施政方针决议中也提到："一般农村同胞，困于不肖官吏与土豪恶势之压迫，不绝于报告。"④ 如果想要将农会发展为真正的农民之农会，就要革新一直以来支配他们行为与意识的乡村权力关系。就国民革命时期的经验来看，想要驱逐在乡村掌握武力和经济力量的势力，除自己的团体外，农民还需

---

① 《第四届第二次大会提案案由及决议案》、《第四届第三次大会提案案由及决议案》，《国民参政会史料》，第547、608页。
② 《国民参政会宪政实施协进会对五五宪草之决议》，《国民参政会史料》，第518页。
③ 《第三届第三次大会对于政府施政报告之决议案》（1944年9月），《国民参政会史料》，第419页。
④ 《第四届第一次大会参政员提案案由及国民参政会之决议文》，秦孝仪主编《中华民国重要史料初编——对日战争时期》第4编战时建设（2），第1451页。

要来自乡村外部势力的支援。但是当时能够组织并引导农民的知识青年几乎没有，农民也几乎没有得到党政军的支持，认识到农民问题深刻性的参政会虽然不断指出这些问题并要求解决，但是结果并不如人意。

如上文所示，各级民意机关非常重视职业代表制与区域代表制，并且将这两个制度一并实行，参政会也一直号召要组织职业团体，但是实际上又成立了多少个职业团体呢？职业团体的数量在1940年10月为12788个，到1946年末增长到40514个，会员数从200万名增加到874余万名，其中560余万名是农会会员，但这与国民革命时期湖南、湖北、广东三省的900余万名农民协会会员相比，还差很多。

通过以上分析，国民参政会作为战时条件下成立的民意机关，在战争结束之后仍起到促进正式民意机关产生的作用，在一定程度上达到了《抗战建国纲领》对它的期望。尽管国民党员的比重一直在增加，但是同时也保持了超党派的民主连带，这是非常值得注意的。

国民参政会的权限是提出扩大战时民主主义的方案，并审查其执行情况，但是执行就属于政府的权限了。因为依然是在以党治国的训政体制下，所以对政府的直接指导与监督都掌握在国民党手中，但是由于国民党自身的诸多限制，一党训政是难以超出中央范围的。[①] 在这种国民党自身力量不尽如人意、土豪恣意支配乡村社会的背景下，再加上财政上的困难，政府的执行能力十分有限。

越是如此，职业团体的结成与职业选举的采用越是被重视，它们既被看作是民意集结的基础单位，也是国家实现现代化的途径。

[①] Loyd E. Eastman：《国民党政权与政治文化》，闵斗基编《中国现代史의构造》，首尔，青蓝出版社，1983，148—149页；王奇生：《党员、党权与党争：1924—1949年中国国民党的组织形态》，第192—915、294—295页。

第九章　国民参政会与战时民主主义

理由有如下两点：第一，"恐仅采用以人口为标准的区域代表制，难免于恃多数以行其操纵作用，而国中之优秀分子与职业界专家不免于落选"，[①] 正如上文所反映的，贤能优待的观点有较强的社会影响力。第二，参政会相信，只有通过国民之组织化，才能加强抗战力量、增进民主力量。例如，"敌人之所以敢于轻视我国，企图吞灭我们国家，其最大的理由，还不在军事方面，而是在我们国家内部不团结，政治不统一"；"敌人（日本）素以无组织之国家视中国，以为中国既有党派的摩擦，复有地域的成见，战端一启，纠纷益甚"。[②] 上述这些认识都是清末以来合群救国论发展的结果。

因此，国民参政会被看作是"无组织"的中国人团结全国力量而成立的团体，对外代表中国，是统一国家的象征。[③]"更希望我们参政会同人领导各级民意机关和全国职业团体，纠正我们国民散漫因循的积习，推进各级地方自治的工作，务使民志团结，民力发扬。"[④] 国民政府主席蒋介石的这一训词，很好地总结了与战时民主主义紧密联系的国民参政会之核心作用。

[①] 《国民参政会宪政期成会提出"中华民国宪法草案修正草案说明书"》，秦孝仪主编《中华民国重要史料初编——对日战争时期》第4编战时建设（2），第1677页。
[②] 《国民政府军事委员会委员长蒋中正致词》（1938年8月），《国民参政会纪实》（上），第163—164页；《对于国民参政会之期望》（1941年11月），《国民参政会纪实》（下），第1031页。
[③] 《给敌人一个答复》，《大公报》1938年7月13日。
[④] 《国民政府主席蒋中正训词》（1943年9月），《国民参政会纪实》（下），第1211页。

第十章　政治协商会议、地方各界人民代表会议与建国民意

政治协商会议（简称"政协"）曾在1946年1月和1949年9月召开。1949年召开的正式名称为人民政治协商会议（简称"人民政协"）。一开始时人民政协被称为新政治协商会议（简称"新政协"），与此相对的，前者被简称为"旧政协"。政协与人民政协是由各界团体参与的、集结建国民意的会议。两者在代表构成的原理、与建国程序相关的决议方式与内容等方面大同小异，受到各界的好评。

国共两党政治竞争与内战成败的关键都在于是否尊重建国民意。国民党虽然先主导召开了旧政协会议，了解了建国民意，促成了共同决议案，但是随后却抛弃了这些，挑起内战，最后只能败北。在此期间共产党再次集结了建国民意并完成了建国大业。

在此，笔者关心的并不是国共两党谁胜谁负，而是清末至民国初年以来，在中国民主传统中占有一席之地的各界联合与各界代表的民意集结架构在抗战胜利至共和国成立期间是如何发挥作用的。学界一般把1944年9月共产党提议召开国事会议与建立联合政府以及对此各党派、无党派、各界团体的积极呼应看作政协成立的开端。

笔者认为国民参政会既是政协产生的跳板，事实上也是政协的缩影，并希望从这点出发，在历史的脉络中理解其形成过程。国民参政会是国民会议运动在抗日战争这一特殊历史条件下的具体表现

形式，国民会议、国民参政会、政治协商会议是职业代表制的延续与变化，从这一角度来看，他们之间有着非常紧密的内在联系，可以将他们看作民意机关在近代中国的探索过程。

带着这些问题，笔者把1946年1月和1949年9月两次政治协商会的代表构成方式与逻辑都看作"国民会议、国民参政会"的延续，并在本章中证明这一点。人民政协被常设为与中央政府对应的中央民意机关，相对的，与地方政府对应的地方民意机关就是各界人民代表会议。地方各界人民代表会议与人民政协相同，都延续了清末以来各界联合及各界代表的传统，并且建立在已经成为社会惯例的职业代表制的基础上。由此，笔者要集中论证的是，人们之所以承认政治协商会议是非常时期的民意机关，并不是因为它是一个临时会议机关，而是因为它继承了清末以来一直受到广泛支持并将持续下去的民意集结的社会惯例。

一　从国民参政会到政治协商会议

通过政协成立联合政府的路线于1944年9月15日由共产党在国民参政会上首次正式提出，即召开国事会议与建立联合政府。大部分学者就此主张这是共产党独创的，但是应该注意到建国方案涉及的社会脉络，以及它延续的历史脉络。

当时中国虽然是以国民参政会这一训政体制民意机关为中心联合全国人民一致抗战，但是因为国民政府屡战屡败，社会各界已经不再满足于这一机关而是期待更多民主化措施。随着抗日战争进入战略反攻阶段，各界已经把重心从抗战转移到建国，开始深入讨论终止训政并实施宪政的方案。例如，《大众生活》（香港）1941年6月发文提议，如果在战时较难以普通选举的方式成立宪政国家，可以把孙中山提倡的国民会议作为过渡手段，选出各政党、各团体、各大学、各军队的代表,代行民意机关职权。提案者张友渔将其称为"党派代表会议",并主张应该根据其决议成立国民党和其他一切党派共同参与的过渡政府,只有由民意机关成立的民主政府,才能克服当时的危机。① 在这之后,民主政团同盟(1944年9月后称"民主同盟")也提出"政治民主化和军队国家化",并主张实践民主精神、结束党治,在实施宪政之前成立"各党派国事协议机关"。② 此时关于政治民主化与军队国家化的关系,民主政团同盟明确表示,"虽然是两句话,但含义相同,是不可分割"的使命。

接下来,1944年9月4日重庆教育、交通、法律、金融等各界人士发表了对时局的主张,促进真正民主化的实行,并在24日发起组织民主宪政促进会的聚会。在会上,各界代表提出的民主实行方案很值得注意。章伯钧(第三党,农工民主党的前身)与邓初民(国民党员,救国会干部)主张参照孙中山的国民会议论遗教,召开事实上作为"各党派各团体代表会议"的国民会议,还说道:"如今日不能召集国民会议,便不能实行民主,如不能实行民主,便不能抗战胜利。"③

在这种舆论的引导下,1945年5月召开的国民党第六次代表大会上也有51名党员提出了在宪法中引入国民会议式职业代表制的建议。他们称,在中国现有条件下,如果采用区域代表制,区域内的农民、工人是无法赢过豪绅、富商的,就会沦落为"虚伪的民主"。对此,他们主张按照孙中山提倡的国民会议方式,采用职业代表制,并修正:《五五宪草》。④ 正如后文所分析的,实际上在1945—1946年进行

---

① 张友渔:《我们需要怎样的民主政治?》,《大众生活》第4期,1941年6月8日。
② 《中国民主政团同盟成立宣言》、《中国民主政团同盟对时局主张纲领》(1941年1月10日),中国民主同盟总部编印《民主同盟文献》,1946,第3—5页。
③ 《各界人士发表对时局主张》、《实行民主挽救危机》,《新华日报》1944年9月4、25日。
④ 《修正宪法条文以职业代表制》(1945年5月),中国国民党党史馆档案:会6.1/24/17。

的各省市参议会选举中，议员的 30% 都由法定职业团体选出，这也大幅增加了舆论对于职业代表制的关注度。

在这种社会发展脉络中，值得注意的是，无论是把国民会议当作过渡期民意机关，还是把它当作宪政期民意机关，国民党内外都对这一会议的召开进行过激烈的讨论；还有一点是，尽管包括了职业团体，但是它还是被称作"党派（团体）代表会议"。共产党的提案也是其中之一。

共产党的提案并不是 1944 年 9 月突然出现的，而是继承了 1935 年的《八一宣言》。其宗旨为：召集"由工农军政商学各界、一切愿意抗日救国的党派和团体，以及国外侨胞和中国境内各民族，在民主条件下选出的代表"构成的"全民代表机关"，并根据其决议成立"国防政府"。此时，只不过是将全民代表机关改称国事会议，国防政府改称联合政府。《八一宣言》的内容实际上基本继承了九一八事变之后民间职业团体对处在内战中的国共两党提出的国难解决方案，而这才是国民会议式的建国方案。

共产党的国事会议主张，也受到当时的国际背景的一定影响，美国总统罗斯福从 1943 年 11 月开罗会议召开以来，一直批判国民政府的一党独裁，并在 1944 年 6 月劝告蒋介石要以民主政治防止国共冲突，集中抗日力量。在这一劝诫被无视之后，美国驻中国大使高思（C. E. Gauss）8 月会见了毛泽东并商讨建立联合政府的方法。[1] 对此，共产党 9 月 1 日决定同各党派与各界团体一起制造建立联合政府的舆论，在 9 月 15 日国民参政会上正式提议依据国事会议成立联合政府。在这个背景下，因为召开国事会议与建立联合政府的提案与 1920 年以来一直追求的依据国民会议建立宪政国家的方案并无二致，所以国内各党派和各界团体对此均表示赞成，并制造追求这一目标的舆论。英美为加强亚洲战场的抗日力量，积极制止国

---

[1] 杨奎松：《失去的机会？——战时国共谈判实录》，第 158—162 页。

共冲突并促进联合政府的建立。苏联也没有理由反对美国提出的通过国民政府民主化提高抗日力量的策略，因为通过雅尔塔会议，它在满洲的权利已经得到了保障。[①] 即使在战争结束以后，美英苏三国仍认为建立以国民政府为中心的统一的中国对它们是有利的，因而赞成建立联合政府，三国于1945年12月在莫斯科召开了外长会议并发布了与此相关的公告。

在国内外舆论的压力下，与国事会议和联合政府相关议题的讨论以国共谈判的方式进行，双方在1945年10月10日发布了《政府与中共代表会谈纪要》（又名《双十协定》）。在谈判过程中，两党在民主化的名义下均坚持各自的既得权益。1945年10月1日，张奚若等10名西南联合大学教授批判这一期间的国共谈判倾向于巩固各自地盘及军队，无法突破两党分割的格局。这体现了普通民众对于两党过于计较党派利害的反感。他们倡议两党不应召开这类"党派会议"，而是为了推行全体国民殷切期盼的民主政治而尽快召开"政治会议"，并据其决议召开国民大会、实施宪政。[②]

国共谈判达成了尽早实现"政治民主化"和"军队国家化"、以和平手段建立统一国家这一大原则。但是对于具体方法和程序，双方各执一词，仅论及大体方针，"由国民政府召开政治协商会议，邀集各党派代表及社会贤达，协商国是，讨论和平建国方案及召开国民大会各项问题"。紧接着，两党尽管表明要召开政治协商会议，但是各界仍担心其决议事项不能被充分履行。例如全国工业协会在

[①] 汪朝光：《1945—1949：国共政争与中国命运》，社会科学文献出版社，2010，第46—47页。关于战后中国联合政府的成立与实施宪政是如何顺应国际发展趋势的研究，主要有邓野《联合政府与一党训政，1944—1946年》；中村元哉『戦後中国の憲政実施と言論の自由、1945-1949』、東京：東京大学出版会、2004。根据中村的观点，在欧美自由主义和民主主义潮流的影响下，国民党的舆论统制政策从1944年开始有所缓和，而到了1947年春再次开始强硬。

[②] 《民国三十五年政治协商会议案》（1945年10月至1947年6月），《国民政府档案》，台北"国史馆"藏，典藏号：001-014510-0003。

1945年12月24日座谈会后发表了对政协会议的意见书。在意见书中，他们构想了合理引导两党的方法，引起了人们的关注。

其中值得注意的要点是，"社会各方面"应该拥有积极促进并监督协议事项履行的约束力，具体方案如下：①国民大会要经过再次选举代表后召集，在这之前政协制定的《和平建国纲领》应作为现阶段的最高指导纲领。②共产党要改选地方政权，中央政府要成立包含各党派和各界首领的最高政治权力机构，并解决目前的政治经济问题，政协要招聘公正人士成立收复地区军事冲突监察团，并派人到当地考察实际情况、避免冲突。③政府与民间代表一起组织建成全国生产事业最高权力机构，并处理产业调整、经营及扶助等事务。① 总之，在未依据政协决议完成和平建国之前，在政治、军事、经济等方面，社会各界应该作为构成主体参与到最高政治权力机构、军事冲突监察团、生产事业最高权力机构之中。

在这种期待和忧虑之中，1946年1月国民政府召开政治协商会议。政协讨论了国共谈判未达成协议的建国方案。与会的代表有国民党8人、共产党7人、青年党5人、民主同盟9人、无党派9人，共38人。其中22人是国民参政会的参政员，政协行政人员及办公室都由参政会推举，由此可见，政协是在与参政会的紧密联系中产生和运作的。② 无党派代表邵从恩以"无党无偏，王道荡荡；无党无偏，王道平平；无反无侧，王道正直"（《尚书·洪范》）对政协的特点做了说明。"中国几千年来没有党，近来有了党，似乎不入党不行，党是可以有的，而不能偏，偏了就失了党的作用。国共两党酝酿又酝酿，不能调和就发生内战，参政会同人苦心调停五六年，总想调和大家的意见。去年七月因为政府将要召开国民大会，

---

① 《全国工业协会昨日座谈对政治协商会议的意见》，《新华日报》1945年12月25日。
② 王干国：《中国政治协商会议史话》，第43页；李炳南：《政治协商会议与国共谈判》，第116页。

中共又另有办法,我们以为召开国民大会是政府要还政于民,反使人民受苦受难,所以我们无论如何请政府缓开国民大会,由国共两方面相互商讨,才有先召开这次政协会议的方法。"①

政协会议的关键逐渐集中在由谁按照什么程序来主导政治民主化和军队国家化,特别是在首先实行哪一个问题上。以国民参政会为平台形成的广义的民主派,即主张政治民主化的共产党和各党派、各团体、国民党内民主派,要求首先实行政治民主化;而国民党内的强硬派则要求首先实行军队国家化。另外,此时国民党执意要以1937年国民大会选出的1200名代表召开国民大会,广义民主派把这一方法看作训政体制的延续,表示强烈反对。在周恩来的调停下,双方协商和妥协,最后国民党一方面得到广义民主派对国民大会旧代表的认可;另一方面也接受了他们的要求,不得不对政治民主化的程序和方式做了大让步。②

让步的核心内容是依照政协决议进行"国民政府的改组",由改组后的政府召开国民大会、完成实行宪政。据此,他们明确表示宪法基本大纲的制定、国民政府委员会的成立及运作都要按照政协决议进行。国民政府委员会作为政府最高的政务机关,被赋予了决议立法原则与施政方针、军政及财政、各长官任免与立法委员的任命的强大职权,这就意味着政府委员会代行国民大会的重要职权。广义民主派占委员会委员总数的一半,确保了其行使否决权的基础。③

不过,另外一个论题就是关于实行军队国家化的程序。因为没有明确实行的起点,所以共产党可以保有其军队及政权。共产党控制的地区与军队成立了符合"三三制"的民选政府和抗日军队,并

---

① 《无党无派代表邵从恩在政协开幕式上的致词》,《中央日报》1946年1月11日。
② 汪朝光:《1945—1949:国共政争与中国命运》,第54—55页。
③ 在双方的妥协中,还包括了国民大会代表中要新增各党派人士与社会贤达700人。

表明绝不让步。政协明确表示了以国民大会召开的时间,并在此之前坚决实行政府改组,却未表明军队国家化的时间,两者呈现出很大的差异。[①]

通过以上两方面的探讨,政协决议很明显既对包括共产党在内的广义民主派有利,也是其得以存在的根据。尤其是在二战后,世界各地兴起的民主热潮和应该立即结束 20 年独裁政府的民主化要求中,政治民主化要先行于军队国家化,至少要同时进行的想法被视为理所当然。蒋介石秘书陶希圣也主张,"要以开放政权来统一军权为基础,纵使军权未能如意统一,甚至再次决裂到致打仗,但也只有实行政治开放,才能获得国际社会的谅解"。[②] 在此,美国的劝诫产生了很大的影响,杜鲁门政府希望通过联合政府把共产党军队纳入蒋介石的统治之下,以此防止苏联联合中国共产党来扩大其在中国乃至整个亚洲的势力,企图借此制造有利于对日占领的条件。[③]

因此,国民党强硬派以外的各党派与各界团体强烈拥护这类政协决议,国民政府宣布了政协合议事项先由主席向国民政府提请,然后再实施。[④] 而国民党强硬派并不想履行这一对自己不利的决议;共产党也不会拥护军队国家化的主张。事实上,上述想法均被民主化先行的舆论淹没了。

此时国民党强硬派站出来,试图使这一政协决议无效。以 CC 系

[①] 《政治协商会议协议事项》(1946 年 2 月 1 日公布),秦孝仪主编《中华民国重要史料初编——对日战争时期》第 7 编战后中国(2),第 233—239 页。

[②] 此时,陶希圣在《对政协及其后政局转变本党之政策》(1946 年 1 月 14 日)中提到,政权开放要有一定的限度,并向蒋介石建议,军政、财政、内政、司法、政治建设等五种权力是国民党必须保有的权力,其他权力则可以开放。《国共协商七》,《蒋中正总统文物》,台北"国史馆"藏,典藏号:002-080104-00015-010。

[③] 王小满、张学继:《论联合政府的几个问题》,《档案与史学》1996 年第 2 期。

[④] 《政治协商会议召开办法》(1946 年 1 月),《政治协商会议资料》,第 109 页。

与黄埔系为中心的势力，批判和反对由政学系主导的国共谈判和政治协商。处在他们中间的蒋介石在观察了国内外局势后，逐渐向强硬派的立场倾斜。这与美苏内战的深化是同步的。[①] 1946年2月10日，蒋介石称政协决议违背了《五权宪法》与《建国大纲》，做了修订的指示。在3月召开的国民党六届二中全会上要强行修订政协决议正是国民党内派系竞争中强硬派得势的结果。政协决议的核心内容因此被修改，政治民主化日程中明确表示要在国民大会前坚决进行政府改组这点被删除，并强调了军队国家化才是和平建国的先决条件。从此以后，无论是政治民主化还是军队国家化，都只是针对共产党做的决议。[②]

紧接着国民党在由各党各派代表组成的国民参政会上报告了政协决议并对此进行了表决。但令人惊讶的是，国民参政会第四届第二次大会通过了与国民党的修正案背道而驰、与政协决议的宗旨相符甚至对政协决议有所补充的决议案。[③] 如果说明确表示要在召开国民大会前进行政府改组，以及政治民主化与国家军队化必须要在实施宪政前进行这两件事是与原来的政协决议相符的，那么明确表示为了军队国家化实行党军分离和军民分治这点就是弥补了原议案的不足。后者是拥有军队的国共两党都要履行的事项。

尽管如此，国民党强硬派从修订了政协决议之后的1946年夏开始，一方面在没有进行政府改组的开放政权的情况下，就在国民政

[①] 崔之清主编《国民党政治与社会结构之演变：1905—1949》下编，社会科学文献出版社，2007，第1347—1393页；王干国：《中国政治协商会议史话》，第163—173页。关于以王世杰为代表的政学系协商路线的详情，参见吴淑凤《从"王世杰日记"看政治协商会议的召开》，台北《近代中国》第161期，2005年6月，第25—37页。

[②] 《六届二中全会对于政治协商会议报告之决议案》（1946年3月16日），秦孝仪主编《中华民国重要史料初编——对日战争时期》第7编战后中国（2），第260—261页。

[③] 《第四届国民参政会第二次大会关于政治协商会议报告之决议》，秦孝仪主编《中华民国重要史料初编——对日战争时期》第7编战后中国（2），第266—267页。

府的主导下强行准备召开国民大会；另一方面正式掀起了国共内战。接着国民党在同年底召开的国民大会上修改了《宪法》，并于1947年1月公布。据此，国民党最终否决了以政协决议建立联合政府这一路线。这时邓初民强烈反对国民政府单方面召开国民大会的这一做法，主张"政协民主法统才是唯一出路"。[①] 在这之后，共产党宣告政协路线最终被国民党破坏并撤回了协商团，一直充当政治协商"仲裁者"的马歇尔也启程回国，此时是1947年2月。

国民党上层其实已经认识到在当时国内外的条件下，开放政权是不可逆转的趋势，但又为什么违背这一趋势会引发民众的反对呢？这似乎可以在陶希圣1946年8月给蒋介石的信中找到答案。

> 杜鲁门的政策是援助国民政府，为了使这一援助不成为美苏冲突导火索，首先要停止政府与共产党之间的冲突，要求政府改组与中共的加入。但是这一政策给共产党提供了扩张势力的机会，如果政府不向共产党让步就会丧失美国的援助，如果政府让步就会导致共产党的要求不断扩大，这就是杜鲁门政策不得不归结为失败的原因。[②]

像这样，在国内外政治舆论方面已经清楚显示了国民党逐渐陷于不利的境地，因此无意开放政权的国民党强硬派为了摆脱进退两难的困境，只能选择采取军事行动，他们相信自己可以通过短期的军事行动"打败"共产党。与此相应的，国民党不仅把自己的军事行动正当化，而且召开了国民大会。[③] 但是对于他们发动的全面内战

[①] 邓初民：《争取全面的和平只有走政协的路》，《文萃》第2卷第6期，1946年11月14日。

[②] 《国共协商七》，《蒋中正总统文物》，台北"国史馆"藏，典藏号：002-080104-00015-010。

[③] 刘移山：《"国大"开幕与进攻延安》，《文萃》第2卷第8期，1946年11月28日。

与召开的国民大会,全国各地各界已经形成了广泛的反战民意,至此破坏了政协路线的国民党强硬派反倒被孤立了,紧接着全国兴起了恢复政协路线的呼声。

二 职业团体的动向与各界民意的争夺

政协通过的《和平建国纲领》中,明确表示召开国民大会与"积极促进地方自治"是相辅相成的,"从基层开始实行普通选举,进而迅速成立省县市地方参议会,实行县长民选",并且达成了与地方参议会权责相关的重要合议。地方参议会的职责为:(1)监管地方政府的财政(其中省级会议选出国家最高监察机关即监察院的委员);(2)在总统普选未实行之前,与中央共同组织选举机关选出总统;(3)律师公会与人民团体代表共同组织人民自由保障委员会并从事相关活动。① 在《纲领》中,尽管地方参议会被赋予了与政治民主化进展相关的重大任务,但是它完全没有提及召集方法和程序。不知是否因为这一点,国共两党在各自控制的地区都是按照自己的方式举行了地方民意机关的选举。

各省市的临时参议会是作为与国民参政会相辅相成的训政期地方民意机关而成立的,国民党在抗战胜利以后通过选举把临时参议会变为正式参议会,使其再次亮相。此时议员中有70%是区域代表,30%为职业代表。在抗战期间的临时参议会中,各区域与团体各自选出复数候选人后,由国民党中央在其中最终指定一人,但是至此则已经变成由区域居民和团体会员直接选举自己的代表。

---

① 《政治协商会议协议事项》(1946年2月1日),秦孝仪主编《中华民国重要史料初编——对日战争时期》第7编战后中国(2),第229—240页。

例如，在 1946 年春举行的参议会选举中，上海市选出了 181 名参议员，其中区域代表 127 名，职业代表 54 名；南京市选出了 63 名代表，其中区域代表 44 名，职业代表 19 名。参加选举的职业团体有农会（包括渔会）、工会、商会、教育会、自由职业团体（记者、医师及中医师、会计、律师、药剂师、助产士、护士等）。[1] 在县级单位中也是如此，如 1945 年 10 月湖南省长沙县参议会的 46 名参议员中的 12 名是由农会、工会、商会、教育会各选出 3 名职业代表组成的；1947 年 3 月湖北省黄陂县参议会 32 名议员中的 8 名也是以同样的方式选出来的；浙江省平阳县（1981 年分置苍南县）根据团体会员的人数按比例分配议员名额，117 名中的 28 名（农会 18 人、总工会 3 人、渔会 3 人、商会 2 人、教育会 1 人、中医师工会 1 人）是由职业团体选举选出的。[2]

1945—1946 年各地职业团体因为战争而较为衰弱，就连职业团体发展得比较好的沿海大城市亦是如此。根据《收复地区人民团体调整办法》，在上海市政府社会局的指导下各职业团体进行了调整，任命了委员，当然这一过程是在国民党的统治下进行的。尽管如此，上海总工会新上任的 25 名理事和 14 名监事中也就各有 6 名国民党员而已，另外还有相当数量的不属于国共两党任何一方且和民众保持紧密联系的中间分子。共产党地下组织所做的关于上海劳动界的民意报告也反映了这一点。根据这一报告，上海的工人"在战后国民党第一次收复上海的时候，还对国民党抱有幻想，但在国民党破坏了政协决议、扩大内战、加深了工业危机之后，这种幻想便消失

---

[1] 南京市参议员选举事务所编印《南京市第一届参议员选举实录》，1946，第 64、121—157 页；《1946 年以来上海地方自治情况报告》（1947 年 12 月），上海市档案馆档案：Q119-2-5。

[2] 据《苍南县志》，此时区域代表名额为 86 人，那么职业代表名额应为 31 人，但上述职业代表只有 28 人。《长沙县志》，三联书店，1995，第 183 页；《黄陂县志》，武汉出版社，1992，第 304 页；《苍南县志》，浙江人民出版社，1996，第 180—181 页。

了……工人们虽然对国民党极其失望，但对共产党仍有所怀疑"。①

在这样的条件下进行了参议员选举，虽然当时民主化需求因二战之后的世界民主热潮有所加强，但实际上参加选举的职业团体与会员人数是很少的。如上海当时参加的团体有276个，会员为163372人，作为市商会会员参加选举的同业公会有114个，而1945年末登记在案的同业公会有213个，由此看来，仅有大约一半的团体参加了选举，而且参加团体所属会员中到底有多少个参加又是一个问题。如南京，参加选举团体的会员共有53504名，但实际上进行选民登记的只有11369名，占21%。假如国民党能够真正的统制这些职业团体，参选情况也许不会这么萎靡。这和国民党强硬派违背了民主化大潮流不无关系。

最重要的原因是他们不仅抛弃了政协路线，还强制实施训政时期候选人及选民的登记程序。上海市政府在1946年3月末整顿了职业团体，并在4月中旬进行了选举，候选人都是通过了公职候补者考试的人。如果是区域选举，就要得到乡镇保甲长的推荐；如果是职业选举，就要得到团体理监事的推荐。在受推荐之后，还要在国民党机关报《中央日报》上公示，并通过市政府的资格审查后才能被最终确定。②因为乡镇保甲长不是民选而是被上层任命的，因此由他们推荐能在一定程度上控制候选人的来源，乡镇保甲长在拥有候选人推荐权的同时，也可以自己作为候选人，因此对他们的金钱贿赂非常严重。③另外区域选举并没有按照区域民众直接选举的方式进行，实际上湖北、湖南、浙江省各县实行由

---

① 《战后上海主要产业和工运概况》（二）、（三），《档案与史学》2002年第4、5期。该文的原始文献为中共上海地下组织撰写的《抗日战争胜利后的上海工运工作》（1946年10月）。
② 《上海市政府社会局主要工作报告》，秘书处编印《上海市第一届参议员第一次大会会刊》，1946，第46—49页。
③ 胡慎明：《一个参加竞选的人的自白》，《观察》第3卷第4期，1947年9月12日。

第十章 政治协商会议、地方各界人民代表会议与建国民意

各保推举 2 名代表组成乡镇民代表会，并举行间接选举，这点更强化了保甲长的影响力。①

如此曲折的选举过程当然会引发选民的反感和排斥，这也就造成了投票率低下。选民在登记过程中还要先进行"公民宣誓"，这一点更助长了这种情绪。拥有公民权的人在指定的日期、在居住地行政官署的指导下举行特定的宣誓仪式，"我谨宣誓，竭诚奉行三民主义、拥护国民政府，服从最高领导，履行国民义务，分担建国大业"。② 这个仪式说明了国民党把自己看作保姆，而将公民看作训育对象。这一训政时期政治仪式很容易让不是国民党员的公民产生排斥感。这一点就体现在 1946 年 8 月举行的南京市选民登记中，在区域选举中只有全体公民的 40% 参加登记，在职业选举中只有全体会员的 21.2% 参加登记。但因为不是所有的选民都参加投票，所以在 10 月份举行的选举中实际投票人数要比这更少。

这种训政期的选举程序和方式遭到了各界的批判。尤其是广义民主派把自政协公布《和平建国纲领》以来的这一时期看作是由训政到宪政的过渡时期，逐渐形成了反对训政方式的共识。③ 他们认为要想快速完成过渡任务则没有必要等到国民大会的召开，而应该立刻进行政府改组，成立临时联合政府，并使其主持与选举相关的一切事务。④

与此同时，有人还指出选举参与率之所以如此之低是因为职业代表的比重低，主张增加职业选举的比重。此外，是否当选受钱权影响很大，因此知识分子对选举毫无热情，再加上城乡一律采取区

---

① 《天门县志》，湖北人民出版社，1989，第 600 页；《长沙县志》，第 183 页；《苍南县志》，第 180—181 页。
② 参议员选举事务所编印《南京市第一届参议员选举实录》，1946，第 8—9 页。
③ 周建人：《不要包办的市参议会》，马叙伦：《反对不民主的上海市参议会》、《中国民主促成会反对不合民主的上海市参议会宣言》，《民主》第 24—26 期，1946 年 3 月 30 日、4 月 6、13 日。
④ 胡绳：《什么叫做"过渡时期"》，《民主》第 26 期，1946 年 4 月 13 日。

域代表制更加剧了这一问题。① 在南京这样职业团体比较发达的大城市，"职业代表数量尚不到区域代表数量的一半"，这"毋庸置疑定是不公平的处理"。②

共产党也试图在自己控制区域范围内的参议会选举中采用职业代表制。1946年4月，晋察冀边区除区域选举外还增加了职业选举，工会、农会、商会、妇女会、青年会各选出1—3名代表。③ 这是中共在留意到国民党于各级民意机关选举中采用职业选举后采取的措施。可以说，这反映了双方试图争夺各界（人民团体）联合这一名义。

这种超越政治派别、重视职业代表的构想依靠的是把团体而非个人当作民意集结的社团民主意识。这种民主意识在清末合群救国论中诞生，此后，随着对外危机的加深一直不断地被强化，甚至延续到抗日战争胜利之后。1946年4月《民主周刊》刊载的《论民主与民众组织——民主讲话之九》就体现了这一点。根据该文，民众被看作是通过群策群力集结国力的内在根基。国力是民众力量的总和，其原理是把一盘散沙的个人组成集团，变个人意见为集体意见，民众团体的首领必须由民众选出，④ 他们认为，以民主方式运作的团体的成员才是民主的主体。

在这种情况下，各职业团体自然和参议会形成了纽带关系，在政治上也一直主张和平建国。例如上海市商会、总工会、农会、教育会、新闻记者工会、银行公会、律师公会、会计师公会、医师公会、妇女协会、第六纺织业同业公会、第四区麦粉业同业公会，以及中

---

① 《请大家注意南京市参议会选举》（1946年9月24日），《南京市第一届参议员选举实录》，第163—164页。
② 《民权初步并论南京市参议员选举》（1946年9月26日），《南京市第一届参议员选举实录》，第168页。
③ 《张家口市参议会选举暂行条例》（1946年4月），王颖：《新民主主义革命时期选举制度研究》，中国社会科学出版社，2005，第168—186、263—270页。
④ 严景耀：《论民主与民众组织——民主讲话之九》，《民主周刊》第25期，1946年4月6日。

国工业协会上海分会、上海地方协会、中国国民外交协会上海分会等法团与上海市参议会联名"上书",要求国民政府主席以和平而非武力建国。尤其是各界团体指出,共产党也应当积极参加国民大会。他们还指出:"为了在现今地点立刻停战,若有需要,全国各法团会选出代表在双方中间执行大公无私严格监督,尽行国家主人之天职。"[1] 重庆的各界团体也和民主同盟等一起结成"各界反内战联合会",要求通过政治协商会议实现和平建国。[2] 由上,可以说自九一八事变以来,各界(法团)联合会作为"停止内战、一致抗日"的监督者,延续了以前废止内战大同盟传统。

争取各界民意这一意图在各种民众集会上表现得更为明显,有一些人主张政协路线才是建立联合政府的唯一途径,而对立的一方则企图破坏这一路线并以国民党训政方式召开国民大会。上述双方争夺以职业团体为中心的各界民意的标志性事件是1946年2月10日的较场口事件。在妥善解决了政治协商、发表了政协决议之后,以重庆市各民主党派为首的23个团体立刻成立政治协商会议协进会,邀请各党派政协代表参加,并举行了欢迎仪式,章乃器和李公朴等是主办方的中心人物。但在政协代表与主席到来之前,一些民众就随意宣布开会并散发反对政协路线的传单、颠覆大会宗旨,在混乱中主办方多名人员受伤。根据近年公开的国民党文件,国民党重庆市党部CC系从一开始就准备对大会进行有组织的破坏,这也是他们动员了法团和民众的结果。[3]

国民党CC系在大会召开前几天开会指示,"市党部指导的"

---

[1] 《民国三十五年政治协商会议案》(1945年10月至1947年6月),《国民政府档案》,台北"国史馆"藏,典藏号:001-014510-0003。
[2] 《中国民主同盟沈钧儒等参加陪都各界反内战联合会致函毛泽东主席》(1945年12月24日),《民主同盟文献》,第107—108页。
[3] 《较场口事件档案选载:军统渝特区对直属情报员一情报的签批》(1946年4月25日),《档案与史学》1986年第1期。

农会、教育会、渔会、医师公会、会计师公会、律师公会、妇女协会等10余个人民团体加入欢迎大会的主席团中，①这些法团的成员在该事件之后以理事长或是理事的名义，发表了"政协协进会雇佣流氓殴打群众"②的声明，并向国民党中央提出了调查真相的要求。国民党在这一事件的调查结果中指出，政协协进会虽然打着"陪都各界庆祝政协成功大会"的旗号，但因为"事实上协进会的成员都是没有确实的职业和身份的少数人，不仅无法代表陪都各界人士"，"甚至民众团体打着各界的名义，策划阴谋、伪造民意"。另外报告中还提到，只有上面列举的各法团才是"名符其实能够代表各界"的团体。③

对各界民意的争夺还有一种表现形式，就是电文请愿。1946年4月山东省13个县的农会、商会、教育会、妇女协会等55个法团的理事长或理事联名向省政府主席提交了请愿书。他们在请愿书中不仅提出在政协既已成立的情况下共产党军队要立刻归属中央，实行军队国家化，还要求"阻止"共产党军队的"暴行"。④这其中有受国民党直接指导的各县复员委员会与妇女工作委员会的理事长及理事13名。如较场口事件一样，国民党方面有煽动的嫌疑。在内战全面爆发后，1946年9月山西省人民团体，太原市、大同市各法团

---

① 《较场口事件档案选载：军统渝组为市党部紧急会议部署对付大会办法给渝区之情报》（1946年2月9日）、《较场口事件档案选载：国民党重庆市党部第二十次临时执行委员会会议记录》（1946年2月8日），《档案与史学》1986年第1期。

② 所谓"流氓"是对没有正当职业的无赖之徒的称呼，在国民革命期是被立即处决的对象。

③ 《重庆市农会等人民团体代表致中国国民党中央党部告较场口事件经过并请严惩暴徒文》（1946年2月11日）、《中国国民党中央执行委员会致各省市当局告较场口事件真相代电稿》（1946年2月16日），秦孝仪主编《中华民国重要史料初编——对日抗战时期》第7编战后中国（2），第268—274页。

④ 《山东省牟平莱阳烟台等县市各界代表呈何思源主席申诉共军暴行文》（1946年4月），秦孝仪主编《中华民国重要史料初编——对日抗战时期》第7编战后中国（2），第350—351页。

向国民政府主席蒋介石、美国驻华特使马歇尔以及美国驻华大使司徒雷登提交了请愿书，请愿书中请求国民党阻止共产党军队在进驻过程中实施"暴行"及"施放毒气"。①

主导以上事件的法团都是国民党方面公认的地方民意机关选举主体。而在较场口事件中主办政协欢迎大会的 23 个法团与这些法团并非同类。中国劳动协会、中国农业协会、全国邮务总工会、中国经济事业协进会、政协陪都文化界协进会、杂志联谊会、新闻出版业总会、中国职业青年社、重庆青年会、育才学校等 23 个团体与上述法团联合成立了政协各界协进会。② 政协各界协进会是这些团体联合成立的、支持政协路线的各界联合体，而国民政府法团则自称可以代表各界。可以说，他们企图独占各界民意。

在曾被日军占领而后沦陷的地区中，围绕各界竟形成了不同的竞争方式，在国民政府公布的规定中，对于在日本占领下的以商会为首的各法团历任理事、监事的人，剥夺其一定时期的公职候补资格。1946 年 4 月上海市商会提出请愿，要求修改这一规定。他们提到，虽然这一规定可以适用于日本任命的人员或《惩治汉奸条例》中的汉奸，但职业团体或慈善团体大部分都是自选理事、监事来管理事务的，这些人不应该也适用这一规定。这类请愿虽然反复进行过很多次，但是政府并没有接受。③ 在这种状态下，国民政府让大城市的工商业团体分担了巨大的内战支出，但是对于高层领导的亲日行径仍然是睁一只眼闭一只眼，或者只是进行了不痛不痒的处罚，最终引起了民众的愤怒。当时流行的民谣很好地表达了民众的情绪："想

---

① 《太原市各界上蒋主席请政府出兵讨共电》（1946 年 9 月）、《山西省各人民团体电请马歇尔司徒雷登制止大同共军施放毒气文》（1946 年 9 月），秦孝仪主编《中华民国重要史料初编——对日战争时期》第 7 编战后中国（2），第 367—370 页。
② 《陪都各界庆祝政协成功大会筹备委员会发表向全国同胞控告书》，《新华日报》1946 年 2 月 13 日。
③ 张亚培主编《上海工商社团志》，上海社会科学院出版社，2001，第 327 页。

中央盼中央，中央来了更遭殃。"①

三 绕过国民大会到新政治协商会议

1. 国民大会的强行召开和舆论的反对

政协决定先改组政府，成立临时联合政府，然后由临时联合政府组织召开国民大会、制定宪法以及成立正式的联合政府。就制宪国民大会代表，政协原封不动地承认了1937年选出的1200名代表，另外还决定增加台湾、东北地区的区域代表和职业代表150名，各党派及社会贤达代表700名（国民党220人、共产党190人、青年党100人、民主同盟120人、社会贤达70人），由这2050名代表组成国民大会。对于在野党派来说，他们拥有国民党无法任意左右的国民政府委员会以及政协通过的《宪草修改原则》，并把这看作是牵制国民党的手段，对此寄予很高的期望。

但是，国民党在推迟政府改组的情况下，擅自修改了政协决议及《宪草修改原则》，发起了全面内战，并于1946年11—12月强行召开了制宪国民大会。因为国民党完全无视政协路线的程序，因此共产党和民主同盟等其他团体都拒绝参加制宪国大，只有亲国民党的青年党100人与民主社会党40人参会。根据这次国民大会上制定的《宪法》，1947年3月完成了行宪《国民大会组织法》和《国民大会选举法》的制定，在接下来的4月18日国民党才开始进行政府改组，并给国民政府委员会分配了名额，共40名委员（其中，国民党17名、民社党4名、青年党4名、社会贤达4名），分给拒绝参加会议的共产党和民主同盟11个名额。

---

① 任云兰：《新旧交替时期（1945—1949年）的天津工商界述论》，《历史档案》2004年第3期。

第十章　政治协商会议、地方各界人民代表会议与建国民意

连总数 1/3 都不到的这 11 个人是不可能牵制主要议案的决定的。周恩来指出，比起分配的名额，更重要的是程序和原则；他认为两者的区别是前者作为"政协决议"的内容，可以被修订，但后者作为"政协路线"，一定要被坚持。① 而一部分国民大会代表与国民党强硬派则主张政协是没有法律依据的机构，因此政府没有遵从其决议的法定义务。②

这种看法是完全无视各界民意的专断，引发了超越法律层面的争议，所涉内容大体可分为两种。第一种舆论是把政协路线看作是"过渡阶段的民主法统"，应该遵守其明确规定的程序。这种舆论的主导阶层是中间派知识分子。在他们看来，政协路线的核心是政府改组，成立联合政府，然后再成立正式的联合政府这一程序。政府改组并不是单纯的政府委员的替换，而是"改革政治的根本作风"，以牵制与均衡为原理。③ 他们提出无视这一点而单方面改组的政府充其量只是"三党训政的政府"，而这样的政府召开的国民大会就是国民党自我毁灭的"计时炸弹"。④ 上海各界人民团体以及从抗战救国联合会改组而来的人民救国会也谴责形式上的政府改组，认为这仅拉拢了一部分小党派，不过是欺瞒国际视线以套取美国借款的伎俩。⑤

第二种舆论比第一种更加贴合实际，因而广泛引起了共鸣。这种舆论指出破坏政协路线与和平建国方案以及挑起内战造成经济崩

---

① 《一年来的谈判及前途》（1946 年 12 月），中共中央文献研究室等编《周恩来一九四九年谈判文献》，中央文献出版社，1996，第 706—707 页。
② 李炳南：《政治协商会议与国共谈判》，第 122—125 页。
③ 储安平：《中国的政局》，《观察》第 2 卷第 2 期，1947 年 3 月 8 日。
④ 公孙述之：《我们对着一颗计时炸弹》、邓初民：《论两个划时代的政治集会》，《文萃》第 2 卷第 5、8 期，1946 年 11 月 7、28 日。
⑤ 《上海各界人民团体联合会致民主同盟政协代表函》，《文萃》第 2 卷第 7 期，1946 年 11 月 21 日；《中国人民救国会南方支部关于"政府改组"的声明》，香港《华商报》1947 年 4 月 27 日。

溃。上海和香港两地的商界及银行界批评1947年2月国防最高委员会下发的《经济紧急措施方案》是火上浇油的"恐怖政策",物价飞涨已经给工商业造成了巨大冲击,而如果不能停止内战,那么任何方案都只能使事态恶化而已。[1] 国民党在发动内战后,为了筹措战争经费而肆意发行纸币,导致了严重的通货膨胀,从而影响了政局。1947年5月末,上海工商各界领导与百余名经济学者一起召开了座谈会,"确认了我们一直以来以为在不停止内战的情况下,任何经济政策都是没有效果的这一立场是正确的","现在经济危机的原因在于内战,解决的方法在于停止内战、恢复政协路线的国事解决方法"。[2]

在这些工商业者看来,一切问题的根源都在内战,解决的方法只有政协路线。在这种认识下,内战的持续引起了人们的反感。再加上这一时期关于美国政府实行扶日政策、企图复兴日本帝国主义的报道更加刺激了中国人的民族主义情绪,紧接着停止内战的要求就得到了更加有力的支持。[3] 在这种情况下,从1947年6月末开始,国民政府发布了"戡乱令",以"与共匪勾结参加叛乱"的借口镇压民主同盟,中间党派和无党派人士都纷纷涌入香港避难。从此以后,香港就成了要求恢复政协路线的民主派的基地。

与此同时,国民政府从1947年7月起开始举行行宪国民大会,进行代表选举,这使得国民党更加不得民心,加速战败。3045名国民大会代表中有487个、立法委员会中有89个名额分别分配给职业代表。此时国民政府声称在大城市中职业团体的组织活动比较发达,

---

[1] 《最后一计:恐怖政策》、《沪商界评政府新条例:不能克服经济危机》、《银行界及出入口业主人士认为紧急措施打击香港》,香港《华商报》1947年2月17、18,3月3日。

[2] 《从经济要求到政治呼吁:工商界的呼声》,《经济周报》第4卷第22期,1947年5月29日。

[3] 《瞧吧,日帝国爬起来了!》、《日本帝国复活了》,香港《华商报》1947年6月7日、7月9日。

因此大城市中职业代表的分配名额也应多些。① 但是在制宪国民大会中职业代表的数量为区域代表的 55.4%（418/754 人），而这次大会中却减少为 22.4%（487/2177 人），这可以看作是它的倒退。因为这变得更难反映职业团体发达的大城市的民意了。在职业团体名额分配的问题上，政府与职业团体之间有很大的争议。例如上海市各职业团体召开会议，商讨确保职业代表席位的对策。他们以全国职业团体联合会的名义，联系全国各职业团体，向国民政府要求将名额增加至 1937 年的水平，但最终未能实现。② 1947 年 7 月，以江苏省为首的各省商会联合会与全国商会联合会依据职业代表制原理，要求正当获得国民大会代表及立法委员会中商会的名额，也是其中的一个例子。③

国民党大幅减少代表各界民意的职业代表的名额，扩大军事作战，无形中给接下来各界的反战舆论增加了力量。各界人士实际上积极参加了反内战运动。因为国民党无视各界民意，加速挑起内战，强行举行选举，而战争又导致了物价飞涨，人民的生活更加困难。这些都使人民对行宪国大代表的选举心生排斥。上海市选民人数中的 52%、南京市选民人数中的 80% 以上放弃了投票，南京市内两处投票所的投票率仅有 7%，天津市也仅有 9.7%。在杭州的自由职业选举中，30 余名会计师无一人进行投票。④

---

① 《国民大会代表选举罢免法》（1947 年 3 月公布，同年 7 月和 10 月修正），秦孝仪主编《中华民国重要史料初编——对日战争时期》第 7 编战后中国（2），第 776 页。
② 张亚培主编《上海工商社团志》，第 329—330 页。
③ 陆小波：《选举国代与立委不应漠视商人》、《中华民国商会联合会为争取职业团体商界立法委员及国大代表名额宣言》，《商联月刊》（江苏省商会联合会）第 5 期，1947 年 7 月；《争取商界团体国代与立委的呼声！》，《商联月刊》第 6 期，1947 年 8 月。
④ 张朋园：《中国民主政治的困境：1909—1949》，第 181 页；陈谦平「一党独裁制から多党「襯託」制へ——憲法施行国民大会とその戦後政治への影響」、久保亨編『1949 年前後の中国』、頁 60。

选举结果是国民党员占当选人数的 80% 以上，加上又是在基本不可能举行选举的情况下强行进行了选举，加剧民心背离。此时，全国几乎一半的领土已经成为共产党的控制区域。1947 年 11 月国民党中央常务委员会向蒋介石提出了停止选举的建议，但被蒋介石拒绝了。在这种强行进行的选举中，投票用纸被捏成一团，肆意反复投票的现象也屡见不鲜。与 20 世纪 30 年代因战争而推迟实施宪政的逻辑相反，这次是即使战争激化，国民政府也要强行实行宪政。这是国民党在接受了美国的支援后企图尽早控制共产党的表现。当时蒋介石非常有信心能实现这一目标。①

但是民意对于"反对内战"的支持要远远高于"镇压叛乱"的。如前所示，民意要求的是恢复政协路线，这与政府对于舆论的控制有密切关系。这种逆民主化时代要求而行的执政方针当然会使其丧失民心，最终引起反抗。从 1947 年下半年开始，内战形势完全逆转，这种政治决策的飞镖效应以及由此带来的经济危机的加深正是国民党军队战败的原因。

2. 新政治协商会议与北上开会

国民党在 1948 年 3 月召开了行宪国民大会，会上选举蒋介石为总统。但在人民呼求恢复政协路线的背景下，1948 年 5 月 1 日共产党发表声明，呼吁"各民主党派、各人民团体及社会贤达，迅速召开政治协商会议，讨论并实现召集人民代表大会，成立民主联合政府"。为了与 1946 年 1 月的政协相区别，此次政协会议称为"新政协"（1949 年 9 月召开会议时改名为"人民政协"）。在这一主张中，只是把大会名称由国民大会改为人民代表大会，而其余的政协路线维持不变。实际上在此之前，中间派认为有必要先召开会议，1947 年 5 月民主同盟成员马叙伦建议剔除破坏政协的党派和个人后

---

① 张朋园：《中国民主政治的困境：1909—1949》，第 171—172、201—203 页。

第十章　政治协商会议、地方各界人民代表会议与建国民意

再召开新政协会议。1948年4月，中国国民党革命委员会向共产党提出了共同召开新政协会议的建议。①

各界对此积极响应，并决定"北上开会"，开会地点初定哈尔滨，后改为沈阳，最终定在北平，这是因为在东北战场上国民党军队比预想的败退得更快。此前为了躲避国民政府的打击而到香港避难的民主人士首先北上，其他各地人士秘密进入香港后，几经周折后分三批，终登上了"北上之船"。② 这时赶往北平开会的人士也没有想到新政协和联合政府的成立会这么快实现，他们认为共产党也将成立联合政府作为长期斗争的目标，③ 因此即使成立联合政府也将是一个长期持续的过程。

新政协章程的草案是第一批（1948年9月13—27日）北上的沈钧儒、章伯钧（民盟）、谭平山（三民主义联合会）、蔡廷锴（中国国民党民主促进会）等民主党派人士以及刚从欧洲归来的朱学范（国民党员、上海总工会）于10月21—23日在哈尔滨与中共东北局的负责人一起商讨拟订的。这一草案经发送给香港的李济深与民盟其他党派人士反复协商后，最终在11月25日达成了协议。④ 草案公布时被称为《关于召开新的政治协商会议诸问题的协议》，新政协事实上也是在这一基础上筹备和召开的。

新政协的主要特征在于其民主化的程序：赞同新政协召开的23个党派团体及无党派的代表成立了筹备会，并在其主导下召开正式会议。这与1924年孙中山提出的各界团体应自发成立国民会议预备会议并在其主导下召开国民会议的方式是相似的。其中，在党派

---

① 平野正『中国革命の知識人』、頁152、207。
② 关于北上过程，详见林一元《艰辛的历程，甘果的回味——中国国民党民主促成会历史上的几件事》，石光树编《迎来曙光的盛会——新政治协商会议亲历记》，中国文史出版社，1987，第63—66页。
③ 《一年来的谈判及前途》（1946年12月），《周恩来一九四九年谈判文献》，706页。
④ 林一元：《艰辛的历程，甘果的回味——中国国民党民主促成会历史上的几件事》，石光树编《迎来曙光的盛会——新政治协商会议亲历记》，第64页。

代表方面值得注意的是，虽然没有中国国民党，但是包括了中国国民党革命委员会（民革）以及中国国民党民主促进会（民促）等国民党内民主党派各自召集的相互独立的团体。职业职能团体与无党派主要有全国教授联合会、总工会、解放区农民团体、妇女联合会（筹）、学生联合会、青年联合会，还有产业界民主人士、文化界民主人士、无党派民主人士等。筹备会的职责包括参加新政协代表的选定与邀请、各种文件的起草、正式会议的筹办等。各单位选出 1—4 名代表参加筹备会，根据各单位提交的名单，筹备会与各单位协商后决定具体参加人数与人选，无团体背景的参会人士是由筹备会与其他单位共同推荐决定的。在南京国民政府系统内工作的人被排除在外。[①]

在以上的筹备过程中，共产党不仅与北上人士，还与在香港的各界人士进行了协商，这显示了筹备过程是忠于民主程序的，同时也提高了在港人士对于北上开会的期望值。在这样的背景下，1948 年 12 月至 1949 年 1 月初第二批北上的人士到达了沈阳。[②] 1949 年 1 月末，共产党接管北平以后，此前北上的人士立刻搭乘火车入关，从此新政协的筹备与召开就在北平进行了。1949 年 4 月，以张治中为代表的南京国民政府和平谈判代表团到北平，与周恩来进行谈判，谈判失败后他们都暂时留在北平并参加到新政协的筹备工作中。[③]

1946 年 6 月，确定了参加筹备会的人员共 134 人，各党派与团体、无党派与少数民族的代表均包含其中，共产党人数仅占全体人

[①] 《关于召开新的政治协商会议诸问题的协议》（1948 年 11 月），杨建新、石光树等编《五星红旗从这里升起：中国人民政治协商会议诞生记事暨资料选编》，文史资料出版社，1984，第 211—212 页。

[②] 第二批人士包括郭沫若（无党派）、马叙伦、许广平（民促）、沙千里、沈志远（救国会）、邓初民（教授）、侯外庐（文化）等人；第三批包括马寅初（无党派）、章乃器、施复亮（民建）、李济深（民革）、柳亚子、翦伯赞、矛盾等人。

[③] 林一元：《艰辛的历程，甘果的回味——中国国民党民主促成会历史上的几件事》，石光树编《迎来曙光的盛会——新政治协商会议亲历记》，第 65—66 页。

数的 1/3 左右。① 筹备会拟订了组织条例，成立常务委员会与执行小组拟订新政协组织法与共同纲领草案，此时常务会议中有共产党员 4 名，各党派与团体及无党派代表也分布其中。6 个小组同样包含各单位代表，这是一个任何党派都无法操纵的组织方式。

第一小组整理好各单位的推荐名单，与各单位协商审议后确定代表名单，510 名各单位代表分布如下：团体代表 206 人、党派代表 142 人、区域代表 102 人、军队代表 60 名。② 此处提及的区域代表是筹备会阶段所没有的，也是政协代表的新特点。可以把这一点看作希望通过区域支配达到集权的意图得到反映的结果。与共产党有 16 人、国民党民主派有 24 人相比，军队代表的比重是相当大的，这可能是考虑到他们在内战中立下汗马功劳的结果。特邀人士主要是国民党员中平时表现出民主倾向或最后转而支持新政协的人，他们经筹备会审查后受邀请加入。第二小组拟订了《新政协组织法草案》，第三小组拟订了《共同纲领》，第四小组拟订了《人民共和国政府组织法》，第五小组拟订了《政协宣言》，第六小组设计了国旗、国歌等草案。

参加筹备会的产业界代表主要是上海和天津工商业界人士 7 人，其中最值得注意的是李烛尘（1882—1968）。③ 他从 1937 年开始担任久大盐业公司的总经理，又在 1943 年开始指导中国经济事业促进

---

① 《参加新政治协商会议筹备会的各单位代表名单》（1949 年 6 月），杨建新、石光树等编《五星红旗从这里升起：中国人民政治协商会议诞生记事暨资料选编》，第 268—277 页。

② 在此基础上增加了各单位候补代表 77 人以及特别邀请人士 75 人。《关于参加新政治协商会议的单位及其代表名额的规定》（1949 年 6 月），杨建新、石光树等编《五星红旗从这里升起：中国人民政治协商会议诞生记事暨资料选编》，第 282—284 页。

③ 这 7 人为陈叔通（商务印书馆理事），盛丕华（上海上元企业公司社长），李烛尘（久大盐业公司总经理），包达三（上海信义地产公司社长），张绚伯（上海中兴实业公司理事），俞寰澄（上海证券交易所理事），吴羹梅（上海中国标准铅笔厂社长）。

会，1946年4月在全国工业协会天津分会成立的时候被推选为理事长，在1948年5月根据《工业会法》，在上述分会转变为工业会时，他继续担任理事长，是名副其实地可以代表产业界的人士。他在抗战时曾是国民参政会的无党派参政员，在1946年初又担任了政协代表。尽管如此，他依然拒绝担任由国民党组织的市参议会和国民大会代表的候选人。①

此后还有28个团体表示要参会并且要求分配席位。对此，筹备会在考虑了团体的性质、活动以及会员倾向后有条件地承认了。在性质和活动方面达到标准的会员便被允许参加会议，但是这些会员所属的团体应该被解散；而不被允许参加的团体则被视为反对政协路线的团体，也要被解散。② 可见，在筹备会议这一过程中，亦进行了对人民团体的"净化"。

与此同时，为了新政协，还组建了新的知识分子团体，如文化艺术工作者、自然科学工作者、社会科学工作者、教育工作者、新闻工作者团体都属于此类。这些团体各获得15个代表席位（唯新闻工作者团体12个代表）。值得注意的是，这一数字和农民团体（16人）、总工会（16人）、中国共产党（16人）的代表相差无几。③ 可以说这是考虑到他们制造的舆论及其产生的社会影响力而做的决定。

从新政协运作方式来看，其民主性的水平在一定程度上可以通

---

① 任云兰：《新旧交替时期（1945—1949年）的天津工商界述论》，《历史档案》2004年第3期。
② 李维汉：《新政协代表名单协商经过情形》（1949年8月），杨建新、石光树等编《五星红旗从这里升起：中国人民政治协商会议诞生记事暨资料选编》，第291—294页。对此时被解散的团体之具体情况，参见于刚《新政协筹备会期间对一些政治派别和团体要求参加新政协的处理经过》，石光树编《迎来曙光的盛会——新政治协商会议亲历记》，第137—150页。
③ 《中国人民政治协商会议第一届全体会议各单位代表名单》，杨建新、石光树等编《五星红旗从这里升起：中国人民政治协商会议诞生记事暨资料选编》，第546—547页。

过主席团常务委员会与分组委员会的构成情况表现出来。二者都广泛包含了各单位代表，主席团常务委员（40 人）中，共有确定的共产党员 14 名，占 35%，6 个分组委员会因为各单位都有 1—2 名代表，所以共产党员在分组委员会中的占比不会高于主席团常务委员会的。但是特邀人士例外地在各分组中有 5 名以上的代表。① 新政协运作的民主程度直接对国民党进行了"教育"。

这种新政协的民主构成与运作原则实际上在 1946 年 1 月政协中就已经被提出和实践过。虽然只有各党派与无党派人士 38 人组成，但政协运作方式也是极其民主的。因为当时由 362 名代表构成的国民参政会起到的是训政期民意机关的作用，在这样的情况下，为了高效讨论成立联合政府的方案，只召集了这 38 名代表。有 5 个分组，议题分别为政府组织、军事、国民大会、宪法草案、施政纲领。各分组中广泛包含了各单位代表，非任意特定党派可以左右，并且还以同样的方式成立了综合委员会来调和各分组间的分歧。各议题草案由各组分别提出，经讨论协商后合为一个议案。另外，政协根据需要聘请了各方面的外部专家作为委员，使各组事务顺利进行。由 13 名外部人士组成的政协宪草审议委员会就是其中的一个例子。②

毛泽东曾说："那次会议成果是被蒋介石和国民党及其帮凶们破坏了，但是已在人民中留下了不可磨灭的印象。"并且他把新政协看作"政协的恢复"。③ 当时国民党虽然也领导召开了这样

---

① 《中国人民政治协商会议第一届全体会议六个分组委员会委员名单》、《中国人民政治协商会议第一届全体会议主席团常务委员会名单》，杨建新、石光树等编《五星红旗从这里升起：中国人民政治协商会议诞生记事暨资料选编》，第 549—555 页。
② 《政协宪草审议委员会各方委员及会外专家名单》（1946 年 2 月），《政治协商会议资料》，第 114—115 页。
③ 《毛泽东在中国人民政治协商会议第一届全体会议上的开幕词》（1949 年 9 月 21 日），杨建新、石光树等编《五星红旗从这里升起：中国人民政治协商会议诞生记事暨资料选编》，第 306 页。

的会议，但是紧接着就把它完全破坏了。共产党为恢复政协路线的民意，在1949年9月把"新政协"改名为"中国人民政治协商会议"（下文简称"人民政治协商会议"）。新政协的成立方式及会议运作遵循的是旧政协已经提出和实践过的方针和路线。

图10-1 《浙江日报》上象征联合政府的"联合牌"香烟广告

但此时几乎无人注意到民国初年以来的目标即"民主共和国"已经变成了"人民共和国"。新中国的政体从民主共和国变为人民共和国。更大的问题是，军民分治与军队国家化这两大政协路线的课题在新政协决议中被忽略了。改变国民党训政独裁当然是新政协的工作重点之一，但是因为毕竟共产党原本采纳的是列宁式的政党与国家的关系，因此预防将来可能发生的一党专政也应是它的核心课题。

四 地方各界人民代表会议之召开

人民政协1949年9月通过的《共同纲领》承担了临时宪法的

作用。《共同纲领》规定了，各地方"按条件召开各界人民代表会议，逐步代行人民代表大会的职权"，随后在"镇压反革命势力，完成军事行动和土地改革后立即举行普通选举并召开地方人民代表大会"。从这点来看，各界人民代表会议是作为临时性的过渡期民意机关进行活动的。这一时期的"人民代表会议"与"人民代表大会"并不相同，前者仍不由普选产生，是职权不全的临时性民意机关，而后者是由普选产生的、职权完全的正式民意机关。

各界人民代表会议是按照"区乡—县市—省"三级行政单位召开的，会议的准备工作在各地方人民政府的主导下进行。以浙江省为代表的江南地区，在1949年5月国民党败退后人民解放军进驻，成立了军事管制委员会（简称"军管会"）；地方政府是在其领导下成立的，但实际上这是一种与军政类似的临时人民政府。如果按照原来的政协路线，中央和地方联合政府建立程序应该如下：首先按照政协路线成立临时联合政府，然后在其主导下成立民意机关，之后再依据这一民意机关制定的宪法和政府组织法成立正式人民政府。因此在各地方中，军管会统治下的临时政府也应该筹设地方民意机关，并在民意机关成立以后依据其决议成立正式人民政府。

这种地方民意机关最开始时被称作"各界代表会议"，从中央的人民政协成立以后就追加了"人民"二字，统一称作"各界人民代表会议"。例如北平与上海，人民政协成立以前召开的第一届会议是"各界代表会议"，自第二届会议开始就变成了"各界人民代表会议"。[1] 从强调共产党主导作用的角度来看，可以把它看作"解放区人民代表会议"（1945年）和"各界代表会议"设想（1948年11月）的延续，[2] 但是也应该注意到他们之间还是有相当大的差

---

[1] 1948年8月召开会议的西安、上海、济南、北平、杭州等地都称为"各界代表会议"。

[2] 李国芳：《建国前夕中共创建石家庄民众参政机构的实践》，《近代史研究》2006年第5期。

别的。

共产党在抗战后期对于成立解放区民意机关和全国民意机关的方式有着不同的构想,1944年9月1日,共产党在提出要以召开国事会议作为职业代表制全国民意机关的同时还决定,如果国民党拒绝此提案,就建立解放委员会作为自己的政权组织。[1] 接着,1945年3月,共产党决议要召开"解放区人民代表会议",作为与解放委员会相对应的解放区民意机关。其中的代表除了职业代表和各党派代表之外,还包括解放区的区域代表,而且区域代表占比87.7%,为绝大多数。[2] 国事会议与继承了国民会议的国民参政会构成原理相同,这种建国构想早已被各界获知,所以1946年1月政协得以顺利召开。随着这种政协路线的出现,共产党搁置了召开解放区人民代表会议的计划,并把从1938年开始的边区参议会延续下去。

在这之后,几经曲折,政协路线最终还是受挫。在经历了内战之后,1948年5月新政协召集论呼吁要恢复政协路线,从此迅速发展起来。这时,为了召开按照区域代表制进行普通选举的人民代表大会,此外,共产党还提出了按照人民代表大会制定的《宪法》来成立联合政府的计划。

但是至11月,共产党决定在刚刚解放了的各大城市中召开"各界代表会",将之视作军管会领导的临时机构,是联合人民和政府的协议机关。其代表不是区域代表而是各界代表,这与由区域代表组成的人民代表大会的构成原理是完全不同的。这一"各界代表会"后来改称为"各界代表会议",最终定名为"各界人民代表会议",而且其职权也逐渐得到强化。根据《共同纲领》的规定,它是宪法公布之前的过渡期民意机关。与政协全部由职业代表构成不同,人

---

[1] 杨奎松:《失去的机会?——展示国共和谈实录》,第161—162页。
[2] 《中国共产党七届一中全会关于召开中国解放区人民代表会议及其筹备事项的决议》(1945年6月),《中共中央文件选集》第15册,第152—155页。

第十章 政治协商会议、地方各界人民代表会议与建国民意　　309

民政协的代表构成出现了变化，其中20%为区域代表（解放区）。①因此，人民政协可以说在政协原理的基础上，部分接受了解放区人民代表会议这种形式，因此与政协相比，采用了更加强化领域支配意识的组织架构。

　　总而言之，各界人民代表会议在代表构成原理和方式方面，与其说是直接继承了解放区人民代表会议，不如说是几乎与继承了政协的人民政协相同。此时不称它为省市县政协，而统一称为省市县各界人民代表会议，这点具有特别的意义。这种名称的选择及确定过程反映了清末民初以来以各界联合为基础的各界代表的民意集结经验逐步发展为社会惯例的历史过程。因此，各界人民代表会议（简称为"各界代表会议"）可以说是人民政协的"地方版"、人民政协是各界人民代表会议的"中央版"，并且二者从宏观上看，都可以说是国民会议式的民意机关，实际上共产党把孙中山的国民会议称作"各党各派各界各军代表会议"。②

　　各界人民代表会议的准备工作正式开始于1949年5月新政协召开准备会议前后。共产党指示各地党员，要与土地改革相结合，建立各界代表会议作为各地方民意机关，并且明确表示，一定要将"商工业者、自由职业者、开明绅士"的代表纳入其中，"共产党与左翼"占全体的1/2以上，"中间分子及非反动右翼"占1/3。③尽管

---

① 除特邀人士75名之外，510名代表所在单位的分布情况为：团体代表206人（40.4%），党派代表142人（27.8%），区域（解放区）代表102人（20%），军队（红军）代表60名（11.76%）。《关于参加新政治协商会议的单位及其代表名额的规定》（1949年6月），杨建新、石光树等编《五星红旗从这里升起：中国人民政治协商会议诞生记事暨资料选编》，第282—284页。
② 《纪念孙先生：和平、奋斗、救中国！》，《解放日报》1945年11月12日，转引自《中共中央文件选集》第15册，第590页。
③ 《中央关于边区政权机关性质给邯郸局的指示》（1948年1月）、《中央关于各县均应开县各界代表会议的指示》（1949年8月）、《华中局关于召开县的代表会议问题向中央的请示报告》（1949年8月），《中共中央文件选集》第17册，第14页；第18册，第431—432、447页。

当时由于迫切需要恢复工农业生产而需要各界的配合，但是很容易就此无视三三制，因此只能如此分配名额。此时共产党内很多军事指挥官对此提出反对意见，他们指出，在军事管制时期召开这样的各界代表会议有碍于迅速恢复社会秩序。党中央认为由于大部分党政军工作人员来自外地，因此有必要通过各界人民代表会议来联合当地的群众，各界人民代表会议的运作会遵守党政军赋予的职权，它是过渡时期人民参与政权建立的机关。①

各地方的各界人民代表会议在当地军管会和人民政府的主导下，依据《共同纲领》中的规定召开。地方人民政府在军管会的主导下被纳入当地各党派与各团体代表而建立的联合政府。此时，各团体在组织整备好的情况下按"团体"来分配代表名额，没有组织整备好的则按"职业的界别"来分配代表名额。例如教育界，如果教育会整备好，就把名额分配给教育会代表，但如果整备不好，就把名额分配给拥有教育会会员资格的从事教育工作的代表。在这一过程中，各势力之间已经达成了协议，共产党胜局已定。

代表的选定按各地情况的不同可分为四种方式。开始时主要有党政指名的"招聘"、党政与人民团体的"协商"、人民团体的"推荐"三种形式，后来随着人民团体整备完毕，新增了会员直接"选举"的方式。选举的方式是人民政协中从未有过的，意味着其民主性的扩大。虽然开始时是按照这种方式进行的，但是随着代表会议的逐渐成形、以选举方式选出的代表不断增加，代表的任期也从不满六个月延长至一年，并且可以连任，代表会议的职权也扩大了。

按照时间的顺序来看，在混乱的权力交替期中，依据新党政相对有效地确立新秩序的直辖市和省都级城市率先召开了各界人民代表会议，之后是具备条件的市县召开人民代表会议，以此为基础召开了上一级的省各界人民代表会议和下一级的乡区各界人民代表会

---

① 《迅速召开各界人民代表会议》，《新华日报》1949年9月16日。

第十章 政治协商会议、地方各界人民代表会议与建国民意

议。这些反映了新政权掌控各地方及人民的顺序。

代表们主要以职业职能的界别为单位构成,并有一部分的区域代表,如北京、上海这种大城市的区各界人民代表会议,除了各种职业代表之外,还选出了"居民代表"这种构成单位,省各界人民代表会议中除了省级各职业的各界代表之外,还包括区域代表。区乡级的区域代表依据的是居民直选原则,选举方法多种多样,在居民大会中各乡的投票方式不相同:有的以举手的方式表示是否赞成,有的以投票计票方式进行,也有的用投掷豆子代替投票。[1] 省级的区域代表从由省内各县市的代表组成的该市各界代表会议中选出。区乡级的代表中,区域代表占一半以上。这可以看作在区乡级基层选举中,为使居民的区域单位普通选举逐渐成形而做的准备。

居民对于区域选举是极其不关心的,如1950年3月进行的北京市各区的区域选举中,"普通没有组织的散漫农民群众忙于生计,对选举毫不关心",投票参与者还不到成额,即1/2。针对这一点,投票权由以个人为单位改为以户为单位来行使,才勉强达到了成额。第一区的户单位参与率为50%,如果以选民为标准单位进行换算,参与率仅为28.4%。此时参加者中56.6%是妇女,当选者中妇女占到了42.9%。[2] 党政为了督促人民行使选举权,进行了各种政治宣传,但实际上大城市居民对于选举的关注度依然很低,在浙江省乡级代表的选举中规定要使女性代表占10%以上,最后大体上完成了这个要求。

地方民意机关的组成单位是根据职业进行区分的,在上海和北

---

[1] 陈益元:《革命与乡村:建国初期农村基层政权建设研究(1949—1957)——以湖南省醴陵县为个案》,上海社会科学院出版社,2006,第97页。
[2] 《北京市第六七两区召开各界人民代表会议的总结》、《北京市第一区召开各界人民代表会议的报告》,《北京市的区各界人民代表会议》,人民出版社,1951,第14—16页。

京这种大城市中，无业、失业人口成为建设和维持社会秩序的核心问题，并逐渐凸显出来。例如北京市在国民政府败退以后，新政府已经把 20 余万名（约为全市人口的 10%）的失业人口下放到农村，但是市内仍然有很多失业人口。对此，市各界人民代表会议上提出了，"应把劳动生产看作是无上的光荣，把寄生、浪费看作是莫大的耻辱，应该消除旧社会留下的不良风气"，并申明要"把城市的过剩劳动力和知识分子下放到农村，减少城市失业人口"。[①] 城市知识分子的下放政策由此埋下了伏笔。

会议的主要议题包括恢复工农业生产、减租减息和土地改革、征收粮食、制定纳税项目及税率、肃清和镇压反革命势力等，还有各种政治宣传活动等。在税赋方面，特别是农业税，征收之前在各界人民代表会议上各界代表对于征收项目及税率都进行了审议，提高了征税的公正性和合理性。这在当时通常被叫作"征税的民主评议"。

下面来看一下其中和保护富农有直接关系的工农业生产问题，参加了江苏省南部的苏南各界人民代表会议（1950 年 9 月）的工商界代表刘靖基在致辞中说道："在讨论中央公布的土地改革法的过程中充分体现了民主协商的精神，其中最重要的特点是富农经济的保护和工商业的保护。"[②] 出席武汉市各界人民代表会议的中共高层领导李先念提出："发展商业，支持农村"，"现阶段我们应当适当扶助民族资本家以发展工商业，这是（新民主主义）改革的必须要求，所以大家可以放下所有顾虑安心经商……过去人们误会是共产党使各位变得艰苦困难，其实共产党希望大家所有人都变得富有"。他希望通过这种方式消除当时社会上一部分人对于推进共

[①] 《彭真同志总结报告摘要》、《北平市各界代表会议宣言》，《北京市的区各界人民代表会议》，第 18—20 页。

[②] 《代表来宾在开幕典礼上的致词》，协商委员会秘书处编印《苏南各界人民代表会议第一届第二次全体会议汇刊》，1950，第 4—5 页。

产主义的顾虑。① 这是对城市工商业与农村富农经济之间相互作用的重视。实际上根据北京 11 个区的经验来看，"虽然富农担心土地改革的实行、消极生产，但是当政府招聘的富农代表向居民说明了政府的政策之后，消除了富农的担心"。富农代表李文成卖了三头猪并购买了肥料，准备开始生产，在其影响下，其他富农也开始安心准备耕种了。像这样，先由各界人民代表会议把中央的富农保护政策传达给地方人民并让地方人民理解，减轻他们的不安，为恢复生产提供了精神支持。

华中新解放区的各界人民代表会议，为了辅助因地制宜地推行 1950 年 6 月颁布的《土地改革法》，除了要营造保护富农，恢复、维持生产的舆论氛围以外，还担当起集结各界关于《土地改革法》意见的民意机关之职责。② 当然执行土地改革相关事务的是由上级派来的土改工作队与当地农民协会共同主导的。另外，尽管乡（行政村）一级的各界人民代表会议中职业群体很少，农民代表占多数，但是通过会议讨论而决议的民意与仅有各界的一个组成部分的农民协会的决议明显不同。最终，土地改革核心问题，即阶级分类、没收财产的分配与管理、分配的土地及住宅的所有权等决定权是乡各界人民代表会议的固有权限，③ 所以在修正没收了富农甚至一部分中农土地的华北地区土地改革中的"左"倾错误过程中，乡各界人民代表会议做了最终决定，工作队虽对此有所不满但也没有

---

① 李先念：《发展商业支持农村》，武汉市各界人民代表会议秘书处编印《武汉市第一二次各界人民代表会议汇刊》，1950，第 42—43 页。
② 《中南区 1950 年的工作任务》，《武汉市第一二次各界人民代表会议汇刊》，第 109 页。
③ 韩丁（William Hinton）：《翻身》第 2 卷，姜七成译，首尔，풀빛，1986，第 276—277 页。韩丁虽然把它标记为"人民代表大会"，但他明确指出它是由非区域代表的利益集团代表即职业职能代表构成的，可以看作指的是"各界人民代表会议"，与其说这是他的错觉，不如说这反映了当时未能明确区分"代表会议"与"代表大会"的混乱情况。

办法。① 华中新解放区也在反恶霸斗争和减租减息运动中出现了"乱打乱杀"的过激行为，中共中央立刻指示地方政府的一切重要工作都应该经各界人民代表会议讨论后决定，党内外的所有干部也要遵循其决议，并要求地方政府必须贯彻保护富农经济和恢复农业生产的政策。② 1950 年 10 月在中国出兵支援朝鲜之后，期盼蒋介石政府能够"反攻大陆"的地主阶层频繁发起"反抗"，一时"左"倾现象扩大。③ 各界人民代表会议也受其影响，在坚决推行农业集体化的 1955—1956 年之前基本维持了保护富农经济的政策。④ 由此可以看出，存续至 1954 年初的各界人民代表会议在一定程度上基本承担起应尽的职责。

与北京的人民政协开会时一样，各界人民代表会议会场上也并列悬挂着孙中山和毛泽东的照片，这具有极强的政治象征意义。首先，从 1937 年放弃苏维埃共和国、把建立民主共和国作为建国目标以来，共产党提倡新中国既是三民主义国家，也是新民主主义国家，在此向人民群众再次确认这个事实。其次，共产党再次表明会成立坚持政协路线并与资产阶级及开明绅士合作的联合政府。但是在 1954 年普通选举后召开的第一届人民代表大会上不再悬挂毛泽东和孙中山的照片，只有人民共和国国徽。这反映了土地改革完成后，在获得

---

① 这是 1948 年 7—8 月发生在山西省潞城县张庄的事情，35 名代表（其中，中农 6 人，新中农 25 人，贫农 1 人）中，有共产党员 8 人，还不到总人数的 1/4。韩丁：《翻身》第 2 卷，第 288—289、307、336 页。
② 《中共中央批准华中局"关于纠正乡村工作干部不良作风的决定"的指示》（1949 年 12 月），中共中央文献研究室编《建国以来重要文献选编》第 1 册，中央文献出版社，1992，第 50—51 页；毛泽东：《为争取国家财政经济状况的基本好转而斗争》，《人民日报》1950 年 6 月 13 日。
③ 〔美〕莫里斯·迈斯纳：《毛泽东의中国과其后》(1)，金秀英译，首尔，移山，2005，第 51 页；楊奎松「共産党のブルジョアジー政策の変転」、久保亨編『1949 年前後の中国』、頁 117—133。
④ 1950 年富农占人口总数的 6%，到了 1956 年富农及富有中农占农村人口的 20%。〔美〕莫里斯·迈斯纳：《毛泽东의中国과其后》(1)，第 146、211 页。

了贫农的支持下，社会主义改造开始了。①

图10-2　左为1949年9月人民政协会议；右为1950年11月苏南各界人民代表会议

注：会场上均悬挂着孙中山与毛泽东的照片。

各界人民代表大会，通过代表间的互选成立了常务委员会，即"协商委员会"，在闭会期间可以处理日常事务。此前曾被称为"常务会议"，被认为相当于"小政协"。② 这与笔者在前文将各界人民代表会议称作"人民政协的地方版"是一致的。1954年人民代表大会成为正式民意机关之后，地方各级"各界人民代表会议"改名为地方各级"人民政治协商会议"。从此以后"区域和军队不再作为参加政协的单位。因为全国人民代表已经由地区产生，可参加全国人民代表大会。军队是国家的军队，受国家的指挥，也不需要作为政治团体参加政协。"中国人民政协和地方人民政协"继续发挥统一战线的作用"。③

五　地方各界人民代表会议的人员构成

如果要分析各界代表的构成，首先一定要注意公民权的限制。

---

① 第二届、第三届人民代表大会上都没有任何一个照片，但到了第四届人民代表大会又悬挂毛泽东的照片。
② 《薄一波关于华北各城市召开各界代表会议的情形和经验的报告》（1949年10月），《建国以来重要文献选编》第1册，第31页。
③ 周恩来：《关于政协章程和政协第二届全国委员会委员名单问题》（1954年12月）、《中国人民政治协商会议章程》（1954年12月），中共中央文献研究室编《建国以来重要文献选编》第5册，中央文献出版社，1993，第695、705页。

有的人能够选举自己的代表或自己被选为代表参加代表会议，但有的人没有这样的公民权。有这种权利的主体才是"人民"。被排除在外的地主、官僚资产阶级、反革命分子等并不是公民，仅仅是国民，也仅有义务。① 因为各地职业分化的程度不同，所以在"人民"之中各界代表的职业（包含一部分职能）构成因各地的情况不同而有所不同。因此职业团体中被认为可以选出代表的独立单位，就可视为独立的"界"，名额分配的多少则根据各地情况来定，甚至是在同一地区中，也根据会议处理的议题不同而有所调整。② 按照职业团体人数分配代表名额原本是职业代表制的原则，但是在当时的情况下是没有办法按照这个原则分配的。

浙江省各县市各界人民代表会议的代表根据职业的不同分为工人、农民、工商、文教、自由职业、青年、妇女、民主人士（包括开明绅士在内）、渔盐民、少数民族、党政军、特别邀请等17个界。上海市各界代表有工人、农民、工商、文教、合作社、部队、青年、妇女、宗教、民主党派、街道居民、共产党、军管会、人民政府、归国华侨、少数民族、特别邀请等18个界，上海区一级的各界代表中没有军管会和归国华侨，增加了医务工作者。③

比较上述两个地区的情况可知，代表单位即"界"有几个特点值得注意。首先，民主人士和民主党派是不同的概念。浙江省各县中有民主人士却没有民主党派，这是因为其支部并没有达到县一级的层次。

---

① 周恩来：《人民政协共同纲领草案的特点》（1949年9月），《周恩来选集》（上），人民出版社，1980，第369页。
② 陈益元：《革命与乡村：建国初期农村基层政权建设研究（1949—1957）——以湖南省醴陵县为个案》，第94页。
③ 《1952年全省县市各界人民代表会议代表人数和构成情况表》，浙江省人民代表大会编纂委员会编印《浙江省人民代表大会志》（未刊稿），2004，第178—180页；《上海市各界人民代表会议代表人数和构成情况表》，蔡秉文主编《上海市人民代表大会志》，上海社会科学院出版社，1998，第86、107—108页。

上海市有民主党派却没有民主人士,这是因为两者有很多重叠的部分,在此暂不做讨论。(1)需要指出的是,自由职业这个"界"在浙江省各县中都有,但是在医药师、记者、律师、工程师等"界"最发达的上海市却没有(参见表10–1)。(2)新民主主义原理是政协和联合政府的理论基础。我们可以考察某一地区在代表构成方面多大程度体现该原理:在大城市中体现为工商业者有多少参政机会,在中小城市以及县一级中体现为地主、富农有多少参政机会。在"区、乡—县、市—省"三级中,代表单位中都有"工商业",并且也都有"民主人士"与"开明绅士"或"开明民主人士"。

表10–1 上海市各界人民代表会议代表人数和构成情况(1949—1953)

(单位:人)

会议届次		第一届		第二届		第三届
		第一次	第三次	第一次	第三次	第一次
总代表人数		656	710	823	863	910
界别	工人	115	156	165	165	170
	合作社	—	—	5	5	5
	农民	23	24	20	20	20
	部队	54	54	54	53	32
	军属及荣军	—	—	5	5	6
	青年	78	78	77	77	52
	文教	126	149	149	149	179
	工商	145	128	128	128	140
	妇女	21	30	40	40	40
	街道居民	—	—	70	70	114
	归侨	—	—	—	—	3
	少数民族	—	—	4	4	10
	宗教	8	6	6	6	16
	中共上海市委	19	20	7	7	7
	市民主党派	19	20	33	33	37

续表

会议届次		第一届		第二届		第三届
		第一次	第三次	第一次	第三次	第一次
界别	市军管会	48	15	10	9	38
	市人民政府		22	20	20	
	特邀人士	—	8	30	72	41

资料来源：蔡秉文主编《上海市人民代表大会志》，第 86 页。

有些地方把"开明人士"作为一个代表单位——"界"，有些地方并非如此，有些地方开始时把它作为代表单位但后来又取消了。共产党在抗战时期发布了新民主主义论之后，采取了包容开明人士的政策，定义其为"地主阶级的左翼，即带有部分资产阶级色彩的地主"，在抗战胜利之后将其范围扩大为"地主与富农阶级中的带有民主色彩的个别人士"。[①] 此处所谓的"民主色彩"指的是赞成土地改革。"民主人士"指的是反对国民党一党体制的人士，它产生于南京国民政府时期。从广义上看，这个词应该包括以民主同盟为代表的小党派人士，但是由于小党派有自己独立的代表单位，因此这里应该理解为不包括小党派的狭义的"民主人士"。则狭义的民主人士指的是批判一党独裁的国民党内的民主派与未被承认为选举单位的独立的无党派人士。

"开明绅士"通常指的是投资过工商业的地主，与工商业者有一定程度的重合，因此对于他们的方针政策基本是同时下达的。[②] 土地改革开始之后在区、村（乡、村）代表选举中，地主的选举权与被

[①] 《目前抗日民族统一战线的策略问题》（1940 年 3 月），《毛泽东选集》第 2 卷，人民出版社，1966，第 709 页；《关于民族资产阶级和开明绅士问题》（1948 年 3 月），《毛泽东选集》第 4 卷，第 1232—1233 页。

[②] 中共中央指示各地的"公正绅士"从 1939 年 11 月起开始联合，尤其是要使江苏、浙江及上海等地的民族资产阶级或他们的代理人加入到地方政权及民意机关中，并列举了数位"著名绅耆"、"名绅"、"绅商"。实际上在 1946 年边区参议会选举中也有地主和富农当选参议员，如黄炎培、张一麐、韩国钧、朱干臣、

选举权一直被剥夺。土地改革完成后,只给富农保留了选举权,在县级以上的选举中,只有属于开明绅士的地主和富农才拥有选举权和被选举权。对地主和富农参政权的限制展现了与抗日战争期间"民主共和国"构想不同的"人民共和国"的特征。此外,对于工商业一直坚持保护政策,资产阶级的选举权和被选举权也当然受保护了。[①]没收地主土地和财产的时候并没有没收工商业者的财产。

上海市各界人民代表会议从1949年8月到1954年2月一共召开了8次,每次都要重新选出代表,当然其中也有人连任。在表10-1中,因工商界代表占比分别为22.1%(第一届第一次,1949年8月),18.0%(第一届第三次,1950年4月),14.8%(第二届第三次,1951年12月),15.4%(第三届第一次,1953年2月);文教界代表分别占19.2%,21%,17.3%,19.7%;民主党派分别占2.9%,2.8%,3.8%,4.1%。以上三界的代表可称为小资产阶级、民族资产阶级,他们合计各分别占42.2%,41.8%,35.9%,39.2%,1948年8月9日召开的北平市第一届各界代表会议按照团体(团体整顿好的,由其会员进行选举)和各界(尚未结成团体的,由军管会和市政府招聘)两种类型进行名额分配并选定代表。其中工商业界人士占13.6%,"其他爱国民主人士"占11.7%,以大学教职员和医疗工作者为主的中间势力,占36.4%。[②]上海和北京的资产阶级,即工商业者的参与机会几乎是同等的,但是"开明绅士"没有被承认为独立

朱德轩、韩圣谟、董汗槎等:《中央关于对苏北名绅进行统战工作的指示》(1940年10月)、《关于争取江浙民族资产阶级问题的指示》(1941年1月),《中共中央文件选集》第12册,第500页;第13册,第6页。林伯渠:《陕甘宁边区三三制的选举》(1944年3月),《延安民主模式研究资料选编》,第131页;王颖:《新民主主义革命时期选举制度研究》,第185页。

① 《中央工委关于对地主经营工商业者的政策给邓子恢的指示》(1948年1月)、《中央关于地主旧富农的选举权与被选举权问题的指示》(1948年10月),《中共中央文件选集》第17册,第18、395—399页。

② 《北平市各界代表会议组织条例》,北平市各界代表会议秘书处编印《北平市各界代表会议专辑》,1949,第100—101页。

的参与主体，武汉、杭州、石家庄的情况也与此相同。

石家庄地区在 1948 年 6 月至 1949 年 2 月期间曾作为中共中央的所在地。1949 年 4 月通过选举选出 130 名代表（职业代表 68 名，区域代表 62 名），其中工商业者及自由职业者代表仅占 14.6%。对此，当地政府为了增加中间势力的占比紧急增加了 30 名招聘代表，但也未能超过 20%，而此时工农兵代表的占比是 71.2%。[①] 这说明与上海、北平不同，石家庄的党政并没有遵照中共中央的指示，即必须包含"开明绅士"并且中间势力要占 1/3。

开明绅士的参政机会在带有农村背景的省、县中更有保障，浙江省各界代表中虽有民主党派，但是没有民主人士或开明绅士的代表。然而在县各界代表中，"民主人士及开明绅士"被认可为一个"界"，并且至 1950 年末占 4%。[②] 有些地方把看起来是民主人士和开明绅士合并的"开明人士"作为一个"界"。浙江省浦江县使用的界名不断变化，从"绅士"到"开明人士"，再到"开明绅士"。第一届代表（1949 年 10 月）中"绅士"占 6.5%，第二届代表（1950 年 1 月）中有"开明人士"24 名（9.3%），第三届代表（1950 年 10 月）中有"开明绅士"8 人（3.9%）。[③] 根据县档案馆的档

[①] 这导致代表中 20% 左右的人是文盲，其文化水平及业务能力低下。党外人士占 37.7%。李国芳：《建国前夕中共创建石家庄民众参政机构的实践》，《近代史研究》2006 年第 5 期。

[②] 除此之外，其他各界代表的构成如下：工人占 8%，农民 54%，青年学生 4%，妇女 5%，工商 7%，文教 6%，党政军 7%，其他占 3%。这是 10 个县的统计结果。根据相关规定的指示，要把工农的比例维持在 50%—60%，党政军的维持在 10% 左右。《浙江省人民代表大会志》（未刊稿），第 178 页。

[③] 第一届代表构成为农界 53 人，工界 19 人，商界 15 人，学界（学生 + 教员）26 人，妇女 10 人，绅士 10 人，政府 11 人，共产党 3 人，军队 5 人，银行 1 人，合计 153 人。《浦江县各界人民代表会议文件》（1949 年 10 月），浦江县档案馆档案：全宗 11，目录 1，案卷 1；《浦江县第二届各界人民代表会议代表人数统计表》（1950 年 1 月），浦江县档案馆档案：全宗 11，目录 2，案卷 1；《浦江县第三届各界人民代表会议各种工作报告及决议》（1950 年 10 月），浦江县档案馆档案：全宗 11，目录 2，案卷 2。

案资料，第一、第二届绅士代表（第二届的代表列举了一部分）的出身、成分、年龄，整理为表10-2。

表10-2 浙江省浦江县各界人民代表会议中的绅士代表

第一届（1949年10月）				第二届（1950年1月）			
序号	出身	成分	年龄	序号	出身	成分	年龄
1	农	富农	57	1	农	中农	27
2	农	中农	40	2	农	地主	33
3	学	中农	44	3	学	中农	42
4	学	中农	58	4	商	地主	69
5	?	中农	47	5	医	中农	55
6	农	地主	72	6	学	中农	21
7	农	中农	51	7	农	农民	46
8	学	地主	68	8	农	富农	?
9	?	地主	37	9	半工学	富农	37
10	学	医生	54	10	商	贫农	32
				11	?	富农	39
				12	学	地主	32
				13	学	富农	20
				14	商	贫农	28

科举制度在1905年就已被废除了，表10-2中只有60岁以上的人才有可能被划为绅士。第一届的6号和8号以及第二届的4号就属于此类，他们的出身除了第一届6号的农民和第二届4号的商人之外，只剩下8号了。界别名称在第一届为"绅士"，在第二届为"开明人士"。可见，虽然在标明了年龄、出身、成分等另外一个文件之中他们都被标记为"绅士"，但事实并非如此。就连第一届8号也很难看作出身为地主和富农而以绅士身份被招聘。表10-2的地主与富农在第一届中有4名，在第二届中有7名，仅占了第二届24名"开明人士"（"绅士"）的45.8%。"绅士代表"的文化程度也比较低，具体可由第二届代表的受教育程度看出：初等小学1名，高等小学4

名，初中3名，高中1名，医专1名，士学1名，不详2名。

其他县中"（开明）绅士"参与的例子也很多，但实际上占比偏低。如1950年7月云南省西部龙陵县召开各界人民代表会议时，69名代表中有绅士14人（20.29%），与职工4人、农民18人、商人4人、文教4人、学生2人、少数民族6人等相比，占相当大的比重。但是在偏远少数民族地区，绅士是基本不可能获得与农民相同数量的代表席位。上海附近的金山县1949年10月"开明绅士"在93名代表中有5人（5.4%），但到了1950年4月减少为153名代表中仅有1人（0.65%），甚至从1950年11月开始根本就没有了。① 湖南省长沙县与此类似，"开明绅士"在1949年10月还是独立的代表单位，占2.4%（4/168人），但是从1951年4月开始被归类到"其他"，从1952年8月开始便没有了此项。②

1950年2月浦江县召开了各界人民代表会议的特别会议，即"绅士会议"（亦称"士绅会议"）。这一会议是"为了展开大生产运动，完成当前面临的任务，稳定社会秩序，分化地主阶级，强化群众团结而根据上级指示召开的"。招聘的100名绅士是由县内各区严选3—4名组成，会上的主要讨论事项为成立合作社、促进土特产的生产和销售、消除阻碍土地改革的因素、学习新民主主义《共同纲领》以及巩固思想等。③ 据表10-2可推知，这次士绅会议的参加者大部分应不是绅士。尽管如此，此时称之为绅士代表或绅士会议也可以理解为是对过去县长为决定县政相关议案而召开绅士会议以听取意见的这一社会惯例的延续。20世纪三四十年代，山西省和陕西省召

---

① 《龙陵人大》,http://www.longling.gov.cn/llweb/rendaweb/html/2009/12/93.htm；《金山县志》，http://www.shtong.gov.cn/node2/node4。
② 《长沙县志》，第141—142页。
③ 《士绅会议报告提纲》（1950年2月22日）、《本府关于绅士会议简报及名单》（1950年2月）、《士绅会议简报》（1950年2月21日），浦江县档案馆档案：全宗11，目录2，案卷1；全宗11，目录2，案卷30。

开的绅士会议或绅商会议起到的是相同的作用。[1] 国民政府的县市临时参议会也招聘了绅士代表，正是对这种社会惯例的反映。1946年4月和7月杭州市（临时）参议会中"公正绅士"或"社会绅士"也与党政人士及其他职业团体代表一起被招聘、被推荐为代表。[2] 所谓的社会绅士，实际上指的并不是具有绅士学位的人，而是在社会上被认为是绅士的人。山西省的"绅士会议"中商人也被纳入绅士的范围内。

通过以上分析可知，虽然在城市中资产阶级（工商业者）的参政机会得到了保证，但是，在农村开明绅士的参政机会被剥夺了。因为民国成立以来绅士这一群体是逐渐自然消失，所以地主和富农的参政机会就成为未知数。浦江县中被称为开明绅士的代表是地主和富农，在第一届人民代表会议中占全体代表的3.2%，在第二届占4.6%，在第三届占1.9%。尽管如此，被剥夺政治权利的、年纪大的绅士和他的家族仍然在政治和经济上有影响力，但这是另一个问题了。[3]

不过，事实上在各界代表的构成中，比绅士、地主更重要的是富农问题，因为在人民政协的《共同纲领》中已经决定实行没收地主土地分给贫农的政策，所以就没有理由保障地主的参政权了，但是根据新民主主义阶段的政治经济原理，富农的参政权是必须被保障的。与

---

[1] 王先明：《变动时代的乡绅——乡绅与乡村社会结构变迁（1901—1949）》，人民出版社，2009，第394—399页。

[2] 程心锦、徐文达：《杭州市参议会见闻》，《浙江文史资料选集》第13辑，1979年，第178—183页。在那时共产党为了扩大党组织积极促进有影响力的人入党，并以此为突破口使许多地主、富农以及绅士入党。但是不久之后因他们引起了党的腐败而将他们退党。关于有实力的绅士入党的例子，可参见王友明《解放区土地改革研究（1941—1948）——以山东莒南县为个案》，上海社会科学院出版社，2006，第93页。

[3] 布莱彻和迈斯纳认为土地改革的最大意义是"粉碎了辛亥革命以来没落的绅士阶级"。马克·布莱彻（Marc Blecher）：《反潮流的中国》，田炳坤等译，首尔，돌베개，2001，第81—86页；莫里斯·迈斯纳：《毛泽东의中国과其后》（1），第143—145页。

浦江县不同，浙江省6个县的乡级各界人民代表中富农代表一个都没有。[①] 这种差异是因为富农的被选举权只在县市级以上得到认定，在区乡一级就不被认可了，如1950年3月北京市第十一区各界人民代表会议。因为此地是郊区，所以大多数人是农民。此地区域代表都是农民（中农36人，贫农50人，雇农3人），富农很难被选为代表，所以当地的党政机关特别安排了2名富农作为特邀代表。[②]

简略看一下中农、贫农占多数的农民代表和工人代表的相关情况：1949年9月召开的人民政协会议共有代表622人，其中农民代表勉强达到16名，占总人数的2.57%，但是各县的各界人民代表会议中农民代表都占总人数的一半以上。1952年浙江省萧山县农民代表占64%（198/309人），绍兴占59.4%（284/478人），杭县占56.3%（147/261人），浦江占45.9%（105/229人），义乌占40.9%（104/254人）。工人代表在萧山占3.2%，绍兴6.5%，杭县10.7%，浦江4.8%，义乌5.9%。将上述县的农民代表和工人代表占比相加可看出，工农代表在各该县代表总数的占比大部分是50%—60%，只有义乌县占46.8%。这时候党政军代表占10%左右，工商、文教、自由职业、民主人士（开明绅士）、青年、妇女合起来占30%左右。[③] 相比之下，湖南省长沙县的农民代表比重高一点，在1949年10月占67.9%（114/168人），到了1951年10月占74.66%（274/367人）。[④]

---

① 这点可以从乡各界人民代表会议与人民政府成立的示范乡——杭县、嘉兴、乐清、平阳、于潜、树庐等6个县中选出的6个乡中得到确认。因为根据相关规定，贫雇农应占2/3，中农应占1/3，不包括富农。《1950年六个试点乡代表构成情况表》，《浙江省人民代表大会志》（未刊稿），第188页。

② 《北京市郊区各区第一次各界人民代表会议的总结》、《北京市郊区召开第一次各界人民代表会议的报告》，《北京市的区各界人民代表会议》，第48—51页。

③ 《1952年全省县市各界人民代表会议代表人数和构成情况表》，《北京市的区各界人民代表会议》，第178—180页。

④ 《长沙县志》，第141页。

共产党试图增加农民代表中贫农的比重，但没能实现。例如在湖南省醴陵县，共产党规定贫农在农民代表中的比重要达到 67% 以上，妇女比重要超过 33%，但是在实际选举中，中农占到了 35%，甚至在有些乡占到了 67%。这是因为占居民人口大多数的贫农担心当代表就会耽误农事，所以他们不愿意当代表，有的被选为代表就辞职，并大力支持中农当代表。①

值得注意的是，地方各界人民代表会议构成原理之一——代表配额制，代表的名额参照各界的占比做了安排。代表配额制在职业代表制制度化的 1931 年南京国民会议、1938 年国民参政会、1946 年旧政协，以及 1949 年人民政协中均已实施。由于代表配额制的推行，地方各界人民代表会议在人员构成方面，工农代表占比较高，一般占代表总数的 50%—60%，有的占比甚至在 70% 以上。

像这样，为了使更多的农民代表参加各界人民代表会议而制定制度，是一件具有划时代意义的事情。作为其构成原理的职业代表制批判了将绅士、地主及工商业者等上层阶级的参政变为制度化的区域代表制，相对的，支持和重视农民和工人的参政，以此形成了由"绅士民主"向"大众民主"转换的理论基础，此时它已经成为全国性的制度。当然在最底层的区、乡中，农民代表中也有不少文盲，对于个人意见的表达并不积极，但这是近代民主制初级阶段在任何国家都会发生的过渡期现象。

各界人民代表会议最初的作用主要是听取地方政府的市政报告并提出疑问和建议，还要把相关政策传达给民众。随着选举制度的不断完善，由选举产生的代表数量逐渐增加，代表会议的民主性也逐渐增强，各级人民政府的重要工作就开始放到代表会议上进行讨论和表决。由此，各界人民代表会议发展到拥有选举当地人民政府委

---

① 陈益元：《革命与乡村：建国初期农村基层政权建设研究（1949—1957）——以湖南省醴陵县为个案》，第 96 页。

员以及人民法庭审判员的权限。① 北京市 1949 年 8 月举行的第一届人民代表会议仅具有咨询机构的性质，以及连接政府和民众的作用，但是从 1949 年 11 月第二届会议开始就担负起制定组织条例、施政方针以及讨论政策措施、审查和通过预决算等职责。有的地方各界人民代表会议还可以选举当地政府委员等。② 浙江省浦江县在 1950 年第二届会议开始引入选举制度，到 1951 年 5 月第三届会议中由选举产生的代表就占代表总数的 80%。1952 年浙江省中选举代表占代表总数 80% 的县开始增多，如杭县为 84%，临海县 86%，金华县 88% 等。随着选举代表的增加，从 1952 年 7 月开始，县长、市长等地方政府委员的选举，预决算的审议及通过等市政工作，以及对提案的审议及决议就都由各县的各界代表会议来行使了。到 1952 年末，浙江省全体 83 个县中，由各界人民代表会议行使事实上的民意机关职权的县市有 14 个。③ 因此，各界人民代表会议根据各地区的条件，在以普选集结的正式民意机关即人民代表大会召开之前，就已经开始行使正式民意机关的职权了。

与人民政协和各界人民代表会议不同，人民代表大会由区域代表组成。至此，民意机关的构成原理就由职业代表制变为区域代表制。

---

① 县、市人民法院的正副审判长与审判委员一半是由人民政府指任，另一半是由各界人民代表会议或是人民团体选出。《人民法庭组织通例》(1950 年 7 月)，《人民日报》1950 年 7 月 21 日。
② 这样的例子可以在 1949 年 11 月 20 日通过的《北平市第二届各界人民代表会议组织条例》中对职权的规定看到。《北平市第二届各界人民代表会议组织条例》，《首都第一二届各界人民代表会议》，新华时事丛刊社，1950，第 74—75 页。
③ 《中国共产党浙江省浦江县组织史资料》，浙江大学出版社，1992，第 242—243 页；《浙江省人民代表大会志》（未刊稿），第 176、180—182 页。

结论　职业团体、政党以及代议活动

20世纪，中国人为了建立自己所期望的民意机关一直不断地探索。在前文中，笔者以职业代表制为中心，对这些探索进行了分析。这与谁以怎样的方式才能代表人民这一代议政治的根本问题有直接关系。要理清依靠"各界联合"的职业代表制的持续与变化，应先注意到"四组互动关系"，即国家与社会、政党与社团、民族主义与民主主义、国内条件与国际条件，笔者将以这四组互动关系为中心，简要整理其宗旨，再阐述它的意义。

在对这四组关系的分析中，作为代议活动的主体——职业团体与政党之间的关系也尤为重要，把这点也考虑进去之后就会发现近代中国对民意机关的探索过程可以1923年为分界线，大致分为两个时期。在第一时期里，在职业团体基础上产生的各界联合集结了各界民意，并以多党制议会政治为范本开展国会开设运动，但是随着民国初期政党中心议会政治实践的失败，职业团体选出了自己的代表并明确提出了建立新民意机关的设想。由此，追求多党制议会政治模式的势力与追求各界联合的职业代表制模式的势力形成了相互竞争的格局。在第二时期里，中国革命政党势力的代表——国民党与共产党，开始登上政治舞台，他们采用的是列宁式政党制，否定议会政治模式，并把第一时期的两种势力竞争变为三种势力之间的竞争。这时候，为了实现反军阀、反帝国主义的共同目标，三者之间相互妥协，甚至开始联合。因此，如果说第一时期的各界联合是以职业团体为主的各种社会团体的联合，那么第二时期就是在此基础上议会政党势力与革命政党势力的更广义联合。

　　无论是在第一时期还是在第二时期，各界联合都是最坚定、最有效地要求建立民意机关的主体，它们还以临时性的民众集会、持续性的联合体和自发召集代表会议等三种形式集结民意。由此可知，在这一过程中，自发召集代表会议中的代表不是各地区代表，而是按不同职业界别来选出代表的。这一点后来逐渐发展为社会惯例并沿用于整个民国时期，成为更偏向职业代表制而非区域代表制的社会政治基础。在各种社会团体中，非职业团体被排除在外，他们认为只有职业团体才享有选派代表的权利。以民国初期兴起的无政府工团主义同业公会自治论以及行会社会主义职业代表制论为依据，上述主张形成了自己的理论系统。此外，各界联合势力从1920年开始主张只有以职业代表制召集的国民会议才是真正的民意机关，并开展了促成北京政府与国民党政府召集国民会议的运动。与此同时，各界联合势力组成了全国各界联合会，并以民意机关自居，为真正民意机关的制度化增加了舆论压力。这是民间团体自发促进国家领域民意机关建成的运动，并且这一运动的核心主体正是国家公认的法定职业团体。此处很好地体现了尚未成立民意机关的国家与社会之间的相互作用。

　　事实上，社会团体在国家的保护和控制中也可以开展促成民意机关的运动，我们只有超越了国家与社会的二分法才能理解这一点。追求一党制的革命政党与追求多元主义的职业团体，在逻辑上看来似乎是矛盾的，但是实际上达到了相互妥协和相互联合。为了理解这一点，我们同样要超越二分法。民族主义与民主主义的相互作用是理解这一相互矛盾关系的重要机制。

　　议会政党、革命政党、职业团体之间妥协和联合的基础是合群救国论，在后来发展为民主救国论。民主救国论的主要内容是把士农工商各界的全国性团体结到一起，并依据其集结的民意来监督政府，以尽早实现救国。最早的各界联合形成于1907年至1910年

结论　职业团体、政党以及代议活动

间的利权收回运动和国会请愿运动，这正是民族主义与民主主义之间相互作用的具体表现。救国即为了建国，因此民主救国论之后发展为民主建国论，在民主救国论与建国论的实践中，政党与职业团体基本上是相互竞争的关系，但是其中也伴随着妥协与联合。例如，为了对抗国民党的一党政治，各界团体联合了共产党及其他民主党派，还有国民党内的民主派，1944—1949年积极促进成立联合政府。而在此之前，为了打破军阀割据的局面，他们也做了同样的努力。

　　国际条件与国内条件的相互作用也促进了他们之间的妥协与联合，在20世纪中国探索民意机关的过程中，职业团体的社会政治自律性最强烈和发言最为活跃的两个高潮分别是一战之后和二战之后，在这两个时期中国都被分裂为政治军事相互对峙的南北两部分，而且都爆发了地区性内战。唯一的差别是前一时期是北方的军阀势力与南方革命势力之间的对峙，后一时期则是共产党与国民党之间的对峙。前一时期针对的是如何统一南北分裂和相互竞争的国会。后一时期聚焦于如何建立国民大会，为掌握军队和政治势力而爆发了战争。在这两个时期中，人们都认为两次世界大战的结束意味着民主主义的胜利，因此世界性的民主主义思潮批判的是依靠军事力量存在的独裁势力，并在名义上和实际上支援与其对抗的民主势力。在这两个时期的各种相互对立的关系之中，美国都充当了仲裁者的角色，并以和平的方式为建立统一政府提供帮助。美国驻华公使或大使都以美国总统之名义扮演仲裁者的角色，如1918—1919年在南北和平会谈中起到这种作用的是芮恩施公使，1944—1946年国共谈判和政治协商会议中起到这种作用的是高思和赫尔利大使以及马歇尔特使。

　　在相互对峙的关系中，美国提议建立联合政府，并尽可能地回避南北之间的内战。当然这是美国基于自身利益所做的判断。这其中值得注意的是，充当了1918—1919年南北和平会谈仲裁者的芮恩施在1920年8月首次积极响应职业代表制的国民会议召集论，并且使这一时期的经验——各界联合方式的民意集结在理论上有体系地正当化。1944—1946年，美国也一直希望中国能在召开国民会议式的政治协商会议后建立联合政府。美国虽然只是外因，但是可以明确的是，这个外因可为中国内因即各界联合势力、民主化运动势力赋予名分和力量。而与此相反，大萧条之后出现的法西斯主义潮流以及1947年之后美苏之间开始的冷战等，都是促进一党执政形成的国际条件。

20世纪中国人最重视的目标和价值就是恢复主权，建立独立统一的国家，而合群救国论中的民族主义是实现这个目标和价值的原动力。如前文所示，它与民主救国论中的民主主义相互作用；在这两者之间，社团民主主义论得以持续发展。

被人们看成救国主体的是社会团体而非个人，因此社团民主主义论认为民意机关的主体也应该是社团，这一理论一直强烈地被坚持。因此以职业团体为中心的非政党模式即社团模式在有关民意机关构成方式的争论中以及在实践过程中都得到支持。当然也有一些势力致力于议会政党模式，但是由于受传统"君子群而不党"的朋党观的影响，反对议会政党的风潮十分强烈，而且当时反帝反军阀的武装斗争处于紧要关头，所以在这种情况下，列宁式的革命政党制受到拥护，而议会政党模式未能得到发展。甚至曾经追求多党制的群小政党（如中国青年党，国家社会党，第三党）也在各党的纲领或建国构想中明确主张职业代表制，试图把政党中心的议会制与职业代表制相结合。这三者原本是相互竞争的关系，却因时局的变化而相互妥协、退让，甚至联合。国共两党为了扩大群众基础也只能相互妥协。

综上，近代中国所追求的的职业代表制可分为以下三种模式：第一种是排除政党的纯粹职业代表制，1920—1923年作为一种"运动"被人们所追求，未能形成一种制度。第二种是职业团体＋革命政党。如长沙市民会议（1927年）与上海市民会议（1927年），以及南京国民会议（1931年）就属于这一类。第三种是职业团体+革命政党+议会政党。国民参政会(1938—1947年),政治协商会议(1946年),人民政治协商会议与各界人民代表会议(1949—1954年)等属于这一类。这三种模式都是在战争与革命的非常时期和特殊国情下职业代表制因受限制而灵活调整、调适形成的。在一战后欧洲一些国家制度化了的另一个类型即职业团体+议会政党模式,在20世纪前半叶的中国还没出现。

因为国民党与共产党都采取了列宁式的革命政党制,因此其下属的民意机关不可能成为实质上的最高权力机关。而且执政党之外的在野党也无法通过民意机关的选举来获取政权从而实现政权的交替。他们只能"坐在"处于绝对领导地位的执政党分配给他们的议席上,起补充作用。能够保证群小政党得到这种参政议政"伙伴待遇"的制度开始于国民党训政期的后期,即1938年以后。无论是在国民党主导的国民参政会和政治协商会议中,还是在共产党主导的人民政协、各界人民代表会议以及人民代表大会中,群小党派的地位都是如此。在民意机关中,职业团体获得的席位明显多于群小党派。

无论是1938年以后的民意机关,还是1938年之前南京国民会议以及在共产党的根据地,虽然其代表都是由不同方式选出的,但是他们有两个共同点。第一,"代表"不是以代议活动为生的职业性议员。有人认为,议员把代议活动作为职业并以此为生,很容易使国会滋生腐败,没有职业、以政党为背景从事政治活动的人常常最后会沦落为政客。即使是在人们对民主主义制度化的期望达到最高峰的二战之后,这一主张依然没有发生变化,① 由此,人们对政党制更加反感。而与此相

---

① 甚至连追求多党制的人也是这样认为的,南京中央大学教授吴世昌就是其中一个例子。他把党员没有工作而以政党为职业来维持生计,甚至从中谋得一官半职称为"政党的职业化",并批判其是中国贫困的重要原因,而要纠正这一现象的首要任务就是打破由国库支付党费的党国一体化结构。吴世昌:《论党的职业化》,《观察》1947年3月8日。

对的，人们相信如果拥有能够维持整个家庭生计的正当职业的人成为职业代表而活跃在民意机关中，这些人就没有接受履行职务报酬的必要，也不会被权势者收买或是向他们低头，因此能够真正代表民意。第二，按职业类别或阶级分配代表的代表配额制自 1931 年以来就一直存在。原来区域代表的普选是按各区域单位的人口比例分配名额，职业代表制是按照各职业的社会作用与相对应团体的会员数（或是从事这一职业的人数）来分配议席的。在 1953 年之后的区域代表普选中，按选举区域分配议席数变为按阶级来分配议席了，这可以说是对代表配额制的一种变相的延续。这是对各界（或是各阶级）和各团体代表能够真正代表民意的信仰的实践。区域代表制侧重的是区域内选民个人的政治判断，依据的原理是选择的个人主义、自由主义，而区域代表制一旦纳入代表配额制内，则其原理不可避免地发生变化。

无论是在国民党还是在共产党中，是区域代表还是职业代表，以上两个特征都是贯穿近代中国的特殊现象。乍一看，可以把它看作列宁式政党制引入的结果，但是更需要指出的是，它是对早在清末民初就已经拥有广泛稳定社会心理基础的结社救国论和已经成为社会惯例的各界联合及各界代表民意集结方式的延续。这时，各界团体在通过各界联合开展集结民意、建立民意机关运动的同时，还选出代表，召集了会议，以民意机关自居。他们把无职业者排除在外，只承认职业团体的代表权，按各职业界分配代表席位的方式在此时初现端倪。这一惯例把五四运动时期吸收的职业代表制论变成了一种体系，成为能够真正代表民意的"新民主主义"。无独有偶的是，拥有职业的人把民意机关代表这一职务当作兼职、副业，以各职业类别分配代表的方式随着列宁式党治体制的引入，得到了巩固和发展并最终定型。以上提及的所有民意机关代表事实上都是由各界代表组成的，1949—1954 年的各界（人民）代表会议是真正展现了上述结构和社会惯例的会议。

从近代中国政治史来看，以各界联合和各界代表为基础而发展起来的职业代表制发挥了过渡到"民主之制度化"阶段的领头羊作用。但是在1949年联合政府成立之后,作为各界联合与各界代表本源的各界团体失去了社会牵制力量的作用,只能解散。有职业者的各界代表与代表分配制仅仅是党治制的补充。

引起这种变化既有职业团体的内部原因,也有国家层次的原因。内部原因首先是职业团体力量弱小,同业团体内部对于代表权的分配问题也存在分歧,以至于不能实现真正的团结。20世纪三四十年代在国民政府登记的全国职业团体的会员有500万—800万名,至多占4.5亿人口的1.8%,即使加上了共产党控制区域的职业团体,人数也没有达到这一数字的两倍以上。进一步从这些职业团体和国家之间的关系来看,因为它和日常生活及生产活动有直接的联系,因此也很难把全部精力投入以党治体制为对象的非日常的政治斗争当中。尤其是最大的职业团体即农会的自律性最弱,比不上律师、医师、教授等专业性职业团体。基于一个拥有全国组织网的政党无视"军队国家化"的舆论、独占军事力量的情形,职业团体的自律性更是有局限性的。

像这样,即使职业团体的力量很弱小但人们还是更倾向于职业代表制,这是近代中国所独有的现象。人们在战争不断的农业社会条件下追求职业代表制,是很难实现其本来的宗旨的。但即使是在这样恶劣的条件下,追求职业代表制的人们仍相信,只有通过这种方式才能同时克服资产阶级专政和无产阶级专政的缺点。20世纪80年代以后,在农业社会向工业社会转型且职业团体十分活跃的新的历史条件下,就更有必要对这一民主遗产的意义重新进行阐释。

无论是在欧美国家还是在中国,如果想要建成近代国民—国家,社会团体与国家之间的关系就不应是对立斗争的关系而是相助相生的关系,所以国家的民主化与社会的民主化同样重要。不过,要使国家权力足以承受来自社会的民主化压力,这就需要具备一定的国内、国际条件。国内条件是国内工业经济应该足够发达,可以使各种社会团体自发自律地活动；国际条件是应该消除加深国家和民族危机的外部压力，如战争及冷战。至 20 世纪 80 年代以后，中国才拥有了这样的历史条件。正是因为具备了上述的条件，职业代表制与议会政党制才能共存，并建成代表民意的双重渠道。这个双重渠道伴随着被侵略历史和冷战的终结，才能上升至法制层面得以实行。其成败取决于国家、社会团体、市民生活三者之间的相互作用。

就此，笔者通过对职业代表制的研究，展示了社会团体在被国家权力保护的同时，在社会与国家的民主化进程中潜在地发挥了巨大的作用。或许对很多人来说，乍一看，这点和近来强调商会自律活动、工商业者的政治主导权的商会研究类似。但是笔者在此把商会看作众多职业团体中的一个，而且更关注的是它通过和其他各职业团体代表间的相互竞争、牵制与妥协维持了平衡状态，侧重的是把他们的政治主导权相对化的制度性手段。即使工人、农民占人口的绝大部分，但是仅凭他们所发挥的职能是无法支撑起整个社会的，相对的，即使工商业者拥有社会大部分的财富，但仅凭他们的职能也无法支撑起整个社会。

一般认为，只有在工业化社会中才能实行职业代表制，但是在五四运动时期，也即职业代表制最初传入中国的时候，其支持者则不是这样看的，例如梁启超设想，在资本家势力很强大的国家中职业代表制会受到强烈抵制，而因为中国并不是这样的国家，所以应该没有这种障碍。[①] 他很清楚地看到了职业代表制隐含着与工商业者政治主导权相冲突的内在原理。与区域代表制相比，职业代表制依据的是多元社会观，从构成上来说，它不仅能代表资产阶级而且能代表无产阶级的意见，还代表除了这两个界以外的、具有社会意义

---

① 《欧游中之一般观察及一般感想》下编，《梁启超全集》第 5 册，第 2983—2985 页。此外，白吉尔也把孙中山在 1924 年提到的国民会议看作按照职业代表制构成的会议机关，并认为这更符合当时中国这种尚未工业化的国情。Marie Claire Berger, *Sun Yat-sen*, pp. 399—400.

的其他职业界的意见。从这点来看，它比区域代表制更符合民主主义的原理。五四时期的中国知识分子把它当成"新民主主义"并接受的原因正在于此。

以上的分析反思了学界关于政党中心的议会制与列宁式政党制比较研究的一般范式，并为完善相关研究做铺垫，以全面理解20世纪中国追求民主主义的政治史。与一般学者通过对比这两种制度模式来展开研究不同，笔者认为应该把职业代表制也看作另一种模式加入其中，只有通过对这三者间的竞争、协商过程的了解，才能真正展现出符合中国实际的中国政治史面貌。现有研究认为，政治史仅仅就是政党中心的权力政治史，而笔者认为只有突破这种局限，把政治史与社会史相结合，才有助于展现包括社会底层劳动者在内的、社团中心的社会政治史。

如果试图以讨论、协商以及选举等和平手段实现革命性的价值目标，那么不能缺少的就是对民主主义本质的考察以及连续不断的制度革新。美国一位自由主义学者不也主张应该为了照顾被政党中心区域代表制排除在外的贫困者等社会少数人而引入代表分配制吗？从这一点来看，本书对于中国及东亚其他国家民主主义的推进也具有某种现实意义。笔者最想指出的一点是，职业代表制不仅可以促使我们反思政党政治并促进与日常生活有直接关系的"工作单位民主"，还能唤起对各职业团体内部民主的重视。只有每个工作单位和职业团体内部具备民主决策结构，才能形成日常监督和牵制工作单位首长权力的民主性社会基础。

在这些基层民主的基础上，对政党中心区域代表制的反省及制度革新才能得到保证。但是正如在一战之后人们对政党中心区域代表制失望透顶一样，比起以职业代表制完全替代区域代表制，更好的方法是并行这两种制度，取二者之长、避二者之短。区域代表制贯穿了国家的支配领域，强化了权力的集中。而与之相比，职业代表制就依循多元化的国家观，追求权力的分散。在实行普选的条件下，政党中心的区域代表制虽然给区域内所有成年人都赋予了选举权，但实际上只代表了少数上层选民的意志，加上它把政权作为战利品交给在选举竞争中以微弱票数取胜的一个政党，这最终形成的是不合理的周期性反复。职业代表制则直接向民意机关选派各界代表，能够代表各界的各种意志，但是剥夺了无职业者的参政机会。通过这种对比可以看出，无论是哪一种方法，本身都有使社会弱者或是被政治排斥在外的人无法加入民意机关的缺陷。如果要直视这一问题，就要革新把区域代表制视为理所当然的代议制之观念，并且把职业代表制作为权力集中相对化的制度性手段，与区域代表制并行，提高无职业的青壮年和退休者对政治的参与度。这就是人们为什么寄希望于并行职业代表制与多党制这种双轨的创新制度的原因。

中国之外的东亚各国家地区也应积极探索这种创新的双轨制度，最近韩国、日本和中国台湾等地虽然实现了区域代表制多党制议会政治的政权的和平交替，但仍然被批判未能充分代表民意。尤其是这些国家地区内的政党，不仅不去牵制大企业组织，甚至还逐渐沦落为只代表少数有势力工商业者的意志。大企业"骑在"个人化了的区域选民身上，并动用自己强大的影响力去干预国家级的资源分配及决策。[①] 职业代表制不仅可以积极应对这类大企业的反民主性、促进职场民主主义，还是弱化企业组织政治主导权的有效手段。只有依照弱化特定集团政治主导权的多元主义原理，才能建成真正成熟的市民社会。除了不断努力革新政党政治之外，还需要灵活运用作为社团政治一环的职业代表制，其原因正在于此。

[①] 有见解认为，在"企业社会"到来的今天，企业本身不再是私有领域而是"新的公共领域"，同时还应该发展"职场民主主义"。Stanley A. Deetz, *Democracy in an Age of Corporate Colonization: Developments in Communication and the Politics of Everyday Life* (New York: State University of New York Press, 1992) .

参考文献

一 档案

1. 中国第二历史档案馆

《该部函各省市党部查报农会组织和指导农运情形及征集农运参考材料行文》,全宗号722(4)案卷号648。

《广东省曲江等二十八县农会组织总报告》(1941.1),全宗号11案卷号1907。

《湖南、河南、江苏省党部电请组织省县农会筹备处和修改及解释农会法有关条文》,全宗号722(4)案卷号794。

《湖南省各县请修农会调解处条例增补农会经费农会干事否可兼任上级农会干事及农会组织状况一览表》,全宗号722(4)案卷号771。

《湖南省各县市农会工会商会学校社会和党务视察报告》,全宗号722(4)案卷号541。

《湖南省汉寿县各乡农会渔会章程名册及组织报告》(1940.10),全宗号11案卷号1856。

《湖南省嘉禾县各乡农会组织总报告》(1940.12),全宗号11案卷号1858。

《湖南省醴陵县各乡农会组织总报告》(1940.7),全宗号11案卷号1878。

《湖南省农会与该省桂东县各乡农会章程职员会员名册》（1936.12），全宗号722/4案卷号773。

《湖南省桃源县农会章程名册及组织总报告》（1941.9），全宗号11案卷号1857。

《湖南省武冈县农会暨各乡农会组织报告》（1941），全宗号11案卷号1849。

《湖南省直属人民团体农人团体社会团体组织人员及长沙市人力车纺织业工会教育会组织一览表》，全宗号722（4）案卷号543。

《江苏省江宁自治实验县指呈五区各乡农会章程会职员名册及指导员总报告》（1935.10-1937.3），全宗号722/4案卷号744。

《浙江省孝丰等二十九县农运纠纷调查表》，全宗号722（4）案卷号778。

湖南省党务指导委员会：《呈为常德县党部转变为该县区农民调节处组织条例请核示由》（1932.1.11），全宗号722（4）案卷号771。

2. 上海市档案馆

《1946年以来上海地方自治情况报告》（1947.12），Q119-2-5。

3. 浙江省浦江县档案馆

《本府关于绅士会议简报及名单》（1950.2），全宗11目录2案卷2。

《浦江县第二届各界人民代表会议代表人数统计表》（1950.1），全宗11目录2案卷1。

《浦江县第三届各界人民代表会议各种工作报告及决议》（1950.10），全宗11目录2案卷2。

《浦江县各界人民代表会议文件》（1949.10），全宗11目录1案卷1。

《士绅会议报告提纲》（1950.2.22），全宗11目录2案卷2。

《士绅会议简报》（1950.2.21），全宗11目录2案卷2。

4. 台北"国史馆"

《国共协商七》，《蒋中正总统文物》，台北"国史馆"藏，典藏号：002-080104-00015-010。

《国难会议召集（二）》（1932.1.15），《国民政府档案》，台北"国史馆"藏，典藏号：001-011120-0002。

《国难会议召集》（二），《国民政府档案》，台北"国史馆"藏，典藏号：002-080104-00015-010。

《民国三十五年政治协商会议案》（1945.10—1947.6），《国民政府档案》，台北"国史馆"藏，典藏号：001-014510-0003。

5. 中国国民党党史馆

《东南五省民众抗日救国委员会呈四届一中全会》（1931.12），会4.2/9.75。

《各省市民众团体对于地方政府违例遴选请予纠正案》（1939.4），国防003/0049。

《各省市民众团体请增加参议员名额案》（1939.4），国防003/0048/0113。

《各省市民众团体推举候补参议员案》，国防003/0050。

《国难会议记录》，会5/475。

《湖南岳阳县教育会农会登致五大电》（1935.1），会5.1/10-2.21。

《江苏常熟县商会致五大电》（1935.11），会5.1/8.10。

《李烈钧等十一委员提"切实保障人民自由"、"人民得自由组织团体"、"缩短训政时期入宪政时期"、"实行自治发展地方"案》（1931.12），会4.2/3.8。

《上海各路商界总联合会上四届一中全会电》（1932.1），会

4.2/9.140。

《铜山县农会等上四届一中全会代电》（1931.12.30），会4.2/9.156。

《湘潭县农会致五大电》（1935.11），会5.1/10-2.4。

《杨庶堪等提缩短训政速行宪政案》（1931.12），会4.2/3.9。

《镇江县酒酱业同业公会致五大电》，会5.1/10-2.15。

《中国国民党第四届一中全会第四次会议记录》（1931.12.28），会4.2/7.1。

何香凝：《政治公开由人民组织监政委员会等案》（1932.12），会4.2/3.21-15。

孙科、吴朝枢等：《国民代表会大纲案》，会4.1/31.21-18.

王法勤、陈公博等：《迅速召集国民救国会议案》，会4.1/3.21-30。

王懋功、顾孟余等：《训政时期应设立民意代表机关案》，会4.2/3.21-38。

赵丕廉、傅汝霖：《立法委员及监察委员须划出半数名额为民选方法采取职业代表制案》（1931.12），会4.2/3.12。

6. 日本外务省外交史料馆

『遼寧省国民外交協会拡大会議ニ関する件』（1931.1）、A6117。

『外交協会会議開催』（1930.1）、A612003。

二 报刊

《大公报》（长沙）

《大公报》（天津）

《大众生活》

《档案与史学》（上海）
《东方杂志》
《东方杂志》
《东洋》
《独立评论》
《共进》
《观察》
《广东省教育会杂志》
《国闻周报》
《国闻周报》
《湖北学生界》
《湖南教育杂志》
《湖南民报》
《华商报》（香港）
《华商联合报》
《建设》
《教育杂志》
《解放与改造》
《经济周报》
《每周评论》
《民国报》
《民国日报》（广州）
《民国日报》（汉口）
《民国日报》（上海）
《民声》
《民议》
《民主》
《农运工作报告专刊》

《努力周报》
《人民日报》
《商联月刊》（江苏省商会联合会）
《商业月报》
《申报》
《时报》
《时事新报》
《太平洋》
《文萃》
《先驱》
《向导》
《新华日报》
《新民报》
《新青年》
《新月》
《新中国日报》
《星期评论》
《预备立宪公会报》
《浙江日报》
《政府公报》
《中央党务月刊》
《中央日报》

三 地方志

《苍南县志》，浙江人民出版社，1996。
《长沙县志》，三联书店，1995。

《黄陂县志》，武汉出版社，1992。
《金山县志》，http://www.shtong.gov.cn/node2/node4。
《上海工商社团志》，上海社会科学院出版社，2001。
《上海市人民代表大会志》，上海社会科学院出版社，1998。
《天门县志》，湖北人民出版社，1989。
《浙江省人民代表大会志》（草稿），2004。

四 资料集

《社会行政检讨会议决议案汇编》，行政院社会部，1944。
《五四时期期刊介绍》第1辑（上、下），三联书店，1979。
《五四时期期刊介绍》第3辑（上、下），三联书店，1979。
《延安民主模式研究资料选编》，西南大学出版社，2004。
《一二·九运动资料》第1辑，人民出版社，1981。
《政治协商会议资料》，四川人民出版社，1981。
杜春和等编《北洋军阀史料选集》下册，中国社会科学出版社，1981。
耿文田编《国民大会参考资料》，中华书局，1936。
国民参政会史料编纂委员会编印《国民参政会史料》，台北，1962。
胡春惠编《民国宪政运动》，台北，正中书局，1978。
李文海主编《民国时期社会调查丛书·社会组织卷》，福建教育出版社，2005。
李希泌等编《护国运动资料选编》，中华书局，1984。
李云汉主编《中国国民党党务发展史料：组织工作》（上），台北，中国国民党党史会，1993。
李云汉主编《中国国民党临时全国代表大会史料专辑》（上），台北，中国国民党党史会，1991。

立法院编译处编《中华民国法令汇编》，中华书局，1936。

闵斗基编《申彦俊现代中国关系论说选》，首尔，文学与知性社，2000。

秦孝仪主编《中华民国重要史料初编——对日抗战时期》第7编战后中国（2），台北，中国国民党中央党史会，1981。

秦孝仪主编《中华民国重要史料初编——对日战争时期》第4编战时建设（2），台北，中国国民党中央党史会，1988。

荣孟源主编《中国国民党历次代表大会及中央全会资料》（上、下），光明日报出版社，1986。

石光树编《迎来曙光的盛会——新政治协商会议亲历记》，中国文史出版社，1987。

舒新城编《中国近代教育史资料》上册，人民教育出版社，1980。

苏州市档案馆等编《苏州商会档案丛编》第2辑，华中师范大学出版社，2004。

天津社会科学院历史研究所等编《天津商会档案汇编》，天津人民出版社，1992。

杨建新、石光树等编《五星红旗从这里升起——中国人民政治协商会议诞生记事暨资料选编》，文史资料出版社，1984。

张枏、王忍之编《辛亥革命前十年间时论选集》第1卷下册，三联书店，1960。

张影辉、孔祥征编《五四运动在武汉史料选辑》，湖北人民出版社，1981。

中共中央党史研究室第一研究部编译《联共（布），共产国际与中国国民革命运动》第2册，北京图书馆出版社，1997。

中共中央文献研究室编《建国以来重要文献选编》1—5册，中央文献出版社，1992。

中国第二历史档案馆编《国民党政府政治制度档案史料选编》（上），安徽教育出版社，1994。

中国第二历史档案馆编《善后会议》,档案出版社,1985。

中国第二历史档案馆编《中国无政府主义和中国社会党》,江苏人民出版社,1981。

中国第二历史档案馆编《中华民国史档案资料汇编》第3辑政治（1），江苏古籍出版社,1991。

中国第二历史档案馆编《中华民国史档案资料汇编》第5辑第1编财政经济（1），江苏古籍出版社,1991。

中国第二历史档案馆编《中华民国史档案资料汇编》第5辑第1编政治（2—3），江苏古籍出版社,1991。

中国第二历史档案馆等编《五四运动在江苏》，江苏古籍出版社,1992。

中国第一历史档案馆编《清末预备立宪档案史料》（下），中华书局,1979。

中国社会科学院近代史研究所近代史资料编辑组编《五四爱国运动》（上），中国社会科学出版社,1979。

中华职业教育社编印《社史资料选集》,1982。

中央档案馆编《中共中央文件选集》1—18册，中共中央党校出版社,1982—1992。

中央档案馆等编《中共中央抗日民族统一战线文件选编》（中），档案出版社,1985。

中央民众运动指导委员会编印《地方自治法规汇编》,1935。

重庆市政协文史资料研究委员会、中共重庆市委党校编《国民参政会纪实》（上、下），重庆出版社,1985。

重庆市政协文史资料研究委员会、中共重庆市委党校编《国民参政会纪实》续编，重庆出版社,1987。

重庆市政协文史资料研究委员会等编《抗战时期的国共合作纪实》下卷，重庆出版社,1992。

五 文集、日记、年谱、回忆

《蔡元培全集》第 2—4 卷，中华书局，1994。
《陈独秀著作选》第 1—3 卷，上海人民出版社，1993。
《戴季陶集》，华中师范大学出版社，1990。
《胡适全集》第 21 卷，安徽教育出版社，2003。
《江亢虎博士讲演录》第 1 辑，南方大学出版部，1923。
《康有为与保皇会》，上海人民出版社，1982。
《康有为政论集》上册，中华书局，1981。
《李大钊文集》上册，人民出版社，1984。
《梁启超全集》第 1—9 册，北京出版社，1999。
《毛泽东集》补卷 1，东京，苍苍社，1983。
《毛泽东集》第 1、7—10 卷，东京，苍苍社，1972。
《毛泽东文集》第 1-5 卷，人民出版社，1996。
《毛泽东选集》第 1-4 卷，人民出版社，1990。
《山种集》，铅印本，1905。
《邵元冲日记，1924-1936》，上海人民出版社，1990。
《邵力子文集》（上、下），中华书局，1985。
《孙中山全集》第 1—11 卷，中华书局，1981—1986。
《严复集》第 5 册，中华书局，1986。
《郑超麟回忆录》，东方出版社，1996。
《郑观应集》（上、下），上海人民出版社，1982。
《朱执信集》（上），中华书局，1979。
蔡德金、王升：《汪精卫生平纪事》，中国文史出版社，1993。
陈福霖、余炎光编《廖仲恺年谱》，湖南出版社，1991。
陈锡祺主编《孙中山年谱长编》（上、下），中华书局，1991。
李国俊编《梁启超著述系年》，复旦大学出版社，1986。
罗家伦主编《国父年谱》，台北，党史资料编纂委员会，1969。

王造时:《荒谬集》,紫榆言论社,1935。

张国焘:《我的回忆》第1册,东方出版社,1991。

六 其他资料

"国史馆中华民国社会志"编纂委员会:《中华民国社会志》,台北,"国史馆",1998。

《北京市的区各界人民代表会议》,人民出版社,1951。

《国民会议之认识》,出版社不明,1931。

《湖南年鉴》(民国二十二年),湖南省政府秘书处,1933。

《较场口事件档案选载:军统渝特区对直属情报员—情报的签批》(1946.4.25),《档案与史学》1986年第1期。

《龙陵人大》,http://www.longling.gov.cn/llweb/rendaweb/html/2009/12/93.htm

《首都第一二届各界人民代表会议》,新华书店,1950。

《训练部部务汇刊》,中国国民党训练部,1930。

《战后上海主要产业和工概况》,《档案与史学》2002年第4—5期。

《中国国民党第三届中央执行委员会训练部工作报告》,1931。

北平市各界代表会议秘书处编印《北平市各界代表会议专辑》,1949。

陈觉:《九一八后国难痛史》,东北问题研究会,1932(辽宁人民出版社,1991,重印本)。

陈之迈:《民国二十年国民会议选举》,《清华学报》第11卷第2期,1936年4月。

程心锦、徐文达:《杭州市参议会见闻》,《浙江文史资料选集》第13辑,1979。

代表会议秘书处编印《武汉市第一二次各界人民代表会议汇刊》,

1950。

党史编纂委员会编印《中国国民党年鉴》，1929。

国民会议实录编纂委员会编印《国民会议实录》，1931。

韩丁（William Hinton），姜七成译，《翻身》2卷，首尔：钱蝴，1986。

黄右昌：《国民会议与职业代表制》，《社会科学季刊》第5卷1、2合号，1930年7月。

秘书处编印《上海市第一届参议员第一次大会会刊》，1946。

南京市参议员选举事务所编印《南京市第一届参议员选举实录》，1946。

南洋劝业会事务所编纂科编印《观会指南》，1910。

阮湘主编《第一回中国年鉴》，商务印书馆，1924。

社会部编印《人民团体统计》（1946年度），1947。

松田良一：《近代日本职业事典》，东京，柏书房，1933。

陶昌善等编《全国农会联合会第一次纪事》，台北，文海出版社，1973。

王士森编《城镇乡地方自治章程要义》，商务印书馆，1909。

协商委员会秘书处编印《苏南各界人民代表会议第一届第二次全体会议汇刊》，1950。

宣传集编纂委员会编印《国民会议宣言决议案及宣传集》，1931。

张玉法、李荣泰编《中华民国人民团体调查表》，台北：国史馆编印，1999。

赵如珩：《江苏省鉴》，新中国建设学会，1935。

中国国民党执监委非常会议：《国民会议的意义及使命》，1931。

中国国民党中执委党史史料编纂委员会编印《民国二十三年中国国民党年鉴》，1934。

中央统系处编印《中国国民党二十三年党务统系报告》，1934。

中央训练部：《江苏省人民团体概况》（全国人民团体总视察报告

之一），1937。

Buell, Raymond L., "The New Democracy of Europe", Current History Vol. 15 No. 5, Feb. 1922.

Reinsch Paul S., International and Political Currents in the Far East, New York: Houghton Mifflin Co., 1911.

七　研究专著

1. 韩文著作

Eulau, H., Wahlke, John C. 编《代议政治论》，李炳和译，首尔，田艺苑，1985。

George H. Sabine, Thomas L. Thorson：《政治思想史》第 2 卷，成裕普等译，首尔，한길사，1997。

金衡钟：《清末新政期의研究：江苏省의新政과绅士层》，首尔，首尔大学校出版部，2002。

李丙仁：《近代上海의民间团体와国家》，首尔，创批，2006。

刘泓埈：《职业社会学》，首尔，景文社，2004。

柳镛泰：《知识青年과农民社会의革命——1920年代中国中南部三省의比较研究》，首尔，文学与知性社，2004。

马克·布莱彻（Marc J. Blecher）：《反潮流의中国》，田炳坤等译，首尔，돌베개，2001。

闵斗基：《中国初期革命运动의研究》，首尔，首尔大学校出版部，1997。

闵斗基：《中国近代改革运动의研究》，首尔，一潮阁，1985。

闵斗基编《中国国民革命指导者의思想과行动》，首尔，知识产业社，1988。

闵斗基编《中国现代史의构造》，首尔，青蓝，1983。

莫里斯·迈斯纳（Maurice Meisner）：《毛泽东의中国과그以后》第 1 卷，金秀英译，首尔，移山，2005。

全仁甲：《二十世纪前半期上海社会의地域主义와劳动者》，首尔，首尔大学校出版部，2002。

王绍光：《民主四讲》，金甲洙译，首尔，에버리치홀딩스，2010。

尹惠英：《中国现代史研究：北伐前夜北京政权의内部崩溃过程，1923-1925》，首尔，一潮阁，1991。

张玉法：《中国现代政治史论》，辛胜夏译，首尔，高丽苑，1991。

郑文祥：《中国의国民革命과上海学生运动》，首尔，慧眼，2004。

2. 中文著作

曹世铉：《清末民初无政府派的文化思潮》，社会科学文献出版社，2003。

陈宝良：《中国的社与会》，浙江人民出版社，1996。

陈瑞云：《现代中国政府》，吉林文史出版社，1988（1991）。

陈宇翔：《中国近代政党思想研究》，湖南大学出版社，2002。

崔之清主编《国民党政治与社会结构之演变，1905—1949》下编，社会科学文献出版社，2007。

邓野：《联合政府与一党训政，1944—1946 年》，社会科学文献出版社，2003。

窦季良：《同乡组织之研究》，正中书局，1946。

冯筱才：《在商言商：政治变局中的浙江商人》，上海社会科学院出版社，2004。

广东民国史研究会编《广东民国史》（下），广东人民出版社，2003。

郭绪印编《国民党派系斗争史》，上海人民出版社，1992。

侯宜杰：《二十世纪中国政治改革风潮：清末立宪运动史》，人民出版社，1993。

胡春惠：《民初的地方主义与联省自治》，台北，正中书局，1983。
李炳南：《政治协商会议与国共谈判》，台北，永业出版社，1993。
李明华：《中国人民政治协商会议》，新华出版社，1990。
李永芳：《近代中国农会研究》，社会科学文献出版社，2008。
刘景泉：《北京民国政府议会政治研究》，天津教育出版社，2006。
马敏：《官商之间：社会剧变中的近代绅商》，华中师范大学出版社，1995。
平心：《中国民主宪政运动史》，进化书局，1946。
阮忠仁：《清末民初农工商机构的设立：政府与经济现代化关系之检讨，1903-1916》，台湾师范大学历史研究所专刊（19），1988。
桑兵：《晚清学堂：学生与社会变迁》，学林出版社，1995。
汤志钧：《戊戌时期的学会和报刊》，台北，台湾商务印书馆，1993。
汪朝光：《国共政争与中国命运》，社会科学文献出版社，2010。
王尔敏：《中国近代思想史论》，台湾商务印书馆，1995。
王干国：《中国政治协商会议史略》，成都出版社，1991。
王奇生：《党员，党权与党争：1924—1949年中国国民党的组织形态》，上海书店出版社，2003。
王世杰：《比较宪法》，商务印书馆，1928。
王树棣等主编《中国人民政治协商会议史》，黑龙江教育出版社，1991。
王先明：《变动时代的乡绅——乡绅与乡村社会结构变迁，1901—1949》，人民出版社，2009。
王颖：《新民主主义革命时期选举制度研究》，中国社会科学出版社，2005。
王友明：《解放区土地改革研究：1941-1948以山东莒南县为个案》，上海社会科学院出版社，2006。
韦杰廷、陈先初：《孙中山民权主义探》，广西师范大学出版社，

1995。

魏文享:《国民党、农民与农会:近代中国农会组织研究,1924—1949》,中国社会科学出版社,2009。

温济泽:《九一八和一二八时期抗日运动史》,中国工人出版社,1991。

闻黎明:《第三种力量与抗战时期的中国政治》,上海书店出版社,2004。

熊月之:《西学东渐与晚清社会》,上海人民出版社,1994。

徐鼎新、钱小明:《上海总商会史,1902—1929》,上海社会科学院出版社,1991。

徐小群:《民国时期的国家与社会:自由职业团体在上海的兴起,1912-1937》,新星出版社,2007。

严泉:《失败的遗产,中华首届国会制宪,1913—1923》,广西师范大学出版社,2007。

叶利军:《民国北京政府时期选举制度研究》,湖南人民出版社,2007。

殷啸虎:《近代中国宪政史》,上海人民出版社,1997。

应俊豪:《公众舆论与北洋外交》,台北,台湾政治大学历史系,2001。

张朋园:《梁启超与民国政治》,台北,汉生出版社,1992。

张朋园:《中国民主政治的困境,1909—1949:清末以来历届议会选举述论》,台北,联经出版社,2007。

张朋园:《中国民主政治的困境,1909—1949》,台北,联经出版社,2007。

张同新:《国民党新军阀混战史略》,黑龙江人民出版社,1982。

张玉法:《近代中国民主政治发展史》,台北,东大图书公司,1999。

张玉法:《民国初年的政党》,台北,中研院近代史研究所,

1985。

章开沅等：《湖北通史·民国卷》，华中师范大学出版社，1999。

章开沅等主编《中国近代民族资产阶级研究》，华中师范大学出版社，2000。

赵书刚：《中国政党发展的轨迹，1905—1949》，中共中央党校出版社，1998。

周勇主编《国民参政会》，四川人民出版社，1995。

朱英：《转型时期的社会与国家——以近代中国商会为主体的历史透视》，华中师范大学出版社，1997。

朱英、魏文享：《近代中国自由职业群体与社会变迁》，北京大学出版社，2009。

3. 日文著作

横山英編『中国の近代化と政治的統合』、広島：溪水社、1992。

家近亮子『蔣介石と南京国民政府』、東京：慶應義塾大学出版会、2002。

久保亨編『1949年前後の中国』、東京：汲古書院、2006。

菊池贵晴『中国民族運動の基本構造』、東京：大安、1966。

平野正『中国の知識人と民主主義思想』、東京：研文出版、1987。

山田辰雄『現代中国の政治体制』、東京：岩波書店、1989。

山田辰雄『中国国民党左派の研究』、東京：慶應通信、1980。

笹川裕史『中華民国期農村土地行政史の研究』、東京：汲古書院、2002。

味岡徹『中国国民党訓政体制下の政治改革』、東京：汲古書院、2008。

中村元哉『戦後中国の憲政実施と言論の自由，1945—1949』、東京大学出版会、2004。

中央大学人文科学研究所編『民国後期中国国民党政権の研究』、

東京：中央大学出版部、2005。

中央大学人文科学研究所編『中华民国の模索と苦境』、東京：中央大学出版部、2010。

4. 英文著作

Benson Gregor, *China's Urban Revolutionaries, Exploration in the History of Chinese Trotskyism, 1921-1951*, N. J. : Humanities Press, 1996.

Berger Marie Claire, trans. by Janet Lloid, *Sun Yat-sen*, Stanford: Stanford University Press, 1998.

Brook Timothy and Frolic B. Michael eds. , *Civil Society in China*, New York: M. E. Sharpe, 1996.

Bryna Goodman, *Native Place, City, and Nation: Regional Networks and Identities in Shanghai, 1853-1937*, Berkeley: University of California Press, 1995.

Chao Sui-sheng ed. , *China and Democracy: the Prospect for a Democratic China*, New York: Routledge, 2000.

Compton, Jr. Robert W. , *East Asian Democratization: Impact of Globalization, Culture, and Economy*, London: Praeger, 2000.

Deetz Stanley A. , *Democracy in an Age of Corporate Colonization: Developments in Communication and the Politics of Everyday Life*, Albany: State University of New York Press, 1992.

Fewsmith Joseph, *Party, State, and Local Elites in Republican China: Merchant Organizations and Politics in Shanghai, 1890-1930*, Honolulu: Univ. of Hawaii Press, 1985.

Fung Edmund S. K, *In Search of Chinese Democracy-Civil Opposition in Nationalist China, 1929-1949*, Cambridge: Cambridge Univ. Press, 2000.

Goldman, Merle, *Sowing the seeds of democracy in China : political reform in the Deng Xiaoping era*, Cambridge: Harvard University Press, 1994.

Jacobs Dan N. , *Borodin: Stalin's Man in China*, Cambridge: Harvard Univ. Press, 1981.

Jeans Roger B. ed. , *Roads Not Taken: The Struggle of Opposition Parties in Twentieth-Century China*, Oxford: Westview Press, 1992.

Karta W. Simon , *Civil Society in China: the Legal Framework from Acient Times to the "New Reform Era"* , New York: Oxford University Press, 2013.

Nathan Andrew J. , *Chinese Democracy*, New York : Alfred A. Knopf, 1985.

Rankin Mary B. , *Elite Activism and Political Transition in China: Zhejiang Province, 1865-1911*, Stanford: Stanford Univ. Press, 1986.

Robtentscher Sigrid ed. , *Democracy and the Role of Associations: Political, Organizational, and Social Contexts*, London: Routledge, 2005.

Rowe William T. , *Hankow: Commerce and Society in a Chinese City, 1796-1889*, Stanford: Stanford University Press, 1984.

Schoppa R. Keith, *Chinese Elites and Political Change: Zhejiang Province in the Early Twentieth Century*, Cambridge: Harvard Univ. Press, 1982.

Taylor Lee, *Occupational Sociology*, New York: Oxford University Press, 1968.

Warren Mark E. , *Democracy and Association*, Princeton: Princeton University Press, 2001.

Xu Xiaoqun, *Chinese Professionals and the Republican State: The Rise of Professional Associations in Shanghai, 1912-1937*,

Cambridge: Cambridge Univ. Press, 2001.

八　研究论文

1. 韩文论文

安承国：《社团民主主义와政治共同体》，《韩国政治学会报》第31卷第3号，1997。

白永瑞：《共和에서革命으로：民初论争으로본中国国民国家形成》，《东洋史学研究》第59辑，1997。

白永瑞：《中国에市民社会가形成되었나？—历史的观点에서본民间社会의轨迹》，《亚洲文化》（翰林大）第10号，1994。

崔甲洙：《西方의民主主义：理念과变容》，《历史와现实》第87号，2013。

金命焕：《基尔特社会主义의性质：第三의民主化运动》，《西洋史论》第55号，1997。

金义英：《社团民主主义小考》，《韩国政治学会报》第39卷第1号，2005。

李丙仁：《国民会议와职能代表制》，《中国近现代史研究》第12辑，2001。

李升辉：《孙文과国民会议》，《历史学报》第166辑，2000年6月。

李升辉：《中国의"国民会议运动"과上海商工阶层》，《历史学报》第144辑，1994年12月。

李沅埈：《中华人民共和国建国直前의政治统合过程》，《东洋史学研究》第98辑，2007年3月。

李在铃：《南京国民政府의言论管理实态와言论界의对应》，《东洋史学研究》第68辑，1999年10月。

柳镛泰：《1906-1926年中国의农会와农民协会》，《历史教育》

第 60 辑，1996 年 12 月。

柳镛泰：《1919-1924 年中国各界의职业代表制摸索：国民会议召集论의形成过程》，首尔大学校东洋史学研究室编《中国近现代史의再照明》（1），首尔，知识产业社，1999。

柳镛泰：《国民参政会와战时民主主义，1938—1949》，《中国近现代史研究》第 27 辑，2005 年 9 月。

柳镛泰：《国民会议运动의新展开：革命武力과国民의结合》，《东洋史学研究》第 74 辑，2001 年 4 月。

柳镛泰：《近代中国의职业团体와民意形成，1901-1919》，《东洋史学研究》第 101 辑，2007 年 12 月。

柳镛泰：《南京政府时期国民会议와农会：职业代表制의实验》，《中国近现代史研究》第 8 辑，1999 年 12 月。

柳镛泰：《孙文의国民会议召集论：武力과国民의结合》，《历史学报》第 168 辑，2000 年 12 月。

柳镛泰：《五四运动과职业主义의抬头》，《中国近现代史研究》第 43 辑，2009 年 9 月。

柳镛泰：《训政时期中国国民党의职业党团政策과职业团体动员》，《中国近现代史研究》第 31 辑，2006 年 9 月。

柳镛泰：《中国政治协商会议와建国民意의向方，1944-1949》，《东洋史学研究》第 106 辑，2009 年 3 月。

柳镛泰：《中华人民共和国建立前后의各界人民代表会议，1948—1954》，《中国近现代史研究》第 50 辑，2011 年 6 月。

闵斗基：《清末江浙铁路纠纷과辛亥革命前夜绅士层의动向》，《中国近代史研究》，首尔，一潮阁，1973。

裴京汉：《1920 年代前半期孙中山의统一论：武力统一论과和平统一论의交叉》，《中国近现代史研究》第 10 辑，2000。

裴京汉：《反直三角联盟과孙文의北上》，《釜山史学》第 8 辑，1983。

裴京汉:《国民革命时期汪精卫와反帝问题》,《中国近现代史研究》第 47 辑, 2010。

朴济均:《五四期无政府主义者의想追求运动》,《大邱史学》第 50 辑, 1995。

朴埈洙:《民国初期全国商会联合会의成立과商会의政治的抬头》, 首尔大学东洋史学研究室编《中国近现代史의再照明》(1), 首尔, 知识产业社, 1999。

元峻镐:《团体利益과公益의统合을위한规范의论议: 黑格尔의国家论에서의团体의自治行政과职能代表가주는现在意义》,《议政研究》第 15 辑, 2003。

郑文祥:《1920 年代曾琦의国家主义思想과정치활동》,《东方学志》第 115 辑, 2002。

2. 中文论文

白永瑞:《中国现代史上民主主义的再思考: 1920 年代国民会议运动》,《1920 年代的中国》, 台北, "中华民国史资料研究中心", 2002。

陈旭麓:《戊戌时期维新派的社会观—群学》,《近代史研究》1984 年第 2 期。

高田幸男:《近代中国地域社会与地方教育会》,《民国研究》第 1 辑, 1994 年 11 月。

胡春惠:《国民会议之召集与约法问题》,《抗战前十年国家建设史研讨会论文集》(下), 台北, 中研院近代史研究所, 1984。

江沛:《国共两党"党国"体制比较研究, 1924—1949》,《中国近现代史研究》第 33 辑, 2007 年 3 月。

蒋永敬:《南京政府初期实施训政的背景及挫折——军权、党权、民权的较量》,《近代史研究》, 1993 年第 5 期。

李达嘉:《五四前后的上海商界》, 台北《中央研究院近代史研究所集刊》第 21 期，1992。

李国芳：《建国前夕中共创建石家庄民众参政机构的实践》，《近代史研究》2006 年第 5 期。

李侃：《从江苏湖北两省若干州县的光复看辛亥革命的胜利和失败》，《纪念辛亥革命七十周年学术讨论会论文集》（上），中华书局，1983。

柳镛泰：《从国民会议到国民参政会：职业代表制的持续与变化》，中国社会科学院近代史研究所民国史研究室等编《1930 年代的中国》，社会科学文献出版社，2006。

柳镛泰：《国民会议运动之再起与分歧：政党与社团之间》，《民国研究》第 9 辑，2006 年 6 月。

吕实强：《民初四川的省议会，1912-1926》，台北《中央研究院近代史研究所集刊》第 16 期，1987。

罗志田：《"二十一条"时期的反日运动与辛亥五四期间的社会思潮》，《新史学》1992 年 9 月。

任云兰：《新旧交替时期（1945—49 年）的天津工商界概述》，《历史档案》2004 年第 3 期。

山本进：《一九四〇年代国民政府治下的县市参议会——以四川省之例为中心》，《1949 年：中国的关键年代学术讨论会论文集》，台北，"国史馆"，2000。

宋钻友：《从会馆、公所到同业公会的制度变迁》，《档案与史学》2001 年第 3 期。

孙宏云：《平民政权与职业代表制》，《中国政法大学学报》2008 年第 2 期。

孙宏云：《孙中山的民权思想与职业代表制》，《广东社会科学》2007 年第 1 期。

王笛：《同业公会的改造与国家的行业控制》，《中国当代史研究》第 3 辑，2011。

王宏斌：《戊戌维新时期的"群学"》，《近代史研究》1985年第2期。

王金铻：《论国民会议运动》，《吉林大学社会科学学报》1985年第5期。

魏文亨：《社团政治：近代工商同业公会的政治参与，1928—1947》，胡春惠、薛化元主编《近代中国社会转型与变迁》，台北，台湾政治大学历史学系、香港珠海书院亚洲研究中心，2004。

魏文亨：《职业团体与职业代表制下的"民意"建构——以1931年国民会议为中心》，《近代史研究》2011年第3期。

吴炳守：《研究系知识分子群体的国家建设构想及其实践，1911—1932》，复旦大学博士学位论文，2001。

吴淑凤：《从"王世杰日记"看政治协商会议的召开》，《近代中国》第161期，2005年6月。

吴永芳：《国民参政会之研究》，台北，台湾政治大学硕士学位论文，1983。

夏良才：《孙中山与基尔特社会主义》，《近代史研究》，1991年第2期。

徐乃力：《中国的"战时国会"：国民参政会》，《国民参政会纪实》续编，重庆出版社，1987。

杨建党：《华北人民政府时期的人民代表会议制度之考察》，《人大研究》2007年第1期。

张毛毛：《国民参政会与中国共产党争取民主政治的斗争》，《近代史研究》1986年第2期。

章红：《国民参政会述论》，《抗日战争研究》1996年第3期。

周兴樑：《孙中山与国民会议运动》，中国孙中山研究学会编《孙中山和他的时代——孙中山研究国际学术讨论会文集》（上），中华书局，1989。

3. 日文论文

岸本美緒「中国中間団体論の系譜」、山本武利 (外) 編『帝国日本の学知』3 巻、東京：岩波書店、2006。

坂野良吉「国民会議の構想ならびに運動と陳独秀主義―1923 年から 1926 年までの推移へ焦点を合わせながら」、『名古屋大学東洋史研究報告』18 号、1994．4。

金子肇「国民党における憲法施行体制の統治形態―孙文の統治構想，人民共和国の統治形態との対比から」、久保亨編『1949 年前後の中国』、東京：汲古書院、2006。

金子肇「一九二〇年代前半における各省'法団勢力と北京政府」、横山英編『中国の近代化と地方政治』、東京：勁草書房、1985。

金子肇「中華民国の国家統合と政治的合意形成」、『現代中国研究』3 輯、1998。

菊池一隆「国民会議を巡る政治力学―1920 年代から 30 年代への連動-」、狭间直树編『一九二〇年代の中国――京都大人文科学研究所共同研究報告』、東京：汲古書院、1995。

柳鏞泰「国民会議招集論の形成と展開――職業代表性の摸索」、『近きに在りて』41 号、2002。

末次玲子「五四運動と国民党勢力」、『五四運動史像の再検討』、東京：中央大学出版部、1986。

平野正「抗日民族統一战线と憲政運動」、『講座中国近現代史』6 巻、東京大学出版会、1978。

森川裕貫「議会主義への失望から職能代表制への希望へ-章士钊の『職業救国論』(1921)」、『中国研究月報』65 巻 4 号、2011。

笹川裕史「国民革命期における湖南省各級人民会議構想」、『史学研究』、広島大学、168 号、1986。

味岡彻「南北対立と聯省自治運動」、『五四運動史像の再検討』、東京：中央大学出版部、1986。

魏文享「政治经济の変革と商人団体—1949年以降の武漢商人団体の変遷」、『近きに在りて』47号、2005年8月。

野沢豊「第一次国共合作と孫文—国民会議運動を中心として」、『中国近現代史論集』、東京：汲古書院、1985。

野沢豊「五四運動と省議会—民族運動の内部構造の検討にむけて—」、『人文研紀要』2号、中央大学人文科学研究所、1983。

野沢豊「中国における統一戦線の形成過程—第一次国共合作と国民会議」、『思想』477号、1964。

4. 英文论文

Bell Daniel A., "Deliberative Democracy with Chinese Characteristics: A Comment on Baogang He's Research", Ethan J. Leib and Baogang He eds., *The Search for Deliberative Democracy in China*, New York: Palgrave Macmillan, 2006.

Brook Timothy, "Autonomous Organizations in Chinese Society", Timothy Brook and B. Michael Frolic eds., *Civil Society in China*, New York: M. E. Sharpe, 1996.

Elvin Mark, "The Gentry Democracy in Chinese Shanghai, 1905-1914," Jack Gray ed., *Modern China's Search for a Political Form*, Oxford Univ. Press, 1969.

Goodman Bryna, "Democratic Calisthenics: The Culture of Urban Associations in the New Republic", *Merle Goldman and Elizabeth J. Perry eds., Changing Meanings of Citizenship in Modern China*, Harvard University Press, 2002.

Hawley Ellis., "Herbert Hoover, the Commerce Secretariat, and the Vision of an 'Associative State', 1921-1928," *The Journal of American History* Vol. 61 No. 1, June 1974.

Kishimoto Mio, "Social Turbulence and Local Autonomy:

Japanese Historians Interpret Chinese Social Groupings", *The Late Imperial China* Vol. 30-1, June 2009.

Pugach Noel H. , "Progress, Prosperity and the Open Door: The Ideas and Career of Paul S. Reinsch" , Ph. D. thesisUniversity of Wisconsin, 1967.

Strand David, "Civil Society and Public Sphere in Modern Chinese History" , Roger V. Des Forges & Luo Ning et al. eds. , *Chinese Democracy and the Crisis of 1989*, State University of New York Press, 1993.

Wang Fan-shen, "Evolving Prescriptions for Social Life in the Late Qing and Early Republic: From Qunxue to Society" , Joshua A. Fogel and Peter G. Zarrow ed. , *Imagining the People: Chinese Intellectuals and the Concept of Citizenship, 1890-1920*, New York: M. E. Sharpe, 1997.

索　引

A

安福国会　76，88

B

巴黎和会　39，65，85
保民大会　271
北伐战争　117，122，126~127，138
北京大学进德会　30
北京各界联合会　140，142
北京国民大会　142，144
北京政变　75~76，115，121~125，130~131
北京政府　17，34，64，66，72，88，95，100，116，123~124，128，130，134~135，138，141~143，154，159，164~165，173，212，328
北平扩大会议　196~197，210，216，231~232
北上宣言　75，108，113，121~125，127，129~134，136，143，150，190，197，205~206，218
边区参议会　269，308，318

C

蔡廷锴　301

蔡元培　25，27~29，32，36，53，81，227
曹锟　76，91，109，113~114，116，121~126，128
产业民主主义　81
陈独秀　3，19，23，32~33，35~36，54，77，79，110~113，115，117，189，196~197
陈公博　45，178，195，232
陈炯明　142
筹安会　42，64，217
褚辅成　224，261，267~268，270

D

党国体制　12，265
党派代表会议　280
党团　119，171，175~180，251，253
党政团联席会议　155，182~183
邓初民　280，287，297，302
东方杂志　3，9，27，32，55~57，70，72，78~79，81~83，88~89，92，95~97，99~102，110，113~114，201，205，208，245
段祺瑞　76，119~120，124，126~127，130~133，135，142~147，217
多党制　5，13~15，327，330~331，336

索 引

多数制模式 1~2

F

法团 12, 47, 55, 58, 64, 66, 72~73, 76~77, 84~87, 90~91, 94, 97~99, 101, 109, 116, 119~121, 134~135, 142, 155, 159, 164~165, 175, 181~182, 200, 221~223, 293~295
泛劳动主义 29~30
反直三角联盟 119, 121
冯玉祥 121, 125, 130~131, 141, 146, 150, 198, 210
妇女联合会 156, 302
废止内战大同盟 225~226, 293

G

赣南善后会议暂行条例 120, 127
高一涵 29
各界代表 4, 13, 61, 67~68, 70, 73~74, 99, 102, 105~106, 150, 152, 182, 250, 278~280, 294, 307~312, 315~316, 319~320, 323, 326, 332~333, 336
各界抗日救国会 222~225
各界联合 13, 15, 19~21, 34, 37, 44, 46~47, 49, 58~65, 67~68, 71~75, 77~79, 86~88, 90~91, 95~99, 102, 104~105, 110, 140~146, 148~150, 152, 154, 167, 189, 278~279, 295, 309, 327~330, 332~333
各界民意 13, 20, 47~48, 85, 102, 107, 123, 245, 288, 293~295, 297, 299, 327

各界人民代表会议 4, 18, 278~279, 306~317, 319~322, 324~326, 331
各省商会联合会 193, 299
工会法 209
工团主义 6, 23, 72, 82, 328
工学社 28
工学主义 28~29
公法团联合会 155
公所 24, 51, 55~57, 62, 69, 71, 89, 102, 106, 271
公团 41, 44, 85~86, 90, 97, 106, 155, 175
共和主义 23, 31, 33
共学社 39, 80, 83
顾孟余 122, 133, 232, 235
广东国民会议促成会 146, 149~152
广东人民代表大会 149
国防参议会 220
国防政府 185, 187~188, 223~224, 246, 258, 281
国会期成会 62
国会请愿同志会 59, 62, 68
国家社会党 250~251, 253, 230
国家主义青年党 210, 250
国民参政会 4, 16, 18, 163, 167~168, 183~185, 188, 220~221, 231, 235~238, 243~245, 247~279, 281, 283~284, 286, 288, 304~305, 308, 325, 331
国民大会 4, 17, 19, 33, 36~39, 42~43, 60, 63~67, 78~79, 84~92, 94~98, 100~102, 106~113, 118, 120, 128, 141~142, 144, 154, 167, 170, 183~184, 186~190, 227, 233~244, 247, 250, 258, 262~263, 265~266, 273~274, 282~288, 291, 293,

296~300, 304~305, 329
国民代表会议 41~42, 116, 130~
　131, 135, 139~143, 145~147,
　224
国民党改组派 196
国民会议 2~4, 8, 13, 15~19, 45,
　74~75, 84, 89, 92~98, 100,
　102, 106~118, 120~157, 160,
　163, 165~167, 171, 180,
　183~185, 187~190, 192~200,
　202~221, 227, 229, 230~231,
　235, 237, 239~240, 243~244,
　278~281, 301, 308~309, 325,
　328~331, 334
国民会议促成会 130~133, 135,
　138~140, 142, 146~147,
　149~152
国民救国会议 182, 220, 227,
　229~232, 234~235
国民拒款会 59, 65, 67
国民外交协会 65, 167, 293
国民制宪大会 46, 93
国难会议 224, 227~230, 234
国事会议 266, 278~279, 281~282,
　308
国是会议 17, 98, 100~102, 114
国债偿还会 59~61, 65, 68
国民参政会组织条例 244, 248, 250,
　256

H

行宪国民大会 298, 300
行业联合 56
合群救国论 13, 34~35, 48, 52~53,
　74~75, 117, 277, 292, 328, 330
合群商战论 52, 72

合议制模式 1
和平建国纲领 259~260, 283, 288,
　291
和平联合会 65~68, 74
和平统一会议 224
胡汉民 45, 118, 122~123, 165,
　195, 198~199, 224
胡汉民派 195, 198
胡适 23, 29~31, 40~42, 83, 195,
　223, 226
护法战争 109~110, 115, 118, 121
华盛顿会议 88, 100
黄埔系 286
黄炎培 31~32, 224, 253, 266, 318
黄右昌 195~196

J

基尔特社会主义 39, 79, 81~83, 118
建国大纲 19, 117, 120, 128~129,
　136, 163, 189, 216, 232, 234,
　237~239, 286
江亢虎 9, 30, 83, 113
江苏全省商会联合会 56
江苏学会 57
蒋方震 80
蒋介石 139, 156, 174, 177~178,
　192~194, 197~198, 210~212,
　214, 217~218, 222~224, 231,
　235, 259, 261, 263, 266,
　277, 281, 285~287, 295, 300,
　305, 314
较场口事件 293~295
教育会 15, 17, 32, 38, 41, 43~44,
　47, 52, 54~58, 61~62, 64, 66,
　69~70, 73~74, 76, 85~86, 93,
　95~99, 101, 112, 119~120,

索　引

123，126，151~153，159~160，
164~167，169，172，181~183，
200，204~206，208，230，236，
240，250，289，292，294，310
教职员联合会　86，110，156，159
结社集会律　54
解放区人民代表会　190，307~309
精英行动主义　14
酒酱业同业公会　181

K

开罗会议　281
开明绅士　309，314，316~320，322~324
戡乱令　298
康有为　49~51
抗日救国初步政治纲领　186，243
抗日救国会　167，170，222~227，
229~231，250~252，258，264
孔庚　253，261~262，267~268
廓尔　79

L

蓝公武　80
劳动主义　23~24，28~31，35
黎元洪　76，114
李大钊　29，35~36，54，77，110~111，115
李公朴　293
李济深　255，301~302
李石曾　30，122
李提摩太　25~26
李中襄　274
李烛尘　303
李宗仁　194
利权收回运动　13，329

利益代表　72~74，82
联合政府　1~2，4，246，258~260，
266~267，278~279，281~282，
285，287，291，293，296~297，
300~301，305~308，310，314，
317，329~330，333
联省自治　99~100
梁启超　3，23~25，30，37~39，46，
49~52，54，80，96，334
林伯渠　319
刘师复　28，30
庐山国是会议　98，100
罗隆基　253~254
罗素　81~84
律师公会　85，99，110，112，135，
156~157，167，224，288，292，
294

M

马相伯　222
马歇尔　287，295，329
毛泽东　27，36，50，53，99，111，
115，186，190，246，254，
281，293，305，314~315，318，
323
孟森　27，70~71
民意机关　1，3~4，7~9，11~15，18~
20，23~24，46，48~49，65~
66，68~69，71~75，93，98，
102，105~107，112，118，120~
121，128，141~142，155~157，
159~160，166~168，174，
179~186，188~189，193，199，
210，219~220，226~227，
229~238，241，244~247，254，
256，261~262，265，267~272，

276~277, 279~281, 288, 292, 295, 305, 307~309, 311, 313, 315, 318, 326~332, 336
民治协会 246
民众团体训练纲要 183
民主同盟 259~260, 280, 283, 293, 296~298, 300, 318
民主政团同盟 255, 280

N

南北和平会议 44, 65, 74
南京国民会议 3~4, 18~19, 160, 192~193, 213, 218~220, 227, 239, 243, 325, 330~331
南京国民政府 14, 103, 160, 177, 192~193, 199~200, 207, 221, 302, 318
南洋劝业会 61~62
农会 15, 17, 19, 41, 44, 47, 52, 54~58, 61~62, 64, 66, 69, 73, 76, 85~86, 97~99, 101, 118~120, 123, 126, 134, 142, 159~160, 164, 166~175, 181~182, 184, 199~205, 207~209, 214~216, 222, 224, 229~230, 236, 240, 245, 273~276, 289, 292, 394, 333
农会法 173~174, 200~201, 215~216
农会联合 57, 73
农民公断处 203
农民调解处 203
农民协会 57, 133, 149, 151~152, 154, 156~159, 164, 173, 200~202, 276, 313
农务联合 57

P

普通选举 98, 186, 188, 190~191, 207, 209, 279, 288, 307~308, 311, 314

Q

钱业公会 194, 225
清党 160, 165, 176, 192~193, 199, 201, 210, 218, 223
区域代表制 4~10, 38, 40, 45, 71, 73, 75, 84, 97, 107, 109~110, 187, 189~191, 196, 206, 221, 235, 238~240, 248, 275~277, 280, 308, 325~326, 328, 332, 334~336
区域选举 1~2, 45, 69, 79, 84, 156, 184~185, 187~188, 190, 205, 238~243, 250, 290~292, 311
瞿秋白 146~147
全国各界救国联合会 186, 243
全国各界联合会 67~68, 74, 86~87, 91, 140, 328
全国工界联合会 142
全国工业协会 282~283, 304
全国国民外交大会 88
全国和平联合会 65~66, 68, 74
全国农界联合会 142
全国农务联合会 57
全国人民代表大会 7, 315
全国商会联合会 43, 56~57, 135, 207, 225, 299
全国商界联合会 142
全国邮务总工会 295
全浙公会 224

索 引

R

人民代表大会　7~8，149~152，300，307~308，313~316，318，320，324，326，331
人民团体联合会　148，155，297
人民团体组织方案　165~166
人民政治协商会议　4，18，278，302~306，309，315
芮恩施　3，45，72~75，88~89，92~96，99~100，109，112~113，329

S

三民主义　129，163，166，168，176，179~180，190，192，241，256，259，266，272，291，301，314
善后会议　120，127，130~133，135，139，217
善群进化论　71
商会　4，12，15，17~18，34，38，41~45，47，49，52，54~58，61~62，64，66~67，69~71，73，76，79，85~86，89，93，95~99，101~103，106，112，114，118~121，123，126，134~135，142，152，158~160，164~169，171，180~183，189，193~195，199~200，205~207，209，216，221~225，229~230，236，240~241，250，259~260，266，274，278~279，282~283，285~286，288~290，292~297，299~306，309，315，323，329~331，334
商界联合会　86，98，142，224
商民协会　152，156~157，159，193~194

商战救国论　48，55，61，74
上海商业公团联合会　85
上海文化界救国会　223
少年中国　41，53
邵从恩　260，268，283~284
邵力子　30，42~45
社会组合主义　11
社团民主主义　8~9，104，330
社团政治　104~105，336
绅商会议　323
绅士会议　109，322~323
绅士民主主义　14，45
沈钧儒　222，224，264，293，301
省民会议　18，112，148~149，154~158，160
省宪法制定运动　98
省议会　38，41，66~67，69，73，76，85，93~101，154
省自治运动　83，100
实业救国论　23，31
史志英　209
市民会议　3，18，112，148~149，154~158，160，330
市民社会论　11~12，16，104
首都革命　138
四大民权　78，118，158，176，213
四民合群论　48~49，58，69
四明公所　71
四一二政变　103，193
宋教仁　63，65
宋庆龄　142
孙科　122，224，229，231~232，236，238，245，266
孙中山　3~4，16~19，42，45，54，75，78~79，92，107~108，113~132，134，136~137，147，150，163，180，184，187~190，

192，197，203，205~206，213~214，218，237，241，244，279~280，301，309，314~315，334

T

太原约法 197，216
谭平山 45，115，255，301
谭植棠 45
陶百川 180
陶行知 25
陶孟和 234
陶希圣 254，285，287
特种选举 187~188，239，242
天津各界联合会 67，90，140~141
同乡会 19，40，71，89，103，106，152，159
同业公会 23，34~35，40，44，78，81，103~104，149，168~169，171，180~182，207，290，292，328
同业公会自治 328
统一建国同志会 255
土豪劣绅 155，203，271
团体主义 35，37，41，71，218

W

汪精卫 30，115，122~125，129，135，139，150，178，192，195，197，214，224，229，231，234~236，242，244，262
王世杰 5~6，9，72，78，102，245，286
王造时 222~224，226，261~262，267
无政府主义 23，26~31，33~35，78，82
吴佩孚 89~91，94~96，98，100~101，109，111，119，121~123，125~126，146~147，218
吴稚晖 29~30，53
五四运动 14~15，17，23~24，30，32，34~37，43，45~48，50，60，63，67，72，74，78~79，82，84~88，95，98，106~107，109，111，141，147，167，225，332，334
五五宪草 186，237~238，275，280
外交商榷会 85

X

西安事变 186~187
西山会议派 144，146
县参议会 183~185，237，261~262，268~272，289
县民会议 112，148，154~155，157，159
县业佃仲裁委员会 203
乡村建设派 244，251，253
乡民会议 148，154，157~158
乡镇公所 271
心社 30
辛亥革命 2，20，48，52，59，64~65，74~75，77~78，84，121，323
新民说 50，54
新民主主义 9~10，83，158，292，312，314，317~319，322~323，332，335
新农会法 174
新四军事件 255，257
新县制实施协进会 268
新政治协商会议 278，296，300~304，309

徐谦　142
学生联合会　36，41，46，53，67~68，85~86，90~91，96，101，113，116，123，126，146，152，156，197，302
训政国民会议　139
训政约法　198，211，236

Y

阎锡山　130，141，188
杨昌济　26~27，33
杨端六　3，27，45，79，81，83，89，92~93，95~96，99~100，102，113~114，135，234~235
一盘散沙　49~52，54，117，292
以党建国论　136
一党训政　266，276，282
以党治国论　152
议会制　1~3，5~7，9，11，14~15，39，76~81，83~84，89，98~99，101，109~113，132，330，335
议会制革新论　9，76，78~80，99，113
异党活动限制办法　255，266
易培基　122
银行公会　194，224~225，228，292
预备立宪公会　57，69~71
袁世凯　27，42，54~55，64~65，69，76，78，217
约法会议　42
粤商自治会　70

Z

战地联合工作团　184
战时国会　18，247
战时行政院　263，266~267
战时民主　247，260~262，265，267，270，276~277
张东荪　27，39，43~44，77，79~81，96，223
张謇　57，81
张君劢　80，254，262~263
张申府　262
张奚若　282
张学良　124，197，210
张元济　81
张治中　257，302
张作霖　91，109，119，122，124，130，141，146~147
章伯钧　280，301
章乃器　186，222，293，302
章士钊　19，39~40，144
长沙市民大会　145
赵丕廉　233
郑观应　48~49
政协各界协进会　295
政协陪都文化界协进会　295
政协宪草审议委员会　305
政学系　245，286
政治协商会议　4，18，259~260，266，278~279，282~283，285~286，288，293，296~297，300~306，309，315，329~331
政治协商会议协进会　293
直接行动论　35，37
直接民权　42~43，78~79，83，99，101，113，158
直接民主　6
职业代表制论　15，76，80，81~83，89，94，96，98，100~102，109~110，113~114，328，332
职业选举法　156
职业主义　23~24，31~35，37~40，

42~47，75，80，100，105，166
职业自治　109
制宪国民大会　38~39，243，296，299
制宪国民会议　92
中国工程师学会　224
中国国民党抗战建国纲领　243，272
中国国民党民主促进会　301~302
国民党民主联合会　255
中国国民党总章　119，176~177
中国经济事业协进会　295
中国劳动协会　295
中国农业协会　295
中国青年党　42，196，210，251，330
中国社会党　26，28，30，34，83，113
中国社会主义青年团　113

中国职业青年社　295
中国致公党　223
中华苏维埃共和国　185
中华职业教育社　25，32，250
中央政制改革案　223
周恩来　284，297，301~302，315~316
周芳冈　200
朱剑凡　156
朱学范　301
朱执信　42~43
谘议局　27，62~63，68~69，72~73
自由职业团体　15，106，152，156，166，169~170，172，183，196~197，205，226，230，236，240，242，289
邹韬奋　222，252~254，263，272
工作单位民主　335

后　　记

　　这本书是在辛亥革命 100 周年到来之际在韩国出版的拙著的中文版。辛亥革命后，中华民国得以建立，作为共和国，它应具备共和国应有的各种法制，而其中最重要的制度之一就是代表国民意愿的民意机关。民国初期的国会与地方议会，还有现在的人民代表大会都是以区域代表制为依据而成立的。但是，对另一种民意机关的追求也一直存在——依据与区域代表制截然不同的原理来组成的职业代表制民意机关。在 20 世纪的中国，人们为将其制度化而不懈努力。

　　职业团体是原来从事同一职业的人为了谋求自己利益的自律性社会团体，它与以掌控政权为目标而结成的政党不同。20 世纪中国的社会团体（包括职业团体在内）坚信，一方面要寻求职业上的共同利益；另一方面只有自发选出代表、建立民意机关，才能代表真正的民意，他们也将为此付诸实践。本书的目的在于把职业代表制从视政党中心的区域代表制为当然的习惯性观念中剥离出来，再现一直以来被遗忘的职业代表制留给我们的经验和遗产，以此来探寻中国民主主义探索的特点及对当代东亚各国政治改革的启示。

　　对于这一主题，我的兴趣始于对国民革命时期农民协会运动的相关研究。湖南和湖北的国民革命势力成功驱逐了军阀，试图依据职业代表制建立新的地方政权：包括农民协会在内的各种职业团体都选出各自的代表并成立"乡、区民会议—县、市民会议—省民会议"民意机关，再依据其决议组织成立各级政府。当时这种民意机关作为地方层面实践国民会议构想的实例，被看作既与资产阶级的议会制度不同，也与工农阶级的苏维埃制度不同的中国特有的民主制度。

我的研究始于揭示这种国民会议构想是何时、怎样以及为什么会登上历史舞台。一直以来国民会议被看作中共统一战线的组织，但本书首先揭示了国民会议构想最开始出现于 1920 年夏天，即在共产党创建以前，是作为依据职业代表制原理建立新民意机关的建国方案提出的。接下来我探究了在此之后 20 多年的发展趋势，确定了对职业代表制民意机关的探索始于中华民国时期，一直延续到了中华人民共和国成立之后。所以本书将它存在的历史往前追溯了 20 余年，即清末新政期，才能发现这种设想的经验性先例——各界联合和各界代表会议。

在这一研究进行的过程中，通过与韩国国内外众多学者的交流，我得到了不少的启发和帮助。白永瑞、裴京汉、尹惠英、李升辉、李丙仁等教授先后为国民会议的相关研究注入了活力，与他们的讨论使我的论点更为明确；另外野泽丰教授和张宪文教授为我提供了难得的机会，把我的部分研究成果介绍给中日学界；中国社会科学院近代史研究所副所长汪朝光研究员多次组织相关主题的国际学术研讨会，为我提供了"以文会友"的机会；在前往南京、北京、上海、杭州、浦江、台北、普林斯顿、剑桥等地的图书馆与档案馆寻求材料时，陈谦平、陈红民教授，张力、陈仪深研究员，吉尔伯特·罗兹曼教授等为我提供了诸多方便；韩国研究财团与首尔大学校发展基金及师范大学教育研究财团、浦铁青岩财团等为我的研究提供了经费支持。

在这些个人和机构的帮助下，我才能集结这 10 年来的研究成果并出版了韩文版的《职业代表制，近代中国의民主遗产》（首尔大学校出版文化院，2011）。此次本书的中文版得以出版，缘于中山大学桑兵教授的引荐。桑教授十分认同研究职业代表制的必要性和意义，并向社会科学文献出版社推荐了拙著。虽然有很多困难，但

后　记

是出版社对此仍欣然接受。首尔大学校出版文化院也同意出版这本韩文原著的中文版。在开始进行翻译写作之后不久的 2013 年 6 月，应华东师范大学茅海建教授之邀，我得以在思勉人文高等研究院讲座上介绍这本书，这也使我备受鼓励。在此向以上各位表示衷心感谢，并敬请设想新民主制度的中外读者斧正。

2015 年 12 月

柳镛泰

图书在版编目(CIP)数据

职业代表制:近代中国的民主遗产/(韩)柳镛泰著;柳镛泰译. -- 北京:社会科学文献出版社,2017.1
 ISBN 978-7-5097-8543-0

Ⅰ.①职… Ⅱ.①柳… Ⅲ.①行业组织-政治体制-研究-中国-近代 Ⅳ.①F279.295②D693.2

中国版本图书馆 CIP 数据核字(2015)第 302735 号

职业代表制:近代中国的民主遗产

著　者 / [韩]柳镛泰
译　者 / [韩]柳镛泰

出 版 人 / 谢寿光
项目统筹 / 李丽丽
责任编辑 / 李丽丽

出　　版 / 社会科学文献出版社·近代史编辑室(010)59367256
　　　　　 地址:北京市北三环中路甲 29 号院华龙大厦 邮编:100029
　　　　　 网址:http://www.ssap.com.cn
发　　行 / 市场营销中心(010)59367081　59367018
印　　装 / 三河市尚艺印装有限公司

规　　格 / 开 本:787mm×1092mm　1/16
　　　　　 印 张:24　字 数:320 千字
版　　次 / 2017 年 1 月第 1 版　2017 年 1 月第 1 次印刷
书　　号 / ISBN 978-7-5097-8543-0
著作权合同
登 记 号 / 图字 01-2015-2322 号
定　　价 / 89.00 元

本书如有印装质量问题,请与读者服务中心(010-59367028)联系

▲ 版权所有 翻印必究